U0136178

經濟學研究叢刊 3

经济学的力学原理

于忠伟　著

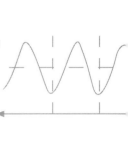

$$D_0 = \sum_{i=1}^{m} D_{0i}$$

$$\frac{d D_i}{dP} \langle 0, \left| \frac{d D_i}{dP} \right|$$

$$C_{jq} = \frac{n_i}{N} \frac{p^{'}}{1+p^{'}}$$

蘭臺出版社

《经济学的力学原理》简介

"万物生长靠太阳"，普照的阳光为整个生物界带来了生命的动力；从火的使用，到畜力、水力、风力的采用，蒸汽机的发明进而引发了十八世纪的工业革命，然后是内燃机、石油、电力、原子能的应用，人类掌握的自然力越来越大！从牛顿经典力学的创立，及热力学、电磁学的创立与发展，到爱因斯坦、波尔等奠定量子力学的基础，人类对自然力的每一次更多的掌握都将人类社会引向更高的发展；在很大程度上，掌握自然力的水平决定了人类文明发展水平。

今天的人类，掌握自然力的水平有了长足的进步、对自然力的研究水平惊人地发展起来。

然而，对于人类社会自身中所潜藏的巨大能量，却鲜有研究；这巨大的反差，使人类面对社会变革，更多的表现为：茫然无知、无所适从，这严重地阻碍了社会的发展；而社会中蕴藏的巨大能量往往被压抑、大量地内耗和极其严重地浪费，这严重地抑制了社会生产力的发展，造成了人类社会中长期存在的、无比巨大的浪费。

假如没有牛顿力学，自然科学的发展绝大部分将不复存在，其科学性当大打折扣！那么，在人类经济生活和社会生活中，作用相当于牛顿力学中的最基本的力的东西是什么呢？是个人的利益追求。然而，古往今来，没有人对利益追求进行过系统研究。无论是主流经济学，还是非主流经济学；无论是东方还是西方，从没有人做过这项工作。而经济学乃至整个社会科学的科学性同样因此而大打折扣，这也是经济学没有成为真正科学的极其重要的原因，很多经济学家常常谈论"公鸡生蛋"的计划，分不清可能性是否存在；他们无法解释国企无法在市场竞争中生存的原因；无法解释国家所有制下，从未实行"按劳分配"；为什么国家所有制下，价格一放开，通货膨胀就象奔腾的野马，西方经济学家提出的休克疗法为什么效果如此糟糕？价值规律起作用的条件是什么？他们都无从回答。他们的理论只能跟在经济现象的后面追，缺乏基本的预见性；他们的观点往往与实际生活相去甚远。这难道不值得反思吗？难道不是经济学研究存在缺陷吗？而这些问题，对《经济学的力学原理》来说，都是很容易解决的。

《经济学的力学原理》认为：对利益的追求，是一切社会性现象的产生，及社会发展的根本原因。《经济学的力学原理》把人抽象为"利益人"，记为M；利益人包括：利益I、利益追求$\vec{I}$两个量；利益追求是一个既有大小、又有方向的量，因而，本书用向量来研究它、称之为"利益向量"；利益人M＝（I，$\vec{I}$）。通过对利益人M的利益追求的研究，和对利益人群体的研究，建立了利益集合、公共利益、公共利益向量、利益侵害、利益相关系数等一系列概念，用数学、物理方法构造了一个关于人类社会经济、政治、道德、法律、宗教、文化、科学、艺术发展动力的理论体系。对原始、奴隶、封建、资本主义、国家所有制、在职职工固定分层股份所有制社会、商品经济和经济社会化进行了广泛的研究，从中揭示出支配人类社会的力量—利益向量的作用规律。

在資本主義經濟的研究中，超越了凱恩斯的需求理論，提出了隨著經濟的發展不斷創造、發展新的產業，從而帶來"無限需求"的理論；在關於國家所有制、在職職工固定分層股份所有制的研究中，提出"自治企業"理論，並用"經濟動力分佈最優化"原理導出"分層自治企業"理論和"分層股份"所有制為基礎的在職職工固定分層股份所有制理論。

在"商品經濟與經濟社會化"的研究中，提出社會經濟的不斷社會化是社會化經濟發展的第二動力；社會化經濟分為"手的協作"為主的時代與"腦的協作"為主的時代，前者正向後者過渡；"腦的協作"時代，社會經濟的發展越來越依賴於每一個勞動者的勞動積極性和整體意識的充分發揮，因而，必然將人類引向在職職工分層固定股份所有制。"腦的協作"對"手的協作"的代替，將給人類社會帶來令人難以置信的巨大發展。

什麼是《經濟學的力學原理》？簡單地說，《經濟學的力學原理》就是關於如何能夠將人們對利益的追求最大限度地轉化為經濟發展動力的學說。基於"經濟動力分佈最優化"原理，《經濟學的力學原理》提出了"分配結構的最優化"，進而所有制的最優化，以調動社會經濟發展的動力、推動社會經濟發展的思想。

假如你是一位民營公司的老闆，為提高員工的積極性您打算將10%的利潤分給員工，那麼怎樣分最能提高生產率呢？全世界的其他經濟學家都回答不了，只有《經濟學的力學原理》才能給出最優化、最美妙、最有趣的答案。而無論是微软，还是英特尔公司的分法都是效率很低的。

《经济学的力学原理》还涉及政治学、历史学、道德学、宗教学等诸多领域，用"利益分析"解释了诸如："为什么封建社会的政治比奴隶社会更专制、更黑暗"、"什么样的经济制度下实行民主或专制政治"、"什么样的社会能够稳定发展、什么样的社会会走向崩溃"、"道德强制与宗教的关系"、"为什么中国封建社会从西周开始，而不是郭沫若所说的从秦开始"等诸多问题。

《经济学的力学原理》揭示出人类社会中潜藏的巨大的内在发展动力及其作用规律，预见了人类社会发展的方向。

目　录

第二部分

$$C_{3q} = \frac{n_3}{N} \frac{p}{1+p}$$

第三部分

$$\beta_{G2}$$

$$C_{jq} = \frac{n_k}{N} \frac{p^{'}}{1+p^{'}}$$

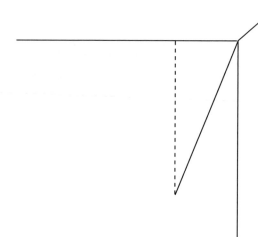

第一部分

β_{G2}

$$C_{jq} = \frac{n_i}{N} \frac{p'}{1+p'}$$

第一章　利益与利益追求

第一节　利益的概念

"天下熙熙，皆为利来；天下攘攘，皆为利往"。小自个人纠纷，大至国际争端；古往炎黄大战，今来海湾战争；有史以来，风云变幻；已而又往，史不绝书。洗尽其间的爱与恨、哀与乐、悲与欢、喜与怒、血与泪、正义与邪恶、幸福与苦难，剩下抹不去、擦不掉的，是"利益"两个字。

何谓利益？本书认为：**利益就是人对环境、条件的占有与利用。利益又有狭义、广义之分。狭义利益，仅指人们对经济条件、环境的占有与利用，即对物质、精神消费品、生产资料、自然资源的占有及利用；广义利益还包括人们对社会关系、地位的占有与利用等。**本书研究的是"狭义利益"，即"经济利益"，以后简称"利益"。

构成利益的两大要素：一、是被占有的经济条件、环境，本书称为"占有物"；二、对占有物的"利用。

利益是人们对占有物的利用，使之对人发生作用。如吃饭，对人起营养作用；穿衣服使衣服对人起保暖、防晒、防淋、遮羞、美化的作用。利益必须依赖于一定形式的占有。没有占有，就不会有利用。一群原始人打死一头野猪，这头野猪就会归他们占有，而不会归另外的一群原始人占有。他们就可以分而食之，别人就没有这种权力。奴隶生产的产品归奴隶主所有、由奴隶主支配，奴隶主可以利用、奴隶无权利用。占有形式，决定了利用形式。谁占有，谁就有权利用。

利益必须是建立在占有物的可用性基础上，如果占有物对人们毫无用处，就无法利用，也就构不成利益；可用性越大、越好，所能带来的利益就越大。占有物的可用性是利益存在的基础。

利益亦可用另一种方式表述：在人的控制下，占有物在人所希望的方向上对人的作用。人们通过"吃"，使饭成为营养，维持人的生命、健康；冷天，人们穿上厚厚的衣服，是因为衣服可以保暖，使人们不致于受寒……在这里，饭的营养作用、衣服对人体的保暖作用就是利益，**本书把占有物的利用称为利益转化，即占有物转化为利益**。在利益转化过程中，一方面占有物不断地对人发生作用，形成利益；另一方面，占有物的数量不断减少，或有用性丧失、变成废物，一定量的占有物所产生的利益是有限的。

第二节　利益的大小

利益是占有物对人的作用，利益的大小就是占有物对人所起到的作用的大小。本书用"I"来表示利益。用"m_u"来表示占有物的转化量的多少，即在利益转化过程中，消耗掉某种用途的占有物的量为m_u。

假设一个人一餐食量半斤，那么一顿给他二两或四两，哪种情况利益更大些呢？显然是后一种；在一般情况下，利益I的大小，随着占有物的使用量m_u的增加而递增。

在一顿饭中，一个食量半斤的人，他吃的饭若在半斤之内，则饭对他的营养作用随着他吃下的饭的数量增多而递增；若超过半斤，多出的饭就不再起营养作用。由于人的消耗能力的限制，在一定的时间t内，一个人所能转化的利益量是有限的。设某种用途的占有物使用量为m_u，在时间t内，对人的作用达到最大值I_{max}，该物总使用量$m_u > m_0$时，对人的作用就不再增大，本书称m_0为在t时间内，该人对占有物的利用的饱和量，简称"饱和利用量"。一个食量为半斤的人，他吃的饭若超过半斤，反倒有害于健康，即$m_u > m_0$时，I反要下降；但事实上，人们常常将超过半斤的那部分贮存起来、或倒掉，$m_u > m_0$时，人类的智慧使多数人懂得自己的利益增至最大值时，不使它减少；当占有物使用量达到饱和量时，即$m_u = m_0$时，一般人们就不再增加或极少增加占有物的使用量m_u，因而，在$m_u \geq m_0$时，产生的利益达到最大值：$I = I_{max}$。　在一顿饭中，一食量半斤的人，吃头一两饭作用比第二两大、第二两又比第三两大、第三两比第四两和第五两大，第六两就毫无意义了，甚至起反作用。一种用途的占有物的已使用量越大，使用量的每单位增量所产生的利益递增幅度越小，即随着占有物的使用量m_u的增加，利益I对产生它的占有物使用量的导数$\dfrac{\partial I}{\partial m_u}$有随着占有物使用量增加而逐渐减小的越势。这就是西方经济学中所谓的"边际效用递减原理"。

在边际效用递减原理中，甚至有$\dfrac{\partial I}{\partial m_u} < 0$的情况，事实上，由于人类的智慧，这种情况对整个社会而言，不属于主流；即使发生，往往也很快被使用者纠正，因为人们总有中止消费的权力和能力，而且这种情况与经济学的研究无甚关系，因而不予考虑。

因此，在占有物的使用量达到其饱和量，即$m_u = m_0$时，

$\frac{\partial I}{\partial m_u}=0$，利益 I 为占有物使用量$m_u$、使用所在的时间t的函数，即I＝I($m_u$, t)，(1) $m_u<m_0$，$\frac{\partial I}{\partial m_u}$递减，即$\frac{\partial^2 I}{\partial m_u^2}<0$，(2) $m_u \geq m_0$，$\frac{\partial I}{\partial m_u}=0$；即I随$m_u$递增而递增，且该函数I＝f($m_u$)的曲线下凹。

第三节 利益 I 关于占有物使用量mu的函数

从上节我们知道：$\frac{\partial I}{\partial m_u}\geq 0$，$\frac{\partial^2 I}{\partial m_u^2}\leq 0$，且（1）$m_u \langle m_0$时，$\frac{\partial I}{\partial m_u}>0$，$\frac{\partial^2 I}{\partial m_u^2}<0$，即利益I关于占有物使用量$m_u$的函数为递增函数、且该函数I＝f($m_u$)的曲线下凹；(2)$m_u \geq m_0$时，$\frac{\partial I}{\partial m_u}=0$，I＝f($m_u$)＝$I_{max}$。曲线如下图：

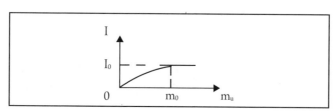

其中$I_{max}=I_0$为饱和利益，I_0为与占有物使用量m_u无关的量，对一个人而言，I_0是常数。本书定义K＝m_u / m_0为某种占有物的"利用饱和度"，K<1时，$\frac{\partial I}{\partial m_u}>0$，$\frac{\partial^2 I}{\partial m_u^2}<0$，即$\frac{\partial I}{\partial k}>0$，$\frac{\partial^2 I}{\partial K^2}<0$；K≥1时，I＝$I_0$，这样利益I就可表达为关于K的函数I＝$I_0 \Phi(K)$，其图象与f($m_u$)相同，如下图：

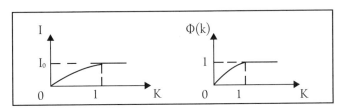

　　不同的人，使用同种用途占有物，m_0不同，但$\Phi(k)$却基本一致，因此，本书称$\Phi(k)$为该占有物的"利益特征函数"。$\Phi(k)=I/I_0$，$k<1$时，$\Phi<1$，$\dfrac{\partial\Phi}{\partial k}>0$，$\dfrac{\partial^2 I}{\partial K^2}<0$；$k\geq1$时，$\Phi=1$。

第四节　不同占有物产生的利益总和的计算

　　一个人在一顿饭中，单吃米的最大量为m_{01}；单吃面的最大量为m_{02}；同吃米面时，吃下的米面的总和小于二者的使用饱和量的总和$(m_{01}+m_{02})$，米的饱和度：$K_1=m_{u1}/m_{01}$，面的饱和度为$K_2=m_{u2}/m_{02}$。由于人的胃容量的限制，吃了m_{u1}的米就相当于吃了$m_{u1}\times m_{02}/m_{01}=K_1m_{02}$的面，而$m_{u2}+K_1m_{02}=K_2m_{02}+K_1m_{02}=(K_1+K_2)m_{02}$的饱和利用量为$m_{02}$。对于同种用途的不同占有物，由于它们利用的方式、途径相同，其特征函数Φ亦应相同，而且有：二者产生的利益的总和$I=I_0\Phi(K_1+K_2)$，新的利益饱和量I_0为与二者的利益饱和量I_{01}、I_{02}相关的量，I_0的值不会因利用同一用途不同种类占有物的种类的增加而增减，因而二者同时使用的利益饱和量I_0是一个有限的值。我们不考虑同一种用途、不同种类占有物同时利用而相互影响的情况，因为这种影响较微小，而且过于复杂、与本书的研究无甚关联，如一个人同吃米和面，米对面的影响不考虑。那么显然：I_0是I_{01}、I_{02}的一次函数，即$I_0=a_1I_{01}+a_2I_{02}$，又有$K_1=0$时，$I_0=a_2I_{02}=I_{02}$，$a_2=1$；$K_2=0$时，$a_1=1$；显然$\frac{K1}{K1+K2}$越大，I_0就越接近于I_{01}；$\frac{K2}{K1+K2}$越大，I_0就越接近于I_{02}，因而，a_1与$\frac{K1}{K1+K2}$成正比、a_2与$\frac{K2}{K1+K2}$正比；即$I_0=I_{01}b_1(\frac{K1}{K1+K2})+I_{02}b_2(\frac{K2}{K1+K2})$；又$K_1=0$时，$I_0=I_{02}$，$b_2=1$；$K_2=0$时，$I_0=I_{01}$，$b_1=1$；因而，可推导出：$I_0=I_{01}(\frac{K1}{K1+K2})+I_{02}(\frac{K2}{K1+K2})$。对n种同一用途的不同占有物，其同时使用所为产生的利益饱和量$I_0=\sum\limits_{i=1}^{n}\frac{Ki}{\sum\limits_{i=1}^{n}Ki}I_{0i}$，$I=(\sum\limits_{i=1}^{n}\frac{Ki}{\sum\limits_{i=1}^{n}Ki}I_{0i})\Phi(\sum\limits_{i=1}^{n}K_i)$。

我们不考虑不同用途占有物同时利用，作用互相影响的问题，因为这种影响较小，且与经济学的研究关系很小，这样，它们产生的利益就可以简单相加，如$I_1=I_{01}\Phi1(k_1)$，Φ为第一种用途占有物产生的利益，$I_2=I_{02}\Phi_2(k_2)$为第二种用途占有物产生的利益，则它们产生的利益的总和为$I=I_1+I_2=I_{01}\Phi1(k_1)+I_{02}\Phi_2(k_2)$，对于n种不同用途占有物，第i种占有物使用所产生的利益量$I_i=I_{0i}\Phi_i(K_i)$，则总的利益量为$I=\sum\limits_{i=1}^{n}I_{0i}\Phi_i(K_i)$，为所使用的不同用途占有物所单独产生的利益的代数和。

第五节 利益I增加的讨论

在一定时间t内，一个人利用同种用途的不同占有物，所产生的利益的饱和量为$I_0=\sum\limits_{i=1}^{n}\frac{Ki}{\sum\limits_{i=1}^{n}Ki}I_{0i}$，它并不会因利用的同一用途的占有物的种类数n的增加而增加，如所有的占有物单独使用所能产生的利益饱和量均相等，即$I_{0i}=I_{01}(i=1，n)$，则它们同时使用所产生的利益饱和量不会发生任何变化，即$I_0=I_{01}$，而产生的利益总和为$I=I_0\Phi(k_i)$。在不同的同一用途占有物单独使用所产生的利益饱和量不等时，实际的利益饱和量I_0受$\sum_{i=1}^{n}\frac{Ki}{Ki}$的分布状态的影响，但显然是一个变化十分有限的值；而且它们都处于同一用途，使用同一转化途径，由于人类精力有限，种类数n也是有限的，如一个人吃饭，吃不下种类太多的菜肴；一个人在一天内游不了几个景点。因此，能够产生的利益量I更多地受该用途总的占有物的利用饱和度$K=\sum_{i=1}^{n}K_i$的影响，K简称为"该用途的利用饱和度"。利益$I=I_0\Phi(k)$，产生的利益I的增加，主要取决于K的增加，但K=1时，$I=I_0$达到最大值、无法再增加了。**为了研究简便起见，我们以后将同一种用途的不同占有物同时使用所产生的利益总和看成同一占有物产生的利益。**

对于n种不同用途的占有物，同时使用所产生的利益$I=\sum_{i=1}^{n}[I_{0i}\Phi_i(K_i)]$，显然产生的利益I会随着n的增加而增加。n种不同用途的总的利益饱和量$I_{max}=I_0=\sum_{i=1}^{n}I_{0i}$受不同用途种类数n的大小决定，利益饱和值$I_0$随着n的增加而增加。

事实上，人们对于不同用途占有物的需求的强烈程度不同。这些需求分成等级，第一级是吃，人们只有在吃饱饭的情况下才考虑其它；低级需求饱和度K_1达到一定值时，才会考虑高级需求。

在原始社会中，人们在饥饿与死亡的驱赶下，到处奔波、根本想不到其它；只有在生活有了相当保障，才出现各种装饰品；只有粮食出现经常剩余时，才出现酿酒、饮酒，开始注重打扮、服饰。而艺术是在生活有了相当保障时，才真正发展起来的。

第六节　利益I关于时间t的函数

一个人一顿吃半斤饭，一天一斤半，一个月四十五斤，一年就要五百四十八斤；人的需求量随着时间的推移而成正比地递增，占有物的使用量也必须经过一定时间才能增加。利益转化量I与其转化时间t成正比。事实上，占有物的利用饱和值m_0也与时间成正比。

设时间t内，一个人的利益转化量I转化的速度为$V_I=I/t$，转化n种用途占有物m_u，占有物转化速度$V_{mu}=m_u/t$；饱和转化速度$V_{m0}=m_0/t$，因而：$V_I=\sum_{i=1}^{n}\left[V_{I0i}\Phi_i(K_i)\right]$，$K=m_u/m_0=V_{mu}/V_{m0}$，$V_I$仅仅是$V_{mui}$与$V_{I0i}$的函数，而不是时间t的函数，称之为利益转化速度；它比利益I更能准确、全面地描述利益转化的情况与人的生活实际水平，比I更有利于研究。$I=V_I t=t\sum_{i=1}^{n}\left[V_{I0i}\Phi_i(K_i)\right]$，大致与时间成正比。

V_{Ii}与I_i的曲线相似，如图：

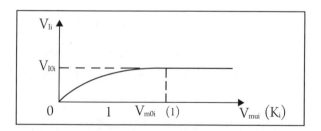

第七节 利益I、占有物转化速度V_{mu}与不同用途占有物使用种类数n之间的关系

利益$I=V_I t$，$V_I=\sum_{j=1}^{K} V_{I0i}\Phi_i(k_i)$，$V_{I0}=\sum_{j=1}^{K} V_{I0i}$，占有物用途种类数n一定时，所能产生的利益转化速度达到其最大值$(V_I)_{max}=\sum_{j=1}^{K} V_{I0i}=V_{I0}$之后，就无法再提高了，要提高$V_I$，唯一的办法就是提高n的大小。即提高不同用途占有物的种类数n，利益转化速度最大值$(V_I)_{max}=V_{I0}$，曲线如图：

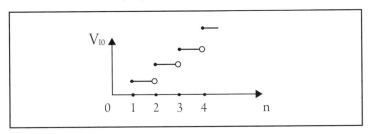

当低级用途的占有物：吃、穿等走向饱和时，利益V_I的提高就依赖于新的用途占有物的利用，即n的提高，不同用途占有物种类数n的增加所带来的利益增长空间，则远远超过同种用途占有物种类数增加所带来的的利益增加。

吃、穿不愁时，就想玩、想打扮、想要好房子、好家俱、汽车……总是有更高的要求。

第八节 利益追求

利益是人类生存与发展的基础与条件。不从外部摄取食物，人就要饿死；没有衣服穿，就会冻死；没书本，就成文盲；没有汽车、电力、火车、机械工业、电子工业、计算机……，就没有现代文明。

然而，利益绝不会从天上掉下来的；不耕种，就不会有粮食；不纺织，就没有衣服；不捕猎，猎物不会自己走进嘴里……，利益必须通过人们对它的追求才能实现。

我们知道：利益$I = t \sum_{i=1}^{n} [V_{I0i} \Phi_i(k_i)]$是通过使一定用途占有物$\sum_{i=1}^{n} m_{ui}$有用性丧失直至变成废物来实现的，因而要想维持利益转化，必须不断地增加该用途占有物的数量，以供利益转化的消耗，就象汽车行驶要不断燃烧汽油、需加油一样。本书假设占有物 i 增加的速度V_{mAi}，要想维持利益V_I，必须使占有物转化速度小于增加的速度，即$V_{mu} \leq V_{mAi}$；否则，如果占有物转化速度超过了增加速度，即$V_{mui} > V_{mAi}$，占有物的储备就会以（$V_{mui} - V_{mAi}$）速度急剧减少，占有物储备很快用完，占有物转化速度V_{mui}就又恢复到小于增加的速度$V_{mui} \leq V_{mAi}$，占有物转化速度V_{mui}来源于其增加的速度V_{mAi}、并决定于占有物增加的速度V_{mAi}，显然，要想提高占有物的转化速度V_{mui}，就必须提高占有物的增加的速度V_{mAi}。因而，对利益的追求就必然转化对占有物增加速度V_{mAi}的追求。

利益是外界对人的作用、利益追求则是人对外界有目的的作用。利益追求是人类的本质特征，停止了利益追求，人类就会走向灭亡；没有利益追求，就没有人类、更不用说会创造如此灿烂辉煌的文明历史、更谈不上如此高度发达的现代文明。

由利益转化速度$V_I = \sum_{i=1}^{n} V_{0i} \Phi_i(K_i)$，我们知道：当各种不同用途占有物的利用饱和度最小的K_{min}小于1，即：$K_{min} < 1$

时，就完全可以通过对现有的n种用途占有物中没有饱和的种类占有物的数量的追求来实现利益转化速度V_I的增殖，因为：

$dV_I/dV_{min}=V_{I0i}d\Phi_i/dK_i \cdot dK_i/dV_{mui}$，$K_i=V_{mui}/V_{m0i}$，

$dK_i/dV_{mui}=1/V_{m0i}$，

$dV_I/dV_{mui}=V_{I0i}/V_{m0i}.d\Phi_i/dKi$，$K_i<1$时，$d\Phi_i/dK_i>0$，

$V_I \approx dV_i/dV_{mui}\triangle V_{mui}>0$，$\triangle_{mui}>0$（$\triangle V_{mui}$较小），

利益的增加量$\triangle V_I$可通过该种用途的占有物使用速度V_{mui}的增加实现，因而可通过该种用途的增加速度V_{mAi}的增加实现。其利用饱和度K_i愈接近于1，利益转化速度对该占有物使用速度的导数dV_I/dV_{mui}就愈接近于零，利益转化速度的增加量$\triangle V_I$的实现就愈难。

当利益转化速度$V_I=\sum_{i=1}^{n}[V_{I0i}\Phi_i(k_i)]$中所有的$K_i$均不小于1时，即$K_i\geq 1(i=1，n)$，$dV_I/dV_{mu}=0$、$\triangle V_I=0$时，利益的增殖再也无法通过现有n种不同用途占有物的简单的数量增加来实现，只有提高不同用途占有物的种类数n的值、即制造出新用途的占有物才能实现此时的利益增殖。

在现有产品的数量还未达到利用饱和值时，人们的利益追求方式是简单的数量增加，直到接近饱和；在现有的产品的数量均趋于饱和时，人们的利益追求必然是寻求新的用途的产品。

第九节　利益向量的大小

一个人在时间 $\triangle t$ 内，通过利益追求，不计利益追求所消耗的占有物数量，获得占有物的总量：$\Delta m_z = \sum_{i=1}^{n} \Delta m_{zi}$，占有物获得的平均速度 $V_{mz} = \sum_{i=1}^{n} \Delta m_{zi}/\triangle t$；显然，$V_{mz}$ 越大，说明利益追求量就越大，人们获得利益的能力就越强；反之，V_{mz} 越小，人们获得利益的能力就越小。本书定义：利益人在一定时间 $\triangle t$ 内，获得占有物的平均速度 $V_{mzi} = \dfrac{\Delta m_{zi}}{\Delta t}$，为 $\triangle t$ 内，其利益追求的大小，利益追求量是一个既有大小，又有方向的量，因而，用向量研究，本书称其为利益向量，用 $\bar{I}$ 表示，其大小为 $|\bar{I}| = \sum_{i=1}^{n} V_{mzi}$。利益向量不同于物理学和数学中的其它向量，其运算方法有一些特殊性，关于这个问题，本书将在第二章《第十五节 利益向量大小的运算法则》（P40）中详细介绍。

第十节　利益向量大小的决定因素

人们的利益追求，总是要消耗一定数量的占有物，包括生产资料、劳动力、生活资料等等，其总和，称为"利益消耗"，在时间 $\triangle t$ 内利益的消耗量为 $\triangle m_c$，利益消耗速度为 $V_{mc} = \dfrac{\Delta m_c}{\Delta t}$；一定的利益消耗速度，只能带来有限的利益向量 $|\bar{I}| = V_{mz}$，本书定义 $k_z = \dfrac{V_{mz}}{V_{mc}}$ 为利益追求效率；显然 K_z 越大，同样的利益消耗 V_{mc} 带来的利益向量 $V_{mz} = K_z V_{mc}$ 就越大，利益消耗向利益向量的转化效率就越高。

K_z是一个有限的值；一般情况下，利益消耗越大，产生的利益就越大。

在一定的社会中，生产、技术条件一定时，单独一个人的劳动力所能实现的利益向量$|\vec{I}|$是有限的，设其最大值为V_{mz0}，当$|\vec{I}|$达到V_{mz0}时，无论V_{mc}有多大，都无法再使利益向量$|\vec{I}|$提高。如图：

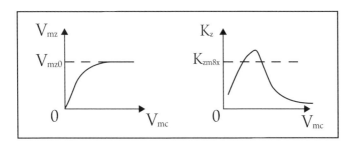

在一定的社会中，单独一个人所能实现的利益向量V_{mz}的最大值V_{mz0}是一定的，其最大值V_{mz0}主要由当时的社会生产力的发展水平决定，并由个人的智力、知识、技术、经验体力等因素决定，其各方面综合水平越高、个人所能产生的利益向量的最大值V_{mz0}就越大。在一定的社会中，从总体上看，V_{mz0}对个人而言大致呈正态分布、相差不是很悬殊，而一个社会V_{mz0}的平均水平，取决于其社会生产力水平。

无论是"利益"，还是"利益追求"的实现，都是一个"耗能"的过程，都是消耗一定数量占有物、使之变成废物的过程；人们追求利益，实际上是追求利益追求量与利益消耗速度的差额：（$V_{mz}-V_{mc}$），本书称之为利益获得速度，利益获得速度用V_{mA}表示，而$p'=V_{mA}/V_{mc}=(V_{mz}-V_{mc})/V_{mc}$为利益获得率，$p'=K_z-1$，利益获得率可近似地理解为"利润率"。

第十一节 利益向量的方向

从足够长的时间来看，利益转化量Δm_u最终都是来源于利益获得量，Δm_A，因此，利益转化速度V_I来自于占有物的转化速度V_{mu},而占有物转化速度V_{mu}又来源于利益获得速度V_{mA}，在较长的时间(t)里，$\Delta m_u \leq \Delta m_u$，即$\int_0^t V_{mu}dt = K_X \int_0^t V_{mA}dt, K_X \leq 1$，因而，在足够长时间内，总有占有物平均转化速度$V_{mu} = \frac{1}{t}\int_0^t V_{mu}dt = \frac{\Delta m_u}{t}$不超过利益获得速度的平均值$V_m = \frac{1}{t}\int_0^t V_{mA}dt = \frac{\Delta m_A}{t}$，即$V_{mu} \leq V_{mA}$，而利益获得速度$V_{mA}$是利益追求的结果，利益消耗速度$V_{mc}$是一定的、有限的，利益获得速度$V_{mA} = p' V_{mc}$，要提高利益获得速度$V_{mA}$，就必须提高利益获得率$p'$，不同方向的利益追求的利益获得率$p'$是不同的，人们很自然地趋向于利益获得率$p'$更高的方向。

本书把人们追求利益过程中利益消耗速度V_{mc}的使用方向称为利益向量$\vec{I}$的方向。利益向量 并没有确定的方向，它的方向就是获得利益的方向，哪里有利可图、哪里就有它，它总是指向利益增殖最快的方向，即p'最大的方向。

在商品经济中，资本家的利益获得率p'就是资本利润率，马克思在其《资本论》中引用了一位经济学家的话"象自然据说害怕真空一样，资本惧怕没有利润或利润过于微小的情况。一旦有了适当的利润，资本就会十分胆壮起来。只要有10%的利润，它就会到处被人使用；有20%，就会活跃起来；有50%，就会引起积极的冒险；有100%。就会使人不怕犯罪、甚至不怕绞首的危险。如果动乱与纷争会带来利润，它就会鼓励它们。走私和奴隶贸易就是证据"，资本的本性是利益向量本性的最好体现。

利益向量象肥皂泡一样，总是在"表面积"(V_{mc})有限的情况下争取最大的"体积"(V_{mA})；又象水银泻地、无孔不入，具有极强大的渗透力、又具有很大的流动性；在商品经济中，各种新奇的产品、无数令人叫绝的服务、以及各个社会中都存在的令人叹为观止、咋舌不已的投机取巧；与其惊叹人类的伟大想象力，倒不如称赞一下利益向量惊人的渗透力。

然而事实上，从投入到获利，利益获得率 p' 的增长，都需要足够的投入速度 V_{mc} 和足够长的周期（$\triangle t$）的积累。因此，个人最终的选择同样是有限的，过度投机只能带来失败；但是，拥有足够人口数量的社会，就会出现各种种类繁多，令人眼花缭乱的不同职业选择的并存，即使在自然经济占统治地位的宋朝，也同样如此。

由于人类对自然、社会的无知与客观世界自身的不定性、多变性，常常使利益追求带有极强的盲动色彩，常常出现失误，出现利益获得率 p' 很小，或为零，甚至负值的情况。但是人们很快学乖、不再犯同样错误、迅速地将利益向量转移到正确方向上。一旦人们发现了一条获利捷径、就会有许许多多人坚定不移地、源源不断地将自己的利益向量引向那里。

为了长远利益、更大的利益，人们往往会舍弃眼前的、较小的利益，甚至丧失既得利益，这充分显示了利益向量的主观能动性和高度复杂性。显然，比起物理学中的"力"、"动量"，利益向量要复杂得多，丰富得多了！

第十二节 利益向量、利益、利益人

利益是在人的控制下，占有物对人的作用；利益向量是人对利益的追求。利益与利益向量是一一对应的。人们的利益来自于他们对自己利益的追求、一切利益都是利益追求的产物，而任何利益追求又都是为一定利益服务的；离开利益，就谈不上利益向量。

任何利益和利益追求都是建立在占有物的消耗基础上的 (V_{mu}, V_{mc}) 一般来说：$V_{mu}+V_{mc} \leq V_{mz}$；$V_{mu}$，$V_{mc}$ 均源于利益追求 V_{mz}。

无论是利益、还是利益向量，均依附于"人"，利益是"人"的利益、利益向量是"人"的追求，人是利益和利益向量的核心和载体；离开人就谈不上利益、更没有什么利益追求。离开利益，人类就无法生存，更不可能发展。利益和利益追求是人类生命的两大本质特征。人是利益与利益向量的统一体。**本书将拥有并意识到利益、有一定利益追求能力的人定义为"利益人"。**"利益人"是对人的一种科学抽象、用字母 M 表示，它包括两维量，I 为 M 的利益，$\bar{I}$ 为 M 的利益向量，$M=(I, \bar{I})$，利益向量 $\bar{I}$ 追求 M 的利益 I；利益向量 $\bar{I}$ 与利益 I 一一对应，利益人 M 是其利益 I 与利益向量 $\bar{I}$ 的统一体。

利益向量 $\vec{l}$ 是以利益人 M 的利益追求的思想为核心出发点的，正是在人的"利益思想"的支配下，人们才不断地纠正利益追求中的失误、缺点、调整利益追求的方向和方式。不仅如此，连任何利益向量本身，都是在人的追求利益的思想驱动下产生的；没有人的利益追求思想，利益追求既没有目的、也无法进行，更不可能存在。正是在人类的利益思想的支配下，人们的利益递增速度越来越快，人类一天天地走向文明、社会经济变得越来越发达起来。

从人类的最基本的活动—追求利益着手，我们可以揭示出人类社会历史发展的规律，预示其发展的方向。

第二章　利益集合中的利益与利益向量

第一节　利益集合

　　人类是以个人的形式存在的、人类社会是以个人为单位的，人们的衣、食、住、行、娱乐、学习、研究无不是以个人为单位的；尤为重要的是：人的本性决定了人的利益追求是对自己个人利益的追求；尽管有极少数例外的情况，但这远远不足以影响到《经济学的力学原理》研究。

　　事实上，只有当其利益向量 追求利益人M自身的利益I的增殖时，利益人M的利益I才能稳定地增殖、利益人M的生活才能稳定、个人生活才可能稳步提高、利益人$M=(I，\overline{I})$才能够独立地生存下去；也只有利益人M自己才能最了解自己的需求，才能有效地、经济地使自己的利益增殖。一旦其个人利益向量$\overline{i}$不去追求其自身利益I，利益人M的利益I就不能依靠利益向量$\overline{i}$维持，只要生存着，其利益转化速度V_{mu}、利益消耗速度V_{mc}都不少，利益获得速度V_{mA}却无处着落，利益人M的生存必然出现危机；或者只能依赖于别的利益人的施舍、照料，个人的生活、生存能力丧失；别人的施舍因对M不那么了解而往往牛头不对马嘴，又造成浪费、很难使M的利益I有效增殖。在一个社会中，不追求自己个人利益的利益向量 极少存在；普遍不去追求个人利益的现象更不可能存在，即使存在，也是极不稳定而又可怕的，因为这一般意味着一个社会的迅速衰落和毁灭。

　　在一个正常的社会中，人们的利益向量首先是以个人利益向量的方式存在的，个人利益向量追求其个人利益。

在社会中，人们的利益、利益向量是相互独立而又相互作用的，为了研究方便，本书定义：在一定的社会区域中，利益人的全体为该区域的利益集合，用"L"表示。设L中共有n个利益人，其中第i个利益人$M_i = (I_i, \bar{I}_i)$，则利益集合$L = \{M_1, M_2, \cdots, M_n\} = \{(I_1, \bar{I}_1), (I_2, \bar{I}_2), \cdots, (I_n, \bar{I}_n)\}$。

利益集合是对指定的社会区域中利益人的全体的一种科学抽象。

第二节　利益相关性

我们考察一种现象：假设在资本主义国家中，某专家发明了一项新技术，大大提高了服装行业的劳动生产率。首先，他会因此而发财；其次，最先得到这项技术的企业劳动生产率提高，获得超额利润；随着此项技术的推扩应用，采用新技术生产的产品在市场上占有份额迅速上升，社会劳动生产率提高，服装行业劳动力成本迅速下降、价格下跌，整个社会均获利；劳动力价值下跌，又使全体资本家相对剩余价值额上升，获得超额利润……全社会或多或少地得到一定利益。

这种现象相当普遍，如日本二十世纪五十年代大企业进行大规模设备投资、技术更新，劳动生产率迅速提高，工人工资提高很快；小企业的劳动生产率并未提高，利润和工资也跟着迅速提高，整个社会均受益。

在一个自负盈亏的企业，如乡镇企业中，企业经营得好、利润高，个人收入也随之提高；企业效益差，个人收入随之降低。同样，工人甲若努力工作，不但自己收入增加，还会使企业效益提高，工人乙的收入也随之提高；反之，工人甲若消极怠工，则不但自己的收入减少，而且使企业效益下降，工人乙的收入也随之减少。另外，乡镇企业工人的收入随自己工作量的增减而增减。

资本主义社会中，社会经济的局部萧条、危机会引起整个社会的经济萧条、危机，大量企业破产，大批人口失业……，本书把诸如此类的现象称为利益的相关现象，在一个利益集合 $L=\{M_1，M_2，\cdots，M_n\}$ 中，若利益人 $M_i=(I_i，\vec{I}_i)$ 的利益追求行为，不但使其自身的利益 I_i 增殖，而且使另外的利益人 $M_j=(I_j，\vec{I}_j)$ 的利益 I_j 得到相应增殖；或者 $M_i=(I_i，\vec{I}_i)$ 的利益追求量减少，使 I_j 也相应受到损害，则利益人 M_j 对 M_i 存在相关性，I_j 在一定程度上依赖于 I_i。

同样，一个团体 $L=\{M_1，M_2，\cdots，M_n\}$ 的利益追求能带来利益人 $M_i=(I_i，\vec{I}_i)$ 的利益 I_i 相应增加，或者利益集合 L 停止、减少利益追求会使 M_i 的利益 I_i 减少，M_i 对 L 有利益相关性。利益集合之间也存在利益相关性。

我们生活在社会中，时时要与周围的人和集体发生这样、那样的联系，其中最根本的是经济关系，进而言之，是利益关系，这使得我们相互之间不可避免地存在利益相关性。

第三节　利益相关系数

设一利益人 $M_i=(I_i, \ \vec{I}_i)$，在一定的利益追求方向上产生 V_{mzi} 增量。

$\triangle X_i=\triangle V_{mzi}$，$\triangle V_{mzi}$ 带来另一个利益人 $M_j=(I_j, \ \vec{I}_j)$ 的占有物净增量 $\triangle Y_j=\triangle V_{mAj}$，或者 V_{mzi} 的任何一个减少量 $\triangle X_i=\triangle V_{mzi}$ 带来利益人 M_j 的占有物净增量的减少量，$\triangle Y_j=\triangle V_{mAj}$，本书定义：$C_{ji}=\dfrac{\triangle Y_j}{\triangle X_i}=\dfrac{\triangle Y_{mAj}}{\triangle X_{mzi}}$ 为利益人 M_j 对利益人 M_i 的利益相关系数。

在不同的利益追求方向上，C_{ji} 大小悬殊极大。如一自负盈亏的企业中，工人 M_i 的工作制造新价值 $\triangle X_i=\triangle V_{mzi}$ 会使企业利润增加，利润增加，使工人 M_j 的收入增加 $\triangle Y_j$；则 $C_{ji}=\dfrac{\triangle Y_j}{\triangle X_i}=\dfrac{\triangle Y_{mAj}}{\triangle X_{mzi}}$；若工人 M_i 去做倒爷，他倒腾数额 $\triangle X_i$，无论企业还是 M_j 从中均无获利，$C_{ji}=\dfrac{\triangle Y_j}{\triangle X_i}=\dfrac{\triangle Y_{mAj}}{\triangle X_{mzi}}$；利益相关系数必须是指定利益追求方向上的。

一个人从事某事业时，如工人 M_i 工作创价值 $\triangle X_i=\triangle V_{mzi}$，带来自己的收入增量。

$\triangle Y_i=\triangle V_{mAi}$，则他对自己该项事业的利益相关系数：

$C_{ji}=\dfrac{\triangle Y_j}{\triangle X_i}=\dfrac{\triangle Y_{mAj}}{\triangle X_{mzi}}$，当该事业为其职业时，本书称 C_{ii} 为 M_i 的职业利益相关系数。

第四节　利益集合L的特征参数

在一个利益集合L中，$L = \{M_1, M_2, \cdots, M_n\} = \{(I_1, \vec{I}_1), (I_2, \vec{I}_2), \cdots, (I_n, \vec{I}_n)\}$，本书定义：$I_L = \sum_{i=1}^{n} I_i$，即所有利益的总和为利益集合的公共利益$I_L$，占有物使用量的总和 $m_{uL} = \sum_{i=1}^{n} m_{ui}$ 为 L 的占有物使用量，$V_{uL} = \sum_{i=1}^{n} v_{ui}$ 为 L 的占有物转化速度，$V_{mAL} = \sum_{i=1}^{n} V_{mAi}$ 为利益获得速度。$\vec{I}_L = \sum_{i=1}^{n} \vec{I}_i$ 为 L 的公共利益向量。

在利益集合L中，所有利益人之间的利益相关系数的平均值：$C_L = \frac{1}{n(n-1)} \sum_{j=1}^{n} \left(\sum_{i=1}^{j-1} C_{ji} + \sum_{i=j+1}^{n} C_{ji} \right) = \frac{1}{n(n-1)} \left(\sum_{j=1}^{n} \sum_{i=1}^{n} C_{ji} - \sum_{i=1}^{n} C_{ii} \right)$。$C_L$ 为L中的利益相关系数。

利益集合L中全体利益人对L的利益相关系数的平均值 $C_L = \frac{1}{n} \left(\sum_{i=1}^{n} C_{iL} \right)$ 为L中，利益人对利益集合L的利益相关系数。

第五节　正向利益相关系数与反向利益相关系数

假设在一商业社会中，若农业收成比往年多些，这会使全社会农产品消费总量有所上升，人民受益；即农业增产量 $\triangle X_N$ 带来某利益人i的利益增量 $\triangle Y_i$；但是，人们的利益递增量并不与农业总收成正比，为什么呢？因为农产品的各种加工及各种配套生产并不能同步发展，而人们又习惯于原有的农业生产水平下的生活，一旦农产品供应量骤增，人们的消费量，从而全社会的消费总量不能骤增，农产品过剩量必然随骤增量递增。因而，消费总增量的上升幅度占农产品的总增量的比例随农产品的增产幅度的上升而下降。如我国的粮食生产的提高，若增量较少，就会为人们吸收；但若农业技术突然飞跃，粮食产量骤然暴增，则会由于畜牧、养殖等副业生产不能跟得上，粮食的提炼、加工也不能很快跟上，粮食过剩量就不能转化成肉蛋、奶、鱼；其次，人们的消费习惯的改变不是一朝一夕可完成的，需要相当的时间；因而，在短时间内，我们看到的是i对农业的利益相关系数：

$$C_{iN} = \frac{\Delta Y_i}{\Delta X} = \frac{\Delta V_{mAi}}{\Delta V_{mz}}，\quad \triangle X = \triangle V_{mz}是农业产值总增量，随\triangle X$$

递增，C_{iN}迅速递减。

相反，如果粮食生产出现减产，首先受到损害的是粮食加工、家禽、牲畜饲养、养鱼等粮食加工、转化产业及其它以粮食等农作物为原料的加工业；相应的企业因原料匮乏、昂贵而纷纷亏损、破产、大批工人失业、人民生活水平下降，肉、蛋、奶、鱼大大减少；若粮食减产很多；畜牧、家禽饲养、渔业、粮食深加工及以粮食为原料的各种工业遭受毁灭性的打击，企业纷纷破产、失业人数骤增，各产业均不可避免地要受到严重打击；整个国民经济一片萧条，人民生活水平急剧下降，饥饿现象难以控制；若粮食减产太多，粮食转化诸产业荡然无存，人民生活连最起码的充饥都无法维持，饥饿现象极其普遍，人口死亡率大增，其它产业也极度萧条、了无生机，整个国民经济急剧恶化。农业减产带来的经济灾难比它自身要深重得多，而且当$\triangle X_N < 0$时，C_{iN}随着$\triangle X_N$的增加而急剧上升。本书定义：在利益集合$L = \{M_1,$ $M_2, \cdots, M_n$中，M_i的利益追求增量$\triangle X_i > 0$，带来利益人

$M_j=(I_j，\overline{I_j})$ 的占有物增量 $\triangle Y_j$，则 $C_{ji}=\dfrac{\Delta Y_j}{\Delta X_i}=\dfrac{\Delta Y_{mAj}}{\Delta X_{mzi}}$ 为 M_j 对 M_i 的正向利益相关系数；相反，若 $\triangle X_i<0$，则 $\triangle Y_j<0$，C_{ji} 为 M_j 对 M_i 的反向利益相关系数。显然，正向利益相关系数要明显小于反向利益相关系数，但是，反向利益相关系数总是以正向利益相关系数为基础的，它与正向利益相关系数呈一定的比例关系，如果正向利益相关系数太小，反向利益相关系数同样不会有多大。

如石油增产，油价下跌，只不过使本已繁荣的化工、汽车等工业更加繁荣而已；前几年的石油危机，油价上涨，汽车、石化不景气，纷纷破产，通用、福持、克莱斯勒等汽车公司严重亏损，濒临倒闭。

归纳起来，由于社会经济发展的巨大惯性，使任何局部的快速增长不能为整个社会所接受，反造成巨大损失，从而正向利益相关系数 $C_{正}$ 随 $\triangle X=V_{mz}$ 的递增而递减，又由于社会经济的结构的"刚性"，各产业的正常的生产均是以其它产业现有的生产水平为基础，一旦一产业 i 突然减产，必然瓦解整个社会经济的基础，造成一连串的联锁反应，使经济遭受比 i 产业减产自身的损失要严重得多的灾难。人的生活也是这样，一旦汽车普及，人们就习惯于坐汽车工作、生活，而汽油的突然增产不会带来多少好处；一旦大幅度减产，许多人买不到汽油、无法开车、无法工作和生活。

这正如一座大厦，你加上些砖，不会给它带来什么，若抽掉梁柱或承重墙上的一些结构，就十分危险了，甚至轰然倒塌。

原生利益相关系数与衍生利益相关系数

利益相关系数的来源分为两种，一种是通过分配关系产生的利益相关系数，本书称为原生利益相关系数。

另一种是通过一般的交换关系等其它关系产生的利益相关系数，本书称之为衍生利益相关系数。利益人对同一资产在一定方向的利益相关系数，是该方向上二者的总和。原生利益相关系数的正反向状态变化并不大，数值比较稳定。对同一资产的原生利益相关系数的总和不会超过1。从前面的讨论可知：衍生利益相关系数在正向状态下，远远小于原生利益相关系数；但在反向状态下，衍生利益相关系数往往很大，常超过原生利益相关系数，甚至超过1。在正常微观经济活动中，原生利益相关系数一般起主要作用；在安全问题上，尤其国家、地区安全问题上，衍生利益相关系数的作用往往更大。

随着经济的商品化、社会化；各产业的分工、协作日趋发达起来，相互间依赖关系日趋深化，从而每一产业的损失带来的其它产业的毁灭性灾难就在所难免，反向利益相关系数$C_反$比正向利益相关系数$C_正$就越大。利益相关系数C随着$\triangle X$的变化的函数曲线如下图：

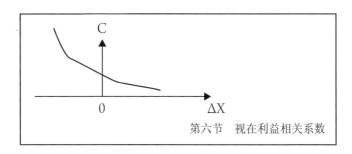

第六节　视在利益相关系数

第六节　视在利益相关系数

由于人们并不象动物那样，只看到现在，而是既着眼于过去，又很有眼光地看到未来。人们主观上感觉到的利益相关系数C，即"视在利益相关系数"与现在的利益相关系数并不相同，它是一个由过去、现在、加上未来的预期值的一个不太长时期中的平均值。这样，人们心目中的利益相关系数C_s就比实际值的变化平缓得多，由于对未来的预期值很大程度上凭过去的平均值计算，这就使C_s更少变化了。

人们习惯于过去的利益增殖速度V_{mA}、对之视而不见，当V_{mA}增加时，人们感不到它增加许多，而一旦减少，就会破坏人们的生产、生活基础，瓦解人们的利益追求基础，给人们造成巨大的恐慌，人们总是把自己的利益减少量$\triangle Y$（<0）看得比实际大得多，而对别人的$\triangle X$（<0）看得较客观，因为$\triangle Y$（<0）完全打破了自己生活的平衡，因而人们看到的利益相关系数$C_{s反}>C_{反}$。

当利益相关系数C很小时，人们往往把它忽略掉，看成零，C较大时，人们往往把它看得比实际更大。当一利益相关系数C是在M或L对周围的人、组织、事业利益相关系数中的较小的一个时，尽管它实际值不太小，仍会被看得很小；若它是其中的最大的一个或较大的一个，即使实际值较小，仍会被看得较大。C_s受C的分布的影响，这是因为人类"突出重点"的思维方式起作用；它是人类特有的认识事物的方式，即：忽略无关紧要因素、抓住重点的思维方式。这对人类十分有限的精力来说,是极为必要的。

第七节　利益侵害

在利益集合L＝{M_1，M_2，…，M_n}中，若利益人M_i的利益I_i的增加是建立在M_j的利益I_j减少的基础上，M_i与M_j的利益有排斥关系，$\overline{I}_i$追求I_i，必然损害I_j，$\overline{I}_j$保护I_j，又必然与之发生对立。

利益人M_i与M_j的排斥关系有两种：一种是$\overline{I}_i$对I_j直接掠夺；另一种是M_i、M_j间接矛盾：如某人M_i大量捕蛇，使田鼠数量激增，周围农户庄稼受害。本书称直接掠夺为利益侵害。

利益人M_i＝(I_i，$\overline{I}_i$)的利益向量$\overline{I}_i$追求的是I_i的增殖，即追求V_{mAi}，任何一种确能使V_{mAi}增殖的方向都会成为I_i的方向；当侵害别人的利益确能使自己获利时，这个方向上的利益向量就必然产生。道德对利益侵害有一定的限制作用，但对一个社会而言这种作用小得可怜。

当利益人M_i侵害M_j的利益I_j时，M_j必然会产生出利益向量对M_i反侵害，以保护自己的利益I_j。本书将M_i对M_j的利益侵害方向定义为$\overrightarrow{r_{(ij)}}$，$\overrightarrow{r_{(ij)}}$为单位利益向量，即$|\overrightarrow{r_{(ij)}}|=1$；$M_j$对$M_i$的反侵害方向为$\overrightarrow{r_{(ji)}}$，$|\overrightarrow{r_{(ji)}}|=1$，显然：$\overrightarrow{r_{(ij)}}=-\overrightarrow{r_{(ji)}}$，二者恰好相反。若$M_i$＝($I_i$，$\overline{I}_i$)的利益向量$\overline{I}_i$产生一个分量$\overline{I}_{(ij)}$侵害$I_j$，且$|\overrightarrow{r_{(ij)}}|=V_{mz(ij)}$，而$|\overrightarrow{r_{(ji)}}|=V_{mz(ji)}$为$M_j$反侵害$M_i$带来的占有物获得速度；于是：$\overline{I}_{(ij)}=V_{mz(ij)}\overrightarrow{r_{(ij)}}$，$\overline{I}_{(ij)}=V_{mz(ij)}\overrightarrow{r_{(ij)}}=-V_{mz(ij)}\overrightarrow{r_{(ji)}}$，双方的利益消耗速度分别为：$V_{mc(ij)}$，$V_{mc(ji)}$，因$V_{mz(ij)}$是从$M_j$的利益$I_j$中掠夺来的，它应计入$M_j$的利益

消耗$V_{mc(ji)}$；同样$V_{mz(i,j)}$从M_i利益I_i中来，它应计入M_i的消耗$V_{mc(ij)}$。因而，有：$V_{mz(ji)} \langle V_{mc(ij)}$，$V_{mz(ij)} \langle V_{mc(ji)}$；令$V_{mc(ij)0}=V_{mc(ij)}-V_{mz(ji)}$，则$V_{mc(ij)0}$为利益人$M_i$侵害$M_j$除去流向$M_j$的利益损耗；$V_{mc(ji)0}$是$M_j$侵害$M_i$，除去流向$M_i$的利益的净损耗。他们的利益增益：

$$V_{mA(ij)}=V_{mz(ij)}-V_{mc(ij)}=V_{mz(ij)}-V_{mz(ji)}-V_{mc(ij)0}，$$

$$V_{mA(ji)}=V_{mz(ji)}-V_{mc(ji)}=V_{mz(ji)}-V_{mz(ij)}-V_{mc(ji)0}。$$

总占有物净增殖速度$V_{mA(ij)}+V_{mA(ji)}=-[V_{mc(ij)0}+V_{mc(ji)0}]$《0。在利益侵害过程中，侵害与被侵害双方的占有物净增殖速度总和是负值，侵害与被侵害者双方的利益总和迅速减少；一般双方的利益都遭到十分严重的破坏，$V_{mc(ij)0}$、$V_{mc(ji)0}$均很大，利益侵害是利益总和锐减的过程，它不能创造任何利益，仅仅是利益急剧"消耗"的过程。

由于利益侵害使利益总和急剧减少，侵害者与被侵害者双方的利益消耗、损失均十分巨大，常常双方均无法获利、两败俱伤；而且即使一方从利益侵害中获利，由于双方利益总和锐减，也无法维持多久。因而，从总的方面来看：人们花在利益侵害上的利益向量远远小生产、经营方向上的利益向量；在一较大的利益集合L中，虽常有少量利益侵害发生，但不能维持多久，因为利益侵害总是寄生在生产经营基础之上的。

第八节　利益相关性对利益侵害的抑制

我们考察一个利益集合 $L=\{M_1，M_2，\cdots，M_n\}$，假设不同利益人之间的利益相关系数分布比较均匀，其中，利益人 M_i 对 M_j 利益侵害，M_j 反侵害，首先 M_j 利益 I_j 锐减；其次，双方在生产经营方向上的利益追求均大大减少。我们假设 $V_{mc(ij)}$ 为 M_i 侵害 M_j 的消耗、而 $V_{mc(ji)}$ 为 M_j 反侵害 M_i 的消耗，则生产经营方向的上利益追求减少量分别为 $\left(p_i'+1\right)V_{mc(ij)}$、$\left(p_j'+1\right)V_{mc(ji)}$，设另一利益人 M_k 对他们之间利益侵害上的利益相关系数分别为：$C_{k(ij)}$、$C_{k(ji)}$；生产经营方向上的利益相关系数分别为：C_{ki}、C_{kj}；显然，C_{ki}、C_{kj} 均处于反向状态，远大于正常状态时的值。则 M_k 从中获利为：$V_{mAk(ij)}=C_{k(ij)}V_{mz(ij)}+C_{k(ji)}V_{mz(ji)}-C_{ki}-C_{kj}$，我们知道：一般情况下，人们之间的利益相关系数主要分布于正常的生产经营方向上、而非利益侵害上，即一个社会中的 $C_{ki}\approx C_{kj}>>C_{k(ij)}\approx C_{k(ji)}$；则

$$V_{mAk\ (i,j)} = C_{k(ij)}\left[V_{mz(ij)}+V_{mz(ji)}\right]-C_{ki}\left[\left(p_i'+1\right)V_{mc(ij)}+\left(p_j'+1\right)V_{mc(ji)}\right]$$

$$=C_{k(ij)}\left[V_{mc(ij)}+V_{mc(ji)}-V_{mc(ij)0}-V_{mc(ji)0}\right]-C_{ki}\left[(p_i'+1)V_{mc(ij)}+(p_j'+1)V_{mc(ji)}\right]$$

$$\approx -C_{ki}\left[\left(1+p_i'\right)V_{mc(ij)}+\left(1+p_j'\right)V_{mc(ji)}\right]$$，当 C_{ki} 越大时，$V_{mAk(i,j)}$ 就越负。因而，C_{ki} 越大，M_k 产生出的抑制利益侵害的利益向量就越大，利益集合 L 中产生的抑制内部利益侵害的力量就越大；但是，当 $C_{ki}=0$ 时，$V_{mAk(ij)}=0$，没有抑制作用。

当双方势均力敌时，$V_{mz(ij)}\approx V_{mz(ji)}$，$V_{mA(ij)}=V_{mz(ij)}-V_{mz(ji)}-V_{mc(ij)0}\approx -V_{mc(ij)0}<<0$，

$$V_{mA\,(ji)}= V_{mz\,(ji)}-V_{mz\,(ij)} -V_{mc(ji)0} \approx -V_{mc(ji)0}<<0;$$ 二者均负，双方损失俱重，无一方获利。

对利益侵害最有效的抑制，就是使侵害者不但无法获利，反而损失惨重。因而，抑制利益侵害的利益向量就是产生一个 $\triangle V_{mz\,(ji)}$，使 $\triangle V_{mz\,(ji)}+V_{mz\,(ji)} \approx V_{mz\,(ij)}$ ，其方向为 $\overline{r_{(ji)}}$ 方向。

第九节　利益侵害与剥削

在社会中，习惯性的剥削不构成利益侵害。因为剥削者与被剥削者双方均认为这些被剥削的利益本来就属于剥削者的。例如，地主在惯常租率下收缴地租、资本家占有劳动者的剩余劳动等，无论是地主、资本家，还是佃农抑或雇佣工人在农民未缴租、工人未劳动之前已明白并承认：地租是地主的、剩余价值是资本家的。

但是，地主随意增加地租、强勒硬索、封建官府强迫农民服劳役，进行超经济强制就是利益侵害；资本家提高工人的劳动强度、同时又压低工人工资、延长工时等以提高剥削程度均属利益侵害。这些做法必然遭到农民、工人的强烈反对并严重损害劳动热情、损害社会经济的发展；同样，农民拒缴惯常租率下的地租、工人强迫资本家增加工资、减小剥削程度等也是利益侵害，同样不可避免地遭到地主、资本家的强烈反对和镇压。

所谓利益侵害，是用最直接方法来改变利益集合中利益人之间相对地位的一种行为。

第十节　利益人M_i的利益向量$\vec{I}_i$的分布状态

在很短的时间内，利益人$M_i=(I_i, \overline{I}_i)$的利益向量$\vec{I}_i$的方向只有一个或少数几个。但在相当长的时期内，$\vec{I}_i$的方向可以有很多。取$\vec{I}_i$在较长时间$t$内平均值$\overline{I}_{di}=\frac{1}{t}\int_0^t \overline{I}_i dt$，令$\vec{I}_i=\vec{I}$，$\vec{I}_{di}=\overline{I}_i$，则$\overline{I}_d=\frac{1}{t}\int_0^t \overline{I}_i dt$，$|\vec{I}|=V_{mz}$，$|\vec{I}_d|=V_{mzd}$，则$V_{mcd}=\frac{1}{t}\int_0^t V_{mc} dt$。假设$\vec{I}_{di}$共有$K$种利益追求方向，分别为：$\overline{I}_{(1)}^{0}$、$\overline{I}_{(2)}^{0}$、$\cdots$、$\overline{I}_{(K)}^{0}$，其中$|\overline{I}_{(1)}^{0}|=|\overline{I}_{(2)}^{0}|=\cdots=|\overline{I}_{(K)}^{0}|=1$，均为单位利益向量。在时间$t$内，它们的平均消耗分别为：$V_{mcd(1)}$、$V_{mcd(2)}$、$\cdots$、$V_{mcd(K)}$，则$\vec{I}_d=\sum_{j=1}^{K} V_{mzd(j)} \overline{I}_{(j)}^{0}$，$V_{mcd(j)}=\frac{1}{t}\int_0^t V_{mc} dt$，$V_{mcd}=\sum_{j=1}^{K} V_{mcd(j)}$，各方向上的利益获得率$p_{(j)}'=V_{mAd(j)}=V_{mzd(j)}\Big/V_{mcd(j)}-1$。而$\vec{I}_d$带来的利益递增：

$$V_{mAd}=V_{mzd}-V_{mcd}=\sum_{j=1}^{K}\{[p_{(j)}'+1]V_{mcd(j)}\}-\sum_{j=1}^{K}V_{mcd(j)}=\sum_{j=1}^{K}p_{(j)}' V_{mcd(j)}。$$

我们知道：一个利益人$M_i=(I_i, \vec{I}_i)$所能提供的利益消耗总量$V_{mcd}=\sum_{j=1}^{K}V_{mcd(j)}$是一定的，$V_{mcd}<V_{mzd}$，要提高$V_{mAd}$，唯一的办法就是调整$V_{mcd(j)}$的分布状态。

显然，将V_{mcd}更多地分布到利益获得率$p_{(j)}'$大的方向上可提高V_{mAd}，最佳的选择是：最大的一个利益获得率$p_{max}'=\max[p_{(1)}', p_{(2)}', \cdots, p_{(k)}']$，则$V_{mAdmax}=p_{max}' V_{mcd}$；事实

上，利益获得率 $p'_{(j)}$ 往往随时间、条件发生变化，这种选择只能是理想化的。

利益人 M_i 选择自己的职业时，总是选择自己更容易获利，即利益获得率 $p'_{(j)}$ 更大的方向。职业利益相关系数 $C_{ii} = \Delta V_{mAi} / \Delta V_{mzi} = p'_{(j)} / [p'_{(j)} + 1]$，利益获得率为 $p'_{(j)} = C_{ii} / (1 - C_{ii})$，职业利益相关系数 C_{ii} 越大，其职业方向上的利益获得率 $p'_{(j)}$ 越大，利益人 M_i 越努力做好本职工作；反之，其职业方向上的利益获得率 $p'_{(j)}$ 越小，职业利益相关系数 C_{ii} 越小，利益人 M_i 无心于本职工作、随时准备转行，一旦其它方向有更大的利益获得率 $p'_{(j)}$，他就有向该方向转移其利益追求的趋势，人们总是趋向于职业利益相关系数 C_{ii} 更大的职业方向。当然，职业经验、声誉和技能的积累也是需要很长时间的，因此，对个人而言，这种选择也是很有限的；但是，对人口众多的社会而言，这种选择趋势就很明显。

当从正当的途径、职业上无法获利或很难获利时，M_i 就会走向非正当途径。如果侵害别人更易于获利，M_i 就会将自己的更多的利益向量消耗于对别人的利益侵害上。

帮助别的利益人或组织获利，同样是一种极好的获利方式，但这取决于该获利方式的难易，设利益人 M_i 耗费 ΔV_{mci} 用于帮助 M_j 获利，从而产生 ΔV_{mzj}，而 ΔV_{mzj} 又带来 M_i 的利益增量 ΔV_{mAi}，则利益人 M_i 的职业利益相关系数 $C_{ii} = \Delta V_{mAi} / \Delta V_{mzi} = \Delta V_{mAi} / \Delta V_{mzj} = C_{ij}$，$M_i$ 对 M_j 的利益相关系数越大，则 M_i 就越愿意帮助 M_j 获利，在帮助 M_j 获利方向上的利益向量就越大。

利益人 M_i 从对 M_j 的利益相关关系中获利，则如果 M_j 的利益消耗速度增量为ΔV_{mcj}，它产生一个占有物获得速度增量为ΔV_{mzj}，ΔV_{mzj}又带来一个利益人M_i的利益获得速度的增量为ΔV_{mAi}，其利益消耗速度增量ΔV_{mcj}总是一定的，而由此带来的M_i利益获得速度增量$\Delta V_{mAi} = C_{ij}\Delta V_{mzj} = C_{ij}\left(p_j' + 1\right)\Delta V_{mcj}$，$C_{ij}\left(1 + p_j'\right)$越大，$M_i$获利越多，显然他总是希望利益人$M_j$的利益向量指向该方向；一般$(1 + p_j')$大致相当时，利益人$M_i$总是促使$M_j$的利益向量指向利益相关系数$C_{ij}$更大的方向，因而他总是帮助$M_j$提高在该方向获利。

如果M_i对M_j的利益相关系数C_{ij}较大，M_i对M_j的利益侵害就几乎不可能发生，因为他侵害对方利益，消耗$V_{mc(ij)}$产生$V_{mz(ij)}$，而$V_{mc(ji)}$、$V_{mz(ji)}$为M_j反侵害的消耗及获得，在C_{ij}较大的方向上减少量为：$V_{mc(ji)}$，获利为：$\Delta V_{mAi} = V_{mz(ij)} - V_{mc(ij)} - C_{ij}\left(1 + p_j'\right)V_{mc(ji)}$，而$V_{mz(ij)} = V_{mc(ji)} - V_{mc(ji)0}$，$\Delta V_{mAi} = V_{mc(ji)} - V_{mc(ji)0} - V_{mc(ij)} - C_{ij}\left(1 + p_j'\right)V_{mc(ji)} = [1 - C_{ij}\left(1 + p_j'\right)]V_{mc(ji)} - V_{mc(ji)0} - V_{mc(ij)}$。此时，$C_{ij}$处于反向状态、较平时大得多，甚至$C_{ij}>1$，$\Delta V_{mAi}$很小、甚至为负值，$M_i$不但不能使自己获利，反要遭受损害。如今天的资本主义国家中，若汽车工业对橡胶工业侵害，一方面橡胶工业反侵害、另一方面必然无力于生产、大减产量，轮胎生产必大减、供应不上，汽车工业难逃灭顶之灾。相反，若C_{ij}很小、或$C_{ij}=0$，M_i对M_j的利益侵害就可能发生。

当利益人M_i面对的对手M_j比自己的实力大得多时，即$I_j \gg I_i$、$V_{mcj} \gg V_{mci}$，从而，$V_{mzj} \gg V_{mzi}$，一般总有$V_{mz(ji)}$

$> V_{mz(ij)}$，即$V_{mA(ij)}<-V_{mc(ij)0}<<0$、侵害别人反倒使自己遭侵害，这种侵害很少发生。

相反，如果M_i实力比M_j大得多、而且C_{ij}很小时，$I_i>>I_j$、$V_{mz(ij)}>>V_{mz(ji)}$就很容易，$V_{mA(ij)}>>-V_{mc(ij)0}$，有可能使$V_{mA(ij)}>0$，这种侵害较易发生。

若利益人M_i与M_j实力相当、$V_{mz(ij)}≈V_{mz(ji)}$，则$V_{mA(ij)}≈-V_{mc(ij)0}<<0$，势必使自己利益损失、两败俱伤。这种利益侵害发生的可能性也较小。

出于追求利益的本性，人们的利益向量$\vec{I}_d$在各个方向上的分布状态与其在各方向上的利益获得率$p'_{(j)}$的分布是一致的。

第十一节　公共利益与公共利益向量

我们首先假设：在一个利益集合$L=\{M_1，M_2，\cdots，M_n\}$中，利益人之间的利益相关系数C_{ij}，平均值C_L，设其中各利益人之间利益相关系数差距不大，大致有$C_{ij}≈C_L$，$(i，j=1，n，i≠j)$，L中的利益人对外界的利益相关系数远小于C_L。

在利益集合L中，任何一个利益人$M_i=(I_i，\bar{I}_i)$，$\bar{I}_i$追求I_i的增殖，其基本方向有三个：一是从生产经营、促进经济发展方向获利或帮助其他利益人在这个方向获利，设之为$\bar{w}$方向；另一个是侵害L内其他人获利，设之为$\bar{r}_{(i)}$方向；对L外侵害为$\bar{r}_{(o)}$方向；其中，$\bar{w}$、$\bar{r}_{(i)}$、$\bar{r}_{(o)}$均为单位利益向量，即$=|\bar{w}|=|\bar{r}_{(i)}|=|\bar{r}_{(o)}|=1$。

利益人的利益向量可表达为：$\vec{I}_i = \alpha_i \overline{w} + \beta_i \overline{r}_{(i)} + \gamma_i \overline{n}_{(o)}$，$\alpha_i$、$\beta_i$、$\gamma_i$ 均为标量、且均大于或等于零：$\alpha_i \geq 0$，$\beta_i \geq 0$，$\gamma_i \geq 0$。

我们知道：L 的公共利益向量 $\vec{I}_L = \sum\limits_{i=1}^{n} \overline{I}_i = \sum\limits_{i=1}^{n} [\alpha_i \overline{w} + \beta_i \overline{r}_{(i)} + \gamma_i \overline{n}_{(o)}]$。其 $\overline{w}$ 方向一般总是使公共利益 I_L 增加、而且可以认为每一个人均是一致的；内部之间相互利益侵害 $\overline{r}_{(i)}$ 方向各人均不同，每一个 $\overline{I}_{(ij)} = \beta_i \overline{r}_{(i)i}$，都使利益人 M_j 相应产生一个反侵害向量 $\overline{I}_{(ji)}$ 与之抗衡，且由利益相关性使其他人利益人利益受损，如 M_k 的利益

$$V_{mAk(ij)} \approx C_{k(ij)} \left[V_{m\varepsilon}(ij) + V_{n\varepsilon}(ji) \right] - C_{ki} \left[\left(p'_i + 1 \right) V_{mc}(ij) + \left(p'_j + 1 \right) V_{mc}(ji) \right]$$

，其中 $C_{ki} \approx C_{kj} \approx C_L$，而 $C_{k(ij)} \approx C_{k(ji)} << C_L$，利益侵害方向上的利益相关系数总是远远小于正常生产经营方向上的，大致有 $V_{mAk(i,j)} \approx -C_L \left[\left(1 + p'_{i_i} \right) V_{mc(ij)} + \left(1 + p'_j \right) V_{mc(ji)} \right] < 0$，显然，$C_L$ 越大，$V_{mAk(i,j)}$ 越负，M_k 越会竭力阻止利益侵害，其阻止的利益向量就越大，但是，$C_L = 0$ 时，$V_{mAk(ij)} = 0$，就没有抑制作用。

利益集合 L 中产生的阻止 M_i 侵害 M_j 利益的利益向量 $\vec{I}_{L(ij)}$ 大致使：$\vec{I}_{L(ij)} + \vec{I}_{(ij)} + \vec{I}_{(ji)} \approx \vec{0}$，因为只有这样，才能保证侵害与被侵害者双方的占有物增加速度大致相等，即 $V_{mz(ij)} \approx V_{mz(ji)}$，使双方从利益侵害中均一定无法获利 $V_{mA(ij)} \approx -V_{mc(ij)0} << 0$，$V_{mA(ji)} \approx -V_{mc(ji)0} << 0$，达到制止利益侵害的目的。

内部相互利益侵害 $\overline{r_{(i)}}$ 方向的利益向量总是使公共利益I_L减少、从来不创造利益，其量越大，造成危害越大，而且其本身总是寄生于生产经营 $\overline{w}$ 或对外利益侵害 $\overline{n_{(o)}}$ 方向上的。而 $\overline{w}$ 是创造利益的方向，$\overline{n_{(o)}}$ 是可能获利的方向。一个正常运作的利益集合L中，$\overline{r_{(i)}}$ 方向的利益向量远小于其它方向，$\sum\limits_{i=1}^{n} \beta_i << \sum\limits_{i=1}^{n} \alpha_i + \sum\limits_{i=1}^{n} \gamma_i$；否则，它就会因公共利益$I_L$急剧减少而迅速走向自我毁灭。因而，正常情况下，大致有：

$$\overrightarrow{I_L} = \sum_{i=1}^{n} \vec{I}_i = \sum_{i=1}^{n} [\alpha_i \overline{w} + \beta_i \overline{r_{(i)}} + \gamma_i \overline{n_{(o)}}] \approx \sum_{i=1}^{n} [\alpha_i \overline{w} + \gamma_i \overline{n_{(o)}}] = \sum_{i=1}^{n}$$

$$\alpha_i \overrightarrow{w} + \sum_{i=1}^{n} \gamma_i \overline{n_{(o)}}, \quad |\vec{I}_L| \approx \sum_{i=1}^{n} (|\overline{I}_i| - \beta_i) = \sum_{i=1}^{n} |\vec{I}_i| - \sum_{i=1}^{n} \beta_i。$$

无论是生产经营 $\overline{w}$ 方向、还是对外掠夺 $\overline{n_{(o)}}$ 方向，均指向公共利益I_L增殖方向，也就是说：公共利益向量$\vec{I}_L$追求公共利益I_L的增殖。令 $\overrightarrow{I_L} = V_{mzL}$，$|\overline{I_L^0}| = 1$，为 L方向的单位利益向量。

利益人M_i的利益向量 $\overline{I}_i$，设在 $\overline{w}$ 与 $\overline{n_{(o)}}$ 方向上的利益消耗为$V_{mc(L)i}$、$\overline{r_{(i)}}$ 方向利益消耗为$V_{mc(i)i}$、L中利益消耗总量V_{mcL}一定、且$V_{mcL} = \sum\limits_{i=1}^{n} [V_{mc(L)i} + V_{mc(i)i}]$，$\overline{w}$ 与 $\overline{n_{(o)}}$ 方向上的利益消耗速度为：$\sum\limits_{i=1}^{n} V_{mc(L)i} = V_{mcL} - \sum\limits_{i=1}^{n} V_{mc(i)i}$，因而，公共利益向量的大小为：

$$|\overrightarrow{I_L}| = V_{mzL} \approx \left(1 + p_L'\right) \sum_{i=1}^{n} V_{mc(L)i} = \left(1 + p_L'\right)\left[V_{mcL} - \sum_{i=1}^{n} V_{mc(i)i}\right]。$$

显然，在L中，人们之间的利益相关系数C_L越大，L中利益侵害越受抑制、β_i就越小、$\sum\limits_{i=1}^{n}\beta_i$越小、$|\overrightarrow{I_L}|=V_{mzL}$就越大；反之，$C_L$越小，L中利益侵害越严重、$\beta_i$就越大、$\sum\limits_{i=1}^{n}\beta_i$越大，$|\overrightarrow{I_L}|=V_{mzL}$ 就越小。

$|\overrightarrow{I_L}|=V_{mzL}$的大小与$C_L$呈增函数关系，$C_L$越大，$|\overrightarrow{I_L}|$就越大；$C_L$越小，$|\overrightarrow{I_L}|$就越小。

在L中，令$Y_L=|\overrightarrow{I_L}|\Big/\sum\limits_{i=1}^{n}|\overrightarrow{I_i}|\approx\dfrac{\sum\limits_{i=1}^{n}(\alpha_i+\gamma_i)}{\sum\limits_{i=1}^{n}(\alpha_i+\beta_i+\gamma_i)}$；显然，$Y_L$大小取决于$\dfrac{\sum\limits_{i=1}^{n}\beta_i}{\sum\limits_{i=1}^{n}(\alpha_i+\gamma_i)}$，令$K_{iL}=\dfrac{\sum\limits_{i=1}^{n}\beta_i}{\sum\limits_{i=1}^{n}(\alpha_i+\gamma_i)}$，称之为利益集合L的内耗比，$K_{iL}$越大，L中利益侵害越严重，利益集合L整体力量削弱越严重，K_{iL}大到一定程度L就会迅速崩溃。$Y_L=\dfrac{1}{K_{iL}+1}$，称为L的一致性系数，它表示利益集合L的稳定程度，Y_L越大，L越稳定；反之，Y_L越小，L越不稳定。K_{iL}决定于C_L，是C_L的减函数；Y_L是C_L的增函数。它们的函数曲线如下图：

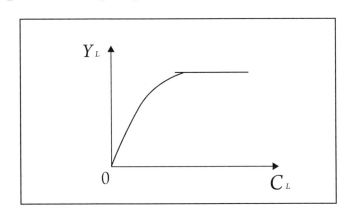

在利益集合L中，抑制利益侵害的向量为$\overline{I}_{L(ij)}$，其利益消耗速度$V_{mcL(ij)}$来源于L中的利益消耗速度总量V_{mcL}，因而，减少了公共利益向量$\overline{I}_L$其他方向的分量，事实上，正是公共利益向量$\overline{I}_L$抑制L中的利益侵害。

公共利益向量$\overline{I}_L$追求公共利益I_L，必然要抑制利益集合L中的利益侵害。但抑制力量的大小取决于$\overline{I}_L$的强弱，若$\overline{I}_L$较弱，就无法产生足够的抑制力量；相反，$\overline{I}_L$较强大，就可以产生出足够大的利益向量抑制内部利益侵害。一致性系数Y_L是公共利益向量$\overline{I}_L$强弱的表征量：一致性系数Y_L越大，抑制利益侵害的力量就越大、利益集合L的整体力量就越大；反之，一致性系数Y_L越小，越无力抑制L中的利益侵害、利益集会L的整体力量就越小。

在这里，我们记利益集合为：L=(I_L，$\overline{I}_L$)，公共利益向量$\overline{I}_L$追求公共利益I_L的增殖。

庞大的满清军队在英帝国的远征军面前溃不成军。历史学家大骂清庭腐败无能；恩格斯以为是由于："没有按欧洲方式加以划分、装备和教练，……，采用欧洲式的操典，……，培养出欧洲式的纪律，……，采用欧洲式的战术和战略。"(《马克思恩格斯选集》第二卷)。

事实上，军事装备和技术的落后，仅仅是部分原因。试想：数千英国士兵，跨越半个地球，既没有后勤、又没有援兵。如果面对的是齐心协力、一致对外的数亿中国人口，无论如何都很难取胜，即使侥幸获得几场军事胜利，要想成功实现殖民统治，都是不可能的。

英国人成功的根本原因，是一盘散沙式的封建经济中，人们之间的利益相关系数C_L过分低下，社会公共利益向量$\overline{I_L}$过分微弱，产生出无法遏制的内斗，甚至出现大批出卖民族利益的汉奸，整个国家毫无凝聚力。相反，在资本主义的英国中，商品经济高度发达，分工、协作十分发达，内部经济联结紧密，利益相关系数C_L较大，尤其反向利益相关系数C_L反很大，公共利益向量$\overline{I_L}$极其强大，内耗被强有力地抑制住。从外部看上去，整个英帝国浑然一体，相比较起来力量就大多了！

卵石相击，胜负立判！

第十二节　利益的层次

在上一节中，我们首先假设利益人之间的利益相关系数大致相当，实际情况又如何呢？

事实上，在一个利益集合L中，每一个利益人与周围的利益人经济上的联系是极不均衡的，人们总是与自己"近"的利益人比离自己远的利益人要密切；与自己家庭成员的联系要比自己所在企业或机关的联系深刻得多；与本企业的人联系要比外部的多得多，……，与本国人民的联系要比与外国人的利益关系密切。每一个利益人与外界的利益相关系数的分布极不均衡，由经济上联系的多到少，以与"距离"成反比的方式变化—这里的距离是指经济上的联系的疏远程度—以资本主义社会中情况为例，C_{L1}为家庭内的利益相关系数，C_{L2}为企业内成员间利益相关系数，C_{L3}为企业外与本城市民间的利益相关系数……，则$C_{L1} \gg C_{L2} \gg C_{L3} \gg \cdots \gg \cdots$，在利益集合中，利益相关系数的分布显然极不均匀，但可按C_{ij}的大小分成许多层次，将利益人分成许多群体。

在第一个层次中，可分成n_1个利益子集合，每一个子集合中的利益相关系数C_{L1}最大，且内部人们之间的利益相关系数分布较均匀，如社会中的各个家庭。再以第一层次中的n_1个利益子集合为单位，划分出利益相关系数C_{L2}（各子集合之间）远小于C_{L1}，又远大于彼此间的利益相关系数C_{L3}的n_2个大些的利益集合，在第二层次中的每一个利益集合中，各第一层次利益集合之间利益相关系数C_{L2}十分接近；同样，又有第三层、第四层……，使$n_1 \gg n_2 \gg n_3 \gg \cdots$，$C_{L1} \gg C_{L2} \gg C_{L3} \gg \cdots$

不妨举个例子：设一利益集合L中共有20个利益人，他们之间的利益相关系数为：M_1、M_2、M_3、M_4之间均为0.7；M_5、M_6、M_7、M_8之间为0.65；M_9、M_{10}、M_{11}、M_{12}、M_{13}、M_{14}间为0.71；M_{15}、M_{16}、M_{17}、M_{18}间为0.63；M_{19}、M_{20}间为0.8；M_1、M_2、M_3、M_4一组成员与M_5、M_6、M_7、M_8一组间的成员利益相关系数均在0.2～0.25之间，平均0.22；M_9、M_{10}、M_{11}、M_{12}、M_{13}、M_{14}与M_{15}、M_{16}、M_{17}、M_{18}一组间为0.1～0.15，平均0.13；M_1、M_2、M_3、M_4，M_5、M_6、M_7、M_8与M_9、M_{10}、M_{11}、M_{12}、M_{13}、M_{14}，M_{15}、M_{16}、M_{17}、M_{18}与M_{19}、M_{20}成员之间利益相关系数为0.02～0.025间，平均0.022。

则第一层中共有$n_1 = 5$组：分别为：$L_{11} = \{M_1, M_2, M_3, M_4\}$，$C_{L11} = 0.7$；$L_{12} = \{M_5, M_6, M_7, M_8\}$，$C_{L12} = 0.65$；$L_{13} = \{M_9, M_{10}, M_{11}, M_{12}, M_{13}, M_{14}\}$，

$C_{L13}=0.71$；$L_{14}=\{M_{15}, M_{16}, M_{17}, M_{18}\}$，$C_{L14}=0.63$；$L_{15}=\{M_{19}, M_{20}\}$，$C_{L15}=0.8$。

第二层次中共有$n_2=3$，$L_{21}=\{L_{11}, L_{12}\}$，$C_{L21}=0.22$；$L_{22}=\{L_{13}, L_{14}\}$，$C_{L22}=0.13$；$L_{23}=\{L_{15}\}$，$C_{L23}=0.8$。

第三层次中共有$n_3=1$，$L=L_{31}=\{L_{21}, L_{22}, L_{23}\}$，$C_L=C_{L3}=0.022$。

显然：$Y_{L1}\gg Y_{L2}\gg Y_{L3}\gg\cdots\gg Y_L$；

$K_{iL1}\ll K_{iL2}\ll K_{iL3}\ll\cdots\ll K_{iL}$；

$C_{L1}\gg C_{L2}\gg C_{L3}\gg\cdots\gg C_L$。

人们对整个集合L的利益相关系数$C_L=\dfrac{1}{n}\sum_{=1}^{n}\dfrac{\Delta V_{mAi}}{\Delta V_{mzL}}$，$\Delta V_{mzL}=\sum_{j=1}^{n}\Delta V_{mzj}$，$C_{ij}=\dfrac{\Delta V_{mAj}}{\Delta V_{mzj}}\approx C_L$，所以$\Delta V_{mzj}\approx\dfrac{\Delta V_{mAj}}{C_L}$，故

$C_L^{'}\approx C_L$。故有：$C_{L1}^{'}\gg C_{L2}^{'}\gg\cdots C_L^{'}$。

牛顿在其《光学》中天才地预见到："物质的最小粒子以最强大的吸引力结合到一起，并组成较大的但力量较弱的粒子；许多这样的粒子又结合在一起并组成更大的但力量也更弱的粒子；这样继续下去，直到获得最大的粒子为止，化学作用和天然的物体的颜色都要依靠这些粒子，它们再结合成大得足以感觉到的物体"，利益的层次性也正是如此。我们将Y_{Li}看成各层次L_i中的"吸引力"指数，将K_{iL}看成L_i内部"斥力"指数。

牛顿又写到："这些坚固的原始粒子，较之任何由它们所组成的有孔隙的物体来说是无比坚硬的"，"是任何普通

的力量所打不开的"，同样道理，低层次的利益集合较之由它们组成的高层次的利益集合也是"无比坚硬的"、"打不开的"；如封建社会中男耕女织、相依为命，家庭中的利益相关系数C_{L1}非常大，Y_{L1}很大；相反，整个社会中各家庭、各地区之间联系甚少，利益相关系数C_L非常小，Y_L很小；人们普遍重家不重国，家庭极难破坏，国家却常灭亡。

在从较大的层次来研究利益集合时，正如物理学中将物体看成没有大小、只有质量的"质点"一样，我们将更低层次的利益子集合看成一个整体，称为"利益点"，从外部来看：利益点的利益追求行动是统一的。

当我们研究L中第i层次的利益子集合L_i时，取（i-1）层次的、构成的利益子集合为"利益点"记为P，$P_j = L_{i-1} = (I_{i-1}, \overline{I_{i-1}})$，$L_{i-1}$中公共利益$I_{i-1}$，$L_{i-1}$公共利益向量$\overline{I_{i-1}}$，令$I_{pj} = I_{i-1}$，$\overline{I_{pj}} = \overline{I_{i-1}}$，故有$P_j = (I_{pj}, \overline{I_{pj}})$，若其中共有k个利益点，则$L_i = \{P_1, P_2, \cdots, P_k\}$。$P_j$是研究$L_i$的基本单位，此时不再涉及$L_i$内部诸层次、诸利益人的情况。

在第一层次L_1中，C_{ij}分布均匀，有$C_{ij} \approx C_L$，可满足《第十一节》的条件；在第二层次L_2中，分布极不均匀《第十一节》推论似乎不能成立，但是，将L_1看成利益点后，就大为改观了，各利益点间相关系数较均匀，使前述推论可成立。同样，第三、四层⋯⋯依此类推。

显然，前述利益人的种种研究成果可以毫不保留地用于利益点上。

一利益集合$L = \{P_1, P_2, \cdots, P_k\}$，$P_j = (I_{pj}, \overline{I_{pj}})$，

$I_L = \sum_{j=1}^{k} I_{pj}$，$\overline{I_L} = \sum_{j=1}^{k} \overline{I_{pj}}$；利益点 P_k、P_j 之间的利益相关

系数 $C_{kj} = \dfrac{\Delta V_{mApk}}{\Delta V_{mzpj}}$，$\Delta V_{mzpj}$ 为 P_j 的利益追求的速度增量，

ΔV_{mApk} 为 ΔV_{mzpj} 带来的 P_k 的利益增殖速度增量，而

$C_L = \dfrac{1}{k(k-1)} \sum_{j=1}^{k} \sum_{i=1}^{k} C_{ij} - \dfrac{1}{k(k-1)} \sum_{i=1}^{k} C_{ii}$ 为 L 中的利益相关系数。

C_{ij} 总是大致均匀的。

同样，$Y_L = \left| \sum_{j=1}^{n} \overline{I_{pj}} \right| \Big/ \sum_{j=1}^{n} \left| \overline{I_{pj}} \right|$ 是 L 中的一致性系数，

$k_{iL} = \dfrac{\sum_{j=1}^{k} \beta_{pj}}{\sum_{j=1}^{k} \alpha_{pj} + \sum_{j=1}^{k} \gamma_{pj}}$ 为 L 中的内耗比。

以后凡提到 L 中的 C_L、Y_L、K_{iL} 均是指以利益点为基础的、利益相关系数 C_{ij} 较均匀的情况。

利益的相关关系的存在，使人们由个人利益追求外化为对公共利益 $I_L = \sum_{j=1}^{k} I_{pj}$ 的追求、对利益侵害的抑制；而利益层次的存在又使人们产生出家庭的利益追求、企业的利益追求、地方利益追求、国家利益追求……诸如此类。并由此产生出保护本集体的利益不受侵害的利益向量；越向内部层次，利益追求越强烈，这就形成了"本位主义思想"。

第十三节　利益组织与剥削

一个利益人M_i所能产生的利益向量$\vec{I}_i$是十分有限的，而且在一定时间内只能有一个、或很少的几个方向。当利益人M_i的利益向量$|\vec{I}_i|=V_{mzi}$达到一定值时，就无法再增加了；此时，无论其利益消耗速度V_{mci}有多大，也无法再增加了；因而，$V_{mAi}=V_{mzi}-V_{mci}$只能是一个十分有限的值。

许多利益追求需要的利益向量十分巨大，远非一个人或少数几个人能完成，为了实现利益追求，人们必须组成一定的组织，这一组织是为实现同一利益追求而建立的，本书称之为利益组织。

利益组织，也是一种利益集合，由前面的研究我们知道：利益组织：$L_g=\{M_1,M_2,\cdots,M_n\}$，其间人们之间的利益相关系数$C_{Lg}$及人们对组织的利益相关系数$C'_{Lg}$越大，组织的力量$\vec{I}_{Lg}$就越大；$C'_{Lg}$越小，$\vec{I}_{Lg}$就越小。显然，利益组织要实现其目的，必须有足够大的C_{Lg}、C'_{Lg}。

利益相关系数C_{Lg}、C'_{Lg}越小，其一致性系数Y_{Lg}就越小、其内耗比K_{iLg}就越大，内耗越严重、利益组织效率越低、甚至走向崩溃。

利益相关系数C_{Lg}、C'_{Lg}、内耗比K_{iLg}、一致性系数Y_{Lg}是衡量利益组织L_g优劣的极重要的指标。

由于每个利益人所能单独实现的利益追求种类十分有限，极大地限制了人类的利益追求。伴随着经济的发展，出现了原始分工，商品交换的出现与发展又极大地推进了分工的发展，这极大提高了利益组织追求利益的效率、并极大地提高了组织内人们之间的利益相关系数，奇迹般地提高了一致性系数 Y_{Lg}，一致性系数 Y_{Lg} 甚至超过 1！即：组织力量超过了个人力量的总和！

家庭、企业、军队、国家等都是利益组织。

我们每一个人的力量都十分有限，要实现较大的追求目标光靠自己是不行的，必须建立一个组织，而组织成功的秘诀就是提高相互间的 C_{Lg}、个人对组织的利益相关系数。

在一定社会条件下，一个利益人 M_i 凭自己力量所能实现的占有物获得速度 V_{mzi} 受他所处的社会生产力发展水平及其个人的知识、智慧、力量决定，当其占有物获得速度达到最大值 V_{mz0} 时，无论利益消耗速度 V_{mci} 怎样增加，他靠自己一个人的力量就无法使占有物获得速度 V_{mzi} 提高了。因而，个人所能产生的利益获得速度 $V_{mAi} = V_{mzi} - V_{mci}$ 就必然受到限制。

另一方面，一利益人 M_j，如果他除了自己的劳动力之外、很少有其他占有物，自己能提供的利益消耗速度 V_{mcj} 太小，因而，依靠这一点点利益消耗速度所能产生的利益获得速度 $V_{mAj} = V_{mzj} - V_{mcj}$ 必然很小、甚至不足以维持生计。

M_i 当然不会心甘情愿将自己的多余的占有物奉送给 M_j；同样，M_j 也不会情愿将自己的劳动力无偿交给 M_i。

然而，双方为追求利益，利益人 M_i 需 M_j 的劳动力、M_j 需要 M_i 的多余的占有物以提供利益消耗速度 V_{mcj}。于是，双方就很容易发生交换关系，M_i为M_j提供V_{mcj}、M_j又为M_i提供V_{mAi}。这就是剥削，即利益人M_i通过占有M_j的劳动来实现自己的利益追求，而利益人M_j最终得到的要比他劳动创造的利益获得速度V_{mA}要少。

一切利益均由劳动创造，不同的利益人劳动所能单独形成的最大占有物获得速度V_{mzi}相差不大，如果没有剥削，他们的利益差距无法维持；因而，剥削是维持利益人之间悬殊的利益和利益转化速度V_{mu}的十分重要的方式。

利益人M_i追求自己的利益，就离不开被剥削者M_j；M_j为追求自己的利益也离不开M_i的多余占有物，这样。他们就构成了一个奇异的利益组织。剥削是一种交换关系，而不是一种利益侵害，它是剥削者与被剥削者双方自愿的，不具备强制性。

剥削是一种"经济的"关系，它能有效地促进经济的发展。如在资本主义社会中，资本家剥削工人的剩余价值，大量用于积累和新技术开发、推动经济的迅速发展。没有剥削，就没有资本积累，就没有资本主义社会经济发展的动力，也就没有现代文明。因而，剥削是资本主义社会经济组织的基础。

任何一种强制性的占有别人劳动的行为均属利益侵害，它不是剥削。如奴隶主占有奴隶的全部劳动，这是一种极其残酷的利益侵害，造成了奴隶与奴隶主之间永恒的敌对关系；地主与农民间有一定剥削关系，但他们对农民的超经济强制、强迫农民服劳役、任意加收地租等，均属利益侵害。

剥削是一种十分稳定的利益关系，因为剥削与被剥削者双方均心甘情愿、相互依存；利益侵害则不然，它的维持必须建立在强烈的人身依附的基础之上的。如奴隶一旦离开奴隶主，就摆脱了被掠夺、奴隶主就失去了掠夺的机会和权力；奴隶主生怕奴隶逃跑，总是将他们拴在自己的庄园里；封建领主也总是千方百计地将自己的农奴束缚在土地上、唯恐他们离开。利益侵害对侵害者来说，再好不过，但对被侵害者来说，却无法忍受。利益侵害总要引起侵害与被侵害者之间的斗争、严重损害经济、阻碍社会经济发展，即使"革命"也不例外。

在很大程度上，利益侵害造成了不同利益人之间最初的利益的巨大差异；但剥削又是维持这种差别的必不可少的条件。

有了人们对利益的追求、有了不同利益人之间利益的悬殊，就必然产生了剥削。

剥削，是迄今为止，人类的一种极其重要的经济组织形式。

第十四节　阶级与阶级利益向量

在利益侵害等作用下，不同的利益人M_i与M_j所拥有的占有物数量m_i、m_j之间的差别越来越大，以致于$m_i \gg m_j$，过于悬殊。占有物数量的巨大差异，产生了剥削，而剥削又强有力地维持这种差距，使利益消耗速度$V_{mci} \gg V_{mcj}$、利益获得速度$V_{mAi} \gg V_{mAj}$、占有物转化速度$V_{mui} \gg V_{muj}$、占有物获得速度$V_{mzi} \gg V_{mzj}$在人们之间产生巨大差距。

在一个利益集合L中，若L={M_1，M_2，…，M_n}，其不同利益人的利益出现普遍而又稳定的数量悬殊，即贫富分化，其中一部分人的利益占有量I_i远远超过了另一部分人的利益量I_j，则我们可以按人们的利益量（占有物数量）来划分出不同的利益子集合：G_1={M_{11}，M_{12}，…，M_{1k1}}，G_2={M_{21}，M_{22}，…，M_{2k2}}，…，G_q={M_{q1}，M_{q2}，…，M_{qkq}}，其中$k_1 + k_2 + \cdots + k_q = n$，其中每一个$G_2$利益子集合中（i=1，2，…，q），人们之间利益差别较小，取其中最大的I_{imax}，最小的I_{imin}，$I_{imax} \approx I_{imin}$。不同的子集合中利益人之间利益差别巨大，有$I_{1max} << I_{2min}$，$I_{2max} << I_{3min}$，…，$I_{(q-1)max} << I_{qmin}$。本书称L划分为$G_1$，$G_2$，…，$G_q$为利益等级，高等级中利益人比低等级中利益人要富裕得多。

利益人M_i侵害利益人M_j，则他由此获利$V_{mA(ij)} = V_{mz(ij)} - V_{mc(ij)} = V_{mz(ij)} - V_{mz(ji)} - V_{mc(ij)0}$。

当M_i、M_j为同一等级时，他们所能提供的$V_{mc(ij)}$与$V_{mc(ji)}$大致相当，$V_{mc(ij)} \approx V_{mc(ij)}$，而$V_{mz(ij)} \approx V_{mz(ij)}$。

因而，一般说来$V_{mA(ij)} \approx -V_{mc(ij)0} << 0$，$V_{mA(ji)} \approx -V_{mc(ji)0} << 0$；$M_i$、$M_j$获利几乎不可能，因而，一般情况下，利益人$M_i$不会去主动去侵害本等级的利益人$M_j$。

当M_j比M_i等级高时，极大的可能是$V_{mc(ji)} >> V_{mc(ij)}$，则$V_{mA(ij)} << -V_{mc(ij)0} << 0$，侵害损失更大，反遭侵害，这种可能更少发生，但抢劫和盗窃、绑架等最可能发生的是低等级对高等级的，因为这样是他们做同样的事获利的最大方向，发生的频度与贫富分化程度呈增函数。

只有当M_j比M_i等级低时，很大可能是$V_{mz(ij)} \gg V_{mz(ji)}$，则，$V_{mA(ij)} \gg -V_{mc(ij)0}$有获利的可能。

因而，在一社会中，利益侵害发生最多的是高等级与低等级间的，因为这是一条最有可能获利的侵害。而在同一等级中，利益侵害要少得多。

同整个社会相比，同一等级G_j中的内耗比

$$K_{iGj} = \frac{\sum\limits_{i=1}^{Kj} \beta_i}{\sum\limits_{i=1}^{Kj} \alpha_i + \sum\limits_{i=1}^{Kj} \gamma_i}$$ 要小得多，其一致性系数Y_{Gj}也就大得多

了；$K_{iGj} \ll K_{iL}$，$Y_{Gj} \gg Y_L$。在整个社会中，由于不同等级间极其广泛而又深刻的利益侵害，使得内耗比K_{iL}很大，一致性系数Y_L就小得多了。

由各等级之间的利益侵害，使各等级形成自己的、较大的保护自己利益的公共利益向量$\overline{I_{Gi}}$，相应就有$\overline{I_{Gi}}$保护其公共利益I_{Gi}，而等级形成微妙的利益组织$G_i = (I_{Gi}, \overline{I_{Gi}})$。

不同等级间的利益侵害，使同一等级内利益相关系数处于反向状态，因而相对大大提高，使人们产生维护本等级利益的意识。

不同等级的存在是以剥削或利益侵害为基础的，而剥削又总是较高等级对较低等级的。我们按剥削与被剥削的关系划分开来，就形成了"阶级"。

剥削与被剥削阶级的利益量悬殊巨大，这使得剥削与被剥削阶级之间的利益侵害要比本阶级内的侵害要多得多、

深刻得多；因而，就形成了阶级利益向量 $\overline{I_G}_{剥}$、 $\overline{I_G}_{被}$； $K_{iG剥}$ <<K_{iL}， $Y_{G剥}$>>Y_L； $K_{iG被}$<<K_{iL}， $Y_{G被}$>>Y_L。 $G_{剥}$=($I_{G剥}$， $\overline{I_G}_{剥}$)， $G_{被}$=($I_{G被}$， $\overline{I_G}_{被}$)。

无论是等级还是阶级利益主体、利益向量都是由利益侵害造成的，因而是极不稳定的，一旦等级、阶级发生变化或消失，阶级利益向量 $\overline{I_{Gi}}$ 随之瓦解。利益侵害缓和， $\overline{I_{Gi}}$ 随之减弱。

剥削对阶级利益向量的增减无直接作用。现代资本主义社会中，由于人们之间的利益相关系数日益提高，利益侵害无论是在本等级、阶级内，还是在不同等级、阶级间均日趋减弱，趋于消亡，从而使人们之间的等级敌对关系、意识、阶级意识大为削弱，对立也走向缓和。

第十五节　利益向量大小的运算法则

利益向量与数学和物理学中的向量计算方法不同，利益向量的运算只有加，没有减、乘、除。

利益向量A、B之间有三种关系：正交、同向、反向，定义与运算法则如下：

1、正交：A与B的目的没有直接关系，则：$|A+B|=|A|+|B|$。

2、同向：A与B的目的相同，都是推进同一事件向同一方向发展，则：$|A+B|=|A|+|B|$。

3、反向：A与B目的相反，分别推动一事件向相反方向

发展，则：|A+B|=||A|-|B||，方向为：|A|、|B|中较大的那个的方向。如：对一件事件持相反意见的双方；一对利益侵害与反侵害利益向量等。对同一事件，支持与反对的利益向量方向恰好相反，即使双方之间没有利益侵害，但是向量和的大小是支持方向利益向量模值的代数和与反对方向利益向量模值代数和的差值的绝对值，如果差值是正，就说明向量和指向支持的方向，事件向成功方向发展；反之，差值是负，就说明向量和指向反对的方向，事件向失败方向发展。

　　对于利益集合的公共利益向量，由于内部利益侵害不能带来公共利益任何增加，因此，在计算利益向量和时，不计算内部利益侵害向量（$\overline{r_{(i)}}$方向），只计算生产经营方向$\overline{w}$和

对外利益侵害方向$\overline{n_{(o)}}$利益向量，计算方法$\overrightarrow{I_L} = \sum\limits_{i=1}^{n} \overline{I_l} = \sum\limits_{i=1}^{n} [\alpha_i \overline{w}$

$+\beta_i \overline{r_{(i)}} + \gamma_i \overline{n_{(o)}}]$，$|\overline{I_l}| = \sum\limits_{i=1}^{n} (\alpha_i + \gamma_i) = \sum\limits_{i=1}^{n} (|\overline{I_i}| - \beta_i) = \sum\limits_{i=1}^{n} |\overline{I_i}| - \sum\limits_{i=1}^{n} \beta_i$。

　　一个利益人M的利益向量假如有n个方向的分量：$\overline{I}$

$= \sum\limits_{i=1}^{n} \overline{I_i}$，其中，$|\overline{I}_i| = V_{mzi}$，则占有物获得速度的总量为

$V_{mz} = \sum\limits_{i=1}^{n} V_{mzi}$，又$|\overline{I}| = V_{mz}$，故其利益向量的大小为各个方向

上的利益向量大小代数和，即$|\overline{I}| = \sum\limits_{i=1}^{n} |\overline{I}_i|$。

第三章 利益向量与生产方式

第一节 利益向量追求生产力的发展

人们的一切利益，从根本上来说，都来自于自然界，因而是从生产经营中获得的，即从 $\vec{w}$ 方向得到。

一个与外界没有或很少有利益侵害关系的利益集合L，其公共利益只能来源于生产、经营，即 $\vec{w}$ 方向，内部的利益侵害只能使其公共利益I_L迅速瓦解，即 $\overline{I_L} \approx \vec{w}\sum_{i=1}^{n}\alpha_i$。

一个由很少的几个利益人组成的利益集合，如海盗、土匪、奴隶贩子等，可以完全凭借掠夺、偷盗获利，但他们必须寄生于上万乃至几十万倍于他们人数的人的艰苦劳动之上的；一个人数较多、规模较大的利益集合L，其利益转化量太大，很难找到足够的寄生源、加上要受到竭力反击、剿杀，很难维持。由于掠夺需要的利益消耗非常巨大，给掠夺与被掠夺双方造成的经济损失非常严重，它至多只能是经济的一种补充、附属，而绝不能持久。因而，人口数量大的社会，必须主要依靠其内部的生产经营来获利，而不能靠对外掠夺。即使以侵略、掠夺而著称的古希腊、罗马，也不能不主要依靠国内的生产供给，而且他们掠夺的主要目标还是作为劳动力的奴隶人口。对外掠夺的利益向量大小远远小于生产经营方向的量，即 $\sum_{i=1}^{n}\gamma_i \lll \sum_{i=1}^{n}\alpha_i$，因而公共利益向量主要分布于生产经营获利方向，而不是掠夺方向，即 $\overline{I_L} \approx \vec{w}\sum_{i=1}^{n}\alpha_i \approx \vec{w}\,|\overline{I_L}|$。

在社会L=(I_L，$\overline{I_L}$)中，单位劳动时间内劳动者人均生产经营方向上产生的利益向量的大小w，本书定义为社会L中的劳动生产率；社会L中共有利益人n个，其中劳动者m个，则，w越大，人们的劳动效率越高；反之，w越小，人们的劳动效率越低。社会L中人均利益追求量$\dfrac{V_{mzL}}{n}$=w$\dfrac{m}{n}\dfrac{t_w}{t}$，$\dfrac{t_w}{t}$为劳动时间$t_w$与总时间t比值，$\dfrac{t_w}{t}$难以提高，设$K_t=\dfrac{t_w}{t}$，$K_t$为常数；$\dfrac{m}{n}$为社会中从事劳动生产的人口m与总人口n的比值，最大值为1，也不易提高；唯w似乎可以"无限"提高。因而，对人均利益追求量$\dfrac{V_{mzL}}{n}$的追求必然转化为对劳动生产率w提高的追求，即追求劳动生产率w的提高。劳动生产率w是一个社会中生产力水平的最真实、最准确的标志。

第二节　社会发展的动力

马克思主义认为：生产力决定了生产关系、生产关系又决定了上层建筑，从而确定了生产力在人类社会发展中"第一动力"的至高无上的地位，即所谓的：生产力是社会发展的源泉、社会发展的根本动力。

那么，生产力发展的原因是什么呢？是什么力量推动了生产关系顺应生产力的发展、变革？又是什么力量使上层建筑适应、保护生产关系？

为什么无论是无知、野蛮的原始人，还是具有高度文明、高度智慧的现代人都如此热切地按生产力发展的需要改造自然、改造社会？生产力，到底是什么使其具有如此巨大的诱惑力呢？！

如果我们把人类社会看成一只巨大的黑箱，几乎可以立即得出结论：是阳光普照带来了人类生存和发展的动力！

然而，这甚至无法使我们将人类与动物、植物界区分开来，尽管它们有天壤之别。社会生产力不象植物那样，阳光一照就生长起来、就能为植物提供生存所必须的养料。无论是人类已经创造的、还是正在创造的文明都早已远远超出了作为"动物"的人的生理需求，用动物消极"适应生存"解释人类社会生产力发展原因是极其荒谬的。

不妨作一个有趣的假设：剩余产品出现后，原始人不愿再追求利益，他们就绝不会向文明迈出一步，他们甚至连喝酒、酿酒都学不会；饱食终日的人们绝不可能想起用剩余产品去交换自己所缺乏的产品；人们更不可能想起要增添劳动力、不可能出现战俘奴隶、债务奴隶；人类就无法跨入文明时代的大门。

没有利益追求，我们完全可以将汽车砸了、公路毁坏、铁路扒掉、桥梁炸断、电厂烧毁，使城市变成废墟，把高楼夷为平地……，把人类一切现代文明毁得干干净净，绝不会有人阻拦；相反，能生出这些耗尽千千万万人毕生心血的东西，难道不令人觉得不可思议吗？！

生产力的发展，就是人们的利益的增殖；利益的增殖仅仅是利益追求的结果；生产力本身只不过是人们从自然中获取利益的能力，无论是其存在还是发展，只能是人类利益追求的结果；尤其生产力的发展，哪怕是极其微小的进步，都不能不依赖于人的艰苦努力。

积极追求利益的思想是人类社会发展的极其强大的内在驱动力，而利益向量是生产力发展的直接动力。生产力成为"最活跃、最革命"的因素，只不过是人们的利益追求的结果。

没有人类的利益追求，就没有人类的一切！利益追求对生产力发展的决定性作用确立了它在人类一切社会活动中的"第一动力"的地位。**对利益的追求是人类社会中一切社会性现象的产生及社会发展的根本原因。本书称之为"利益动力原理"**，正如牛顿第二定律在牛顿力学中所处的地位一样，"利益动力原理"是《经济学的力学原理》的支柱。

第三节 公共利益向量与生产关系

生产关系是人类社会中的一种最普遍的、相对固定的经济、利益关系，是一个社会中最基本的利益组织形式，它包括三个方面：一是生产资料的所有制形式；二是劳动力的所有制形式；三是产品的分配和掠夺方式。事实上，前两条决定了分配方式、剥削或掠夺方式，而分配方式又强有力地维持了这种生产资料和劳动力的所有制方式。在奴隶社会中，奴隶主占有一切生产资料和奴隶的劳动力，对奴隶实行极端残酷、彻底的利益侵害，一切劳动产品归奴隶主所有；劳动产品的分配方式又反过来维持了奴隶主拥有一切并占有奴隶的所有制形式；封建社会中，封建领主占有绝大多数土地并占有农奴的部分劳动力、农奴拥有少量份地，封建领主剥削农奴的劳动并对他们进行利益侵害—超经济强制。资本主义社会中，资本家掌握了绝大多数生产资料，工人占有自己的劳动力，资本家剥削工人的剩余价值，进行资本积累，这又维持了资本家对生产资料的占有。

马克思主义认为：生产关系一定要适合生产力的性质，当生产关系适应生产力发展时，它就稳定；生产关系不适合生产力的发展时，生产力就会要求打破旧的生产关系、建立新的生产关系。

人类社会的历史证实了这一规律。那么，当生产关系适合生产力发展时，是什么力量维持它的稳定？生产关系阻碍生产力发展时，又是什么力量将它打碎的呢？又是什么力量将人类社会引入一种新的生产关系之中的呢？

仍然是公共利益向量 $\overline{I_L}$！公共利益向量 $\overline{I_L}$ 追求社会生产力的发展，当生产关系确能适应生产力的发展时，任何一种生产关系的变化都会产生强烈的利益侵害，必然引起社会的大动荡，给社会经济造成毁灭性的打击。因而，公共利益向量 $\overline{I_L}$ 必然要抑制这种侵害，竭力去维持生产关系的稳定。这时，就表现为整个社会的超稳定状态，生产力稳步发展，整个社会繁荣升平。

相反，一旦生产关系不再适应生产力发展，公共利益向量 $\overline{I_L}$ 在追求生产力发展方向上无法获利，社会发展日趋停滞、甚至下降。为追求公共利益 I_L，公共利益向量 $\overline{I_L}$ 必然转移方向，不再保护现有生产关系的稳定；当人们终于找到一种新的、确能有效地推动生产力发展的生产方式时，公共利益向量 $\overline{I_L}$ 就必然转而支持新的生产关系、打破旧的生产关系，新的生产关系因而日益取代旧的生产关系而建立起来。（在本章第十六节中，将详细讨论这一过程。）

第四节　国家的产生

在利益集合 $L=\{P_1，P_2，\cdots，P_n\}$ 中，若利益分布得较均匀：$I_{P1}\approx I_{P2}\approx I_{P3}\approx\cdots\approx I_{Pn}$，且 $\overline{I_{P1}}\approx\overline{I_{P2}}\approx\cdots\approx\overline{I_{Pn}}$，各利益点之间的利益相关系数 C_L 较小，$\overline{I_L}$ 远不足以抑制 L 中广泛存在的利益侵害，各利益点之间的利益侵害无法避免地愈演愈烈、贫富分化越发严重，其中极少数利益点不断征服其它利益点，使自己的利益不断膨胀；相互斗争，最后其中一个利益点 P_i 的利益 I_{Pi} 在公共利益 I_L 中占据了足够的比例，$K_{Pi}=\dfrac{I_{Pi}}{I_L}$ 达到充分大，使 L 中没有任何其它的利益点可以与之抗衡；而 $\overline{I_{Pi}}$ 也因而膨胀到足够大，$K_{\overline{I_{Pi}}}=\dfrac{V_{mzPi}}{V_{mzL}}$ 达到充分大，$\overline{I_P}i$ 几乎完全控制了公共利益向量 。

利益点 $P_i=(I_{Pi}，\overline{I_{Pi}})$ 的实力达到顶点，必然凌驾于利益集合 L 中其它利益点之上，它控制了公共利益向量 $\overline{I_L}$，从而上升为统治利益集团，$\overline{I_{P1}}$ 成为统治利益向量，I_{Pi} 统治利益。记 $R=P_j$，$I_R=I_{Pi}$，$\overline{I_R}=\overline{I_{Pi}}$，于是有：$R=(I_R，\overline{I_R})$。

在一定社会中，$K_R=\dfrac{I_R}{I_L}$ 只能是一个小于 1 的、不能超过一定值 K_{Rmax} 的值，若超过 K_{Rmax}，就会使广大的被统治者无法生存，造成社会混乱、阻碍社会经济发展，从而反使公共利益I_L减少；统治利益I_R直接来源于公共利益I_L，依附于公共利益I_L，公共利益I_L减少，就会使统治利益I_R减少，瓦解统治利益向量$\overline{I_R}$，从而瓦解其统治。统治利益向量$\overline{I_R}$追求统治利益I_R的提高，必然要追求公共利益I_L的提高，因而要抑制利益点之间的利益侵害、保护公共利益I_L、保持其自身的强大优势、抵制外来利益侵害。这样，统治利益向量$\overline{I_R}$中的相当部分硬化为维持其自身统治、抑制社会内利益侵害并抵制外来侵害、对外侵害的机构，即国家；国家是一种维护现存经济制度，抑制人们之间的利益侵害、保护内部不受外来侵害的工具。

在一个利益相关系数C_L相当大的利益集合L中，公共利益向量$\overline{I_L}$已足够强大，足以抑制社会内部的利益侵害；但是，还没有强大到完全消灭利益侵害的地步，即还不够充分大。空有一个无形的公共利益向量$\overline{I_L}$不足以及时地抑制社会中的利益侵害，也远不能对外防御、掠夺。必然地，公共利益向量$\overline{I_L}$的一部分转化为统治利益向量$\overline{I_R}$，形成国家，负责随时抑制内部利益侵害和对外防御、侵略。

统治利益向量$\overline{I_R}$抑制社会内部的利益侵害，目的在于获得、维持其统治利益I_R，因为统治利益是寄生于公共利益I_L之上的利益。

第五节　专制政治

所谓专制政治，就是国家的一切重大决策与政治行动均由极少数人决定、操纵，为极少数人的利益服务。在一个社会中，如果其公共利益向量 $\overline{I_L}$ 比较弱小、依附于统治利益向量 $\overline{I_R}$；相反，统治利益向量 $\overline{I_R}$ 相当强大、足以控制公共利益向量 $\overline{I_L}$ 的方向，即要求 $\overline{I_L}$ 与之保持方向一致。统治利益向量 $\overline{I_R}$ 追求其统治利益 I_R，必然挟制公共利益向量 $\overline{I_L}$ 追求其统治利益 I_R、为其统治利益 I_R 服务。

在社会L中，若利益相关系数 C_L 很小，其公共利益向量 $\overline{I_L}$ 必然脆弱，无法抑制L中广泛而深刻的利益侵害，统治利益点R=$(I_R，\overline{I_R})$ 在利益侵害过程中，必然使自己的利益膨胀到很大，K_R 达到顶点，统治利益向量 $\overline{I_R}$ 强大到登峰造极，社会中没有任何力量与之匹敌，完全左右、控制了公共利益向量 $\overline{I_L}$，$\overline{I_L}$ 强烈依附于 $\overline{I_R}$，政治决策势必由统治利益向量 $\overline{I_R}$ 支配，极少数人操纵了一切。

L中人们之间的利益相关系数 C_L 很小，那么，在这种条件下：统治利益集团R如何获得较大而又稳定的统治利益向量 $\overline{I_R}$ 呢？作为一个利益组织，统治利益集团R必须有远高于 C_L 的利益相关系数 C_R；否则，它就显得很弱，甚至不堪一击，强大的统治利益向量 $\overline{I_R}$ 无法获得，更谈不上保持。

统治利益集团R中成员拥有很高的特权；一方面，他们的人均利益 $I_{Rd}=\dfrac{I_R}{n_R}$，社会L中人均利益 $I_{Ld}=\dfrac{I_L}{n}$，$I_{Rd}>>I_{Ld}$，其中 n_R 为R中成员数，n 为L中人数；另一方面，他们凭借手中无可匹敌的统治利益向量 $\overline{I_R}$ 对人民进行单方向的利益侵害，由于 $\overline{I_R}$ 无可匹敌，也就没有一种力量能抑制这种利益侵害。

在社会L中，利益人 M_i 的利益 I_i 增减与 I_L 的增减没有多大关系，即 I_i 不依附于 I_L，ΔV_{mAi} 与 ΔV_{mzL} 不成正比，

$$C_L^{'} = \frac{\Delta V_{mA}}{\Delta V_{mzL}} \ll \frac{1}{n} \frac{\Delta V_{mAL}}{\Delta V_{mzL}} = \frac{1}{n} \frac{P_L^{'}}{1 + P_L^{'}} \text{。}$$

相反，统治利益集团 R 中的利益人凭借特权对社会进行掠夺，他们掠夺依赖整体力量 $\overline{I_R}$ 进行，其超级利益 I_{Rd} 与统治利益 I_R 基本上成正比，且关系极密切，即

$$C_R \approx C_R^{'} = \frac{1}{n_R} \frac{\Delta V_{mAR}}{\Delta V_{mzR}} = \frac{1}{n_R} \frac{P_R^{'}}{1 + P_R^{'}} \text{，而 } P_R^{'} \geq p_L^{'} \text{——否则，}$$

若 $P_R^{'} \langle p_L^{'}$，统治利益点的利益和利益向量在社会中比例会

迅速下降，失去统治力量——，因而，$C_R \approx C_R^{'} \geq \frac{1}{n_R} \frac{P_L^{'}}{1 + P_L^{'}}$，

$n \gg n_R$，$C_R \gg C_L$，$C_R \gg C_L$，由于特权的存在，使 C_R 相对于 C_L 大大提高。统治利益集团 R 内部的人的超级利益完全来源于统治利益向量 $\overline{I_R}$ 的作用，而 $\overline{I_R}$ 又依附于 I_R；I_R 增加，则 $\overline{I_R}$ 力量强化，特权提高、强化、巩固，使人均统治利益 I_{Rd} 增加；人均统治利益 I_R 减小，则 $\overline{I_R}$ 随之衰弱，特权必随之减弱、统治趋于没落、超级利益 I_{Rd} 必急剧下降；如果统治利益 I_R 急剧下降、$\overline{I_R}$ 急剧下降、统治行将崩溃、超级人均统治利益 I_{Rd} 随之瓦解，特权亦不复存在；饱受统治集团侵害的公众，必然趁机侵害 R 中成员，使 I_{Rd} 降到比 I_{Ld} 更低的水平。因而，C_R 呈反向状态，更大。

对一般社会 L 中成员而言，其个人利益 I_i 与公共利益 I_L 无关；只有统治集团中成员，才有 I_i 强烈依附于 I_R。因此，其内耗比 $K_{iR} \ll K_{iL}$，一致性系数 $Y_R \gg Y_L$，$\overline{I_R}$ 显然实力强大、相

对稳定。R中成员间利益相关系数C_R较社会中的利益相关系数C_L大大提高，统治集团R内部团结比R外的人要紧密得多，出现"官官相护"的局面。

在社会L中利益相关系数C_L极低下的情况下，空有较高的C_R、C_R'尚不足以使R中成员关心公共利益I_L、使他们自觉抑制L中的利益侵害，统治也就无法实现。显然，必须使R中的成员对社会L有较高的利益相关系数C_{RL}。我们知道，在一定社会中，统治利益在公共利益中所占的比例$K_R = \dfrac{I_R}{I_L}$，只能达到小于1的一个十分有限的常数K_{Rmax}，可视为一定值。由于K_R较大，而R中成员对L的利益相关系数

$$C_{RL} = \frac{\Delta V_{mAR}}{\Delta V_{mzL}}\frac{1}{n_R} = \frac{K_R \Delta V_{mAL}}{\Delta V_{mzL} n_R}, \text{ 而 } C_L \approx C_L' = \frac{\Delta V_{mA}}{\Delta V_{mzL}} \ll \frac{1}{n}\frac{\Delta V_{mAL}}{\Delta V_{mzL}}$$

，$C_{RL} / C_L \gg \dfrac{n}{n_R}K_R$，$I_{Rd} \gg I_{Ld}$，即$\dfrac{K_R I_L}{n_R} \gg \dfrac{I_L}{n}$，故$K_R \gg \dfrac{n_R}{n}$，则有$C_{RL} \gg C_L$。

我们知道：统治利益集团R中的人均利益获得速度V_{mARd}远超L中人均获得速度V_{mALd}，$C_{RL} \gg C_L$。显然，特权使统治利益I_R寄生于公共利益I_L，统治利益集团的统治利益向量$\overline{I_r}$更多地追求公共利益I_L，与公共利益向量$\overline{I_L}$有更多的一致性。

显然，特权是实现专制统治的必不可少的条件。尽管特权为提高C_R、C_R'、C_{RL}提供了一条路径，可实现专制统治，但C_L、C_L'的低下，使以此为基础的C_R、C_R'、C_{RL}仍然很小；统治集团R内部的利益侵害也无法避免。

统治集团R内的利益侵害又使R中的一个利益点P_{Rj}实

力达到最大，K_{PRj}达到很高，$K_{\overline{I_{PRj}}} = |\overline{I_{PRj}}| / |\overline{I_R}|$也很高，此时，再对R进行侵害，就势必瓦解其统治，使I_{PRj}也瓦解，于是$\overline{I_{P_{Rj}}}$停止对R的侵害，上升为凌驾于R之上的二级统治利益集团R_2，$R_2 = P_{Rj}$。通过对R的特权实现其C_{R2}、C_{R2}、C_{R2R}的提高，以及C_{R2L}的提高，$C_{R2} >> C_R$，$C_{R2} >> C_R$，$C_{R2R} >> C_R$，$C_{R2L} >> C_{RL} >> C_L$。$\overline{I_{R2}}$抑制R中的利益侵害，以保证$\overline{I_R}$稳定、强大及I_R的提高，实现其统治。$I_{R2d} >> I_{Rd} >> I_{Ld}$。

同样的原因，C_{R2}、C_{R2}、C_{R2R}仍不够大，又会有R_3、R_4⋯

最后到R_m，R_m中只有一个利益人，他就是最高统治者，或称帝王。因为若是有两个帝王，相互难免又要斗争，只能剩一个。

这样，就形成了特权等级制度，高等级对低等级拥有特权，一级比一级特权大；$\overline{I_L}$依附于$\overline{I_R}$，$\overline{I_R}$依附于$\overline{I_{R2}}$，，⋯⋯，$\overline{I_{R(m-1)}}$依附于$\overline{I_{Rm}}$。

内耗比$K_{iL} >> K_{iR} >> K_{iR2} >> \cdots >> K_{iRm}$，

一致性系数 $Y_L << Y_R << \cdots << Y_{Rm}$。

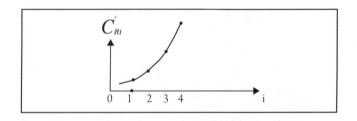

越向高等级，相对越稳定，利益侵害越少；越向低等级，越不稳定，利益侵害越严重。专制政治的实现依赖于特权等级的存在、帝王的存在。高等级对低等级的单方向的利益侵害是形成这一特权等级所必不可少的。

专制政治是一种极不稳定的政治制度，任何一种非正常秩序的力量的膨胀，都意味着对统治秩序的破坏，都要引起广泛的利益侵害、社会动荡，为帝王、整个统治集团乃至社会所忌讳。最高统治集团不稳定，也必然由高到低地引起各等级的动荡，利益和特权的重新分配，甚至可能瓦解统治集团。因此，翦除对自己统治构成威胁的力量以及生出接班人是专制统治者及统治集团高层的极端重要的政治活动，这正是专制政治下社会安定的必不可少的条件。

在社会L中，利益相关系数C_L、C_L较大，但公共利益向量$\overline{I_L}$依附于统治利益向量$\overline{I_R}$，而I_R、K_R、$\overline{I_R}$均很大的情况下，政治也必然是专制的。

在专制政治中，统治者如同牧羊人，而被统治者如同一群绵羊，统治者保护他们，因为他们是统治者的财产；但牧羊人总是要喝羊奶、吃羊肉、穿羊皮的；否则，他们就不会去牧羊、更不会去保护羊了。

第六节　民主政治及其形成条件

所谓民主，就是社会的一切重大决策与政治行动均服从于多数人的意愿，因而必然服从于多数人的利益。

我们知道：一切决策与政治行动都有支持它的利益向量与反对它的利益向量，这项决策与行动之所以能通过并付诸实施，是因为它的支持力量明显地大于反对力量。

在社会L中，统治者总是追求他们的统治利益I_R，而人民追求他们自己的利益I_L。当在一项决策或行动上，统治利益集团R对公共利益I_L有较大的相关系数C_{RL}时，统治利益向量$\overline{I_R}$追求统治利益I_R，也就必然追求公共利益I_L；此时,专制政治的决策与民主政治的决策及行动大致是等效的。如无论是统治者，还是人民都希望经济发展，在经济发展过程中，希望社会安定，等等。然而，在许多情况下，统治利益I_R与人民利益发生冲突，如统治集团R追求自己的特权；而公众希望抑制这种特权。此时，要想让决策、政治行动服从于人民的利益，唯一的路径是：公共利益向量$\overline{I_L}$的大小远远超过统治利益向量$\overline{I_R}$的大小，公共利益向量$\overline{I_L}$充分强大、充分独立，完全不依赖于统治利益向量$\overline{I_R}$，统治利益I_R依赖于公共利益I_L，从而统治利益向量$\overline{I_R}$依赖于公共利益向量$\overline{I_L}$，受公共利益向量$\overline{I_L}$的左右。

公共利益向量$\overline{I_L}$不依赖于统治利益向量$\overline{I_R}$，只有在它强大到足以抑制社会中利益侵害时，才有可能。否则，利益侵害必然造出一个强大无比的统治利益向量$\overline{I_R}$来支配公共利益向量 。而公共利益向量$\overline{I_L}$也只有在社会中人们之间的利益相关系数C_L、C_L'大到一定程度时，才能抑制住利益侵害。

显然，民主实现的第一个条件是：社会中，人们的利益相关系数C_L、C_L'足够大。

在一些社会中，尽管人们之间的利益相关系数C_L、C_L'较大，但统治利益I_R在公共利益I_L中占据的比例K_R很大、甚至公共利益I_L依附于统治利益I_R，从而公共利益向量$\overline{I_L}$依附于统治利益向量$\overline{I_R}$，$\overline{I_L}$的方向受统治利益向量$\overline{I_R}$支配，始终保持与$\overline{I_R}$方向一致。

政治民主的另一个条件就是$\overline{I_R}$足够小，公共利益I_L独立于统治利益I_R，公共利益向量$\overline{I_L}$则独立于统治利益向量$\overline{I_R}$；相反，统治利益I_R依附于公共利益I_L；统治利益向量$\overline{I_R}$受$\overline{I_L}$控制，必须保持与$\overline{I_L}$方向的一致。

只有当统治利益I_R依附于公共利益I_L时，即统治利益集合R对社会L的利益相关系数C_{RL}充分大时，统治利益向量$\overline{I_R}$才会追求公共利益I_L，一切政治决策与行动才可能按照人民的意愿，服从于人民的利益。

在民主制度下，公共利益向量$\overline{I_L}$充分强大，足以抑制社会中的一切利益侵害，统治利益向量$\overline{I_R}$此时仅仅成了它的一个分量，公共利益向量$\overline{I_L}$无须依赖统治利益向量$\overline{I_R}$，社会秩序也无须依靠特权等级来维系；相反，由于特权等级制度是对人民的严重利益侵害、损害了公共利益I_L，必然为公共利益向量$\overline{I_L}$所坚决抵制。因而，一切特权等级制度均被粉碎并日趋消亡。

在一个社会中，当人们之间的利益相关系数C_L、C_L'比较大，同时统治利益向量$\overline{I_R}$也很大，公共利益向量$\overline{I_L}$并没有完全独立于统治利益向量$\overline{I_R}$之外，但它却日益壮大、独立起来，尽力削弱统治利益向量$\overline{I_R}$并日益摆脱统治利益向量$\overline{I_R}$的束缚。这往往要引发一场革命。如西欧的资产阶级革命就是因为公共利益向量$\overline{I_L}$迅速成长、并竭力抑制统治利益向量$\overline{I_R}$，粉碎其特权等级专制。

在民主政治中，尽管公共利益向量$\overline{I_L}$充分强大，足以抑制社会中的利益侵害，但为了执行抑制利益侵害任务、保障人民权利、协调社会内部利益关系、统一对外关系、防止并抵御外来侵略及侵略别国，这一切都需要有一个政府、一个统治利益向量$\overline{I_R}$存在。

首先，统治利益向量$\overline{I_R}$必须依附于公共利益向量$\overline{I_L}$、服从于公共利益I_L、始终与公共利益向量$\overline{I_L}$保持方向一致。这就要求统治利益I_R完全依赖于公共利益I_L，统治利益集团R的利益I_R绝不能存在于公共利益I_L之外，即在社会中，不能有独立的、政府直接经营的经济；否则，统治利益集团R就会有公共利益I_L之外的独立的利益I_R，从而使统治利益向量$\overline{I_R}$偏离对公共利益I_L的追求。在资本主义社会中，社会财产由不同的资本家占有，政府没有或很少有自己独立的经济，使统治利益I_R几乎完全来源于税收，依附于公共利益I_L，统治利益向量$\overline{I_R}$完全依附于公共利益向量$\overline{I_L}$。

光有这些还远远不够，怎样才能确保统治利益向量$\overline{I_R}$与公共利益向量$\overline{I_L}$方向的一致性呢？！必须确立普选制度，通过选举产生政府首脑—总统、首相或总理，通过普选产生出立法机构：议院。由于政府首脑、立法机构议员有很高的薪水、优厚的待遇、崇高的荣誉，竞争者非常多，这就极大地提高了他们对自己职业的利益相关系数，而普选制度又迫使他们不得不对人民负责、追求公共利益I_L，一旦他们严重违背了人民的意愿、损害了公共利益I_L，人民就会对他们失去信任，其政府就要倒台，政府首脑甚至要进监狱，无论是高薪还是优厚的待遇、崇高的荣誉转瞬即逝；相反，如果他们顺从民意、极力发展经济并卓有成效，就会取得连任、利益得到巩固、待遇和荣誉提高。

普选、竞选制度、给予统治者较大的利益，使他们对公共利益I_L的利益相关系数处于反向状态而大大提高，确保统治利益向量$\overline{I_R}$与公共利益向量$\overline{I_L}$方向上的一致。

任何一个统治利益向量$\overline{I_R}$，总是希望追求它的统治利益I_R，它总是尽可能地追求自己的特权、专制，如果统治利益向量$\overline{I_R}$过度膨胀，在公共利益向量$\overline{I_L}$中占据主导地位，它就会日益操纵公共利益向量　，侵害公共利益I_L，破坏民主，竭力实行专制。因而，必须严格控制统治利益向量$\overline{I_R}$的大小，使之不至于威胁到民主的实现。这一方面要严格控制统治者的收入来源，使其统治利益I_R远小于公共利益I_L；另一方面，在统治集团内部建立相互制约的力量，以削弱其力量$\overline{I_R}$，通过立法、执政、司法三权的独立运行实现三种权力的相互牵制，避免权力的过分集中，以削弱其统治利益向量$\overline{I_R}$，使统治者的力量$\overline{I_R}$受到限制，更加依赖于公众的支持，保证跟随$\overline{I_L}$的方向。

仅仅三权分立是远远不够的，必须避免高层次的政府对低层次政府、社区的利益侵害，避免中央集权制度的产生，因而，必须在社会政治生活中实行广泛的分权，各级政府各司其权、相互独立、相互牵制，首脑、议员分别由各自所在的社区普选产生，只对宪法和本社区人民负责，不对高层次政府负责。

必须建立完善、发达的法制，以保障民主和抑制利益侵害。

光有这些还不够，人民必须掌握充分的新闻自由，掌握多数的舆论工具，以实现对政府、立法、司法机关的快速、准确而有效的监督，制约他们的行为，确保民主的实现。

但是，普选、竞选、分权、法制、新闻监督仅仅是民主的结果和表现，并不是民主的原因；民主的真正保障在于足够大的C_L、C_L'和较分散且分布较均匀的社会财产的所有权，使$\overline{I_L}$强大而独立、$\overline{I_R}$弱小而依附于$\overline{I_L}$；否则，任何民主只能是虚幻和欺骗。

在一个社会中，尽管有足够大的C_L、C_L'，但若财产贫富分化过于悬殊，极少数人掌握绝大多数社会财产，那么，公共利益向量$\overline{I_L}$中绝大部分将由极少数富人掌握，民主仅仅是这少数富人的，因而是相对的、很有限的；社会的民主化程度的提高很大程度上取决于社会财产所有权的分散化、社会化程度的提高；另一方面，取决于利益相关系数C_L、C_L'，尤其反向利益相关系数$C_{L反}$、$C_{L反}'$值的提高。

第七节　法制与人治

公共利益向量$\overline{I_L}$要求社会经济能稳定发展，迫切地要求抑制社会内部广泛存在的利益侵害；必然要求及时、准确、快速、有效地抑制内部利益侵害。

我们知道：在利益侵害中：若利益点P_i对P_j进行侵害，$V_{mz(ij)} \gg V_{mz(ji)}$；此时，抑制利益侵害的唯一办法是公共利益向量$\overline{I_L}$中的反侵害向量$\overline{I_{L(ij)}}$帮助$P_j$反侵害；否则，就是帮助$P_i$侵害，非但不可能抑制利益侵害，反而加重利益侵害。其次，必须使$V_{mz(ij)} - V_{mz(ji)} - V_{mzL(ij)} \approx 0$，即$\overline{I_{L(ij)}} + \overline{I_{(ij)}} + \overline{I_{(ji)}} \approx \overline{0}$，如果$V_{mzL(ij)}$过小，$V_{mz(ij)} \gg V_{mz(ji)} + V_{mzL(ij)}$仍成立，$P_i$对$P_j$仍然进行侵害，此时：$V_{mAi} \gg -V_{mc(ij)0}$，它既有可能超过零，又有可能小于零，即仍有可能因此而获利，或不损失任何利益；而$V_{mAj} \ll -V_{mc(ji)0} \ll 0$，因此而损失很多利益，利益侵害非但无法遏止，反而有可能因此而加剧。相反，若$V_{mzL(ij)}$过大，$V_{mz(ij)} \ll V_{mz(ji)} + V_{mzL(ij)}$，$V_{mz(ij)} \ll -V_{mc(ij)0} \ll 0$，$P_j$因此而受到极大的损害，而$V_{mAj} \gg -V_{mc(ji)0}$，有可能使$P_i$因此而获利，从而加剧对$P_j$的侵害，无法抑制利益侵害。

抑制利益侵害唯一有效的办法是使：$V_{mz(ij)} - V_{mz(ji)} - V_{mzL(ij)} \approx 0$，$V_{mAi} \approx -V_{mc(ij)0}$，$V_{mAj} \approx -V_{mc(ji)0}$，双方均无从中获利的可能，反倒要遭受巨大损失，必然罢手，利益侵害被迅速抑制。

综上所述：公共利益向量$\overline{I_L}$要想迅速而有效地抑制利益侵害，唯一的办法就是使$\overline{I_{L(ij)}} + \overline{I_{(ij)}} + \overline{I_{(ji)}} \approx \overline{0}$。也就是说：要求抑制利益侵害的反侵害向量$\overline{I_{L(ij)}}$无论大小还是方向都是一定的，它仅仅取决于$\overline{I_{(ij)}}$、$\overline{I_{(ji)}}$的大小和方向，$\overline{I_{(ij)}}$的大小和方向不能依个人的主观意志为转移；为实现这一目标，必须建立一整套的制度和执行机构以确保利益侵害能被及时、恰当地处理，从而最有效、最迅速地抑制住，这实质上就是法制。

显然，法制是公共利益向量$\overline{I_L}$所迫切追求的、是公共利

益向量 $\overline{I_L}$ 的产物，它依附于公共利益向量 $\overline{I_L}$。

然而事实上，在公共利益向量 $\overline{I_L}$ 较弱小，且依附于相对强大的统治利益向量 $\overline{I_R}$ 的情况下，统治利益向量 $\overline{I_R}$ 完全操纵了公共利益向量 $\overline{I_L}$，掌握了社会上一切生杀大权。统治利益向量 $\overline{I_R}$ 首先追求的只能是其统治利益 I_R，对社会进行利益侵害，以实现其特权；另一方面，强大的统治利益向量 $\overline{I_R}$ 的存在本来就依赖于建立在对社会以及统治利益集团内部的单向利益侵害基础上的特权等级专制制度，没有这些，它就会因内部的利益相关系数 C_R、C_L'、C_{RL}…的急剧下降至 C_L 而走向瓦解。因此，此时的统治利益向量 的存在是以利益侵害为基础的。

法制所追求的是抑制、制裁一切利益侵害，显然不仅要严重地损害统治利益集团的特权，甚至要瓦解统治利益向量 ，从而瓦解其统治，这无疑是统治集团 R 的大敌。因而，统治利益向量 $\overline{I_R}$ 必然要否定法制、要求保护其等级特权专制、保护其超级统治利益 I_R、仅仅允许对人民进行单方向的一定水平下的利益侵害，并极力抑制人民的反侵害、严厉打击、加倍惩罚胆敢触犯官僚特权的人民，即要求利益侵害的处理完全由统治者的主观意志、需要决定，这就形成了人治。人治本身就是特权，它依附于统治利益向量 $\overline{I_R}$，是统治利益向量 $\overline{I_R}$ 的产物，也是统治利益向量 $\overline{I_R}$ 强于公共利益向量 $\overline{I_L}$、专制政治的外在体现。一个社会中，政治是专制的，必然实行人治；反之，亦然。在一个社会中，利益相关系数 C_L、C_L' 很小，远不足以抑制社会中的利益侵害时，必然实行人治。

统治者要求维护统治的稳定，必然也要求抑制社会内部的利益侵害，因而，人治往往有时也能限制统治集团成员对人民的利益侵害，使之不至于太严重；它严厉打击人民对统治者的侵害。然而，无论如何，人治都是对人民的一种利益侵害，它充满了统治者的私欲和主观任意性、是特权等级制度的集中体现，它常常不但无法抑制利益侵害、反而会加剧利益侵害。广大人民有否定人治、建立法制的要求。

在一个社会中，公共利益向量$\overline{I_L}$日趋上升时，就必然会对利益侵害、尤其是统治者对人民的特权、利益侵害发起越来越猛烈的进攻；当公共利益向量$\overline{I_L}$战胜了统治利益向量$\overline{I_R}$并完全控制了统治利益向量$\overline{I_R}$时，人治就被废除，法制被确立并日益完善起来；出现独立于政府之外的立法、司法，因为政府追求的仅仅是人治，而非法制；法制的建立只能在政府之外。西方资产阶级革命，确立了立法、司法、执政三权鼎立的制度。法制取代人治，是公共利益向量$\overline{I_L}$征服统治利益向量$\overline{I_R}$的必然结果。

法制是一个社会中迅速抑制利益侵害，保障人民民主权力的最强有力的武器。由于法制是公共利益向量$\overline{I_L}$的组成部分、同时又是统治利益向量$\overline{I_R}$的克星，依靠统治利益向量$\overline{I_R}$绝没有建立的可能；如果一个国家的"法制"是由政府建立、依附于政府、在政府的领导之下时，它至多不过是披了件"法制"外衣的人治。法制独立于政府之外、不受任何政党、政治势力的领导、操纵，它仅仅依附于公共利益向量$\overline{I_L}$，为公共利益I_L服务，受公共利益向量$\overline{I_L}$的支配。

法制是人民的，人治是统治者的。

社会的法制的公正程度取决于社会的民主化程度，越民主，法制越公正；反之，越不公正、越走向人治。

第八节　自然道德与强制道德

在社会中存在着两种道德，一种道德对多数人而言，可以十分自觉地遵守，它的形成是极其自然的，本书称之为"自然道德"；另一种道德对多数人而言，是一种强迫，人们并不心甘情愿地接受，它们违背了人的本性，如禁欲主义、封建礼义等，本书称之为"强制道德"。

一个社会的道德中的"自然道德"的范围是极为有限的，超出了这一范围，任何道德或作为强制道德，或者就根本无法成立。那么，一个社会中的自然道德是如何产生的呢？事实上，自然道德是人们从追求个人利益的本性出发形成的道德，因而是个人利益向量的产物。自然道德之所以能够维持下去，是由于人们发现遵守它对自己更有利。如资本主义社会中，人们普遍恪守信誉，因为只有这样做，才能赢得信誉，才有可能成功；否则就会失去信誉、无立足之地。在原始社会中，人们互敬互爱、互相帮助，是由于每个人的生存都依赖于集体的力量，只有这样，才能生存下去；否则，每个人都会死亡。在战争中，人们变得慷慨无私、勇于献身，也是如此。

在不同的社会中，自然道德的范围是截然不同的。一个社会中，人们之间的利益相关系数C_L越高，自然道德的覆盖面就越广、越深，自然道德越发达、越高尚；反之，人们之间的利益相关系数C_L越低，自然道德的覆盖面越窄、越浅，自然道德越衰弱、贫乏。与封建时代相比，资本主义社会的人们就更注重公共利益I_L、公共事业，尤其对外战争爆发时，封建国家的人只顾自己、四分五裂，资本主义社会的人们之间的凝聚力就大得多了。大公无私的品质在原始社会是一种自然道德，尽管这种道德适用的范围极为狭小，而在迄今为止的其它社会中根本无法形成，因为原始社会中的利益相关系数C_L、$C_L^{'}$远大于今天。

强制道德对多数人而言，严重背离了他们的利益，对他们构成利益侵害，不为人们甘心接受，如多数人对封建等级尊卑、禁欲主义就是这样。

强制道德的产生与维持必须以其背后强大的利益向量的支持为基础，要求支持它的利益向量超过反对它的利益向量；否则，就成为泡影。

强制道德违背了多数人的个人利益，被多数人自觉或不自觉地反对，而它的产生与维持又必须依赖于超过这多数人构成的反对力量的强大的支持力量。也就是说，由极少数人构成的利益向量超过了多数人构成的利益向量；换句话说：公共利益向量$\overline{I_L}$的方向受极少数人支配，显然，这只有在专制社会才能发生；在民主社会中，是完全不可能的。在专制社会中，公共利益向量$\overline{I_L}$相对弱小，受统治利益向量$\overline{I_R}$支配；统治利益向量$\overline{I_R}$如此巨大，几乎可以操纵一切；这恰恰是产生强制道德的必不可少的土壤。

封建社会中，强制道德极其广泛而又深刻地存在着，它依赖于统治者对人民的强迫来推行、维持。

自然道德发乎人们的本性，是"自然发生的"、无须任何强制；每个人生来就懂得追求自己的利益，也就很容易懂得遵守自然道德。自然道德从来就不是道德教育的结果，它仅仅是人们之间利益相关性的产物。在美国，根本没有"道德教育"，人们同样普遍地遵守职业道德、恪守信誉、乐于助人。日本的道德教育据说很成功，那么它的内容是什么呢？日本人在很小的时候就被告知：日本是个穷国，土地稀少、资源匮乏、人口众多、粮食无法自给，每个人都必须努力工作、拼命出口，换取资源和粮食；否则大家就要饿死。这根本不是道德说教，而是摆出事实，让大家认清现实，提高相互间视在利益相关系数和人们的职业利益相关系数，使日本国民的团队精神得以发扬光大，使日本人的职业道德举世闻名。

与此截然相反的是：强制道德的存在完全依赖于道德说教，因为它是强加于多数人头上的，如封建社会中国的儒教礼义，西方中世纪的禁欲主义道德。中国的封建时代，道德说教发展到了空前绝后的程度，等级尊卑观念渗透到每一个文化领域。有人或许对封建道德中崇拜古人、死人、竭力提倡孝道大惑不解。事实上，这是一种极为巧妙的借助死人、古人的力量推行"万古不变"的封建伦理道德的手法；另一方面，树立父母、师长的绝对权威，可以将统治者煞费苦心建立起来的道德代代相传；否则，若人们不尊父母、师长，谁也不会听从父母、师长的道德说教，统治者殚精竭虑地杜撰、费尽口舌地说教而推行的道德势必毁于一旦，根本就无法传给年轻一代。

为了建立强制道德，统治者无所不用其极，他们采用宗教欺骗，借助"上帝"的力量，鼓吹"不修今世，修来生"，以"上天堂"为诱饵，用"下地狱"来恫吓，强制推行禁欲主义、封建特权等级关系。事实上，一切强制道德都是依赖于对人民的欺骗、愚弄来实现的。不难理解：让人们接受与自己的利益相背离、摧残人性的思想不靠欺骗还能靠什么呢？

在一个社会中，能真正稳定地、持久地起作用的是自然道德，而不是强制道德。社会的进步，各阶层、各阶级力量对比的变化都要引起强制道德的变化和混乱。社会的发展、经济的社会化，使公共利益向量 $\overline{I_L}$ 日趋强大，以致于摆脱统治利益向量 $\overline{I_R}$ 的支配；而强制道德也因违反了人们的本性、损害人们的利益、伤害了社会经济的发展动力，必然被公共利益向量 $\overline{I_L}$ 所粉碎。自然道德却要稳定得多。

无论是自然道德还是强制道德，都与公共利益向量 $\overline{I_L}$ 的方向一致，是公共利益向量 $\overline{I_L}$ 的产物。

第九节　利益约束与道德约束

所谓道德，最本质的作用就在于通过影响人们的利益追求思想，从而对人们的利益侵害起作用。**道德的真正意义就在于它对人们之间的利益侵害的作用。**

从本质上来看，任何道德约束都是利益向量的产物，因而是利益约束。但对个人而言，其行为的强制道德约束与他的利益互相冲突，构成利益侵害，并不能得到其个人利益向量的支持，仅仅是一种外部强加的道德约束。自然道德的约束对多数人而言，就是利益约束。如资本主义社会中，人们恪守信用、崇尚职业道德，与其说是道德约束，倒不如说是利益约束力的作用。因为只有守信用、遵守职业道德，人们才能获得市场、赢得合作，找到设备、原料供应，才能生存；否则，就会失去顾客、失去合作、破产，个人失业。

对一个社会而言，自然道德的约束是不折不扣的利益约束；强制道德的约束是道德约束。在一个社会中，人们之间的利益相关系数C_L越高，利益约束就越发达、越牢固，社会也就越稳定；利益相关系数C_L、C_L'越小，利益约束越无力，自然道德越堕落，统治者就越发强调、越发依赖于强制道德。

在原始社会的中、早期，由于人们之间的利益相关系数C_L非常之大，自然道德极为高尚、十分发达，人们的行为约束靠的是利益约束，而非道德约束，没有强制道德和道德说教。

随着社会的发展，人们之间的利益相关系数C_L日趋下降，利益约束越发松弛、无力，自然道德日趋瓦解、没落，统治利益向量$\overline{I_R}$日趋强大、无可匹敌，完全控制了公共利益向量$\overline{I_L}$，强制道德迅速产生并急剧强化。

在自然经济中，尤其封建时代，人们之间的利益相关系数C_L降至极小值，利益约束几乎不复存在，自然道德极度衰败；相反，统治利益向量$\overline{I_R}$空前强大，强行建立起强制道德，道德约束空前发达、每个人都生活在高度异化、非人化的、令人窒息的环境中，人们的生活和思想被野蛮地阉割，道德的网罗无逃于天地之间。

随着商品经济的崛起、发展，自然经济趋于没落，人们之间的利益相关系数C_L、C_L'迅速提高，自然道德日趋发达，人文主义、人道主义、平等、博爱成为社会道德的新内容；强大的公共利益向量$\overline{I_L}$远远超过并统治了统治利益向量$\overline{I_R}$，使强制道德失去了支持力量，日趋没落、消亡。道德约束退出历史舞台，为利益约束所取代。

事实上，道德约束从来就不是稳定、可靠的约束，因为它完全背离了人性、侵害个人利益，是由极少数人强加于大多数人的头上的；道德约束依赖的是统治者的严格的道德说教；一旦停止说教，道德约束就走向瓦解；因而，它完全依赖于统治者的强大的统治利益向量$\overline{I_R}$，统治利益向量$\overline{I_R}$的地位一旦被动摇，强制道德就迅速瓦解；如中国封建历史上的每一次社会动荡都带来了社会道德的崩溃。

即使是统治稳定的时候，道德约束也不过是骗人的东西，如封建时代的中国，一方面高唱三纲五常，一方面臣弑其君、子杀其父、父子相残、争夺皇位的现象不计其数，连唐太宗这位流芳千古的贤明君主也杀其兄弟、兵谏其父、发动宫廷政变；一方面声嘶力竭地鼓吹禁欲主义、仁义道德；一方面又无法逃脱世风日下、奢侈淫靡之风的盛行。耐人寻味的是：竭力提倡禁欲主义的中世纪罗马教庭道德极度败坏，作为宗教化身的教皇的行为令人瞠目结舌，一度人们无法区分罗马街头上的年轻人是良家子弟还是教皇的私生子；

教庭里常常发生的只有妓院里才可能发生的事；教皇一方面鼓吹行善积德，另一方面又屡屡对富豪下毒、谋其钱财，大肆印发免罪符，拼命搜刮民脂民膏。事实上，每一个社会的真正的维持其稳定运行的机制是利益约束，而绝不能依靠道德约束，道德约束至多是建立在利益约束基础上的起补充作用的约束。即使是强制道德最盛行的封建时代，社会经济制度的维持依靠的仍然是人们对自己的土地、收益的占有和对自己利益的保护；社会的稳定靠的是特权等级带来的统治者对社会、对其自身等级的超乎寻常的利益相关系数C_R、C_{RL}，而绝不是什么封建礼教、禁欲主义道德的，尽管它们是必不可少的；事实上，封建礼教、禁欲主义道德的产生与推行依靠的仍然是统治者追求自己利益I_R的力量$\overline{I_R}$。道德约束本身就是利益约束的产物，没有背后强大的统治利益向量$\overline{I_R}$，根本不可能形成；即使形成了，连一天也无法维持。道德约束不过是在特定条件下，利益约束的影子。

随着人类社会经济的日趋社会化，人们之间的利益相关系数C_L日益提高，每一个人为了自己的利益，不能不追求、保护别人的利益、社会的利益。社会中的自然道德日益发达、越发高尚，利益约束以其无比强大的力量征服着每一个人、征服整个人类。

第十节　道德的兴衰

在一个社会中，当人们之间的利益相关系数C_L十分低下时，公共利益向量$\overline{I_L}$远远不足以抑制社会内部广泛而又深刻的利益侵害，必然产生强大的统治利益向量 $\overline{I_R}$，而统治利益向量 $\overline{I_R}$ 为追求维护自身的利益 I_R，竭力控制社会内的利益侵害；由于利益约束衰弱不堪，自然道德急剧没落；统治利益向量 $\overline{I_R}$ 也同样无能为力，它尤其无法抑制其自身对社会的严重的掠夺，这恰恰又是导致其自身灭亡的重要原因。为了发展生产力，必须使社会走向安定，无论是公共利益向量 $\overline{I_L}$ 还是统治利益向量 $\overline{I_L}$ 都必然要寻求抑制社会内部广泛的利益侵害的办法。利益约束事实上就是经济上的约束，显然从经济上寻求出路，即提高人们之间的利益相关系数 C_L 毫无可能；因而，必然要从非经济的道德约束上寻求出路；于是，强制道德被抬到了空前重要的地位上。由于一切利益侵害的产生都来自于人们的个人利益追求，抑制人们的利益追求的道德，即禁欲主义道德就成了道德的出发点。无论中国的儒教道德、还是西方中世纪的基督教宗教道德，抑或伊斯兰教义、佛教道德都莫不如此。

衣服越残破，补钉自然越多；人们之间的利益侵害越是无法抑制，强制道德也就越发严整、越发"完备"起来，禁欲主义被日益广泛地推广、延伸到每一个思想、文化领域，甚至每一个角落；对强制道德的重视、依赖也就越发令人难以置信。在中世纪，古希腊的裸体艺术荡然无存，维纳斯也要被披上长袍。

禁欲主义道德禁锢了人们的思想，抑制、摧残着人们的天性和身心发展，扭曲人们的灵魂，极大地损害了人们的利益追求，从而破坏了社会发展的动力。然而，这对于那些深受利益侵害、饱经动乱的人们来说又是多么无可奈何的啊！

他们视私利追求如洪水猛兽，企图、却不敢，而又不能把它扼死，因为推行禁欲主义道德的力量恰恰是人们、尤其是统治者的利益追求 $\overline{I_R}$；没有了欲望，就没有利益追求，也就否定了实行禁欲主义的力量，而且要是真的消灭了人的利益追求，社会自身也无法维持、人类就会灭亡。这本身就说明了禁欲主义、强制道德是如何的虚伪、如何的自欺欺人的啊！

相反，当一个社会中人们之间的利益相关系数 C_L 较大时，公共利益向量 $\overline{I_L}$ 也较大，足以抑制社会内部的利益侵害；禁欲主义道德由于摧残人性、损害人们的利益、破坏社会经济发展动力，必然为人们所憎恶、唾弃。道德变得越发简明；强制道德，诸如禁欲主义道德、特权等级尊卑、思想的禁锢，被代之以思想、行为的广泛的自由、自主、自尊、自立，职业道德、遵守法律等自然道德。

当一个社会的生产关系基本能适应生产力的发展需要时，公共利益向量 $\overline{I_L}$ 追求生产力发展，竭力抑制社会内部的利益侵害、稳定社会生产关系，统治利益向量 $\overline{I_R}$ 追求统治利益 I_R，其方向与公共利益向量 $\overline{I_L}$ 基本一致，社会道德表现为对现有生产关系的竭力维持、对利益侵害的抑制，道德更多地表现为自然道德，需要的强制道德很少。

当一个社会中，生产关系不能适应生产力发展时，公共利益向量 $\overline{I_L}$ 逐渐指向现有社会生产关系瓦解、建立新的生产关系的方向上，也就是指向一种定向的利益侵害的方向上；人们之间原有的合作关系由于无从获利而被日益破坏，人们之间的利益相关系数 C_L 急剧下降，社会中的利益侵害广泛兴起、自然道德土崩瓦解，旧的道德被公众日益唾弃，定向地向旧的生产关系进行侵害成为道德的；新的道德尚未生成，社会道德混乱不堪、急剧堕落；由于统治者的统治和他们的超级利益I_R是建立在旧的生产关系之上的，旧的生产关系被摧毁，就不可避免地要瓦解其统治利益I_R，统治利益向量$\overline{I_R}$为维护其自身的超级利益I_R，竭力抑制社会内部广泛而又深刻的利益侵害，统治利益向量$\overline{I_R}$与公共利益向量$\overline{I_L}$越来越走向根本性的对抗，统治者竭力推行强制道德、鼓吹禁欲主义，企图恢复昔日的安定，这就更加剧了整个社会的道德混乱与堕落。

社会中能适应生产力发展的新的生产关系确立后，公共利益向量$\overline{I_L}$要推动生产力发展，必然要保护新的生产关系的稳定，要竭力清除反动的旧道德、建立新道德，新的统治利益向量$\overline{I_R}$与公共利益向量$\overline{I_L}$方向较一致，也竭力提倡新道德，新道德很快就取代旧道德而占据统治地位。

在一个社会中，人们之间的利益相关系数C_L越低下，自然道德越没落，强制道德就越受重视，道德教育就越发达；当社会生产力的发展越来越受到生产关系的阻碍时，从正常途径上获利越来越艰难，建立在原有生产关系上的利益相关系数C_L急剧下降，建立在此基础上的自然道德迅速崩溃、利益侵害如洪水般滚滚而来，统治者为维护其江河日下的统治，竭力抑制利益侵害，拼命鼓吹强制道德，禁欲主义、道德禁锢越发严重。如早期的儒家思想中禁欲主义色彩远没有那么浓重，虽然也有"舍生取义"的观念；汉唐时期妇女再嫁现象司空见惯；唐宋以后，中国封建社会从顶点走向下坡，禁欲主义空前"繁荣"，明清尤为显著，朱熹称"存天

理，灭人欲"，歹毒之极，"饿死事小，失节事大"，毫无
人性；寡妇再嫁成了国耻。最具讽刺意味的是：高呼"存天
理，灭人欲"口号的朱熹，竟然勾引两名年幼的尼姑，供自
己淫欲，道德水准远不及普通人，真可谓"丧天理，纵己
欲"，由此可见朱熹灭的只是"别人的欲"，从不曾打算灭
自己的欲，甚至从不曾收敛过自己的欲望。

就是这样虚伪、无耻、道德败坏的朱熹，在明清时代仍
备受推崇，究其原因，封建时代广泛盛行的强制道德，和文
化的道德化，使士大夫阶层普遍处于言行不一的精神分裂状
态，一方面高呼"礼义廉耻"，一方面为求私利、私欲，欺
上瞒下、贪污受贿、卖官鬻爵、巧取豪夺，无所不用其极。
朱熹的所作所为，他们早已司空见惯、习以为常，不以为
耻、反以为荣。明清时期的官场，乃至整个士大夫阶层，这
种言行分离现象最为显著，由此可见明清时期的中国封建社
会已经夕阳西下，时日无多了。

而这所有的表现，正说明了强制道德是多么的虚伪、无
耻，自欺欺人。

更有"天才"，创裹足之术——显然，这完全不符合妇
女的利益，也不符合占绝大多数人口的劳动者家庭的利益，
因为裹足后的妇女已经身有残疾，劳动力大打折扣。更符合
少数饱食终日、无所事事的仕绅阶层阴暗龌龊、损人利己的
小男人心态——，堪称中国历史上的"第五大发明"，充分
显示中国封建强制道德之完善，前无古人、后无来者！

统治者越是竭力鼓吹"道德"、道德的地位越被过分地
强调，越是说明社会中的利益侵害的严重、自然道德的堕落

和统治者的虚弱。

　　强制道德的发育程度与社会的动荡程度、自然道德的堕落程度是一致的。强制道德是对不安定的专制社会的一种作用极有限的缓冲剂，如同中药里的甘草。

第十一节　宗教与信仰

　　宗教是一种十分奇特的文化现象，它以偶像的崇拜为特征；而偶像的盲目崇拜从来都是一种欺骗的结果，它天生就是反现实、反科学、反人性的东西。

　　信仰宗教是无可非议的。但是，在中世纪的西欧、印度、阿拉伯等许多地方，乃至今天的阿拉伯国家都竭力推行统一的宗教信仰，不相信宗教的人被视为异端，尤其在中世纪，遭排斥、打击、迫害，甚至处死。

　　为什么会有这种现象呢？答案非常简单：那时宗教的作用就在于制造统治者所需要的社会强制道德。人的思想的统治是一件很难的事情，统治者的暴力可以使人们暂时屈服，但无法征服人们的思想、无法有效地形成强制道德；而借助外力，用"上天堂"来诱惑、拿"下地狱"恫吓，来制造这种强制道德，实在是必不可少的。因而，宗教是统治者用来制造社会强制道德的思想工具。而不同宗教之间相互矛盾、相互对立，共存在一起反而会产生思想混乱，无法有效制造强制道德，必然为宗教统治者所反对。

　　当一个社会中利益相关系数 C_L 太小、远不足以抑制社会内广泛的利益侵害时，统治利益向量 $\overline{I}_R$ 就会利用宗教对某一偶像的崇拜、对上天堂的向往来强化人们之间的凝聚力，以维持他们摇摇欲坠的统治、抑制广泛而又深刻的利益侵害，企图逃避社会动荡。

即使在利益相关系数C_L较大，但统治利益向量$\overline{I_R}$也较大、操纵了公共利益向量$\overline{I_L}$，公共利益向量$\overline{I_L}$依附于统治利益向量$\overline{I_R}$时，统治者实行专制统治；他们同样要制造强制道德，同样要求人们统一信仰，鼓吹符合他们需要的宗教信仰、论证其专制统治的"合理性"；尤其当社会生产关系不再适应生产力的需要时，它更要竭力鼓吹信仰的统一、强迫人们信奉他们的宗教，以维持其摇摇欲坠的统治。

在一个社会中，自然道德越是崩溃、堕落，人们之间的利益侵害越严重，越需要强制道德，政府就越是鼓吹、推行他们的宗教，宗教就越"繁荣"、"昌盛"。在封建时代，人们之间的利益相关系数C_L太低、远不足以抑制人们之间的利益侵害，宗教也就极其发达，古希腊、古罗马的高度发达的科学、文化，被对上帝的迷信所取代；阿拉伯伊斯兰教、佛教、中国儒教等都是在封建时代达到"鼎盛"。

我们很容易看到：任何一种宗教都是以禁欲主义为核心的，这也正是它违反人性的有力证据，而这事实上又很清楚地表达出杜撰者的良苦用心—抑制利益追求，从而抑制利益侵害。

宗教的存在不足为奇，但在一个社会中，统治者强迫人们顺从一种信仰、大肆鼓吹一种统一的信仰时，恰恰说明他们对人们之间广泛存在的利益侵害，对社会的动荡、混乱的无可奈何，对社会统治的深刻危机的极度恐慌、对自己的虚弱无力的极端恐惧；不得不求助于死人的偶像来吓人。如果一个社会经济中的利益相关系数C_L比较大，而政府又极力鼓吹信仰的统一、强迫人们去信奉政府的宗教，那只能说明其政治的深刻危机、说明生产关系已无法适应生产力的发展了，说明其统治就要瓦解了。

而在一个社会中，利益相关系数C_L较大，公共利益向量$\overline{I_L}$十分强大、足以抑制社会中的利益侵害并支配了统治利益向量$\overline{I_R}$时，对信仰统一的鼓吹就很少，而且站不住脚；宗教迷信日益失去其统治地位，因为人们不再需要强制道德了。

在现代发达国家中，宗教表现更多的是人道主义、人文关怀，它对于社会的稳定、道德净化有积极的作用。但是，它反科学的一面又阻碍科学进步。对于绝大多数普通人来说，信仰是有益的；但对于少数推动历史进步的思想家来说，信仰会限制他们的思想，是有害的。

第十二节 文化、科学和艺术

文化、艺术就其本原而言，是精神消费品。文化可以表达和交流思想、情感，传播知识和生活的经验，使消费者得到精神、情感上的满足，对人们的思想、智力、心理健康的发展有极端重要的作用；艺术给人以美的享受、充实和丰富人们的精神世界和感情世界、发挥人们的创造力，使人们的生活更加美好、身心更加健康。随着生活的发展，人们的文化、艺术消费在生活中占据的地位越来越重要，在精神生活上花的时间、金钱越来越多；对文化、艺术的享受是一种高级的利益。

科学使人们认识自然与生活的规律，为人们的利益追求提供强有力的工具。科学越发达，人们的利益追求的效率越高，人们的利益追求的方式、途径越广，获得的利益也越大。

另一方面，它帮助人们认识世界、极大地开阔人们的视野、丰富人们的精神生活、提高人们的智力和思想境界。

随着社会的发展，科学的作用与日俱增；现代社会中，科学技术的进步是经济发展的主要动力，而且越来越起着决定性的作用；在信息时代，科学技术意味着一切。

然而，在人类社会中，文化、艺术、科学的发展却历尽磨难、饱经沧桑。是什么原因造成的呢？

在一个社会中，当利益侵害十分严重，公共利益向量 $\overline{I_L}$ 太小、远不足以抑制社会中的利益侵害时，统治利益向量 $\overline{I_R}$ 也就无能为力，社会的混乱与动荡、频繁的战争使人们的生活被摧残、经济被破坏、美丽的城市一次又一次地夷为废墟，人们的生命尚且不保、更谈不上什么利益；对公众和统治者来说：社会的安定、对利益侵害的抑制就成了高于一切的追求，统治利益向量 $\overline{I_R}$ 甚至宁愿舍弃发展，也要安定，因为大动乱要摧毁一切。统治利益向量 $\overline{I_R}$ 支配着公共利益向量 $\overline{I_L}$，形成专制政治。为了抑制利益侵害，专制统治者必然竭力推行强制道德。为了制造这种强制道德，统治者必然要采用宗教欺骗的手段。强制道德要泯灭人们追求利益和自由的天性，而文化、艺术正是发挥、发掘人们的天性，这实在是

"大逆不道"！在强制道德的压力下，艺术被阉割、扼杀；中国古代，连音乐的韵律都要限定"正音"，色彩要规定等级、戒律，什么人只可以使用什么颜色；就更不用说裸体艺术了，整个封建时代从未出现过象样的人物画，清明上河图中牛马画得生动逼真、维妙维肖，可人物却画得象木偶，水平差得惊人；西欧中世纪根本不准画裸体画，直到文艺复兴时，有位画家为教庭作画，他画的裸体画仍被抹上衣袍。

在文化上，统治者也大搞禁欲主义、对等级特权人身依附肆意神话，"君臣之义无逃于天地之间"的思想日益渗透到文化、艺术的每一个角落。人民对文化、艺术的享受被剥夺，文化专制主义四处漫延；对禁欲主义、宗教迷信的鼓吹代替了对爱情的讴歌、对美好生活的憧憬、对人们的思想、心理的描述和对人们情感的表达。道德成了文化的最高主题；中国封建时代，儿童一识字就得读《论语》、《孟子》、《大学》、《中庸》这些道德文章，封建科举必须写道德文章；孔子、孟子被尊为宗师；汉武帝之后，"罢黜百家，独尊儒术"，大兴文字狱。在西欧，教会掌握了一切"文化"，人们只能读《圣经》，文化极度衰败，贵族们堕落到连自己名字都不会写的地步。

科学是对宗教欺骗的有力否定，它必然要动摇强制道德在人们思想中的统治地位。统治者们唯恐科学技术的发展会威胁到他们统治的稳定，于是科学技术就难逃厄运。中国古代科学技术被视为"奇技淫巧"，非正人君子所为；宗教统治带来的思想禁锢，使科学理论发展长期远远落后于实用技术的发展；在西方中世纪，为维持宗教欺骗，宗教裁判所处死了许多有重大发现的科学家，竭力掩盖已发现的事实真相，企图阻止科学的发展。

道德、伦理观念被抬高到至高无上的地位，以至于延伸到每一个思想认识的领域。哲学也堕落成庸俗的处事哲学；连科学中也充满了伦理道德，伦理关系成了中国人认识世界的中心出发点，把天体也编上君臣关系；而西方的天文学长期仅仅是用来证明：大地是宇宙的中心、日月星辰是上帝赐给人类的礼物，它们都围绕着大地运转；"哲学家"讨论一个针尖上到底能站多少天使、圣母玛丽娅怀上圣婴耶稣还算不算处女，耶稣吃鱼，吃的是鱼的名词还是鱼的实体……，诸如此类。

随着人们之间的利益相关系数 C_L 的大幅度提高，公共利益向量 $\overline{I_L}$ 越来越强大，足以抑制社会内部的利益侵害；公共利益向量 越来越支配了统治利益向量 $\overline{I_R}$，政治日趋民主化。对文化艺术的禁锢、对科学的封锁、文化禁欲主义、官僚文化、道德文化极大地损害了人们的利益、毒害人们的精神、禁锢了人们的思想，必然为公共利益向量 $\overline{I_L}$ 打破。随着自然道德的崛起，再也不需要强制道德的帮助了；公共利益向量 $\overline{I_L}$ 追求人们的公共利益 I_L、追求社会的发展，必然要彻底否定道德、伦理文化、禁欲主义文化、冲破艺术和科学的禁区、追求文化、艺术和科学研究的充分自由。

当公共利益向量 $\overline{I_L}$ 远不足以控制统治利益向量 $\overline{I_R}$，统治利益向量 $\overline{I_R}$ 较大、且左右公共利益向量 $\overline{I_L}$ 时，必然实行专制政治；统治利益向量 $\overline{I_R}$ 为维护自己的统治，竭力阻止对其特权的侵害，必然要不断强化文化的专制，文化、艺术的官僚化、庸俗化不可避免；在科学上，尤其社会科学广设禁区，愚弄、欺骗人民，以维持其强制道德的统治。当统治越是不得人心、岌岌可危时，统治者越是竭力控制文化、迫害艺术、阻碍科学发展，以维持其强制道德，从而维持其统治。"文化是为政治服务的"这一论断正是这种情况的真实写照。

当一个社会中公共利益向量 $\overline{I_L}$ 足以抑制社会内部的利益侵害时，公共利益向量 $\overline{I_L}$ 完全支配了统治利益向量 $\overline{I_R}$，文化、艺术充分自由，成为人们生活的必需品，而科学的禁区也日益消失。

第十三节　社会结构的稳态趋势

在一个社会中，当生产关系基本上能适应生产力发展的需要时，公共利益向量 $\overline{I_L}$ 驱使社会走向利益侵害最小的情况。生产关系在公共利益向量 $\overline{I_L}$ 的作用下日趋成熟、稳定，以减少对生产力发展的阻碍；道德也维护现有生产关系、竭力抑制人们之间的利益侵害。

在一个社会中，当利益相关系数 C_L 很小时，公共利益向量 $\overline{I_L}$ 虚弱无力，远不足以抑制社会内部的利益侵害；通过利益侵害，形成统治利益集团 R，统治利益集团 R 对社会的特权使其内部成员对社会的利益相关系数 C_{RL} 大大提高；同时，统治利益集团内的利益相关系数 C_R、C_L' 也大大提高；由于 C_R、C_L' 是建立在 C_L 基础上的，仍然很小，统治利益集团 R 内部的利益侵害又产生特权等级、高等级对低等级拥有特权，其利益相关系数C_R、$C_L^{'}$更大；这样，就形成了相对稳定的、较为强大的、抑制社会内部利益侵害的统治利益向量$\overline{I_R}$；其中高等级比低等级更稳定、更尽力抑制社会内部的利益侵害；这就是特权等级专制政治，它对整个社会构成利益侵害，但它是以一种较为有序的、受到一定限制的利益侵害取代本来毫无控制的、极其广泛而又深刻的利益侵害—社会大动荡。文化走向专制、艺术被扼杀，统治者竭力推行宗教迷信、人身依附、禁欲主义、特权等级思想，制造强制道德；文化、科学、艺术日趋道德化、宗教化，禁欲主义取代了人性、自由；对真理的探索、追求被禁锢；人们的精神变得越来越麻木、僵化，社会走进死寂的深谷。而这又确确实实缓和了人们之间的利益侵害。

相反，当利益相关系数C_L较大、公共利益向量$\overline{I_L}$较大、足以抑制社会内部的利益侵害时，特权等级就不再成为社会稳定所必须的工具了；事实上，统治利益向量$\overline{I_R}$所追求的特权专制、等级尊卑、文化道德化和宗教化、禁欲主义、人身依附等，无一不是对广大人民的严重的利益侵害，严重地阻碍社会的发展，毒害、愚弄人民。这一切都必然被公共利益向量$\overline{I_L}$击得粉碎。社会必然走向民主、自由、平等、法制。

在民主社会中，公共利益向量$\overline{I_L}$为稳定和保护社会、抑制内部利益侵害，建立统治利益向量$\overline{I_R}$；为了抑制统治利益向量$\overline{I_R}$过分膨胀带来的特权化、专制化、对社会公众利益I_L的侵害，实行三权分立、社会内部广泛分权、充分法制化、普选、竞选、舆论充分自由以对政治起足够的监督作用等。社会内部的利益侵害被尽可能地减小到最低限度。

总之，无论是社会利益相关系数C_L、C_L'较小或较大的情况下，只要生产关系能够适应社会生产力的发展，社会的政治、经济、文化、道德、艺术、宗教、科学的总体状况总是趋向于使社会中的利益侵害最小的情况。本书称社会的政治、经济、文化、道德、艺术、宗教、科学的状况为社会结构。在生产关系能够适应生产力发展时，一个社会的社会结构总是趋向于稳态。而社会结构只会因社会利益相关系数C_L、C_L'的增减而变化。

第十四节　社会经济发展的动力（之一）

社会经济发展的动力来源于人们的利益追求，一社会经济发展的动力的大小取决于人们的利益向量在经济发展方向上的分量的大小。一个利益人M_i能提供的利益消耗V_{mci}、利益向量总量V_{mzi}是有限的；在一方向上增大，其它方向上就会随之减小；反之，亦然。在非经济方向上利益向量大了，经济方向上的利益向量必然相应减小。设利益人M_i在正常工作状态和工作时间下，全部利益向量投入经济发展能产生的利益向量总额为"理想利益向量"$\overline{I_{w0\,i}}$；在经济方向上的利益向量实际值为$\overline{I_{w\,i}}$，他在经济发展方向上的实际量$\overline{I_w}$与理想利益向量$\overline{I_{w0}}$的比值为$K_{wi}=|\overline{I_{w\,i}}|/|\overline{I_{w0\,i}}|$，社会中的总值为$K_{wL}=(\sum_{i=1}^{n}|\overline{I_w}_i|)/(\sum_{i=1}^{n}|\overline{I_{w0}}_i|)=(\sum_{i=1}^{n}|\overline{I_{w0}}_i|K_{wi})/(\sum_{i=1}^{n}|\overline{I_{w0}}_i|)$，则$K_{wL}$、$K_{wi}\leq1$。$K_{wL}$越大，人们在经济方向上的利益向量总和越大，社会发展动力越充沛；反之，K_{wL}越小，人们在经济

发展方向上的利益向量就越小，经济发展越乏力。

我们知道：人们在经济发展方向上的利益向量的大小 $|\overline{I_{wi}}|$，或 K_{wi} 的大小，取决于对经济的利益相关系数C的大小。利益相关系数C越大，对该方向经济发展的追求就越积极，利益向量 $\overline{I_{wi}}$ 就越大，K_{wi} 越大；利益相关系数C越小，对经济发展的追求 $\overline{I_{wi}}$ 越少，K_{wi} 越小，经济发展越缺乏动力。

对一财产I，其 ΔV_{mz} 一定，而 ΔV_{mA} 亦一定，有n人对它有正向利益相关性，其中第i人的正向利益相关系数 $C_i = \Delta V_{mAi} / \Delta V_{mz}$，$\Delta V_{mAi}$ 来自于 ΔV_{mA}，则n人总的 $\sum\limits_{i=1}^{n} \Delta V_{mAi} = \Delta V_{mA}$，$\sum\limits_{i=1}^{n} C_i = \Delta V_{mA} / \Delta V_{mz} = \dfrac{p'}{p'+1} < 1$，为一常数。因而，人们对同一财产的原生利益相关系数总和是一定的，其中每一个原生利益相关系数的增大，都必然会使其它的原生利益相关系数减少。利益人 M_i 对I的利益相关系数 $C_i = \Delta V_{mAi} / \Delta V_{mz}$，利益相关系数 C_i 的大小与从I中获利的多少 ΔV_{mAi} 成正比。人们对财产I的利益相关系数的分布状态与人们对它的分配状态是完全一致的。

事实上，人们对I的利益分配取决于财产所有权和社会生产方式。因而，一个社会的财富分配，从而原生利益相关系数Ci的分配状态大致是一定的。

怎样分布人们对财产的利益相关系数 C_i，以获取更大的经济动力，是一个极其重要而又十分有趣的问题。

我们取一个利益组织L来研究：$K_{wL}=(\sum\limits_{i=1}^{n}|\overline{I_{w0}}_{i}|K_{wi})/$ $(\sum\limits_{i=1}^{n}|\overline{I_{w0}}_{i}|)$，$|\overline{I_{w0}}_{i}|$为常数，而$K_{wi}=f（C_{i}）$为对L的利益相关系数的增函数，其图象大致如图（注：$f（C_{i}）$的

实际函数有待相关调查实验测试，我现在并无条件做这种工作，只能有待将来有条件了再进行。）：

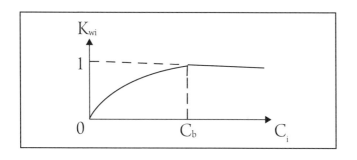

当 n 较 大 时， 一 般 $C_{L}=\dfrac{1}{n}\sum\limits_{i=1}^{n}C_{iL}=\dfrac{1}{n}\dfrac{p_{L}^{'}}{p_{L}^{'}+1}\langle\dfrac{1}{n}$

$<<C_{b}$；当n较小，如n＝1时，可能$C_{L}^{'}\geq C_{b}$，经济动力十分充沛；但n较大时，由下面的方程组可求得K_{wL}最大

值： $K_{wL}=\sum\limits_{i=1}^{n}f(C_{i})|\overline{I_{w0i}}|\Big/\sum\limits_{i=1}^{n}|\overline{I_{w0i}}|$， $\sum\limits_{i=1}^{n}C_{i}=\dfrac{p_{L}^{'}}{p_{L}^{'}+1}$，

$\dfrac{\partial K_{wL}}{\partial C_{i}}=0$， （i＝1,2,…,n）。若有两个利益人$M_{i}$、$M_{j}$，

而$C_{i}=C_{j}$，$|\overline{I_{w0}}_{i}|>>|\overline{I_{w0}}_{j}|$，$C_{i}$增加一个小增量$\Delta C>0$，$C_{j}$相应减少一个$\Delta C$，其他利益人的不变，则经济动力总量

增量 $\Delta_{KwL} \approx [\dfrac{df(C_i)}{dC_i}\Delta C\overline{|I_{w0i}|} - -\dfrac{df(C_j)}{dC_j}\Delta C\overline{|I_{w0j}|}] \bigg/ \sum\limits_{i=1}^{n}\overline{|I_{w0i}|} =$

$(\overline{|I_{w0i}|} - \overline{|I_{w0j}|}) \dfrac{df(C_i)}{dC_i}\Delta C \bigg/ \sum\limits_{i=1}^{n}\overline{|I_{w0i}|} > 0$，$K_{wL}$增加、社会

经济发展总动力 $\sum\limits_{i=1}^{n}\overline{|I_{wi}|}$ 增加。

显然，C_i增加一定微量ΔC，同时C_j减少一微量ΔC，保

持 $\sum\limits_{i=1}^{n}C_i = \dfrac{p_L}{p_L+1}$ 总量不变，会使社会经济动力总量增大，即对

经济的影响力较大的人应该有较大的利益相关系数分配。

令 $\dfrac{dK_{wl}}{dC_i} = $，$dC_i = -\ dC_j$，而 $\dfrac{dK_{wl}}{dC_i} = [\dfrac{df(C_i)}{dC_i}\overline{|I_{w0i}|}$

$-\dfrac{df(C_j)}{dC_j}\overline{|I_{w0j}|}] \bigg/ \sum\limits_{i=1}^{n}\overline{|I_{w0i}|}$，则可得出：$\dfrac{\frac{df(C_i)}{dC_i}}{\frac{df(C_j)}{dC_j}} = \dfrac{|\vec{I_{w0j}}|}{|\vec{I_{w0i}}|}$，此

时，二者经济动力总和不再随ΔC增加而增加，反而减小，二者

经济动力总和达到最大值，此时的利益相关系数C_i、C_j为i、j

二人的最佳利益相关系数匹配值。$\dfrac{df(C_i)}{dC_i} \geq 0$，且随$C_i$增加而

递减直至为0，而$\overline{|I_{w0i}|} >> \overline{|I_{w0j}|}$，因此，此时$C_i >> C_j$。

同一个利益人M_i对不同的利益层次的影响力相差很大，

如一工人对本岗位的影响力最大，超过任何人；对本班组影

响力就差些了；对本车间更小；对本企业的影响力又小很多；对全社会简直不值一提。在某一范围内，他的作用可能举足轻重；在更大的范围内，就可能微不足道，别人的影响力远远超过他。我们又知道：每一个人的利益向量的分布状态与他对周围的利益相关系数C_i分布是完全一致的，而他能提供的利益向量的总量$\overline{I_{w0\,i}}$又是一定的，对一部分利益向量的加强，必然会削弱另一部分利益向量；对不同的经济层次，只有当他的利益向量$\overline{I_{w0\,i}}$按他的影响力大小来分布时，才能使经济动力达到最大；因而，仅当他对周围不同经济组织、层次的利益相关系数C_i按他的影响力大小分布时，才能使经济动力趋于最大。如一工人，对本岗位最大、对本企业影响力最小；若利益相关系数分布"最佳"，即按影响力大小分布，他对本岗位工作最热心，但同时也关心本班组、本车间、本企业；相反，若分布不正常，对本职利益相关系数与本班组、本车间、本企业一样，他对本职工作就不那么关心；更甚，对本企业利益相关系数高于本职、本班组，则他必然不务正业，尽关心一些不该他管的事，经济动力大大削弱。

"按人们正常的经济行为对经济的影响力大小的分布状态来分配他们的利益相关系数C_i，从而获得最大的经济动力"，本书称此为"最大经济动力分布"原理。

纵观人类历史，有些方面符合"最大经济动力分布"原理，有些地方则远远离开了它；但是有一条十分清晰的线索，那就是：随着社会的发展，人类社会经济越来越符合"最大经济动力分布"原理。

迄今为止，我们无法找到完全符合"最大经济动力分布"的社会。但是，当一个社会中，个人对经济的利益相关系数的分布状态离"最大经济动力分布"状态不是很远时，社会经济能维持稳定发展状态，社会也能够维持较长时间稳定；当个人对经济的利益相关系数的分布状态远离"最大经济动力分布"状态时，社会经济无法维持稳定，更谈不上发展，整个社会处于混乱的边缘或混乱之中。（注：在这里，并没有经过严密的论证，就抛出这一结论，显然不够严谨。但我知道经过稍微复杂些的数学论证会得出这样的结论。这里就不再深入探讨，留待后来者论证吧。）

在奴隶制时代，奴隶主经营自己的财产、拥有自己的奴隶，对自己经营的财产的利益相关系数极高，符合这一原理；但另一方面，作为劳动力的奴隶根本谈不上"利益"，更无利益相关系数，他们被皮鞭、饥饿、死亡驱赶着劳动，这极大地损害了经济动力。在封建领主制时代，农奴对自己经营的份地有较大的利益相关系数，但对他们耕种的封建主的领地的利益相关系数为零，毫无动力可言；经济动力较前大大提高，但仍受到损伤。随后的地主制时代，佃农或自耕农对自己耕种的全部土地都有较高的利益相关系数，但他们仍要受地主毫无节制的掠夺，利益相关系数受到严重削弱，比前面更符合"最大经济动力分布"原理，但仍远远不够。资本主义社会，工人按劳取酬，对自己的工作的利益相关系数很高；现代资本主义社会，经营权与所有权普遍分离，经营者被赠与相当股份，大大提高了他们对企业的利益相关系数，而社会财产的所有权日趋社会化，出现大量中产阶级，使管理、技术人员及少数工人拥有少量的企业股份，大大提高了他们对企业的利益相关系数，但这离理想的"按影响力的大小来分布利益相关系数"还很远。

英国在国营企业私有化过程中的做法是令人瞩目的：撒切尔政府把股票优先卖给本企业工人，结果持有股票的工人的增多与退出工会的人数相等，企业迅速扭亏为盈，动力充沛，发展迅速。但是，人们对企业不同经济层次的利益相关系数的分布并没有走向最佳分布状态。

社会经济发展动力（之二）

另一个直接影响经济动力的因素是获利的难易，我们看到：人们对利益集合L的利益相关系数 $C_L^{'} = \dfrac{1}{n}\sum_{i=1}^{n} C_{iL} = \dfrac{1}{n}\dfrac{p_L}{p_L+1}$ 随着L的利益获得率 p_L 的增减而增减，利益获得率 p_L 越大，则利益相关系数 $C_L^{'}$ 就越大，人们对L的利益相关系数 $C_L^{'}$ 越大，人们的经济动力就越大；相反，利益获得率 p_L 越小，甚至 $p_L = 0$，$C_L^{'} = 0$，$\sum_{i=1}^{n} C_L^{'} = 0$，经济动力极度衰弱，甚至为零。由于人们眼中的利益相关系数是视在利益相关系数，有时企业已亏损，但由于尚有转盈的希望，加之 C_i 分布合理，一样会有较大的经济动力；但若长期亏损，已无希望扭亏，视在利益相关系数 C_{iS} 为零，人们也无扭亏的动力。

第十五节　社会稳定的条件

一个社会能否稳定，关键在于其内部的利益侵害能否被控制住。当利益侵害较少、且被有效地控制在一定范围内时，它就稳定；相反，当利益侵害失去控制并发展到一定程度时，社会结构将遭到严重破坏，现行制度被严重破坏，甚至被推翻。

那么，社会中利益侵害被控制住的条件是什么呢？我们知道：一个利益人或利益集团的获利方式——是侵害社会内其他利益人或利益集团，还是通过生产、经营、增加社会财富，或对社会外掠夺来获利——的选择，取决于其两种获利方式的难易与风险，侵害内部其他利益人的方向利益得率为 $p_{(i)}'$，利益向量数值总和为 $\sum_{i=1}^{n}\beta_i$；而从增加社会财富——包括生产、经营、投资和对外掠夺——方向上利益向量总和为 $\sum_{i=1}^{n}\alpha_i + \sum_{i=1}^{n}\gamma_i \approx \sum_{i=1}^{n}\alpha_i$，其利益获得率为 $p_{(i)}'$；设 $\delta = p_{(i)}' / p_{(w)}'$，当 $\delta \ll 1$ 时，$p_{(i)}' \ll p_{(w)}'$，从生产、经营或对外掠夺方向获利比对内利益侵害容易、安全得多，人们必然不愿意从对内利益侵害中获利，这样，利益侵害就能被有效地抑制住。相反，$\delta > 1$ 时，$p_{(i)}' \ll p_{(w)}'$，从对内利益侵害中获利更容易、更安全，从正当途径获利倒难得多，人们更愿意从事对内利益侵害，社会内利益侵害无法遏止，日趋崩溃。如果 $\delta \approx 1$，则 $p_{(i)}' \approx p_{(w)}'$，从正当途径和非正当途径获利难易相当，社会仍无法抑制利益侵害，仍走向崩溃。

在一个社会中，若某人 M_i 的 δ_i 越大，他走向利益侵害的可能性越大，所有 $\delta_i > 1$ 或 $\delta_i \approx 1$ 的人都是不安定因素。我们可以用 δ_i 的大小来划分他们的等级，δ_i 也可以看成不安定系数。而 $\delta_i \ll 1$ 的人，他从正当途径获利越容易，走向利益侵害的可能性越小；同时，现行社会制度、社会安定是他获利的必要条件，社会动荡必然破坏这一条件，必然为他所反对，他竭力维护现行制度和社会安定，$\delta_i \ll 1$ 的人构成了社会的稳定因素。

一个社会中的不稳定系数可由内耗比值 $K_{iL} = \sum_{i=1}^{n}\beta_i / (\sum_{i=1}^{n}\alpha_i + \sum_{i=1}^{n}\gamma_i) \approx (\sum_{i=1}^{n}\beta_i) / (\sum_{i=1}^{n}\alpha_i)$ 表示，内耗比 K_{iL} 越大，利益侵害越严重、社会越不稳定；而内耗比 K_{iL} 大小取决于社会总的 $\delta_L = [\sum_{i=1}^{n}(|\overrightarrow{I_{w0i}}|\delta_i)] / (\sum_{i=1}^{n}|\overrightarrow{I_{w0i}}|)$。一个社会中，$\delta_L$ 越小，社会越稳定，其中的不安定因素越小，稳定因素越强；δ_L 越大，社会不安定因素越大，稳定因素越小，社会必然动荡不安、日趋崩溃。在一个社会中，总有一个常数 $\delta_0 < 1$，当 $\delta_L > \delta_0$ 时，社会自发走向崩溃；$\delta_L < \delta_0$ 时，社会稳定；则 δ_0 为其临界稳态值。一个社会要想稳定，必须有充分小的 $\delta_L \ll 1$，人们从正当途径获利容易得多。在一个社会中，δ_L 越大或 $\delta_L \approx 1$，即从非正当途径与正当途径获利差不多容易或更容易，社会就不可避免地走向动乱。

在一个社会中，当人们从正当途径获利比较容易而且安全，从不正当途径获利比较难而且危险，即 $\delta_L \ll 1$ 时，社会必然稳定、健康，不断完善、发展，自发地走向稳态；当人们从正当途径获利比较难而且危险、从不正当途径获利容易而且比较安全，即 $\delta_L > 1$ 或 $\delta_L \approx 1$ 时，社会必然自发走向崩溃。

第十六节　革命

在一个社会中，当生产关系不再适应生产力发展时，人们从正当合法的途径中获利越来越难，甚至无法获利。各经济组织L的利益相关系数 $C_L' = \dfrac{1}{n}\sum_{i=1}^{n}C_{iL}' = \dfrac{1}{n}\dfrac{p_L'}{p_L'+1}$，因 p_L' 的下降而急剧下降，经济动力越来越衰弱；又因 C_L' 的下降，使人们对L的利益 I_L 的保护力量日趋衰弱；这样，整个社会财产的保护力量越发衰弱，原来较难获利、风险重重的利益侵害方向上获利反倒变得容易得多了，δ_L 越来越大，K_{iL} 越来越大；社会越来越动荡起来，社会结构日趋崩溃，越来越多的人肆无忌惮地掠夺他人或公共财产。人们越来越离开已无法获利的原有的利益组织、合作关系，社会生产关系被破坏；公共利益向量 $\overline{I_L}$ 因 C_L' 下降、利益侵害而日趋衰弱。

统治利益集团R由于从正当的经营途径上难以获利，必然加剧对被统治者的掠夺，统治利益集团R内部的利益相关系数 C_R，统治利益集团的经济、政治力量 $\overline{I_R}$ 带来的超额"利润"急剧下降，凝聚力日趋瓦解，内部相互掠夺、倾轧日益加剧；社会内部各阶层之间的利益侵害愈加严重，各阶级、各阶层之间、内部矛盾日趋尖锐化。而 C_R 的下降，使统治利益向量 $\overline{I_R}$ 大大削弱，越来越无法抑制社会内部的利益侵害。

统治者的统治是建立在现有生产关系之上的，他们的特权、超级利益完全依赖于现有生产关系的存在；一旦现有生产关系被推翻，他们的一切特权、超级利益都要被剥夺；

因而，他们总是竭力维护现有生产关系的稳定。越是生产关系阻碍生产力的发展，他们越是无法控制住局势，越是残酷地镇压、掠夺人民；他们竭力鼓吹旧制度的优越性，宣传宗教迷信，企图制造维护旧生产关系维持他们特权、维护他们统治的强制道德；他们加强文化统治、封锁思想交流、大设思想禁区，做垂死挣扎。然而，人们之间的利益相关系数 $C_L \approx C_L'$ 急剧下降，自然道德一落千丈，道德急剧堕落；人们的思想无法遏制地空前混乱，对别人、对社会的利益侵害司空见惯，已成为道德的！这一切使所有的人都陷入了绝望，即使统治者也无力回天。"大地象陶轮一样翻转"，生活的绝望与困苦、不断地遭到掠夺、无止境地下降的生活水平、加上思想道德的堕落，使人们如同置身于地狱之中。

更多的人逐渐地由维护现有制度转到希望改善现存制度，再到试图推翻这种制度。公共利益向量 $\overline{I_L}$ 由维护旧制度转为不支持现制度，最后要求否定现行制度。

为了获取利益增殖，人们不断做出新的尝试，寻求新的出路，试验新的生产关系。终于，人们在社会的禁区中发现了一种确能使经济稳定发展的生产关系时，人们逐渐认识并采用新的生产关系；由于更易于获利，越来越多的人采取了这种生产关系，甚至统治利益集团R内部的一些人为了获利，也开始采用或倾向于新的生产关系。

生产关系的变革，首先是生产资料和劳动力的所有权的转移，实质上是一场极其广泛而又深刻的利益侵害。现有生产关系中的统治者及其他利益既得者必然竭力地维护现存生产关系，反对变革。而新的生产关系的直接受益者组成联盟破坏旧的经济秩序，推动新的生产关系的建立。这样，本来就日趋对立的两个利益集团—统治利益集团和被统治利益集团之间产生规模浩大的利益侵害，这就是革命。支持新的生产关系的人是革命者，维护旧的生产关系、反对生产关系变革的人为反革命。

革命者与反革命之间的利益侵害，使公共利益向量$\overline{I_L}$迅速分裂、下降，$\overline{I_L} = \vec{I}_{革命} + \vec{I}_{反革命} = (|\vec{I}_{反革命}| - |\vec{I}_{革命}|)\overline{I}^0_{反革命}$，$\overline{I}^0_{反革命}$为反革命的利益向量$\overline{I}^0_{反革命}$方向上的单位向量，$|\overline{I}^0_{反革命}| = 1$，而$\overline{I}^0_{革命} = -\overline{I}^0_{反革命}$。新的生产关系能使人们获利，革命者的利益也迅速增加，本来迟疑不决的人看到旧的制度无法使他们获利，只能使他们被掠夺，纷纷转向支持革命或中立；反革命阵营形成的$\vec{I}_{反革命}$维护旧的生产关系，而生产停滞不前，使I_R无法获得，统治利益集团R内部获利日趋艰难，加剧了内部的利益侵害，这严重削弱了$\vec{I}_{反革命}$；R内的利益相关系数C_R迅速衰减，$\overline{I}_{反革命}$迅速减小；更多的人为获利转而支持革命，$\vec{I}_{革命}$日益壮大。由指向$\overline{I}^0_{反革命}$减到$\vec{0}$，再指向$\overline{I}^0_{革命}$，然后迅速增加。

新的生产关系日益普及，新的统治集团在革命阵营中形成，统治利益向量反对旧的生产关系，要求建立新的生产关系、建立新的一整套的适应新的生产方式的社会制度。

新的生产关系确立后，统治利益向量要求社会经济稳定发展，扫除一切反动的旧制度，推动经济、政治、法律、艺术、文化、科学、宗教、道德等走向稳态。

革命过程完成。

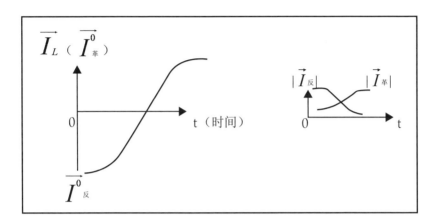

第二部分

β_{G2}

$$C_{jq} = \frac{n_i}{N} \frac{p'}{1+p'}$$

第四章　前资本主义时代

第一节　利益向量的产生

摩尔根在其《古代社会》中，把原始时代分为蒙昧时代和野蛮时代。蒙昧时代的人类，生存技术非常落后，为了活命，甚至要吃人。我国解放前的苦聪、独龙、鄂温克人"一年之中，他们总有些季节打不到野兽，饿得人们有时连一根骨头也要一煮再煮"。（《社会发展史》陶大镛）

在这种条件下，人们与动物在许多方面没什么两样，他们没有利益观念："蒙昧人的财产是微不足道的。他们对于财产的价值、财产的欲望、财产的继承等方面的观念很淡薄"（《古代社会》下P525）。处于生存斗争中的人类，靠采集、捕猎生活，始终面临着饥饿与野兽的威胁。人们对原始人将吃不完的野兽放掉迷惑不解，对比一下老虎吃饱后与猎物嬉戏而不伤害它们，就不难理解了。

我们把每个人为了生存而吃到食物看成利益的前身，称之为"前利益"，那么人们为生存、为摆脱饥饿而对食物的追求就是"前利益向量"，而每位原始人就成了"前利益人"，同样有$M_i = (I_i, \overrightarrow{I_i})$。然而，前利益向量$\overrightarrow{I_i}$最大的追求目标就是饿不着。

前利益人之间前利益相关系数$C_{ij} = \dfrac{\Delta V_{mAi}}{\Delta V_{mzj}}$，前利益集合L中，$L = \{M_1, M_2, \cdots, M_n\}$。$C_L = \dfrac{1}{n(n-1)} \displaystyle\sum_{i=1}^{n} \sum_{j=1}^{n} C_{ij} - \dfrac{1}{n(n-1)} \sum_{i=1}^{n} C_{ii}$，$I_L = \displaystyle\sum_{i=1}^{n} I_i$，$\overrightarrow{I_L} = \sum_{i=1}^{n} \overrightarrow{I_i}$；与利益、利益向量情况相同。

从各种高级类人猿，如猩猩等看，它们获得的食物总是自己和自己的配偶及自己的孩子吃；猴子则形成特权等级制度，猴王、王妃、王亲等享有特权；均无平分食物的例子。然而，在早期的人类社会中，竟然出现了共同劳动、财产共有、劳动产品平均分配的奇异现象，这实在是耐人寻味。对于人类来说：饥饿与死亡是个人的，饱食和生存是个人的，个人吃的食物也是个人的，人们首先是以个体的形式存在，何以发生食物的平均分配呢？！

这就是人类的伟大之处！人们发现自己独立生存的能力太小、生活环境太险恶、生活条件过于恶劣，个人生存下去的可能性太小，不是饿死、冻死，就是被野兽吃掉；相反，联成一个整体，共同劳动，就可以捕到较大的野兽，捕猎成功的可能性就大大提高；即使采集、捕小动物，十几个人捕到的可能性也远远大于一、两个人，从数量上看也稳定得多，因为一个人采集、捕猎的成败有很大偶然性。对付野兽的侵袭，十几个人的力量要远远超过一、两个人的力量；对于幼儿、儿童的照顾，十几个人的条件总比一两个人强得多。

单独生活或没平均分配的人很快走向死亡，只有组成组织，共同劳动、平分食物的人活下来并延续种族。长期下去，人们越来越清楚地意识到：每一个人的生存都必须依靠集体；集体力量的任何一种削弱都意味着个人将承受更多的饥饿、更大的死亡威胁。人们对集体的前利益相关系数 C_L'，人们之间的前利益相关系数 C_L 长期处于反向状态，非常巨大。内耗比 $K_{iL} = \dfrac{\sum\limits_{i=1}^{n}\beta_i}{\sum\limits_{i=1}^{n}\alpha_i + \sum\limits_{i=1}^{n}r_i} \approx 0$，一致性系数 $Y_L = \dfrac{1}{1+K_{iL}} \approx 1$。

人们的前利益向量直接表现为前公共利益向量 $\overrightarrow{I_L}$，个人的前利益向量 $\overrightarrow{I_i}$ 无法独立。

食物过分稀少，一个人多吃一点，就会使余下的人更加饥饿、死亡威胁更大，前公共利益向量 $\overrightarrow{I_L}$ 被削弱，每个人包括他自己就要忍受更多的饥饿、面临更多的死亡威胁；另一方面，分配不均会引起内部纠纷——"民不患寡，而患不均"，原始人类与今人在这一点上也没什么不同。——，极大削弱集体力量 $\overrightarrow{I_L}$，威胁每个人的生存基础，因而死亡、饥饿逼迫人们平均分配。

看清道路两旁全是深渊时，人们就绝不会离开道路；此时的人类只有追求前公共利益 I_L，别无选择。人们自然而然地形成了公正、无私的优秀品质，人们之间互敬互爱。

然而，不同氏族部落之间，情形就截然不同了，相互之间为争夺生存空间和食物进行极端残酷的战争；战争结束后，还要把俘虏吃掉！差异为何如此巨大？！因为内部的 $C_L^{'}$、C_L 太大，部落之间的前利益相关系数为零。这正说明了原始人与现代人没有太大的差别，大家追求的都是自己的个人利益 I_i。

一方面，人们都有自己独立的前利益 I_i；另一方面，又都追求前公共利益 I_L，财产共有、产品平分；这种现象十分奇特，它自身就是极不稳定的，是极端条件下的产物。

到了野蛮时代，随生产力的发展，出现原始种植业和原始畜牧业，人们生产的东西不但够吃了，而且还出现了经常性的少量剩余。

最初出现少量剩余产品，人们总是有些茫然不知所措，因为他们不知道如何处置"多余的东西"。随着剩余产品的频繁出现，人们越来越摆脱了饥饿与死亡的威胁。如果是动物，一定会十分满足、止步不前了。然而人类，也只有伟大的人类（！），在朦胧之中，产生了生存之外、充饥之外的"非份之想"，即利益追求的思想，前个人利益向量逐渐转化为真正的利益向量！如粮食剩余堆积，使人们学会酿酒、饮酒。将人类"动物性的"消极生存的动机转化成人类特有的无止境地追求利益的动机。从这个角度来看：剩余产品的出现是人类社会的真正开端。

剩余产品的出现与增加，使人们学会了交换。交换，这一伟大创举，使人类真正意识到剩余产品的价值。被利益追求驱动起来的人们不再迟疑，开始竭力追求剩余产品，这使得人类前利益追求刚转化成的积极的利益追求骤然炽烈起来，景象极为壮观。

剩余产品的经常而稳定的出现，使人类摆脱了生存危机；以前由生存关系带来的高额前利益相关系数 C_L'、C_L 迅速衰减。公有制、平均分配迅速被私有制和自劳自得代替。

第二节　原始时代末期生产关系的变革

在原始时代末期，随着剩余产品的稳定出现，生存危机渐渐远离人类，人们之间的利益相关系数 C_L'、C_L 急剧下降，公共利益向量 $\overline{I_L}$ 迅速下降，内耗比 K_{iL} 迅速增加，一致性系数 Y_L 随之下降。

如下图：

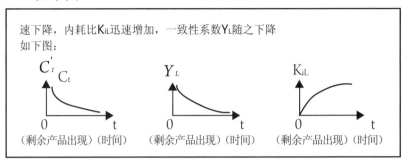

速下降，内耗比K_{iL}迅速增加，一致性系数Y_L随之下降
如下图：

（剩余产品出现）（时间）　　　（剩余产品出现）（时间）　　　（剩余产品出现）（时间）

　　劳动较多的人不情愿自己的劳动成果被平分，劳动积极性大大下降；许多人开始偷偷隐藏自己的产品，平均分配原则遭到破坏，最终导致分配制度的瓦解。如我国的鄂伦春族，十七世纪中叶"他们过着原始共产制的经济生活，生产资料集体所有，男女分工协作，捕获的禽兽在早期按人平均分配或聚食共餐，后来发展到按户平均分配。随着工具的改进。铁器、火枪、马匹的传入，个体劳动逐渐发展起来。个体劳动的产品归家庭所有，私有制也就逐渐产生了。到了十九世纪末，除猎物、森林、河流之外，马匹、枪支等生产工具已归各个家庭所有，分配也相应发生变化，平均分配的范围愈来愈小，从按户分配改变为猎户之间的平均分配，如果单独出猎，全部所得归个人所有"（《社会发展史》P57陶大镛）；部落首领利用手中职权侵吞剩余产品、公共财产I_L，从与部落交换的过程中贪污、腐化，加速了公有制的瓦解。

　　我们假设一个部落共n人，共同劳动，产品平分，每个人只能得自己的$\frac{1}{n}$，对自己正当的职业利益相关系数为$C_{ii集体} = \frac{K}{n}$（$K \leq 1$为一常数），从事个体劳动时，占有全部劳动产品，从事个体劳动干劲极充足。当个体劳动与集体劳动生产力大致相当时，个体劳动的效率就远远高于集体劳动。人们对公共财产I_L的利益相关系数$C_L^{'} = \dfrac{\Delta V_{mAi}}{\Delta V_{mzL}} = \dfrac{p_L^{'}}{n\left(1 + p_L^{'}\right)}$，对自己个人财产的利益相关系数$C_{个人} = \dfrac{p_i^{'}}{1 + p_i^{'}} \gg C_L^{'}$，对公共财产$I_L$毫不爱惜、保护力量急剧减弱；相反，人们从事公共利益I_L无利可图，必然对公共利益I_L侵害、瓜分，由于保护力量过于微弱，侵害越发肆无忌惮、越发不可收拾。

最初是劳动力私有化，然后是产品、最终是财产的全部私有化。

从原始公有制演化为私有制，是人类历史上的第一次社会制度的伟大变革！

第三节　奴隶社会的生产方式

在原始社会末期，剩余产品的出现启动了人类利益追求的发动机，而商品交换，又使油门一下加到了最大档，个体劳动迅速发展、个人利益向量$\overrightarrow{I_i}$迅速独立、迅速成长，以往生存危机所带来的超强公共利益向量$\overrightarrow{I_L}$迅速瓦解，利益侵害广泛发展、无法控制。氏族公社内部贫富分化，首领利用手中职权掠夺、侵吞公共财产；部落间争夺财产、人口的战争日趋频繁、激烈。原始社会越来越陷入混乱之中！

随着生产力的发展，出现了更多的剩余产品，奴隶的大量使用出现了，人类进入奴隶社会。

在奴隶社会中，生产力水平十分低下，工具十分落后，生产力的发展也极其缓慢，每个奴隶所能创造的剩余产品十分有限，奴隶主为了追求自己个人利益I¡，必须竭力提高对奴隶的掠夺。他们不但占有奴隶的全部剩余产品，为榨取剩余产品，奴隶主将奴隶的生活水平压榨到了生理极限、甚至更低，奴隶的食物甚至少到不足以维持生命的地步。奴隶主拼命驱使奴隶劳动，以提高剩余产品数量。奴隶主完全占有了奴隶的劳动，奴隶归奴隶主所有。奴隶主对奴隶进行极端残酷的利益侵害，使奴隶不但成为无产者，甚至自身的劳动力都无法拥有，完全丧失了作为利益人的资格，他们唯一的利益追求就只能是摆脱奴隶主的残酷掠夺：推翻奴隶主的统治或逃跑！这使奴隶主与奴隶之间不可避免地形成了永恒的敌对关系。

奴隶社会是一个十分奇异的社会；低下的生产力水平，尤其过分低下的农业生产力水平，迫使奴隶主对奴隶实行最残酷、最野蛮、最彻底的掠夺，这必然使广大奴隶普遍饥饿、无衣无食、大量死亡、生殖率极端低下，因而奴隶人口总量急剧减少。而建立在此基础上的大量的"农业相对剩余产品"和"农业相对剩余劳动"，正是奴隶制社会赖以生存的基础。奴隶制度事实上是建立在奴隶人口的大量消耗的基础上的。

在一个较大的区域内，本地区所能提供的奴隶十分有限，远不足以供应奴隶制经济所需的奴隶人口消耗；另一方面，本地区人民的相互侵害，必然引起整个社会的大动乱，人们无法正常生产、社会经济倒退，每个人都要受到危害；而奴役本地区人民，必然使本地人口迅速减少、经济崩溃，会很快被虎视眈眈的外族消灭；公共利益向量 必然竭力阻止、限制使用本地人口作奴隶。显然，维持、发展奴隶制经济必须依靠对外的奴隶人口掠夺。因而，奴隶的大量消耗，从而奴隶制经济本身的维持，必然依赖于奴隶制国家不断地对外的奴隶人口掠夺战争。事实上，奴隶制文明是建立在其周围相当大区域的人口锐减、社会贫困凋敝的基础上的。这一切就决定了奴隶制的短命和最终的自我毁灭；一旦周围有比它更强大的国家出现，它就有灭顶之灾；一旦战争失败或奴隶来源枯竭，奴隶制就会随风而逝！

奴隶社会中，奴隶对"职业"没有利益相关性，职业利益相关系数为零，他们的劳动是在奴隶主皮鞭、饥饿、死亡的驱使下进行的，因而毫无积极性可言，这注定了奴隶劳动的极低的效率和劳动生产率极难提高。

第四节　奴隶社会早熟的商品经济和分工

历史上，奴隶制文明发展最完善、最发达的地区，莫过于古希腊和古罗马，究其原因：地中海风平浪静、没有潮汐，是人类航海业发展的最优秀的摇篮；周围小亚细亚、北非及欧洲诸地，海上交通极便利，战争成本极低廉，奴隶来源极为充足。

奴隶人口的来源的丰瘠和成本的高低决定了奴隶制文明的发展程度和维持的时间。事实上，古希腊、古罗马最重要的"经济活动" 正是奴隶人口的掠夺战争，战争是此时最重要的"产业"，它是奴隶制经济赖以生存和发展的基础。

　　尽管此时农业还极不发达，"农业剩余产品"和"农业剩余劳动"很少，但奴隶成本低廉，使奴隶人口的大量消耗变得容易；在此基础上出现大量"农业相对剩余产品"和"农业相对剩余劳动"，这就构成了古希腊和古罗马工商业发达的基础。

　　"牧场第四、柳园第五、谷田第六、采伐林第七、树木园第八"（《农业志》古罗马加图P3），对谷物的重视甚至不如牧场，不如柳园，这与后来的封建时代在农业生产力更为发达的情况下截然相反，可见奴隶是如何的饥饿吧！

　　此时，驱动社会经济发展的完全是奴隶主的利益追求，他们人数很少，农业对他们来说早已剩余，因而，对产品种类数增加的追求异常热衷。如雅典手工业十分发达，"手工业作坊象雨后春笋般地设立起来，门类繁多，分工精细，例如制陶，就分拌土、担水、运料、烧窑等粗工和塑型……甚至制胚也有专门分工，如制瓶、制碟、制罐、制杯，等等。产品质量精美，光彩夺目"。此外，"雅典商业十分发达，商人足迹遍及地中海和黑海沿岸许多地方。比雷埃夫斯港是个国际商港，商船云集，帆樯林立，码头和街市上可以看到各地区的商人，……，看到埃及、黑海北岸、西西里的粮食，黑海沿岸的牲畜和皮革，马其顿和色雷斯的木材，米利都的羊毛，等等。一条笔直宽阔的大道横贯在雅典城和比雷埃夫斯港之间，大道两旁筑有城墙，用来保证战时雅典同海上的联系。"（《简明世界通史》上，李纯武等著P101~102）

　　这所有的繁荣与发达都是建立在奴隶们的累累白骨之上的！

第五节　奴隶制社会的政治

奴隶制社会极其特殊的经济模式，使它始终处于对外奴隶人口掠夺的战争状态，唯有如此，才能维持其经济运行；一旦停止对外奴隶人口掠夺，社会经济必因劳动力的匮乏而崩溃，奴隶制度走向灭亡。

另一方面，奴隶制的维持，是依靠奴隶主用皮鞭和锁链强迫奴隶进行劳动，并对奴隶进行最残酷、最彻底的掠夺，奴隶毫无利益可言，他们唯一可以获利的途径就是推翻奴隶主统治或逃跑，这决定了奴隶主与奴隶之间无法变更的敌对关系。这样，整个奴隶主阶级就始终面临着对整个奴隶阶级的"战争"状态。

因而，奴隶制国家长期处于对外侵略人口掠夺与对内同奴隶阶级的双重战争状态。

古希腊的斯巴达人就是这样，希洛人是斯巴达人的国家奴隶，"对希洛人的残酷镇压是斯巴达国家首要和经常的任务。每年监察官上任，首先举行对希洛人的'宣战'仪式，然后派遣斯巴达青年到希洛人的住地，对希洛人进行集体的搜捕和屠杀。"（《世界史》古代史，崔连仲P210）"斯巴达公民的毕生职责是从事军事活动，对内镇压希洛人的反抗，对外进行扩张"。（同前P209）

这样，统治阶级内部—自由民—，尤其奴隶主阶级，他们的利益相关系数 C_R'、C_R 始终处于反向状态：战争失败、经济崩溃、失去奴隶来源，甚至自己沦为异族的奴隶；反之，战争胜利，奴隶来源得到补给、社会经济繁荣，不但个人安全有保障，而且大获其利。这就决定了奴隶主之间较高的利益相关系数 C_R'、C_R。因而，奴隶主政治的专制程度远远没有封建社会那么严重。

即使是以专制而著称的斯巴达人的政治，也远远比封建时代更民主。"监察官共有五人，由公民大会一年一选，全由贵族充任。他们的职责是监督国王，审理国王的不法行为"（同前P201），这与封建时代国王或皇帝一人说得算截然不同。

而雅典则完全是自由民的民主共和制，这种民主在伯利克里时代达到顶峰。雅典之所以形成民主制，一方面战争使 C_R'、C_R 呈反向状态，另一方面是工商业、分工过分早熟使内部 C_R'、C_R 进一步提高，从而实现民主政治。

在奴隶制社会中，有一个有趣的现象：政治制度伴随着对外战争情况的变化而变化。如古罗马在面对外族强敌，自身弱小的情况下，社会一天天走向民主共和制度；然而，随着意大利半岛的统一、布匿战争的胜利，罗马的疆域惊人地扩张起来，罗马的势力也急剧增强、无可匹敌，外敌对它也就无法构成威胁了，C_R'、C_R 必然下降，交通比较便利的地方均被征服，剩下的地方由于交通的障碍很难征服，对外战争必然大大减少，C_R'、C_R 就更小；另一方面，随着战争停止，奴隶来源日趋枯竭，奴隶主贵族必然压迫、掠夺自由平民，自由平民纷纷破产，加剧社会动荡，使内耗比 K_{iL} 大大增加，Y_L 急剧减少，公共利益向量 $\overrightarrow{I_L}$ 急剧衰落，社会自然走向特权等级专制。从苏拉到恺撒，最后屋大维，罗马终于由共和制转化为帝制。

为什么同是奴隶制国家，政治制度有的是高度民主，有的却实行专制制度呢？这是因为，不同奴隶制国家对外奴隶人口掠夺战争和工商业发展状况不同；古希腊雅典等，奴隶人口掠夺战争频度极高，工商业很发达，使自由人之间利益相关系数 C_R'、C_R 大大提高，因而，实现高度民主政治；古罗马的共和制时代对外奴隶人口掠夺战争频度也很高，工商业也同样较繁荣，因而也较民主；古希腊的斯巴达，尽管对外战争也很发达，但工商业极不发达，因而，实行奴隶主专制政治。

但是，无论如何，斯巴达的政治专制程度远远低于中国的商殷，因为后者的奴隶人口掠夺战争因费用高昂（交通运输成本过高）而极不发达，因而，后者内部利益相关系数 C_R'、C_R 也就低得多了，也就不具备建立民主或共和制的条件。

法制是民主的另一个表现，古雅典和古罗马共和制时期法制就很发达。

第六节　中国与古希腊、罗马奴隶制文明比较

奴隶制是建立在奴隶人口消耗的基础上的，而一奴隶制国家经济的"繁荣"程度主要取决于奴隶来源的成本，由于奴隶人口需求量太大，必然取决于对外战争的成本。

古希腊、古罗马濒临地中海，海上交通极为便利，费用低廉，因而对西亚、北非和欧洲的战争非常容易，这使得它

们的"战争产业"异常发达，在相当时期内奴隶来源源源不断、成本极低，这正是维持古希腊、古罗马的一切文明和制度的基础。

而中国是一个内陆国家，山高地险，战争费用——主要是粮草、军需的运输费用——过于高昂，使它的"奴隶人口掠夺产业"难以"赢利"，如商纣王征伐东南"人方"、"鬼方"，虽获得胜利，掠夺一些人口。但是，耗时经年，高昂的运输成本急剧加重了国内民众的负担，导致民怨沸鼎，以致于周武王振臂一呼，从者如云，奴隶制随着商纣王的生命一道随风而逝，西周就此建立，中国由此进入了封建时代。奴隶来源成本过于高昂，使中国的奴隶制经济的发展程度远低于古希腊和古罗马。

对外战争、人口掠夺的难易，不但决定了奴隶制经济、分工、工商业的发展水平，还决定了社会制度是民主，还是专制的。对外战争成本越低，战争越频繁，统治利益相关系数 C_R'、C_R 越高，越呈反向状态；人口掠夺越多，"农业相对剩余产品"和"农业相对剩余劳动"就越多，分工、工商业就越早熟，统治利益相关系数 C_R'、C_R 就更高，政治越趋于民主化。反之，对外战争成本过高，对外战争频度过低，奴隶来源枯竭，只有奴役本国人民，内耗比 K_{iL} 增大，一致性系数 Y_L 减小，统治利益相关系数 C_R'、C_R 急剧下降，社会越发混乱，其政治只能是特权等级专制的。

在古希腊雅典和共和制的罗马，社会不但民主，甚至实现法制化；而奴隶制时代的中国只能实行特权等级专制政治。

然而，无论如何，奴隶制经济就象是放到天上的风筝，总是要掉下来的，飞得有多高，全看对外人口掠夺战争这根线有多长。

第七节　奴隶制社会文化、科学、艺术的特色

在奴隶社会，由奴隶的普遍饥饿、大量死亡、过度劳累带来了大量的"农业相对剩余产品"和"农业相对剩余劳动"，使大量的自由人和一小部分奴隶能够有机会从事文化、艺术、科学研究事业。文化、艺术、科学的发达程度很大程度上取决于从事的人数和条件，因而取决于农业剩余劳动的多少，取决于奴隶人口的消耗速度，最后取决于对外奴隶人口掠夺战争的发展程度。较诸封建时代初期，奴隶社会生产力水平落后不了多少，但由奴隶人口的大量消耗带来了比封建时代初期要多得多的农业剩余劳动，为文化、艺术、科学的发展提供了丰厚的物质条件。

另一方面，由于奴隶社会中自由人之间的统治利益相关系数 C_R'、C_R 比封建时代高，内外战争状态使自由民之间的利益侵害大受抑制，尤其古雅典和共和制罗马，自然道德较发达，利益约束强而有力、强制道德的需要和形成条件很少；但是，奴隶社会的自然道德有严重的局限性，由于自由人与奴隶之间的战争状态，使道德极端鄙视奴隶和体力劳动。

因而，文化、艺术上自由奔放，大胆地表现人们的心理、生理需求，充分表现个性，毫无封建时代的那种思想道德禁区。古希腊的裸体雕塑和壁画极为发达，维纳斯至今仍

被尊为最完美的女人体艺术品。埃斯库罗斯的《被缚的普罗米修斯》竟然歌颂普罗米修斯反抗天神宙斯的精神；阿里斯托芬的《云》、《蛙》、《马蜂》胆敢嘲笑政府、讥讽贫富悬殊、妇女无权和奴隶主的政治，而且还大肆公演，这在后来的黑暗的中世纪简直是无法想象的！文化、艺术广泛自由、远远没有被道德化，使它们得到了充分的发展，《荷马史诗》堪称文学史上的典范，《伊索寓言》至今仍广为流传、家喻户晓；古希腊文明影响极为深远。

大量的奴隶人口消耗，使自由人可以腾出手来从事脑力劳动，脑力劳动与体力劳动分离开来，文字产生、文明开始、文化走向繁荣、艺术高度发展，科学奇迹般地从生产实践中脱离出来，走向发展。

另一方面，奴隶主与奴隶的敌对关系、奴隶倍受鄙视，使奴隶主不但完全脱离体力劳动，而且极端鄙视体力劳动。因而，在这种奇异而又畸形的道德基础下，科学、文化必然完全脱离生产实践和实验，而单独发展；技术则因作为劳动力的奴隶憎恨劳动，而无要求进步的动力和可能；而作为科学文化的垄断者的奴隶主，鄙视并远离生产实践，更无法去发展技术。古希腊、古罗马的科学竟成了严密、规范的逻辑抽象思维体系；欧几里德的《几何原本》至今仍被学术界称道，其内容仍在学校讲授。

对涉及到实际生产的知识，他们不但不重视，反而鄙视，如"普卢塔克谈到阿基米德在罗马人围困西拉加斯时所做的发明时说，哲学家从事这类事情，当然是不大好的。可是因为他的祖国处于极端危急中，所以他的发明情有可原。

同样，柏拉图对爱夫多克斯和阿尔赫特在机械学上的贡献，也愤然指责说，他们消灭了几何学的伟大，几何学在他们手中成了需要制造的对象，于是机械学便被从数学中赶了出来"（《社会分工论》文佑成P75）。

对技术的排斥决定了奴隶制时代的知识是以脱离实际生产、生活实践的科学为特点的，而不是以服务于生产、生活的技术为特点。

这种今天看来十分奇怪的道德取向，一方面导致技术进步迟缓；另一方面，反而推动了思维方式加速脱离实物，形成形而上的抽象思维模式，并迅速发展起来，有力地促进了早期的科学和科学的思维模式的形成，为后世的科学发展埋下了宝贵的种子。

由于封建时代强制道德盛行，科学禁锢、科学理论被阉割，从未形成科学的理论、从未创造过科学的思维方式。因而，最早的科学思维方式是在奴隶社会产生的。古希腊的逻辑学为西欧中世纪、近、现代科学研究，奠定了逻辑思维模式的基础；《几何原本》为近、现代科学研究创立了范本。奴隶制时代的中国，由于奴隶人口掠夺战争所需交通运输费用高昂，奴隶来源的缺乏，农业相对剩余产品、剩余劳动太少，因而科学远未发展，思维方式仅处在相似类比的低级阶段，后世人也就无法依此创立抽象逻辑思维和科学理论。然而，在当时的生产力条件下，尤其低下的农业生产力条件下，古希腊雅典大批自由人能长期远离具体生产、远离生产技术，独立发展抽象的科学，只能是受益于大量的奴隶人口消耗带来的大量农业相对剩余产品和相对剩余劳动，只能是受益于频繁的奴隶人口掠夺战争，只能是受益于战争费用的低廉，不能不说是受益于海上交通运输的便利和费用的低廉。

第八节　奴隶制的自我毁灭

奴隶制文明是建立在对劳动力的大破坏、大毁灭的基础上的，是一种极不稳定的、寄生的文明。

以古希腊为例，奴隶人口大约为自由人口的十几倍，这就意味着要有几十倍、上百倍乃至上千倍于他们人口的广袤地区为他们"提供"奴隶，换句话：古希腊的文明、发达是建立在周围上百倍、上千倍于其领土上的广大地区的毁灭、落后，整个西欧、小亚细亚、北非等地区人口迅速减少，文明被疯狂破坏的基础上的。奴隶制的存在，事实上是对人类生存基础的毁灭。

随着奴隶制国家周围人口不断减少，对外人口掠夺越来越艰难，奴隶制文明就因奴隶来源的匮乏而日趋衰落。

一个国家越是繁荣，它的人口消耗的速度就越快，自然也就越短命，古希腊文明就是这样。

在奴隶制度下，奴隶毫无经济发展的动力、劳动生产率极端低下，他们几乎不可能去主动发展技术、提高劳动生产率；奴隶主极端鄙视体力劳动、鄙视技术，将科学垄断在自己的认识范围内，技术进步极其缓慢，生产力的提高极有限；奴隶人口资源的耗尽必然使奴隶制文明走向毁灭。

恩格斯对西罗马帝国的灭亡是这样描述的："社会状况

也同样是绝望的……普遍的贫困化，商业、手工业和艺术的衰落，人口的减少，都市的衰败，农业退回到更低的水平——这就是罗马人的世界统治的最终结果"，"奴隶制已不再有利，因而灭亡了"。（《马克思·恩格斯选集》P145~146）

早在西周建立时，中国就不得不实行封建领主制——井田制。对外交通的隔绝、内部交通的巨大障碍，使战争费用极高，奴隶人口掠夺很难；内部大陆连成一体，极易形成统一政体，对内掠夺，必然引起社会动乱。因此，早在公元前十一世纪，周武王姬发建立西周，中国就在全世界第一个迈入封建时代。

相反，西欧的海上交通极发达，各部分不是岛屿就是半岛，地中海连接了西欧、北非、西亚的交通。相互的掠夺战争十分方便频繁，陆地被海洋割得七零八落，很难形成统一的政体，这就使西欧、北非、西亚之间战争频繁、屡屡不绝，这又为奴隶制的维持和"繁荣"带来了必不可少的条件—源源不断的、大量的奴隶人口，维持了奴隶制文明的发达。然而，这种发达是建立在整个西欧、西亚、北非人口日益减少、生存条件日趋恶化的基础上的。在中国进入封建时代一千六百年后，欧洲才在西罗马帝国的丧钟声中依依不舍地步入封建时代。

第九节　封建制度的建立

早在共和制的罗马，隶农制就广为流行了，所谓隶农制，就是奴隶主把土地分成小块，交给奴隶或破产农民耕种，并向他们收租，它是中世纪农奴制的前身。

奴隶制社会末期，生产关系日益阻碍了社会生产力的发展，社会发展趋于倒退，奴隶来源日益枯竭，奴隶主为了维持原有经济状况不顾一切地加剧对他们的压迫、掠夺，奴隶更加不堪忍受，纷纷逃亡、起义；生产力的倒退使奴隶的生活更加艰苦、死亡率更高，加速奴隶人口的减少、加剧了奴隶制经济的崩溃。从以前的"正当合法的" 方向的利益追求方向上无法获利，相互间以往的较高的利益相关系数 C_R'、C_R 急剧下降，统治利益向量 $\vec{I_R}$ 日趋瓦解，人们必然转向"不正当"途径寻求利益，走向疯狂的相互掠夺。古罗马"帝国越是走向没落，捐税和赋役就越是增加，官吏越是无耻地进行掠夺和勒索。"，"只有在高利贷方面，他们做到了空前绝后。商业所得到所保持的东西，都要在官吏的勒索下毁灭"（《马克思•恩格斯》二卷P145）高利贷的作用就是加速社会经济的瓦解，制造更严重的贫困。统治利益向量 $\vec{I_R}$ 为稳定其统治利益 I_R，疯狂地侵吞公共利益 I_L，瓦解社会经济。

隶农制在公元二世纪广为流行，西罗马帝国灭亡后，就演化为封建农奴制。

在封建农奴制下，封建领主占有绝大多数生产资料－土地，并占有农奴的一部分劳动力；农奴有一定的人身自由，对自己的劳动力有部分所有权，拥有少量的份地，农奴对自己的领主仍然有严重的人身依附关系，须向封建主无偿提供劳役地租，封建领主对农奴既有一定程度的剥削，又有利益侵害。

在封建制度下，农奴的生活较奴隶已大大改善了，死亡率大大下降，他们有生儿育女的权力、有养家糊口的条件，这就维持了社会劳动力的长期再生产，使人口得以增长、经济得以稳定发展。农奴成为"部分利益人"，有了劳动积极性，加速了经济的发展。

农奴分裂的人生

农奴的身份十分奇特，他们生命的大部分时间里，在皮鞭的抽打下，被迫在封建领主的公田里无偿劳动，此时的他们，与奴隶无异，既无人身自由，又无劳动积极性可言。

他们生命的少部分时间里，可以在自己的份地里自由耕耘，此时的他们又成为有家有业的自由人。狭小而贫瘠的土地、卑微而贫贱的家庭、肮脏破烂的草屋，撒满了他们全部的热情和爱恋，寄托了他们生命里无尽的希望。

大部分时间堕入地狱，少部分时间升入"天堂"，他们生来注定要承受这种分裂的人生。在他们的生命里，写满了无尽的辛酸和人生的无奈。然而，无论如何，总比毫无希望地做奴隶好。

外敌入侵加速社会变革

一个十分有趣的现象是：无论古代西罗马帝国，还是中国商代末期，由奴隶制走向封建制度的演化过程中，均出现了外来较落后民族：日耳曼人和周人的入侵，导致社会变革加速，进而建立封建制度。

事实上，这并不完全是巧合。奴隶制文明是建立在对外频繁的奴隶人口掠夺和对内残酷掠夺、压迫的基础上的。统治者面临内外双重战争。无论罗马人还是商人为维持其制度稳定，不断地掠夺和奴役周围蛮族，与周围国家、民族形成不可调和的敌对关系，周围蛮族虎视眈眈已久，见其衰败，岂有不乘虚而入的道理？！

另一方面，广大的奴隶及破产平民受尽压迫、掠夺，与奴隶主统治者有不可调和的敌对关系，他们很自然地成为蛮族的同盟军。蛮族的社会发展水平远远落后于西罗马或中国商殷，力量相对弱小，不足以独立打败西罗马帝国或中国商纣的势力，因而必然要求与奴隶、破产平民及少数小奴隶主结成同盟。结盟，必须有共同的利益，也就是说蛮族入侵须给奴隶与平民带来好处，这就在客观上要求蛮族必须作为"革命者"出现，才能取得成功。

蛮族与反抗势力的妥协、合作，加速了社会变革。

蛮族入侵的成功更多地依赖于反抗力量的配合，他们的行为顺应了公共利益向量$\vec{I_L}$的方向，公共利益向量$\vec{I_L}$此时与统治利益向量$\vec{I_R}$完全反向，如商"纣师虽众，皆无战之心，心欲武王亟入。纣师皆倒兵以战，以开武王。武王驰之，纣兵皆崩畔纣……武王至商国，商国百姓咸待于郊"。（《史记•殷本记》）

封建制度就这样建立了。

第十节　封建领主制下的经济动力

封建时代，社会经济处于自然经济状态，整个社会利益相关系数 C_R'、C_L 极端低下，一盘散沙式的经济使反向利益相关系数 $C_{R反}'$、$C_{L反}$ 也同样近于零。而整个社会就必然地弥漫着广泛而又深刻的利益侵害。

封建主把土地分成"公田"和"私田"；私田就是农奴的"份地"，其主要收获归农奴，但私田很小；公田归奴隶主所有，农奴须经常到公田上服劳役，为封建主无偿耕种；此外，农奴还要承受封建主其它的任意的劳役、赋税等。

尽管此时，农奴的劳动力再生产已有些保障，奴隶社会对劳动力的毁灭已得到遏制，但农奴的劳动积极性仅限于"私田"，私田又很小；而"公田"上农奴无偿劳动，利益相关系数 $C_公$ 为零。"今以众地者，公作则迟，有所匿其力也；分地则速，无所匿迟也"（《吕氏春秋·审分》）这极大地阻碍了生产力的发展，为封建领主制埋下了祸根。

虽然公田劳动毫无积极性，但是，由于私田劳动积极性较高，使农奴能够积极提高生产技术、改善生产工具，提高了封建社会的生产力水平。

第十一节　封建社会的政治

封建经济中，占据绝对统治地位的是农业自然经济；此时，再也不能象奴隶社会那样，依靠奴隶普遍饥饿、大量死亡、极低的生殖率来榨取"农业相对剩余产品"和"农业相对剩余劳动"，古希腊、古罗马依此所建立的工商业、分工等泡沫式的繁荣全破灭了，人们从"天上"又回到了坚实的土地上，"民以食为天"。在纯粹的农业自然经济下，古希腊、古罗马因分工、工商业的繁荣带来的利益相关系数 C_R'、C_R 的提高不复存在。

更重要的是：此时，由于奴隶转化为农奴，农奴有能力养育子女，使封建社会已能够独立地解决了劳动力的再生产和人口增长问题，封建社会已实现劳动力的自给。以往以掠夺劳动力人口为目的的掠夺战争，已不再是必不可少的"产业"。

另一方面，封建社会内部阶级对立比起奴隶社会已大大缓和，使统治阶级越发远离奴隶制社会的那种"内外双重战争"状态。

因此，奴隶制时代，由内外双重战争带来的巨大的利益相关系数 C_R'、C_R 已不复存在。整个社会中的利益相关系数 C_R'、C_R、C_L'、C_L 也因此下降至文明社会的最低点，而公共利益向量和统治利益向量自然也变得空前虚弱。

这样，就决定了封建时代，在整个社会中存在着缺乏制约的，广泛而又深刻的利益侵害。

在西欧，"每个封建主等于一个小国君，他们往往依仗自己的武装力量，割据一方，各自为政，彼此间勾心斗角，互相冲突，只要有一定力量，附庸也常常反对自己的领主。广大的土地上长期混战不休，战火弥漫，人民的生命财产受到极其严重的危害。因此西欧封建社会早期，政治混

乱，文化落后，有人称之为黑暗时代"（《简明世界通史》
P174）。

不可避免地，产生了特权等级专制政治。而土地的分封
制度是特权等级专制政治最好的演绎。

"随着封建制度的发展，封建主形成了一套等级制度。
国王把一部分土地分封给大封建主，大封建主把一部分土地
分封给较小的封建主，较小的封建主又把一部分土地分封给
下面的封建主。国王和每一个封建主又各自分封一批骑士，
作为自己的战斗队伍。这样层层受封，形成公爵、伯爵、
子爵、男爵、骑士等不同等级的封建主，等级越低，人数越
多，骑士为数最多。这些大大小小的封建主分别领有大小不
等的封地，拥有数量不等的庄园、农奴和武装，他们组成一
座以国王为首的金字塔，它沉重地压在广大农奴的身上"，
"在封建金字塔内部，每一层的上下级之间都是领主（封
主）和附庸（封臣）的关系，彼此负有义务。领主要负责保
护附庸，附庸要向领主宣誓效忠，他要自备武器和战马，
随同领主临阵作战。遇到领主被俘需要赎金，或是领主把
自己的长子封为骑士，领主长女婚嫁等情况，附庸都要为
领主提供款项。这样，领主能够保持一支作为自己作战的
武装力量，附庸则得到领主的保护"（《简明世界通史》
P173~174）。通过分封关系，使领主与附庸的利益相关系
数 C_R 大大提高，远高于 C_L，但由于 C_L 太小，以此为基础的利
益相关系数 C_R 必然仍然很小，出现"我的附庸的附庸，不是
我的附庸"（同上），这就使 $C_{Rk}^{'} \gg C_{R(k-1)}^{'} \gg \cdots \gg C_R^{'} \gg C_L^{'}$。
使统治利益向量 $\overline{I_L}$ 相对稳定且"强大"，使社会相对稳定，

利益侵害受到一定程度的抑制。

中国西周大封建情形与西欧大致差不多。

通过分封关系，建立封建特权等级专制制度，形成较稳定的统治利益向量。

第十二节　商品经济的重新兴起与地主制经济

尽管奴隶制经济中生产力水平十分低下，真实的农业剩余产品和农业剩余劳动很少，但奴隶的普遍饥饿、无衣无食、过度劳累，极少生养、大量的死亡，大量奴隶人口的急剧消耗，带来了奴隶社会的大量的虚假的"农业剩余产品"和"农业剩余劳动"，从而带来了古希腊和古罗马等奴隶制国家手工业、商业、分工的泡沫式的早熟；然而，一进入封建社会，情况发生了巨大变化：奴隶"解放"成为农奴，生活条件得到了极大改善，他们有了自己的份地、家庭、产品，能够养家糊口，人口出现增长，死亡率大大下降，过度劳累现象大大改善；这些巨大的变化必然消耗大量的农业产品。很自然地，奴隶社会的"农业相对剩余产品"和"农业相对剩余劳动"在封建社会初期突然消失，寄生在此基础上的工商业和分工随风而逝，罗马帝国时代的繁华的城市几乎全部化为废墟；社会经济退回到农业自然经济状态。

统治者从"天上"回到坚实的大地上，人们真正地开始发展农业和养育劳动力人口。

"农奴以艰苦的劳动缓慢地推动了西欧的农业生产。

十到十一世纪，西欧经济生活发生了重大变化。二圃制，特别是三圃制，已经代替了烧荒和歇荒休耕的原始耕作方法。人们逐渐懂得施用粪肥提高地力，广泛使用铁犁深耕土地，起先用公牛拉犁，后来用马拉犁……由于人口增加，需要增多，人们砍倒树木、排干沼泽、筑起堤坝，把林地和沼泽开辟为良田或果园。封建主往往驱使农奴去开垦自己的荒地。这样，耕地的面积扩大了，谷物和鲜果增产了，庄园里积聚起剩余的农产品"（《简明世界通史》P183~184）。生产力的发展，使"真正的"农业剩余产品和农业剩余劳动开始增加，"各地、各庄园之间的交换不仅需要，而且可能"（同上）"农奴也逐渐改善了手工业技术。采矿、熔炼金属和木料加工等技术不断改进。随着农产品的增多，庄园里开始有一些农奴专门从事手工业，成为有熟练手艺的铁匠、木匠、武器匠、皮革匠、织呢匠、陶工等等。他们的身份还是农奴，他们不得不用手工产品向封建主交租。后来他们接受了外来的订货，订货多了，他们就一天比一天希望摆脱封建庄园对他们的限制，独立经营生产。他们逃出庄园，在废弃了的罗马城市的旧址，在城堡或者教堂附近，在水陆交通方便的地点，筑起围墙或者栅栏，聚居起来进行生产"，"结果，在他们聚居的地方形成集市"（同上）由于工商业的发展大大增加了人们的利益，极大地推动了经济的发展，很快就重新兴起并迅速发展起来了。"九到十一世纪，地中海沿岸的一些城市首先活跃起来，最著名的有意大利的威尼斯和热那亚，这些城市的对内对外贸易都很发达。十一、十二世纪欧洲各地普遍重新兴起城市。法国的马赛和巴黎、英国的

伦敦、德意志的科伦、捷克的布拉格都很著名"。（同上 P184~185）

工商业的普遍发展，逐渐打破了几百年来"田里不鬻"的诚条，封建领主的世袭制度被打破，土地在商品交换的冲击下，不可避免地成为商品。这使越来越多的发了财的平民占有大量的土地，由于他们没有特权，不是世袭贵族，也就不能侵害农奴，这使农奴制很难维持下去；同时，在商品经济大潮的冲击下，越来越多的贵族走向没落，丧失了领地，他们对农奴的特权、超经济强制也就越来越失去依据，越发难以为继了。

封建领主对农奴劳动力的占有，严重地破坏了农奴的劳动积极性，农奴在封建主领地上的劳动毫无积极性，劳动生产率无法提高，收成自然差；当商品经济较为发展时，暴发起来的平民大量买地并雇佣农民，成为地主，他们没有特权，只能采用实物地租或货币地租，他们与农民之间没有利益侵害关系，只有雇佣关系，这就是地主制；地主制下，农民对所耕种土地的利益相关系数极大地提高了，劳动积极性极大地提高，收成自然好得多，地主就越来越富裕起来。商品经济下，一切成为商品、纳入交换之中。与收入丰厚的地主相比，抱残守缺的封建主的财富越来越少，通过商品交换，他们的土地和财富越来越多地转移到地主手中。一些较清醒、较开明的农奴主看到农奴制不再有利可图，也开始采用地主制。经济处境越来越窘迫的封建主为摆脱困境，为获取利益，越来越严重地掠夺农奴。越来越多的农奴因利益的比较、或不堪忍受农奴主的掠夺逃离农奴主的庄园、投奔地主。地主制越来越盛行，农奴制则日趋没落。

商品经济迅速发展，使整个社会中人们之间的经济联系大大增强，经济上的依赖关系急剧强化，C_L'、C_L 上升，公共利益向量 迅速壮大，它自然要求抑制利益侵害。封建领主对农奴的超经济强制、劳役地租，即对农奴劳动力的部分占有权，对农奴构成极其深刻的利益侵害，受到农奴的抵制和反抗。日益壮大起来的公共利益向量 要求否定利益侵害，自然要求取消农奴制。

商品经济的重新兴起，使农奴制很快为地主制所取代。这应该算是人类历史上的第三次革命，在中国更是如此。

地主制经济实质上是一种半资本主义化的经济，佃农已成为自由人，解脱了人身依附，可以完全占有自己的劳动力。如设一佃农租地耕种，产品中的60%作为地租，每年投入资金、财物、劳力总和 tV_{mc}，收获 tV_{mz}，实际收成 tV_{mA}地主 $= tV_{mz} - tV_{mc}$，扣除地租净收入 tV_{mA}农民 $=（1-60\%）tV_{mA}$地主 $= 40\%（tV_{mz} - tV_{mc}）$，对种地的职业利益相关系数 $C_{ii} = 40\% \cdot \dfrac{p_i'}{1+p_i'}$，$p_i'$ 为土地上利润率，设 $p_i' = 20\%$，则 $C_{ii} \approx 0.08$，相当大了。而领主制下，农奴对公田的利益相关系数 $C_{i公田} = 0$。

显然，地主制经济比领主制经济大大进步了。

但是，工商业和分工在封建地主制经济下尚未发展起来，占统治地位的仍然是自然经济，因而人们之间的利益相关系数 C_L 仍很低，远不足以抑制社会内部广泛存在的利益侵

害，农民对封建地主及国家的人身依附仍或隐或现，超经济
强制、随心所欲的赋税、劳役仍广泛存在，这在中国自秦朝
开始的诸封建王朝中均表现得十分充分。

第十三节　中国奴隶社会与封建社会的分期

关于奴隶制在中国结束的朝代问题的争执由来已久，孰
是孰非，一直没弄清楚。

郭沫若认为：西周是奴隶社会；春秋战国时期，奴隶制
日趋瓦解并向封建地主制过渡，封建地主制最后确立于秦；
翦伯赞认为：西周的建立是封建领主制的开始；春秋战国时
代，封建领主制日趋没落，地主制日益兴起并取代领主制，
地主制确立于秦。

仔细研究一下工商业在春秋战国时代的发展变化情况，
就可以发现：郭沫若犯了方向性的错误。

我们知道：在自然经济条件下，一地区的工商业、分
工的发展程度取决于农业剩余产品和农业剩余劳动的多少；
农业剩余产品和农业剩余劳动愈多，工商业就愈兴隆、愈发
达，分工就愈发达；反之，农业剩余产品和农业剩余劳动愈
少，工商业和分工就愈落后。奴隶制下，奴隶主用暴力强迫
奴隶长期处于普遍饥饿、过度劳累、大量死亡状态，用奴隶
人口的残酷消耗，产生出大量的"农业相对剩余产品"和
"农业相对剩余劳动"，并由此带来工商业的繁荣和分工的
发达。

然而，随着奴隶制度瓦解并向封建制度过渡，奴隶"解放"成为农奴，他们必须有起码的生活条件，要能养家糊口、抚育子女，农业产品的消耗骤然大量增加；此时，奴隶制下的"农业相对剩余产品"和"农业相对剩余劳动"象海市蜃楼一样消失了；随之而来的是工商业的凋落、分工的消失、城市的没落和衰败。中世纪时的西欧就是如此。按照这一逻辑，奴隶制向封建制转化的过程必然是工商业走向衰落的过程。

而在中国，从西周到春秋战国，恰恰是手工业、商业、分工毫无阻碍地急剧发展的时期，"其流至乎士庶人，莫不离制而弃本（农业），稼穑之民少，商旅之民多；士设反道之行，以追时好而取世资。伪民背实而要名，奸夫犯害而求利"（《汉书》《货殖传序》），工商业迅速发展，影响极其深远，以致于世风大变；"人各任其能，竭其力，以得所欲"，"各勤其业、乐其事，若水之趋下，日夜无休时，不召而自来，不求而民自出之"（《史记•货殖列传》）。

西周时，工商业由政府办理，为"工商食官"，而春秋战国时代，它已远不能适应商品经济的巨大发展的要求了，为民间独立的富商所取代，"当魏文侯时，李克务尽地力，而白圭乐观时变，故人弃我取，人取我与"，"猗顿用盐卤起。而邯郸郭纵以铁冶成业，与王者埒富"（《史记•货殖列传》）。商品经济高度发展，出现金本位，春秋晚期，周景王嫌铁轻而铸大币。

春秋时作为统治中心的城邑，战国时期往往成为交换中心，周的洛阳、魏的大梁、韩之阳翟、齐之临淄、赵之邯郸……都成为天下闻名的商业城市。战国前"四海之内分为万国。城虽大，无过三百丈者；人虽众，无过三千家者"，战国时，"千丈之城、万户之邑相望"，齐都临淄"甚富而实"，"临淄之途，车毂击、人肩摩"，"其民无不吹竽鼓瑟、击筑弹琴、斗鸡走犬、六博蹴鞠"（《战国策》）。城市不但没有衰败之象，反而极尽繁华，日趋兴旺。

城市化的大发展，从来都是商品经济大发展，大量农业人口转化为工商业人口的结果，这对今天的正在经历人类历史上规模最大、速度最快的城市化进程的中国人来说，也早已耳熟能详了。

事实与郭沫若的论断截然相反。郭沫若所言，实在不敢令人苟同。

相反，从封建领主制向地主制过渡的时期，无论哪一个国家、哪一个民族，都正是商品经济和分工大发展的时期；也正是商品经济的迅速发展才推动了领主制转向地主制转化。

西欧的工商业从奴隶制末期的衰败到封建社会后期重新崛起大约至少经历了四五百年的时间；按此可推断，春秋战国时，封建制度也应该在数百年之前建立。

在工商业极端衰弱时，封建社会只应该是农奴制，而不是地主制；一旦工商业和分工开始兴旺，就必然走向地主制，西欧及世界各国的历史均如此，世界上还从没有一个国家一建立封建制度就是地主制的。

近代国学大师王国维，在其经典论著《殷周制度论》

中写道："欲观周之所以定天下，必自其制度始矣。周人制度之大异于商者：一曰立子立嫡之制，由是而生宗法及丧服之制，并由是而有封建子弟之制，君天子臣诸侯之制；二曰庙数之制；三曰同姓不婚之制。此数者，皆周之所以纲纪天下，其旨则在纳上下于道德，而合天子诸侯卿大夫士庶民以成以一道德之团体。周公制作本意，实在于此。"

王国维认为：周制与殷制大为不同，殷周之际，是中国制度变化最剧烈的时期。我们试想：殷商是奴隶制，如果西周仍然沿袭殷商的奴隶制，又哪里有大不同和剧烈变化呢？只怕小不同都很困难了！

另一方面，王国维也认为西周是封建分封制——领主制。

因此，翦伯赞之言更可信。

第十四节　地主制与领主制社会政治的比较

在封建制度下，无论领主制下还是地主制，利益相关系数 C_L'、C_L 均十分低下，达到文明时代的最低水平。内耗比 K_{iL} 非常大，一致性系数 Y_L 小得可怜；虚弱的公共利益向量 $\overline{I_L}$ 远不足以抑制社会内部广泛而深刻地存在着的利益侵害。因而，无论是地主制经济还是领主制经济下，都必然实行特权等级专制政治。而这种专制政治有两种形式：一种是大一统的中央集权制度，一种是诸侯割据政治；但究竟以哪一种形式为主，这是一个微妙而有趣的问题。

首先，我们得研究一下中央集权制度与封建割据政治各自存在的条件。

我们知道：在一个国家中，统治利益点R的力量远远超过社会中其它利益点的力量时，R才能实现统治；相反，若社会上存在与之力量相当的利益点S时，$I_R \approx I_S$，$\overrightarrow{I_R} \approx \overrightarrow{I_S}$，则R、S间发生侵害，双方都追求各自的特权等级专制政治，社会就会分裂成两个集团分别由R、S统治。同样，R中的二级统治集团必须在R中最大，而且要远远超过R中的其它利益点，否则，R也同样会分裂，出现诸侯割据……依此类推，必须使社会中的各集团、个人的利益、利益向量大小严格按照他所处的等级排列，高等级的利益点的利益、利益向量大小必须远远超过低等级的利益、利益向量的大小，才能实现中央集权制度。任何一种非正常秩序的力量都会毁灭中央集权制统治，形成诸侯割据。

在封建领主制时代，手工业、商业、分工极不发达，人们之间的联系极少，不同地区间的联系更少，利益相关系数C_L'、C_L为零，中央集权制度极难实现；即使实现，也因统治利益集团内部的利益相关系数C_R太小，统治利益向量$\overrightarrow{I_R}$极微弱而又极不稳定，统治很快走向崩溃。事实上，在这种状态下，任何一个小范围的统治都是很难稳定的，更不用说较大范围的中央集权统治了。在西欧，商品经济未发展时，如法国"十二世纪以前，法国只有名义上是统一的王国，实际上分割成许多经济上没有多少联系，政治上各自独立的大封建主辖区。这些封建主在各自的领域内随意制定法律，铸造钱币，控制贸易，征收税款，而且经常混战，弄得道路不宁，民不聊生。国王所辖，主要是塞纳河和卢瓦尔河中游以巴黎和奥尔良为中心的狭窄地区，它的面积甚至比大封建主的领地还小。就是在王室领地，放荡不羁的封建主也时常以城堡为据点进行骚扰抢劫，甚至以杀人为儿戏。从巴黎旅行到奥尔良，一路上不知要经受多少风险，就是国王本人也非有一支强大的武装队伍护卫不可"（《简明世界通史》P200）。德意志直到十六世纪还是由三百多个诸侯割据统治，有人讥讽说在德意志"连只蚊子都有自己的国王！"

另一方面，土地远未成为商品，"田里不鬻"是天下共遵的诫条，各封建主的土地占有极端稳定，长期世袭，固守一方，势力稳定并日益强大，难免形成越来越大的"非正常秩序"的力量，难免出现诸侯割据的局势；相反，保持各种力量的正常排列几乎是不可能的，因而就无法形成中央集权政治。

西周时，从未形成过中央集权制度，王室比诸侯的力量大不了多少；夷王时，"诸侯或不朝，相伐"，王室不能制；或有来朝，夷王也不敢坐受朝拜，他甚至要"下堂而见诸侯"（《礼记•效特性》）。

因而，封建领主制时代，中央集权制度无法真正实现。诸侯割据、混战状态在所难免。

在地主制时代，由于商品经济的发展，各地区的经济联系大大加强，衍生利益相关系数 C_L'、C_L 大大提高，公共利益向量 很快提高，它要求抑制社会内部的极其广泛而深刻的利益侵害，必然要求消灭内部诸侯混战，因而要求消灭封建割据、实现政治统一。另一方面，土地的商品化，使许多贵族不断失去土地、走向没落；许多靠工商业发了财的平民占有了土地，成为地主，这极大地削弱了国内的封建割据势力；由于地主制下，土地不断地流动，特权大大削弱，出现"富不过三代"的现象，社会内部"非正常秩序"的大势力很难形成，即使形成，也较难保持。而由于商品经济的发展，社会内部利益相关系数 C_L'、C_L 的普遍提高，使统治利益集团内部的利益相关系数 C_R 大大提高，较大而较为稳定的统治利益向量 $\overrightarrow{I_R}$ 很容易形成；因而，王权必然得到强化，国家实现统一，中央集权制度得以实现。中国经过春秋战国时代几百年诸侯混战，秦始皇统一六国，确立封建地主制，建立中央集权制的秦王朝，这应归功于春秋战国时代工商业的巨大发展和土地的商品化。十二世纪，法国的王权得到强化；十五世纪，法国和英国走向了中央集权制度。

在封建制度下，特权等级专制政治是唯一稳定的政治形式；不是统治利益向量 $\overrightarrow{I_R}$ 依附于公共利益向量 $\overrightarrow{I_L}$，为公共利益 I_L 服务，而是公共利益向量 $\overrightarrow{I_L}$ 依附于统治利益向量 $\overrightarrow{I_R}$，为统治利益 I_R 服务。这就是封建专制政治的本质。其根本原因在于农业自然经济占绝对统治地位的经济状况决定了社会内部利益相关系数 C_L'、C_L 的过分低下，从而决定了公共利益向量 $\overrightarrow{I_L}$ 的虚弱、对统治利益向量 $\overrightarrow{I_R}$ 的依附。

第十五节　中国封建朝代更迭及政局的稳定

早在春秋战国时代，中国的封建生产力水平已发展到了足够的火候：出现大量而稳定的农业剩余产品和农业剩余劳动，工商业也有了相当的发展，使中国步入"半资本主义"的地主制时代；然而，在以后的近两千年的时间里，由于交通运输上的巨大障碍和费用，使中国的工商业无法向更高层次、更大规模发展，始终无法占据统治地位，使中国的封建地主制度延续了长达2000多年，社会经济发展长期停滞。

由于工商业发展的长期停滞，使农业剩余产品和农业剩余劳动无用武之地，出现大量的"农业剩余劳动力"；事实上，无论是自然界，还是人类社会中，巨大的"能量" 如果不能做"正功"，就只能起破坏作用，这大量的农业剩余产品和"农业剩余劳动力" 也是这样。农业剩余产品无处转化，只能转化为人口的膨胀，而可耕种的土地增加很有限，这更加剧了劳动力的过剩，大量的无地、无业农业剩余人口给中国封建社会带来了毁灭性的经济和政治危机。生产力越是发展，农业剩余产品和农业剩余劳动力越多，人口增长越快，农业剩余人口就越多，这些大量剩余人口非但不能从正当途径获利、甚至连饭都吃不上，自然成为社会动乱的主要原因。每一个封建王朝末期的农民起义就是如此。

在封建社会中，政局的稳定是极不容易、极不可靠的，只有在社会中所有的力量均按照"正常秩序"分布时，才能实现；一旦社会上出现非正常秩序的大利益点P，其I_P、$\overline{I_P}$均很大，就会对封建统治构成严重危害；出现较大的利益相关系数C的非正常秩序的利益集合，也会产生较大的公共利益向量，对封建统治构成威胁。

在封建历史上，和平时期的有为君主都十分注意消灭、削弱这种非正常秩序的力量，以维持其统治的稳定，如"北宋建国之后，宋太祖和宰相赵普等人就开始收夺高级将领的兵权，取消殿前都点检和副都点检"（《中国史纲要》下，翦伯赞P13），"汉十二年，黥布反，上自将击之，数使使问相国何为……客有说相国曰：'君灭族不久矣。夫君位为相国，功第一，可复加哉？然君入关中，得百姓心，十余年矣，皆附君，常复孳孳得民和。上所为数问君者，畏君倾动关中。今君胡不多买田地，贱赁贷以自污？上乃心安？'于是相国从其计，上乃大说"（《史记•萧相国世家》）。封建政治极不稳定，就象一座没有用水泥或其它任何粘合剂、只用干砖砌成的大厦，岌岌可危！甚至为人拥戴的开明皇帝也没有安全感！

中国封建地主制时代，历代王朝建立之初及其稳定的一两百年中，实行中央集权制度；到了末期，中央集权制度瓦解，出现封建割据、农民起义；长期混战、封建割据之后，又重新统一，建立新的中央集权制度的王朝；如此反复不已。那么，这种周期性的社会大"振荡"是什么原因造成的呢？

事实上，这是由封建时代经济和政治上的双重危机造成的。

一个朝代，如果它是建立在社会彻底的大动乱之后的，如唐朝、汉朝等，战乱使社会人口大大减少，封建割据及豪强地主势力受到极大的打击，如唐初"在隋末农民战争中，地主死亡逃散的很多。他们遗留下来的田地，有的转移到农民手中，有的成为国家控制的荒田。"（《中国史纲要》上

P423），唐王朝得以实现均田的政策。这样，一方面农业剩余劳动力现象很少，大大缓和了经济危机。另一方面，很难出现非正常秩序的大利益点，加上统治者采取一些政策，唐初"租庸调法"，均田产，限制大地主、大豪强的势力；汉高祖把"六国旧贵族如齐之田民，楚之昭屈，景代和怀氏以及燕、赵、韩、魏之后……及其它'豪杰名家'十余万口，迁到长安附近。这次迁徙的规模很大，一度使关东'邑里无营利之家，野泽无兼并之民'，六国旧贵族和关东豪杰的分裂活动基本上被控制住了"（《中国史纲要》上P）。

于是，强大的中央政权和社会的统一、稳定出现了，经济很快恢复，社会生产力水平恢复到上一个周期的最高点，粮食等农产品大量剩余，农业剩余劳动大量出现，剩余农产品无处转化——卖不出或价太低。

在自然经济状态下，人们之间的利益相关系数太低，不可能产生社会养老保障机制，家庭不但是生活单位，而且是生产单位，家庭经济所赖以存在和发展的的劳动力来自于家庭内部供给，劳动力再生产也依靠家庭自身提供。因此，生养儿子不但是一个生物过程，而且是一个极端重要的生产、投资、储蓄活动。于是，经济的发展、粮食的剩余必然变成人口的恶性膨胀，几乎全部的经济增长都转化为人口的增加。而可耕种土地的增加极为有限，造成无地无业人口大量增加。

地方势力经过利益侵害和土地买卖，不断产生豪强地主，他们迅速兼并破产农民的土地，一方面不断加强地方豪强势力、威胁中央政权，使封建王朝一天一天地走向越来越深刻的政治危机。

另一方面，越来越多的农民失去赖以生存的土地，成为无业饥民，这又使王朝进入越来越严重的经济危机之中，经济危机加剧到一定程度，就造成农民起义，成为政治危机。

如唐朝"咸亨、垂拱以后，地方吏治日益败坏。各地地主和官吏勾结起来，对农民的土地、财产肆意取夺。在财产诉讼中，官吏们受请托，纳贿赂，使贫苦农民'有理者不申'，'合得者被夺'"，"在封建国家和官僚、地主的残酷剥削和压迫下，自耕农民不得不典田卖地，佃种、佣耕地主的土地"（《中国史纲要》上P445）。

土地的兼并、集中，极大地强化了地方豪强地主和官僚的势力，大大加剧了无业"流民"现象，使王朝最后不得不面对"流民"的起义和封建割据势力发动的叛乱战争，最终被这些战争毁灭，中央集权制度终于解体。而经过长期战乱、动荡之后，又会有新的王朝诞生，新的"振荡"周期又开始了。

一个封建王朝建立之前，豪强势力越是受到打击，人口越少，土地占有越均匀，统治就越稳定，中央集权制度越长久；如西汉、唐朝、明朝、清朝等均如此，中央集权统治长达二百余年。

相反，如果一个封建王朝是建立在长期封建割据的基础上的，由于农民战争在建立前不够充分，人口较多，农业剩余人口早已大量存在，经济危机已相当严重；诸侯割据时间较长，豪强地主和地方割据势力强大，政治危机也很严重，中央集权统治很难维持，政权极不稳固，寿命自然很短；如秦朝、隋朝、晋朝等，建立不到几十年就灭亡了。

生产力的巨大发展，农业剩余产品和剩余劳动的大量而稳定的出现，人口的迅速膨胀，标志着此时的中国已不再适合维持封建制度了，更应该进入资本主义时代了。但是，又因某种原因（注：在本章第二十一节，我们将详细讨论该原因。）在无法建立资本主义制度。中国自秦以来的封建社会就是如此，使社会在资本主义的巨大"门槛"前尴尬地徘徊、动荡了两千多年！

第十六节　孝道是自然经济下的职业道德

《尔雅》："善事父母为孝"。孔子认为："孝"要建立在"敬"的基础上。《论语•为政》：子曰："今之孝者，是谓能养。至于犬马，皆能有养；不敬，何以别乎？"

孔子认为"敬"就是：行为要符合礼，《论语•为政》子曰："生，事之以礼；死，葬之以礼，祭之以礼。"无论父母生前或死后，都应按照礼的规定来行孝。当然，孔子这里硬性规定的"礼"已经超出了自然道德的要求，进入了强制道德。事实上，孝在心，不在"礼"，"礼"不过是表演给人看的形式。更严重的是，穷人往往因为无钱"葬之以礼，祭之以礼"而导致负债、破产，就是被葬、被祭奠的祖先也是不愿看到的。

孔子把"孝"与"悌"结合起来。《论语•学而》："弟子入则孝，出则弟。"，"悌"的意思是敬兄。

"事父母几谏"《论语•里仁》。孔子认为，父母若有错，子女可以用委婉的语气进行劝谏，以免陷父母于不义。

《论语》"父在观其志，父没观其行，三年无改于父之道，可谓孝矣。"，孔子认为儿子应秉承父亲的理想和志向。

孔子认为孝道的核心是"仁"，《礼记•中庸》："仁者，人也，亲亲为大。"

表面看起来孝道仅仅是家庭伦理规范。

《孝经》：子曰："夫孝，德之本也，教之所由生也"，区区一个家庭伦理，孔子认为孝道是一切道德的基础，历代封建王朝对之都极端重视，这是为什么呢？

在自然经济状态下，不可能产生社会养老保障机制，家庭不但是生活单位，而且是最基本的生产单位和社会养老保障机构，劳动力的来源几乎全部依靠家庭内部生养，生养儿子不但是一个生命繁衍续的过程，而且是一个极端重要的生产、投资、储蓄活动。

父母辛勤劳作，养育儿子，儿子长大后，父母年老劳动能力下降，儿子劳动，反哺父母，儿子再生养子女……这种周而复始的过程，看起来再普通不过，但是，它却维持了家庭经济，乃至社会经济的稳定、繁荣，保障了劳动力的再生产、保障了社会养老机制的运作，是自然经济下社会稳定的基础。

这个过程并非那么天经地义，我们假设：儿子不孝，不愿奉养父母，那么，父母也会不愿生养儿子，养老机制就会崩溃，劳动力就会枯竭，家庭经济就会走向衰败，如果这种现象普遍存在，整个社会经济都会走向衰败。

我们把自然经济下的家庭，与现代企业做一下对比，就会有些有趣的发现：假设父母为家里最年长者，年事已高，长子持家，未婚弟弟、妹妹帮忙。父母相当于股东会兼董事会，长子相当于总经理，长媳相当于副总经理，弟弟、妹妹相当于职工。

在现代公司治理结构中，作为总经理，必须对董事会负责，追求股东长期利益最大化，尊重股东会、董事会，这与孝道中"孝敬"有一致性。

在公司中作为公司员工，必须服从上级领导，尊重上级，这与"悌"相符。

公司总经理、职工应以公司长期利益最大化为出发点，明知领导决策错误时，应予以纠正，不应曲意奉承，损害公司利益，这与"几谏"相符。

公司做大做强，就必须不断增加新的人力资源；而对于家庭自然经济而言，就是繁衍生养更多的后代，无后就意味着人力资源来源的断绝、家庭经济毁灭，事关重大，这就有"不孝有三，无后为大"（《孟子》）。

现代公司从董事、经理，到部门经理，普通职工，都应遵守公司的各项规章制度、服从上级，各司其职，这与孔子所说的"守礼"相符。

现代公司董事会决定公司的发展战略、经营方向，总经理负责实施、执行董事会的公司发展战略，这与孔子秉承父亲理想、志向的要求一致。

现代企业非常注重内部团结，打造团结、合作，互敬互爱的团队精神，这与孝道中的"仁"完全一致。

"父母之命，媒妁之言"。很多人对孝道中的包办婚姻深恶痛绝，唾弃为糟粕。在工业化社会中，生产经营与家庭广泛分离，婚姻主要是两个人的事，确实不需要包办；但是，在自然经济状态下，家庭不仅仅是生活单位，还是基本的生产单位，父母不仅仅是父母，还是"股东会"和"董事会"，媳妇不仅仅是人妻，还是"副总经理"，同时也是总经理未来接班人的母亲，她不仅仅有传宗接代的责任，还有支撑、管理家庭经济，奉养父母、抚育子女的责任。因此，对父母和家庭经济至关重要，包办婚姻也就合情合理了，而这与现代公司治理理念相合。

即使在今天，在许多世代传承的，东西方家族企业的，家族产业继承人中，也存在大量的包办婚姻，其根源与上述情况并无不同。

因此，孝道不仅仅是家庭伦理的道德规范，更是自然经济状态下的职业道德规范，关乎社会经济发展和社会稳定，也正因如此，才会受到历代政府的高度重视。

曾子、孟子更将孝道发扬光大，延伸到社会政治层面，规范政治职业道德。《孟子》"孝子之至，莫大乎尊亲；尊亲之至，莫大乎以天下养。"，当然，这种延伸不但超出了孝道的范畴，也超出了封建时代自然道德的约束范围。

纵观华夏2000多年的封建文明史，孝道一直深植人心，铸就了高尚的封建职业道德，使芸芸众生满怀家庭责任感和对亲人的仁爱，正是这种职业道德鞭策着人们，日复一日，年复一年，披星戴月，不辞劳苦，辛勤耕耘，建立了璀璨的华夏文明，使中华文明长期领先于世界。

　　时至今日，每逢春运，大批农民工返乡，他们排着长长的队伍，买不起卧铺，甚至座票都买不到，在气味刺鼻、拥挤不堪的车厢里一站就是几天几夜，只为获得短暂的省亲时间，无论是天灾还是人祸，都阻挡不了他们似箭的归心；他们忍受着黑心老板的欺压和城里人的冷眼，每天工作十几小时，换得微薄的工资，含辛茹苦、节衣缩食，只为赡养父母，抚养妻子、子女。是什么样的精神在支撑着他们，是孝道！正是孝道使他们充满家庭责任感，支持着他们用自己的牺牲和苦难，艰难地推动着中国工业化和城市化的进程，铸就了令世人瞩目的中国奇迹！

　　在这里，我们不能不对孔子、孟子等古圣先贤的高度的洞察力、概括力，充满智慧的思想发出由衷的赞叹。

　　当然，随着工业化、城市化进程，生产方式已发生巨变，根植于自然经济的孝道中的等级尊卑观念、封闭性和保守性已经不合时宜，但是其中的忠实、诚信、仁爱、亲情、责任感等，至今仍然散发着人性和思想的光辉。

　　职业道德是一个社会最基本、最重要的自然道德，是社会存在、发展的基础。任何一个伟大的文明，背后必有成就它的高尚的职业道德。

"异乡的过客啊，请带话给斯巴达人，说我们忠实地履行了诺言，长眠在这里。" 读到这段铭文时，谁又能不为之动容？斯巴达勇士们为了保卫国家，以区区三百人在温泉关抗击波斯五十万侵略大军，明知必死，仍毫不退缩，斩敌两万，全部壮烈牺牲。铸就古希腊辉煌文明的，正是希腊军人不惧牺牲、不畏强敌、充满社会责任感的高尚的职业道德。

日本近代的崛起，与其国民忠于职守，服从领导，团结协作，专业，敬业，甘于奉献，精益求精的职业道德分不开的。

现代社会，需要的是诚信、专注、敬业、遵纪守法、团队合作等职业道德。中国正处于社会迅速转型期，旧的职业道德走向没落，新的职业道德尚未建立。中华民族要想实现伟大的复兴大业，就必须建立符合时代需求的，高尚的职业道德。如何改造孝道，建立新的职业道德，使之适应现代社会，正是我们迫切需要解决的课题。

第十七节　封建社会的强制道德

任何一个民族的封建时代，都是其政治最黑暗的时代，过分低下的利益相关系数 C_L'、C_L，极度衰弱的公共利益向量 $\overline{I_L}$，以广泛而又深刻的利益侵害为特征的特权等级专制和人治极牢固地把握着整个封建世界。

远远不只这些，社会中自然道德极度衰败，人们之间的利益侵害有增无已，政局动荡不安，社会经济不断遭到毁灭性的打击。如中国封建时代，最多两三百年，社会就要来一次周期性的大动荡、社会经济迅速崩溃，如唐朝的天宝十三年，"社会的上升曲线突然中断，并陡然一落千丈，这是由渔阳鼙鼓动起，突然爆发了安史之乱，转瞬之间即蔓延到淮河流域使一个'人情欣欣然'的繁华社会顿然变成'荒草千里'、'积尸如山'和'烟火断绝'的一片废墟。确如诗人岑参所描述：'胡兵夺长安，宫殿生野草……胡雏尚未灭，诸将恳征讨。昨闻咸阳败，杀戮净如扫。积尸若丘山，流血涨半镐……村落皆无人，萧然空桑枣'"（《中国古代经济史概论》傅筑夫P139）。

面对社会中极其广泛而又深刻的利益侵害，面对令世人颤栗的疯狂的战争，面对社会的自我毁灭，衰弱的公共利益向量 $\overrightarrow{I_L}$ 和统治利益向量 $\overrightarrow{I_R}$ 无力抗拒，于是，强制道德就象"灵丹妙药"一样被贴到了封建社会的每一个角落。

另一方面，空前绝后的特权等级专制政治下，统治利益向量 $\overrightarrow{I_R}$ 牢牢控制了弱小的公共利益向量 $\overrightarrow{I_L}$，为维护自己的统治利益 I_R，必然要求抑制社会中的利益侵害，竭力推行道德强制，道德说教空前发达。

"禁欲主义"是封建道德的核心内容，因为"欲望"（人的利益追求）是一切罪恶的"根源"；其次，就是对封建特权等级制度的维护、将它们神圣化，以维护封建统治阶级的统治利益。

无论是中国的儒教道德文化，还是西方中世纪的宗教文化，都强调道德标准高于一切，"君子喻于义，小人喻于利"，"舍生取义"，"饿死事小，失节事大"，"存天理，灭人欲"；佛教要人们行善、禁欲。基督教宣传虔诚、禁欲、恭顺、服从，死后就可以升入"天堂"；否则，就会堕入"地狱"！

这一切正是在告诉我们：此时的世人们，尤其统治者们，对利益侵害和社会动荡是多么的无可奈何，多么的无能为力啊！

第十八节　封建社会的文化、艺术的堕落

封建专制统治者为了维护他们的统治利益I_R，竭力控制文化、艺术，推行文化、艺术的道德化。

他们害怕人们的利益追求，生怕人们认识到自己追求私利的本性，对人性疯狂歪曲和否定。中国的两千年的文化就是禁欲主义的文化。以写"造反"而著称的《水浒传》念念不忘把武松弄成光棍、把鲁智深编排为和尚，仿佛"英雄"就不能有丝毫人的欲望、人的情感，一百零八将个个被刻划成没有性别的抱打不平、施恩报恩的工具。事实上，史书上记载：武松有妻有子！宣扬忠君思想，宋江被逼造反，总忘不了招安；终于被招安，又被皇帝赐了毒，不说皇帝坏，只骂奸臣；服了毒，宋江竟不忘把梁山兄弟也毒死，以全"忠义"之名，梁山"英雄"们为"忠义"二字，竟然毫不犹豫地吃下毒药，"英雄"形象实在令人毛骨悚然！若不是知道这是封建道德下的产物，我们真要把《水浒传》看成一个心理变态者描写一个疯人院的生活！

正如马克思所说，封建文化"原则上总的来说就是轻视人、蔑视人，使其不成其为人"（《马克思•恩格斯全集》第一卷P411）。

封建时代的文化完全堕落成政治的奴婢、统治的工具，统治者对文化的控制达到了空前绝后的地步。翻开封建时代流行较广的书，哪一本、哪一页不写着礼义道德；而其它方面的诸如科学、技术等书籍，则被政府和垄断了文化的知识分子所鄙视、排斥。封建科举制度使中国在一千多年里，每一个识字的人一读书就学习封建道德，以道德文章开科取士，把中国的学子们的精力和才智都耗尽于"朝为田舍郎，暮登天子堂"的梦想之中。

中国封建历史上的"文字狱"又是一绝！从秦始皇"焚书坑儒"开时代先河，到明太祖为"光"、"贼"、"则"、"吉"杀了一些人；满清康熙年间、雍正年间吕留良、查嗣庭等许多人均因文字狱而惨遭屠戮，其家人、族人亦不能幸免。

在西欧中世纪，古希腊和古罗马的充满人性,宣扬民主、人权、自由的文学作品和政治、思想作品全部销声匿迹；文化堕落成枯燥、空洞的宗教欺骗。文化的专制主义使人类的文明倒退到了野蛮时代，严重地禁锢人们的思想、压抑人们的利益追求、歪曲人性。

中世纪的西欧，情况之悲惨令人震撼，封建主们堕落到连自己的名字都不会写的地步，教会垄断了一切文化，文化掉进了可怕的黑洞，所有的文化存在的意义就在于解释上帝的存在和宗教欺骗的"真实性"和"合理性"。

文化的禁锢与堕落，极其严重地削弱了社会经济发展的动力。然而，对于此时为无休止的动乱、利益侵害而整日心惊肉跳的人们来说，又是多么无可奈何的选择啊！

艺术也绝无逃脱同样悲惨命运的特权，艺术的脸上被黥上封建强制道德的肮脏、丑陋的烙印；古希腊、古罗马的精美绝伦的裸体艺术荡然无存；中国画中无论山水、牛马、虫草无不维妙维肖，水平之高令世人叹为观止，而唯独人物画拙劣幼稚，对人性、对人自身的否定令人发指。

中世纪的建筑一改古罗马的富丽堂皇、雄伟壮观，变得狭长、尖顶，令人感到压抑、恐怖，充满了宗教的神秘感；中国封建社会的建筑清一色地是低矮、人字顶的千年不变的单调模式，而它所表现的恰恰是至高无上的封建皇权和特权等级专制的思想。艺术被无耻地阉割了。

相对而言，较诸西欧黑暗的中世纪，中国封建时代相对要光明得多，文化始终未出现断层。中国的唐宋时期，尤其宋朝，言论相当自由，士大夫、大臣甚至可以抨击皇帝，宋仁宗时，大臣在朝会上把口水都喷到皇上脸上，皇上也未发怒；即使在明朝中后期，也有"言者无罪"之说，大批言官、士大夫公开批评朝政，甚至直指皇帝，皇帝也无可奈何。只有到了满清时代，异族统治者们才大肆打击言论，竭力奴化汉人、士大夫，强行贯彻其早已被汉文明抛弃的，愚昧落后的"主子"、"奴才"制度。宋朝曾经是中国封建社会内政最光明的时代，其很多亲民、平民化的政策和制度，即使到了今天，仍然闪耀着人性和文明的光辉。

为什么会有这种差别呢？因为中世纪的西欧处在封建领主制时代，商品经济极不发达，社会内部诸侯割据，社会更加一盘散沙，诸侯之间征战不已，混乱不堪，道德强制就更加必要，也更加严重；相比之下，中国早在秦朝就已确立半资本主义制度的封建地主制，商品经济远较中世纪的西欧发达，社会中的利益相关系数也有所提高，中央集权制因此建立，国家一统，政局远较中世纪的西欧稳定，对强制道德的需求远没有西欧那么迫切，因此，政治相对就光明得多，文化也就未遭到西欧那种毁灭性的打击。

第十九节　儒教文化与宗教文化

儒教是一种以人为神的宗教，它崇拜帝王、古人，鼓吹封建特权等级制度、人身依附，提倡不同等级之间的调和，要求下对上"尊"、上对下"仁"。起初的儒家学说是一种封建社会中调节人际关系、帮助统治者统治的道德学说；到了西汉经董仲舒增删附会、竭力鼓吹，"罢黜百家，独尊儒术"，儒学就演变成儒教了。

文化的宗教化是封建时代的文化的普遍特征，这归根到底还是由于人们对社会上极其广泛地存在的利益侵害、对自然道德的崩溃的无能为力，无论是中国的儒教文化还是西欧中世纪的基督教文化、阿拉伯的伊斯兰教文化……它们的本质都是一致的，都是制造封建强制道德的工具。

儒教鼓吹天下一统，人人要遵守封建特权等级专制秩序；否则，就是"非礼"，"非礼"则"大逆不道"、"十恶不赦"；强调君权至上，君王"授命于天"，是"真龙天子"，人人都是他的奴隶；人们必须对自己之上的等级"忠"，高等级对低等级施"仁义"；同等级要"爱"；为遵守封建纲常，必须禁欲，要忍耐，"克己复礼"、"饿死事小，失节事大"、"存天理，灭人欲"。它是一种十分完善的封建强制道德的说教，堪称强制道德的"范本"，它统治中华民族两千多年是理所当然的。

然而，在它诞生之初的春秋战国时代，并不为人们接受，直到西汉大一统时，才登上"国学"的宝座，这是什么缘故造成的呢？

我们知道：春秋战国时代，天下大乱、群雄割据、混战不休，毫无统一可言；每一个较强大的诸侯都想并吞六国、一统天下；没有一个国家不想守住国土、不怕国破家亡的；无论是统一天下还是保家卫国，都非战不可；儒学要大家停止战争、实行"王道"、尊崇帝王、君权至上，与当时的实际情况格格不入；树立一个至高无上的王权，道理上自然不错，但尊周王，已为世人所不耻；崇拜别人，每个诸侯都想有份，强立一人为"圣"，必然侵害其他诸侯利益，非但不能起到阻止战争的目的，反而会大大加剧战乱。

西方中世纪的基督教文化，要求人们崇拜一个看不见摸不着的"上帝"，要求人们禁欲、顺天命、服从统治、忍耐别人对自己的利益侵害、行善、仁爱；只有这样，死后方可以升入天堂；否则，死后就要堕入地狱。西欧大陆支离破碎、内外交通极为发达，各国之间战祸不绝、极难形成统一的政体，各国之间互不服从；各国内部又长期分裂、诸侯割据，没有一种"世俗的力量"足以抑制这些力量之间的相互侵害、战争。此情此景，与春秋战国时代的中原大地，何其相似？而基督教以其超然物外的姿态得到各国承认，试想：有一个与世无争、高高在上、可以约束大家之间利益侵害而又不损害大家利益的"主"，岂不美哉！于是，上帝在人间的"代言人"教皇就俨然成了西欧的"统治者"。

儒教与基督教相比，哪一个更好呢？无法比较！对于与外界隔绝、天下一统的封建地主制时代的中国来说，儒教实在是最好的选择。它将每一个人都固定在现存的社会经济政治地位上，抑制利益侵害，尤其抑制低等级对高等级的利益侵害；强调君权至上，封建正统思想，维护政治稳定，从而维护社会的稳定。但是，它仅仅适用于中央集权制度下的大一统的国家。因而事实上，它仅仅适用于商品经济有了一定的发展、而又远没那么发达的封建地主制社会。

相反，中世纪的西欧，商品经济远未发展，没有一个国家是统一的；如德国直到十六世纪还是由三百多个诸侯割据势力统治，其它的英国、法国等国家，在十二世纪以前也大致如此；对于社会中极其广泛而又深刻的利益侵害、对于永无休止的诸侯混战，人们毫无办法。绝望的世人们不得不求助于"主"，宗教和教会也就占据了绝对的统治地位；教皇甚至可以罢黜皇帝、国王；国王竟然无力反抗！德意志的"神圣罗马帝国"皇帝就曾因得罪教皇而遭此厄运，最后不得不向教皇赔礼道歉，方保住皇位。

然而，随着西欧商品经济的重新崛起，各国家内部的利益相关系数 C_L^I、C_L 大大提高，社会凝聚力大大强化，王权在英国、法国等国家得到强化，它们开始走向统一，实现中央集权制度；王权足以抑制社会内部的诸侯混战，对教会的需要、对宗教的依赖就大为削弱；相反，由于教权侵害王权、侵害各国的独立的利益，在英法等国家中均遭到打击。后来，竟然出现了国王控制教会，各国的国王操纵教皇、选举或废除教皇的情况。

显然，宗教统治最适于商品经济极不发展、社会动荡不安、远未实现统一的诸侯割据的封建领主制社会。

无论是西方的宗教文化，还是中国的儒教文化，都是为抑制人们之间的利益侵害而建立的制造封建强制道德的工具，它们的中心内容都是禁欲主义和对封建特权等级专制政治的鼓吹、维护。但是，它们远远无法抑制社会内部广泛而深刻的利益侵害、远远不能使社会免于动荡与战乱，充其量不过是岌岌可危的封建专制统治的强心剂；利益侵害越是无法控制、统治越是无法维持、社会越是混乱，文化的道德化、宗教化就越是严重，对宗教迷信的鼓吹越是声嘶力竭。封建道德文化都是地地道道、自欺欺人的骗术。

第二十节　封建时代的科学理论与技术

奴隶制时代，由大量的奴隶人口消耗带来了大量的"农业相对剩余产品"和"农业相对剩余劳动"，使奴隶制下的分工，尤其体力劳动和脑力劳动的分工很早就发展起来了；

另一方面，奴隶社会的政治专制程度远远低于封建社会，强制道德远不盛行，文化、科学远未被道德化，使文化、艺术和科学得以自由发展；尤其古希腊与古罗马，各种理论、学说层出不穷，极其繁荣。然而，到了封建时代，农奴的地位、生活条件大为改善，使大量的"农业相对剩余产品"和"农业相对剩余劳动"骤然消失殆尽。因而，分工急剧消失，科学研究没落、退化。

随着封建经济的发展，尤其商品经济、分工的崛起，使科学研究和技术有了一些发展。但是，在封建文化中，至高无上的是封建道德文化和宗教欺骗。宗教对人们思想的统治，使人们的头脑中充满了荒诞不经、自相矛盾的唯心主义思想，根本不可能产生出较科学、较客观的思维方式，更不可能产生出系统的科学理论；西方人用上帝解释一切，但丁在其《论世界帝国》中说：因为上帝喜欢秩序，上帝是唯一的，世人们也应有秩序，因而应该有唯一的君主！中国人对道德的迷信竟然发展到了用君臣关系解释宇宙天象、解释自然界的种种现象的地步，以为"君臣之义无逃于天地之间"！

任何一种思想的产生与发展，只要它是较科学的，它就会与歪曲事实的宗教迷信发生对立，从根本上动摇宗教在人们思想中的统治地位，从而从根本上瓦解建立在宗教欺骗基础上的封建强制道德，因而必然为封建统治者所竭力反对。自然而然地，对科学的禁锢、扼杀，成了封建卫道士们和封建教会义不容辞的职责；封建时代事实上正是科学窒息、理论倒退的时代。因而，任何一个民族的较科学的思维方式和科学理论的范式都不可能是封建时代的产物，而只能是奠基于奴隶制时代。

另一方面，封建社会的统治者们为获取较大的利益I_R，再也不能象奴隶制时代那样依靠奴隶人口的大量消耗、掠夺了，必然要求提高劳动生产率w，要求发展和推广实用技术；如秦始皇焚书坑儒，也提出："所不去者，医药卜筮种树之书"，医药、种树的技术还是需要保留的。封建社会，各朝代君主都很重视生产技术的推广和应用，注重历法、气候、节气的研究；同时，封建时代，农民生产积极性较奴隶大大提高，职业利益相关系数较高，对技术的开发、改进、学习、使用十分积极、热衷，技术的发展和推广较迅速。中国的"四大发明"：造纸、印刷、火药、指南针，以及中国的历法、天文均发展到了令世人震惊的地步；祖冲之将圆周率推算至小数点后七位数；中国张衡设计并制造的地动仪至今无人能造出；冶炼和铸造技术更令现代人叹为观止，瓷器生产技术登峰造极……

然而，脱离科学发展而独立发展的技术进步毕竟有限，当它发展到一定程度时，就再也不可能前进了，中国人发明了水排和风箱，就是发明不了蒸汽机，李约瑟说：蒸汽机等于水排加上风箱！

实用技术进步，而科学理论的远远滞后，是封建时代的科学技术发展的特征，中国封建时代，"技术成果的积累分达80％，理论成果积分占13％，而实验成果积分仅占7％"（《文化背景与科学技术结构的演变》金观涛等著）。

在生产、经济需要的拖动下，实用技术、然后是科学被动地发展是封建时代科学技术进步的特点。

与奴隶社会的情况恰好相反：奴隶社会谈不上什么技术进步，科学理论脱离技术单独发展；封建社会的技术大大发展了，科学却没有什么进步。

第二十一节　中国与西欧封建社会商品经济发展的比较

经过西周三百年的封建领主制下的农奴的艰苦劳动，农业生产力有了较大的进步，农业剩余产品和农业剩余劳动开始大量出现，封建制度下的中国工商业就蓬蓬勃勃地发展起来了。《汉书》二十四上《食货志》中描述春秋战国时代的社会状况："及秦孝公用商君，坏井田，开阡陌，急耕战之赏，……然王制遂灭，僭差无度，庶人之富者累巨万，而贫者食糟糠；有强者兼州域，而弱者丧社稷"，又有"其流至乎士庶，莫不离制而弃本……富者土木被文锦，犬马余肉粟，而贫者短褐不完，含菽饮水，其为编户齐民，同列而以财力相君，虽为仆虏，犹无愠色。故夫饰变诈为奸轨者，自足乎一世之间，守道循理者，不免于饥寒之患"（《汉书》卷九十一《货殖列传》），商品经济对社会冲击极其强烈、极其深刻，引起严重的贫富分化，出现大量暴发起来的平民，他们大量买地，成为地主，地主制经济以其强大的优势冲击了封建领主制经济，而许多"守道循理"、不愿放弃领主制的贵族却走向贫困、没落，领主制在一天一天地走向瓦解，地主制一天一天地发展壮大。

商品经济推动了社会分工大大发展，"故待农而食之，虞而出之，工而成之，商而通之"（《史记•货殖列传》），出现众多大商业资本，如"子贡好废举，与时转货赀……常相鲁、卫，家累千金"，"子赣既学于仲尼……七十子之徒赐最为饶益……子贡结驷连骑，束帛之币以聘享诸侯，所至，国君无不分庭与之抗礼。夫使孔子名布于天下者，子贡先后之也"（同上），范蠡"十九年之中三致千金，再分散与交疏昆弟"（同上）。

手工业急剧发展，战国时代，出现了许多大工业资本，他们从事的行业有采矿、冶炼、铸造、煮盐，乃至农、林、畜牧，无所不有。"倚顿用盐起。而邯郸郭纵以铁冶成业，与王者埒富"，"蜀卓氏之先，赵人也，用铁冶富……致之临邛，大喜，即铁山鼓铸，运筹策，倾滇蜀之民，富至僮千人，田池射猎之乐，拟于人君"，"程郑，山东迁虏也，亦冶铸，贾椎髻之民，富埒卓氏，俱居临邛"（同上）；其中，尤其以盐铁业发展规模最大。

据考古资料介绍，早在汉代，中国的冶铁、炼钢技术就达到了十八世纪工业革命时期的英国钢铁工业的技术水平；而产量与质量也毫不逊色；英国在工业革命后的十九世纪初，高炉日产量最大不超过三吨，而中国早在两千年前高炉日产量就可达到一吨以上，冶铁和炼钢工业的规模也极为宏大。

在汹涌而来的商品经济浪潮的强烈冲击下，春秋战国时代的社会风气大变，有谚语云"千金之子，不死于市"，"天下熙熙，皆为利来；天下攘攘，皆为利往"（《史记·货殖列传》）；经过商品经济的长期繁荣和沉淀，逐利者总结出市场规律："贵上极则反贱，贱下极则反贵"，"贵出如粪土，贱取如珠玉。财币欲其行如流水"（同上）。

商品经济的巨大发展，彻底瓦解了中国的封建领主制，广泛兴起了封建地主制，秦始皇统一六国，中国的典型的封建制度终于结束，开始了长达两千年的变态的封建制度—地主制。

西欧十一世纪后，工商业迅速崛起，同样推动了社会的变革，地主制取代农奴制，使资本主义生产关系急剧发展，最终取代了封建制度。与此相反的是，工商业、货币经济已高度发展的战国时代、西汉的中国，竟然始终不能使已出现的资本主义生产关系的萌芽占据优势，而是始终如一地处在那种初期状态，这也实在令人费解。

到底什么原因造成的这两种迥然不同的发展道路呢？我们知道：在自然经济中，商品经济发展初期，其繁荣程度取决于农业剩余产品和农业剩余劳动的多少；中国工商业的大发展是在封建制度建立后三百年至五百年的时间里，即春秋战国时代；西欧从公元五世纪封建制度确立到公元九世纪，是商品经济的"空白"时代，直到封建领主制确立四百至六百年之后，工商业才崛起；这中间差别不大。若按城市的兴起时间计算，中国为战国时代，即公元前五世纪，是在封建制度确立后的五百至六百年间；西欧是在九到十一世纪，也用了三百到六百年的时间，二者大体一致。

　　然而，工商业的进一步发展就远不那么容易了。它首先遇到的两个巨大难题就是：交通运输与市场容量的苛刻的要求。

　　西欧、南欧诸国均为岛屿或半岛，濒临地中海或大西洋，内部水上交通、对外与西亚和北非等地区的海上交通很早就十分发达，随着商品经济的重新崛起，航海、造船技术很快发展，对外航海通过大西洋可以到达世界各地。

　　海洋，的确是造化赐与人类的奇妙无比的礼物，一方面，它为人类开辟了无数的天然的交通"通道"，无须人工修筑，更用不着维修；海上交通运输费用十分低廉，尤其重要的是：船的载重量越大、载货越多，单位数量的货物的运输成本就越低，人力、物力、财力节省得越多，这就为西欧资本主义工商业的起步和发展、经济规模日趋扩大和社会化生产提供了无与伦比的优越条件。

　　海洋上的交通运输是放射式的、完全开放的，它将数不清的城市、地区、国家连接起来，为商品经济的发展提供了无穷无尽的巨大市场；同时，海洋将不同的地区、国家在地理、气候、文化、生活、习俗上分隔开来，产生出截然不同的产品和迥然不同的文化，为不同地区、国家之间的贸易作出了最优秀的、天然准备。因而，海洋为西欧的岛屿和半岛国家的商品经济的腾飞提供了近乎无穷无尽的广大市场和潜在市场。

　　傍邻欧洲的地中海，风平浪静，没有潮汐，内部有许多优良的港湾，是人类航海业起步的摇篮，因而也成为资本主义生产关系最早萌芽的地方，中世纪后期意大利的威尼斯、热那亚等地中海沿岸城市极为繁荣。

随着造船技术及远洋技术的发展，英国、法国等大西洋沿岸国家取代了它们而占据了主导地位。因为与大西洋相比，地中海更象个"内陆湖"，辐射面太小。但是，对于处在萌芽状态的资本主义，地中海更像一个遮风挡雨的温室。

与此相反，中国绝大多数地区处于内陆，绝大部分地区是山脉高原；封建时代修筑的路，一般只能是单方向的、崎岖不平，提供的市场覆盖面充其量不过是道路两旁十几公里的范围。内陆国家内部文化、气候连续，各地物产、风俗差异较小，远不如跨海相隔地区之间那么悬殊。因而，无论是市场容量还是市场潜力都远远小于西欧。

陆路交通需马车、马匹、车夫，运输成本高昂。陆路运输量越大，费用越高；远不能象海洋运输那样船载货量增加，单位成本降低。尤其陆路运输距离越长，运输成本增加就更厉害。

近代及以前的中国，陆路运输成本之高，是当代人所无法想象的。公元前119年，汉武帝派10万骑兵攻打漠北的匈奴伊致斜，运送给养、辎重的马14万匹、步卒50万，也就是说：为了运输10万人的给养，需消耗50万人、14万匹马所需粮草，运输成本达到运输货值的10倍。唐贞观初，凉州旱灾，欲从长安运粮赈灾，但因运输成本太高：运10石，运输往返途中要吃掉8石，而不得不采取设立义仓，让地方自救的办法。直至清末，从山西运到包头的一口铁锅，可以换到一匹良马，之所以如此价高，就是因为运输成本太高。

就是到了现代，解放战争淮海战役中，解放军参战部队60万人，运送给养的人员达536万人，运输成本也达到运输货值的10倍。

以上所举的例子都是政府行为，可以不支付工钱而强征劳役。如果是私人经商，还需要支付运输人员的工资，这样算下来，运送粮食的成本达到所运送粮食的价值的10-20倍。

杜牧的诗《过华清宫》曰："长安回望绣城堆，山顶千门次第开。一骑红尘妃子笑，无人知是荔枝来。"，描述的就是唐玄宗的"奢靡"：用驿马为杨贵妃从岭南送荔枝到长安。这在今人看来，简直无法理解，因为哪怕最偏远的新疆乌鲁木齐，甚至伊犁，普通百姓都能买到便宜的荔枝。假如伊犁的小伙子购买了廉价的荔枝送给姑娘，只怕很难打动恋人，更不可能有"一骑红尘妃子笑"的惊艳效果。

究其原因：运输费用因现代交通工具的广泛应用，较诸过往已大大降低。使长途运输这种过去即使皇帝偶尔享受一下，也要被千夫所指的"奢侈消费"，变成了现在寻常百姓的不起眼的"廉价消费"。

资本主义经济之所以能优于封建经济、能战胜封建经济，关键在于工商业经济上的规模化，并由此带来生产过程中的分工；企业的形成及迅速发展，从而带来的生产力的巨大提高、对封建经济形成巨大的比较优势。而经济的规模化一方面需要巨大的原料供应市场，另一方面生产出的大量的产品，需要有充分大的销售市场。在以自然经济为主的农业社会中，本来全国的市场加到一块也极为有限，更何况交通的隔离将市场分割得小而又小；随着运输距离急剧提升的高昂交通运输的费用，不但使萌芽状态的资本主义对封建经济的比较优势丧失殆尽，反而形成规模劣势。因而，中国的资本主义规模化经济在封建时代就难乎其难了！

虽然早在战国时代中国就兴起了工商业大城市，工商业、货币经济都很发达，但高昂的交通运输成本和由此带来的市场容量的缩减，使工商业无法继续发展下去，商品经济的主流一直停留在互通有无，利用各地价差贩运、倒卖之上，而始终无法使已经萌芽的资本主义生产关系占据主导地位，商品经济自身始终处于社会经济的附属状态。

傅筑夫指出："战国以后，变态的封建制度之所以长期存在，资本主义的经济因素虽早已出现，但又始终不能发展到资本主义阶段，土地兼并的贯彻始终并不断有所发展，实在是一个主要障碍。因为从整个社会来看，土地的兼并过程，是社会总资本的消失的过程；土地兼并得愈猛烈，资本消失也愈迅速，这是与欧洲的历史发展方向完全相反的"（《中国古代经济史概论》傅筑夫P74），在傅先生看来，中国的历史仅仅是因为发生了发展"程序"上的错误，而在长达两千年的时间里徘徊不前，失去了进入资本主义的机会！在长达两千年的时间里，商业和工业资本家们，发了一些财后，都不约而同地突然中止对工商业的资本积累，纷纷买地经营，因而破坏了资本的原始积累。

那么，试问：土地的利润率相当低下，他们为什么宁愿弃商而从农呢？傅先生又曰："在一个战争频繁、动乱不息的社会中，土地是财富最稳妥的一种存在形态，它不忧水火，不惧盗贼，不象货币财富那样有随时丧失之虞"（同上P62）。这种似是而非的答案令人生疑：封建时代的西欧，较之中国，战争更加频繁、动乱更加严重，商品经济崛起后，土地同样商品化，为何人们仍然纷纷弃农经商而与中国的情况完全相反呢？！在英国，同样有长达三百多年的土地兼并——圈地运动，英国人的土地兼并首先是作牧场，生产出售羊毛，其次是大规模土地耕种，作农业资本家；在中国，人们买了地以后，不但没有这样做，反而把大片土地分割成小块，租给农民耕种。

首先，人类不是计算机，尤其七窍玲珑的中国商人，可谓无利不起早，绝不会被"程序错误"困住；其次，中国商人无论智谋、心胸、胆魄，还是冒险精神，较之于西欧同行有过之而无不及：弦高犒师智退秦军；范蠡"千金散尽还复来"；吕不韦押上巨额财产和性命赌国；汉武帝时的马商聂壹为国博命，惨遭匈奴单于伊致斜杀害；明朝多少海商、盐商、晋商甘冒抄家灭族、倾家荡产的危险，铤而走险，从事走私、私盐贩卖等贸易……。让他们不去做的唯一原因，就是"无利"！

是不是中国人真的"脑子有问题"，挣了钱以后，不假思索地买地、老老实实地种地？！事实上，人们宁愿种地，只能说明：此时，扩大工商业经营规模所带来的利润率比种地更低！是因为交通运输成本太高，市场容量太小，使中国封建时代容纳不下那么大的工商业资本，当人们通过投机买卖，通有无、调盈亏赚取价差或通过从事手工业的方式积累一定资本时，市场的狭窄已使他们再也无法通过同样的方式来增殖自己的财富了，唯一能做的事，只剩下投资土地了。交通运输的巨大费用使工商业对农业的比较优势很难产生；而且，工商业生产、经营发展到一定规模时，附近交通运输较便利、成本较低一些的地区市场很容易饱和，只能向距离更远、交通运输更加不便、成本更高昂、周期更长的地区销售，而其成本的增加的比例一般远远超过距离增加的比例；此时，生产规模加大，运输距离随之延长，运输成本不是与产量呈正比，而是以几何级数急剧增加，规模经济的"优势"反而变成了"劣势"。经济无法规模化，分工、协作生产自然难以实现，也就无法进入资本主义时代。

与此相反，在西欧，如英国，海上交通四通八达、内外市场容量极大，人们对经商、航海趋之若鹜，产品出口迅速上升，如"在斯图亚特王朝复辟时期，每年输出的呢绒的价值不大超过一百万镑，1764年已增加到四百万镑"（《简明世界通史》P386），为了向佛兰德输出羊毛，英国人变耕地为牧场，驱走大批农民，进行血腥的大规模的圈地运动。这在封建时代的中国，根本不可能发生，因为随着距离呈正比增加的交通运输成本，使中国人无法得到如此大而又有利可图的市场。西欧交通运输成本的低廉使工商业对农业一开始就显示出无比的优势，圈地运动就是明显的例子。工商业、资本积累、资本主义的大规模生产在西欧不可阻挡地发展起来了！

在中国，不但工商业无法普及，土地的大规模经营也无法实现，因为大规模生产必然产生出大量的农业剩余产品，交通的闭塞、运输的巨大障碍和狭小的市场容量使人们根本无法找到一个稳定可靠的，可以吸收这么多农产品的市场。这样，就出现了傅先生所说的现象，而且，更奇特的是：尽管土地早已商品化、土地的兼并滚滚而来，但大地主从没有趁此而大规模经营土地、做农业资本家，反而将自己的大块土地划成许多小块，分给农户，让他们一家一户地租种，小规模经营。

马克思以为中国是由于家庭手工业与家庭农业的过分紧密的结合造成了资本主义发展的障碍；事实上，这种紧密、牢固的结合，仅仅是交通运输过于艰难、市场长期难于发展，从而自然经济过度发展的结果罢了。

事实上，在中国封建时代的宋朝，工商业非常之发达，中国历史上著名的四大发明中，有三大发明出自于宋朝，无论科技、文化、经济，还是内政文明，此时均已达到中国封建时代的顶点。其政府税收绝大部分来源于工商税，宋代工商业之繁荣，远远超过了十八世纪的英国，距离资本主义仅一纸之隔。假如没有被北方金人和蒙古灭国，假以时日，实现了交通运输的技术突破，中国的资本主义或许真能提前破茧而出。

即使马克思所指的家庭手工纺织与农业的紧密结合，导致资本主义无法启蒙的情况，其实完全不存在。事实上，无论是在宋朝，还是明朝，因海上贸易和宫廷需求，以及国内富裕阶层的需求，江南沿海一代都出现了大批手工纺织作坊，无论生产规模，还是分工，都丝毫不逊色于十八世纪工业革命之前的欧洲；而其产品质量之精湛，花色之繁复、精美，更是后者所望尘莫及的。

正是交通运输条件的恶劣造成了经济对内、对外的封闭状态，严重地阻碍了商品经济的发展，使中国封建时代早已产生的资本主义生产关系发展过于缓慢，始终未能迈入资本主义的门槛。

第二十二节　结　语

纵观人类历史长河，漫长的原始时代，为了生存，人类象动物一样苦苦地挣扎在寒冷、饥饿、疾病、野兽侵袭所带来的死亡威胁的边缘上，其意义就在于产生剩余产品和剩余劳动，启动人类利益追求的发动机。

奴隶们在奴隶主的皮鞭的驱赶下，在饥寒交迫中劳累致死，各奴隶主国家为掠夺奴隶人口不断发动奴隶人口掠夺战争，流血不止，其意义就在于大量"农业相对剩余产品"和"农业相对剩余劳动"，带来了文明的产生、分工的发展、科学理论产生所必须的抽象逻辑思维模式的产生。

封建时代农奴的艰苦劳动的全部意义就在于发展农业生产力，从而创造出真实而稳定的，大量的农业剩余产品和农业剩余劳动力，并推动实用技术的发展。

所有这一切，都是在为这样一个历史性的飞跃作准备——人类进入资本主义时代！

试想：如果春秋战国时代，中国能够顺利实现向资本主义社会的跳跃，到今天，人类进入资本主义时代就会有两千多年了，整个世界又将会是怎样的面貌，人类的文明又将会有多么的发达！

　　然而，造化又是如此弄人，它用地中海，为西欧生产了一个超级"战争振荡器"，使那里的奴隶掠夺战争打了一千多年；又用高山、戈壁和沙漠，筑就一个巨大的超级"门槛"，让中国在资本主义的门前徘徊了两千多年！

　　乱哄哄、闹盈盈，可喜、可悲，可鄙、可赞，可嘘、可叹；你下台来，我登场。这台早已开场、正在上演的人类历史之剧，幕后只有一个导演，那就是：人类对利益的执着不变的追求！

第五章 商品经济与经济的社会化

第一节 最初的诱惑

在第一章中，我们知道：利益转化速度 $V_I = \sum\limits_{i=1}^{n} V_{I0i} \Phi_i(K_i) \leq$

$\sum\limits_{i=1}^{n} V_{I0i}$ ，其中利益饱和度 $K_i = \dfrac{V_{mui}}{V_{m0i}}$ ，且 $\dfrac{\partial \Phi_i(K_i)}{\partial K_i} \geq 0$ ，$\dfrac{\partial^2 \Phi_i}{\partial K_i^2} \leq 0$

；事实上，一个利益人 $M_A = (I_A, \overrightarrow{I_A})$ 所能实现的利益追

求在短时间内只是一两种，如为一种，则其利益转化速度为

$V_{IA} = V_{I0i} \phi_i (K_i)$，其函数图象如下图：

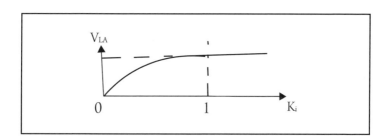

当 $K_i \geq 1$ 时，V_{IA} 就不再增加了，原始时代，利益人 M_A 的
利益追求产生足够的利益获得速度 V_{mAA} 时，剩余产品就出现
了，即出现 $(V_{mAA} - V_{m0i})$ 无法实现转化为利益；此时，提高
利益转化速度 V_{IA} 的唯一可行的办法，是增加新的用途的占
有物，即提高 M_A 所拥有的不同用途的占有物的种类数 n；由
于每个人的精力、财力的限制，可生产的种类数 n 极有限。而
另一个利益人 $M_B = (I_B, \overrightarrow{I_B})$，也遇到了同样的问题，但他
生产的是另一种用途完全不同的产品 j，其剩余产品 $(V_{mBA} -$

V_{m0j}），M_A与M_B之间交换这些对自己"毫无用处"的产品，就使得双方各自的不同用途占有物的种类数n突然增加，从而各自的利益均陡然增加，假设ΔV_{mAj}为$(V_{mAA}-V_{m0i})$交换来的j种占有物，ΔV_{mBi}为$(V_{mBA}-V_{m0j})$交换来的i种占有物，交换后$V_{IA2}=V_{I0iA}+V_{I0Aj}\Phi_j\left(\dfrac{\Delta V_{mAj}}{V_{m0jA}}\right)$，$V_{IB2}=V_{I0jB}+V_{I0Bi}\Phi_i\left(\dfrac{\Delta V_{mBi}}{V_{m0iB}}\right)$；交换前$V_{I0iA}$，$V_{I0jB}$。

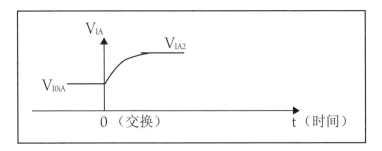

这样，交换本身就产生了利益！

交换的奇妙之处就在于：完全保持原有的生产方式、不增加生产产品品种和复杂程度；相反，甚至减少生产的品种、降低生产的复杂程度，甚至仅仅生产一种产品就足以获得同时生产各种产品的利益，使人们获得的利益大大增加。通过交换，M_A、M_B的利益的最高限额均大大提高：原来$V_{IAmax}=V_{I0iA}$，$V_{IBmax}=V_{I0jB}$，交换后$V_{IAmax}=V_{I0iA}+V_{I0jB}$，$V_{IBmax}=V_{I0iB}+V_{I0jB}$。

免去同时生产各种产品的高昂代价，通过增加剩余产品的生产来获利，为人们的利益追求开辟了一条奇妙无比的捷径。交换为分工的发展提供了必不可少的条件，作为人们获利的手段而被迅速地广泛采用了。

第二节　商品经济与分工的发展

马克思说："不同种类的劳动的并存"就是分工。分工的发展，就意味着生产者的生产的日趋片面化、简单化、产品日趋单一化；而社会总的产品却日趋多样化、复杂化。

分工的发展，使每一个生产者日益丧失独立生存的能力，分工越是发达，他们生产的片面化就越是严重，对其他生产者的依赖就越是严重；因而，分工的发展必须依赖于商品交换的发展；如果商品交换落后、市场狭小，而分工越是发展，每个生产者生产的产品的自用率越低，自己的生产、生活对市场的依赖就越强烈，就会出现产品无处出售、生产资料买不进来的情况，他们的生活没有保障。这种情况下，分工的发展反而意味着利益的损失，甚至破产、负债，生活无法维持，显然不为生产者接受。

另一方面，商品交换的发展程度取决于每一个劳动者、经营者、生产者用来交换的产品占其总产量的比率，即商品率的大小；一个社会中分工越不发达，每个人的产品的自用率越大、越能自给，产品的"剩余"就越少，对市场的依赖也越少，商品率就越低。因而，商品经济就越不发达。分工越是发展，每个人生产的片面化、单一化越严重，产品的自用率越低，产品的剩余量越大，生产和生活用品的自给率越低，对市场依赖就越强烈，商品率就越高，商品交换也就越是发达。

因而，商品经济的发展与分工的发展是同步的，正象人的两条腿，缺了哪一条都不能走路。

　　分工与交换的发展，是社会经济的局部的片面性、相异性、互补性的发展。只有片面性的单独发展，而无相异性的相应发展，就不成其为分工，而片面性也会失去意义，而且，片面性的单独发展会引起整个社会经济的倾斜。没有相异性的同步发展，商品交换既没有可能、又没有必要，而这种片面性的单独发展势必使参与者蒙受巨大的经济损失；只有片面性的单独发展，而没有互补性的同步发展，片面性势必失去依据。没有互补性的相应发展，社会就不会产生相应的需求，片面性的发展势必引起参与者经济上的巨大损失，社会经济中也必然出现空白，引起损失与不便。因而，分工事实上是社会经济各局部的片面性、相异性、互补性的同步发展。

　　商品交换的发展，意味着人们在经济上的联系的发展，因而，分工事实上是社会经济各局部的片面性、相异性、互补性，和人们在经济上的联系的同步发展。

　　最初的分工是产业分工，如畜牧业与种植业的分工，各自的片面性并不明显，各自的独立性、自给性很强，没有交换也完全可以独立生存下去。但是，它们构成了交换的原始条件。商品交换的发展又带来了手工业与农业的分工，手工业分离出来，极大地提高了产业的片面性，手工业者的生活必须依赖于农业及其他生产者，而农业、畜牧业者的生产工具、生活用具的生产也越来越依赖于手工业者了，从而又大大地推动了分工与交换的发展；而商业与产业的分工又把分工与交换推进到了更高的水平上。

　　在资本主义以前的时代，分工，尤其生产过程中的分工极不发达。只有到了资本主义时代，出现了手工工场及工厂，其内部的生产过程的分工才发达起来。生产过程中的分工的发展程度，取决于生产规模的发展。生产规模小了、人手太少，就无法分工；就是有了一点规模，由于各道工序用时不一，人少了，比例难以协调，往往一边人手不足，另一边却可能闲着没事干，反而造成严重浪费。事实上，生产过程中的分工的发展，总是要求生产规模相应随之扩大；否则，生产规模不变，分工发展带来的更多的复杂的比例关系就无法协调，一些工序可能严重人手不足，分工反而使劳动生产率下降。而生产规模的大小，一方面取决于商品生产者财产积累的多少；另一方面，又取决于市场的发育程度，因为生产规模越大，买进的原料、劳动力、生产工具、生活资料就越多，需要的供应市场就越大；而卖出的产品数量就越大，需要的需求市场越大。而生产者的财富的积累的水平又取决于市场的发育程度，因而生产过程的分工的发展水平取决于市场的发展水平。

在资本主义社会中，由于商品经济的高度发展，使生产过程的分工已远远不是一个企业的事了，许多企业相互分工协作，生产同一种产品；甚至同一种产品的生产已远远不是哪一个产业所能单独完成的了，不同产业之间的分工协作迅速发展起来。如汽车的生产不仅需要汽车的装配工厂，还需要各部件的生产厂；不仅需要汽车工业，还需要钢铁、橡胶、轮胎、石油、化工、电子等等一系列产业的分工协作。这种分工的高度发展，使各企业、各产业的生产的片面性大大强化、对其它的企业的依赖性大大提高，要求商品经济高度发展。企业、产业之间的生产过程的分工越发展，从整个社会来看，需要的原料、初级产品等的供应量就越大，需要的需求市场也越大，就需要商品经济与之同步发展。比如一家企业若包揽炼钢、锻造、制钉的全过程，对外需要的仅仅是煤炭、电力、铁矿石，而其产品是钉子；若分工成炼钢、制钉两家企业，那么需要的是煤炭、电力、铁矿石和钢材，出售的是钢材、钉子，增加了一项钢材的交换量。分工越是发展，交换量增加得越多。

第三节　经济的社会化

分工与交换的发展，就是社会经济各成份之间的经济的局部的片面性及各局部之间的联系的发展，这是社会生产力的发展的一种极其重要的方式。首先，任何一种产业所能创造的利益是有限的，当社会中的产业只有一、两个或有限的几个时，它们产生的相互不可替代产品的种类数 n 一定，产生的利益转化速度 $V_I = \sum_{i=1}^{n} V_{I_{0i}} \Phi_i(K_i) \le \sum_{i=1}^{n} V_{I_{0i}}$ 是有限的；当生产力发展到一定程度时，每一种占有物转化速度达到其最大值 $V_{mui} \approx V_{m0i}$，则其利益转化速度 $V_I = \sum_{i=1}^{n} V_{I_{0i}}$ 达到顶点，再也无法增加了，只有当新的产业出现时，即分工与交换发展了时，经济才能重新发展，利益走出饱和，进入新的增长。如封建时代，当粮食生产出现较多的过剩、出现大量农业剩余劳动力时，就需要发展工商业；否则，就会使经济走向停滞和衰退；中国长期停滞于封建时代的原因就是工商业无法得到充分的发展。

不仅仅如此！新的产业创造的财富，不是简简单单地迭加在原有的产业所创造的财富之上的，它通过与原有的产业的相互作用，与原有产业之间联合、交换、相互改造等等，使原有产业发生巨大变化，甚至变革；原有产业就更加片面化，与新的产业的联系、依赖关系日益加深，从而大大增加了原有产业的生产力。

如原始社会的畜牧业与种植业的分工，使从事畜牧业的人专事放牧、饲养、繁殖牲畜，不再从事耕种；从事种植业的人也由亦农亦牧走向专司耕种，精力、物力、财力大大集中，使生产力大大提高，技术很快提高；在手工业尚未从农业中分离出来时，农、牧民需要自制生产和生活工具，工具质量差、生产效率低下，极大地影响了劳动生产率；同时，由于精力分散，两样都做不好，生产力水平低下。手工业从农业中分离出来后，使农耕、放牧专业化，农民专事耕种、牧民专事放牧，精力集中、物力集中，生产力、生产技术很快提高；同时，生产工具与生活工具生产技术因专业化生产，大大提高，生产率和质量均出现飞跃，反过来使农业、生产技术、生产力大大发展，人们的生活大大改善、更加方便了。

十八世纪蒸汽机的出现，使资本主义手工业过渡到工厂工业、实现了工业化，整个经济发生了极其深刻的变化。工业与农业的日趋分离、商业的发展，不但使资本主义工商业经济一日千里，还使农业生产发生了重大革命，化工行业生产的化肥、激素、杀虫剂、农业机械的生产使农业脱胎换骨；现代农业中，一个农业劳动力可养活五十乃至一百个非农业人口！二十世纪五十年代，电子计算机等新兴产业的出现，使发达国家经济实现"重新现代化"，美国的一些"重新现代化"的工厂，劳动生产率平均提高50％以上，能源大量节约，原材料的消耗大幅度减少、生产成本急剧下降，产品更新迅速加快，产品质量、性能不断改善。不仅使无数新产品问世，生产周期也大大缩短。

我们假设旧的产业的占有物增加速度为V_{mAO}，消耗速度为V_{mcO}，新产业的占有物增加速度V_{mAN}；出现新产业后，旧产业的占有物的增加速度V_{mAO1}，随着与新产业的相互联系、相互作用的日益加深而又变成$V_{mAO2}=V_{mAO}+\Delta V_{mAO}$，随着新产业与旧产业之间的分工、联系、相互作用的日益深化而逐渐地提高。令总的占有物增加速度为$V_{mA\Sigma}$，则$V_{mA\Sigma}=V_{mAO2}+V_{mAN}=V_{mAO}+\Delta V_{mAO}+V_{mAN}$，新、旧产业的相互作用，使财富的总和、生产力总量呈明显的非线性增长，大于两者的代数和，产业间的分工随各产业的片面性及相互联系的日益发展而推动生产力的急剧发展。而事实上，与新产业相互联系、相互作用的产业总是有许多个，交互影响，产生更复杂、更可观的增长。生产同一种产品的不同企业之间，根据各自的优势，联合起来，形成企业集团；或在相互关系较紧密，虽然生产的不是同一种产品、但其中一方的产品是另一方的生产资料，它们之间进行分工协作，各企业、各部门运用自己的优势由生产成品变成生产其中的某一部件或原材料，使经济的局部日趋片面化、单一化；同时，企业之间的相互联系、相互依赖关系大大强化。每一个企业的财力、物力、管理力量、技术力量均十分有限，它所生产的产品越复杂、品种越多，每一个方面花的力量就越少，劳动生产率、产品质量越低、技术越难提高，能源、原材料的消耗，劳动力、资金的投入就越高，成本越高；管理越复杂、管理越难以规范、漏洞就越多、不经济成份越大；分工协作后，各企业生产的方面大大减少，将有限的财力、物力、人力、技术力量、管理力量集中于极有限的几个方面，每一个方面可花费的量就大得多了，劳动生产率、产品质量、生产技术必然大大提高，生产成本消耗必然大大下降；管理必然大大简化、规范、漏洞必然大大减少、不合理、不经济的现象大大减少，生产力亦大大发展。

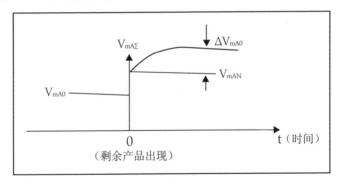

同一企业内部的分工与前面的情况相同。

文化科学的研究、开发，与产品生产的分工使社会的科学、文化的水平大大提高，技术的开发又使生产的技术水平大大提高，科学研究与技术开发的分工使科学研究的水平大大提高，科学发展水平的提高反过来又大大推动了技术开发，从而技术水平大大提高。

随着科学研究、技术开发部门与生产企业的联系、协作关系的日趋深化，大大推动了技术的进步，使生产力发展速度迅速提高。在某项技术上的分工协作未发生之前，企业自己必须承担科研和技术开发的任务，这一方面严重地削弱了实际生产中的技术力量和技术管理，使生产技术、产品质量难以提高，另一方面，资金有限、设备有限，自行研究、开发必然减少生产中的资金和设备，使生产受到影响，生产成本提高；而且由于生产企业自行开发技术的人力、物力、财力有限，很难使技术有较大的提高，因而发展技术的成本很高。在分工协作发展后，企业就摆脱了该项科研和技术开发的负担，一方面大大加强了实际生产中的技术力量、技术管理，生产技术、产品质量易于提高；另一方面，生产的资金、设备投入的数量大大增加，生产产品的产量、利润、劳动生产率均大大提高；尤其重要的是：由于专门的科学研究、技术开发部门技术力量雄厚，设备、资料齐全，信息灵通，经验丰富，管理科学，技术开发迅速，成本低，使技术迅速提高、开发成本大大下降、生产力迅速提高。

对于科学研究和技术开发部门，在与生产企业合作前，缺乏课题方向、缺乏实际实验场所、缺乏顾客、缺乏科研和技术开发资金；与生产企业合作后，既有了课题方向和实验场所，又从生产企业得到资金、生产经验和技术，使技术开发、科学研究工作的水平、经验、力量、资金均大幅度提高，极大地推动了科学研究和技术开发的发展。

在科学研究与技术开发部门之间，分工协作同样会推动科学和技术大大发展。每一个科学研究、技术开发部门研究的方向越多、越复杂，其人力、设备、财力越分散，每一项工作越难深入，人们缺乏经验积累、技术开发和科学研究的效率就越低下、越缓慢，技术越难以突破，开发成本、管理成本越高、漏洞越大；尤其是各部门难免重复研究、开发，每一项研究和开发工作不能建立在其它部门的成果之上，造成巨大的浪费。相反，各部门之间分工协作后，各自的方向大大减少，一家所攻的所有项目均为类似的方向，人力、设备、财力十分集中，资料易于搜集，工作十分易于开展；而且由于方向一致或相近，经验、技术易于积累，技术开发和科学研究十分熟练，效率大大提高，技术和科研突破迅速，管理简单，研究开发的成本大大降低；各部门工作衔接，重复开发、研究现象大大减少，大大节约了资金、人力、物力，集中人力、财力、物力开发尖端，使技术和科学水平大大提高，极大地推动了生产力的发展。

在同一技术开发和科学研究部门里，每个人之间也必须分工协作，因为每个人的精力总是有限的、能掌握的知识有限；一个人干的工作越复杂、面越广、方向越分散，则精力越分散、每一项工作经验越少，科研、技术开发进展越难，成本越高；而各人的工作出现大量重复，不能相互利用各自的成果，势必造成巨大浪费，整个部门内技术和科学水平必然低下；同时，一个人做的工作越复杂、方向越分散，所需要的知识越复杂、面越广，需要的学习时间、费用、智力水平越高；由于精力过于分散，其每一项知识的水平必然不能提高，技术开发和科研的水平必然低下、成本必然很高、越难出成果。而分工协作后，每个人所做的工作方向集中、精力集中、资料易于搜集、经验和知识易于积累、需要的知识面越窄。由于精力集中，每个人知识掌握的水平和深度大大提高，而且每个人所攻的项目不同，不易出现重复、工作相互衔接、每个人的工作均建立在别人的最新成果之上，从而避免了浪费，大大提高了技术开发和科研的速度、水平，大大减少了时间、费用；每个人所做的工作方向越集中，需要的知识面越窄，学习的时间、费用、智力水平大大下降，技术开发和科学研究的成本、难度大大下降，从而极大地推动了科学研究和技术开发，使生产力水平大大提高。

综上所述，社会经济的各局部的日趋片面化、简单化，各局部之间的联系随之同步发展，使社会经济结构日趋优化，从而推动社会生产力水平的大大提高，我称这种社会经济结构的优化为"经济的社会化"。

经济的社会化包括两个相互依赖、不可分割的方面：社会经济局部的片面化、简单化和各局部之间的经济联系的同步强化。首先，任何局部的片面化，就意味着该部分不独立的成份的提高和对其它部分的依赖性的加强，它必须依赖于相应的交换和其它联系的发展；否则，片面化就会失去依据，反而造成该部分的巨大损失。如封建手工业中铁匠自己打铁、制造各种铁器，他只需要买进铁、焦炭，自己使用的铁器：锅、刀、斧、生产工具等全部可以自己生产，出售的是各种铁器。在资本主义社会的专业工厂，如制钉厂，其设备、钢材、煤炭、电力、劳动力及劳动者所需的一应生活用品，包括锅、刀、斧全部铁器无一不需要市场供应，资本家和工人与外界的商品交换量必然远远超过了铁匠的交换量，联系必然大大增加。经济的片面化、简单化，使各局部的产品越发单一化，离最终用途越来越远，可单独使用的情况越来越少，产品的自用率越来越低，必然要求各局部之间的联系越来越发展。相反，各局部的片面性越低，对交换和其它联系的需求越少，各局部之间的交换和其它联系就越少。

经济的社会化是社会经济的各局部的片面性、相异性、互补性、简单性与各局部之间联系的同步发展。

第四节　经济的社会化与伪社会化

并不是所有的社会经济的局部的片面化与各局部的联系的发展都是经济的社会化。在社会经济中，若局部的片面化及各局部之间联系的发展没有使生产力提高、经济发展，这种发展就是"伪社会化"。只有当局部的片面化或局部之间联系的发展带来生产力的提高、社会财富增加时，才是真正的社会化。

如A、B两个经济体，它们之间的某种分工协作的发展，使它们的经济分别片面化、简单化，相互之间的联系加强。假设协作之前，双方的利益消耗速度分别是 V_{mcA}、V_{mcB}，占有物净增殖速度分别为：V_{mAA}、V_{mAB}，协作前后劳动者人数没变，利益消耗速度没变；如果协作后双方占有物净增殖速度总和 $V_{mAA1}+V_{mAB1}$ 增加，即 $V_{mAA1}+V_{mAB1} > V_{mAA}+V_{mAB}$，那么，这种协作的发展就是经济的社会化。反之，双方占有物净增殖速度总和 $V_{mAA1}+V_{mAB1}$ 没有增加或减少，那么，这种协作的发展就是伪社会化。

伪社会化反倒使占有物净增殖速度 V_{mAA1}、V_{mAB1} 减少、劳动生产率下降、生产成本提高；因而，这种协作的发展是不经济的，协作的双方利益均受损失，或者其中一方遭受损失，协作势必瓦解。

经济的社会化，使社会经济的各局部功能高度片面化、专门化，而各局部之间的联系越发紧密、相互依赖，整个社会经济构成一个高度协调、高度统一的整体。就象人体一样，各器官、组织、系统功能高度片面化，均无法独立生存，彼此之间功能高度协调，形成一个高度完善的统一的系统。伪社会化，常常是一种畸形的、病态的变化，就象"连体人"一样，他们远不如一个或两个健康人身体好，伪社会化往往比没有丝毫变化更坏！

如果社会经济中局部的片面化没有伴随以相互间的联系的同步发展，交换及其它联系落后于社会经济局部的片面化时，局部的片面化的结果只能造成巨大的损失，如农民生产粮食、棉花，自己织布，自给有余，无须与外界交换；如果他改为单种西瓜，吃的粮食，用的棉花、布，穿的衣服全部需要外购；否则，他就无法生活。西瓜不能当饭吃，必须卖出；否则，他就会饿死、冻死，大量卖不出的西瓜造成很大的浪费。独立的技术开发机构如果与生产脱离，其成果无法转化为生产力，不但不能解决实际生产中的问题，反而造成巨大浪费，反倒不如企业自己的技术开发机构效果好。总之，没有伴随以联系的同步发展的片面化是伪社会化。

同样，没有与经济的局部的片面化相应发展的联系的独立发展，超过一定限度，也成为伪社会化。如商品的倒买倒卖，将甲地销往乙地的商品又倒回甲地，不但不能创造任何财富，反而增加运输成本、负担和劳动力成本。

只有局部的片面性的发展、各局部之间相异性不能随之发展，片面性必然失去依据，各局部的成份相互重复，难以在协作上发展，联系也难以发展；社会经济整体势必倾斜、造成巨大损失，因而是伪社会化。同样，没有互补性同步发展的片面性的发展，势必在经济中形成空缺、各局部的片面化带来的不独立性无法得到补偿；一方面，各局部必然产生巨大损失；另一方面，整个社会经济出现空白带，给社会经济和人们的生活造成巨大损失。

因而，没有互补性同步发展的局部经济的片面性的发展也是伪社会化。

事实上，由于人们的知识和经验的限制、对社会经济规律认识的欠缺，以及社会经济自身发展过于复杂、变化万千，经济社会化过程中常常伴随着失败，即伪社会化；但是，每一次尝试，人们从 $\Delta V_{mA}=V_{mAA1}+V_{mAB1}-(V_{mAA}+V_{mAB})$ 上可以分析出变化的实质，完善经济社会化、纠正伪社会化，推动社会经济结构的优化，从而推动社会经济的发展。

真实的经济社会化与伪社会化，经常不仅仅是两个经济实体之间的事，往往可能是三个、四个，乃至更多的实体之间错综复杂的协作、结合、联系的发展，其影响甚至波及整个社会经济，这就更增加了经济社会化的复杂性。

第五节　生产力的发展与经济的社会化

有限种类的相互不可替代产品产生的利益是有限的。随着生产力的提高，如果相互不可替代产品的种类数n固定，利益 $V_I = \sum_{i=1}^{n} V_{I_{0i}} \Phi_i(K_i)$ 趋于最大值 $V_I = \sum_{i=1}^{n} V_{I_{0i}}$，当 $V_I = V_{Imax}$ 时，现有n种的相互不可替代产品的生产就无法使人们的利益得到增殖，生产力简单的数量的提高已成为"浪费"—因为不能带来利益增加—人们对经济发展渐渐失去兴趣，社会发展日趋停滞。因而，一定种类数n相互不可替代产品所能创造的生产力的发展水平是有限的。此时，要提高生产力，必须增加新的用途的产品，即增大n。如封建时代，农业发展到一定水平，出现大量的农业剩余产品和农业剩余劳动力时，如果不去趁机发展工商业，就不可避免地导致社会经济发展的停滞、倒退，大量农业剩余劳动力又会造成整个社会的经济危机和政治危机，引起社会大动乱，封建地主制时代的中国就是如此。在现代资本主义社会中，新的产业的开发的缓慢与停滞也同样要引起社会经济的停滞、危机、动荡、倒退。有限的产业，所能创造的相互不可替代产品种类数n是有限的，因而一定数量的产业所能容纳的生产力十分有限。

事实上，由于贫富分化、阶级的存在，在少数统治阶级的利益达到饱和时，往往社会就开始走向停滞，即整个社会中在远远没有达到每个人的利益饱和时，就趋于停滞了。因为一个社会生产的方向主要由富人掌握，许多产品哪怕是用不掉了，穷人往往还是买不起。如封建时代，尽管社会中已有大量农业剩余产品了，但仍有大量的人在饥饿与死亡线上挣扎。

　　随着社会经济的发展，结构简单、生产较容易的产品越来越多，人们对它们的需求也就越来越走向饱和了；此时，要想使经济继续发展、人们的利益有效增殖，就必须开发和生产出结构越来越复杂、功能越来越强、性能越来越优越、制造越来越困难的先进产品。如中世纪，人们需要的仅仅是粮食、牲畜等；在近代，人们要求穿得好，于是，纺织工业大发展；到了现代，冰箱、空调、洗衣机、电视机、汽车、电脑、游艇、飞机、宇宙飞船……一天比一天复杂、一天比一天高级。产品对技术、财力、物力、设备，尤其人的智力、专业知识、经验以及对科学和技术的发展水平的要求越来越高；而每个企业所能独立完成的产品开发、设计、生产的部分越来越少，甚至每一个产业都无法承担这些责任。因而，越来越依赖于企业、产业之间的分工协作、联系的发展。否则，新产品不但生产无法进行，甚至开发和设计都无法完成，社会生产力的发展必然停滞。因而，生产力的发展要求各产业、各企业之间的不断地经济社会化。生产力的发展越来越依赖于经济的社会化。

　　随着经济的发展，产品日益升级换代、生产对科学技术的要求越来越高、社会经济的发展对科学技术的发展越来越依赖，企业内部的技术开发和科学研究力量远远无法胜任，对外部科学研究和技术开发机构、大学及其它企业的技术协作必须越来越发展；否则，经济无法发展，产品无法升级换代，必然走向老化、淘汰，企业也必然被市场所淘汰；社会经济中科学技术水平不能得到提高，整个社会的产品必然走向老化、饱和，社会经济发展必然停滞。对产品越来越高的要求，要求科学技术的尖端性、复杂性越来越高，单独的一家或几家科研机构和技术开发机构越来越无法承担，如美国的阿波罗登月飞船的研究和制造竟由五百多家技术开发机构和大学企业高度协作方完成；生产力要想不断地发展，就要求科研机构、大学、技术开发机构之间越来越广泛、越来越深刻地分工和技术协作的发展；否则，生产力就无法得到继续发展，社会经济发展趋于停滞。

在企业内部，产品日益复杂、技术日趋尖端、工艺和技术日趋复杂、工艺和技术的要求越来越高，使每一个劳动者能干的工作越来越窄，分工也必须越来越发展；否则，不但不能使经济得到发展，反而连现有本职工作都无法胜任。

随着脑力劳动在社会经济中的比重和重要性的不断提高，产品对科技水平和智力水平的要求越来越高、产品所涉及的科学技术领域越来越广泛，要求不同领域的科技人员以及同一领域的科技人员之间越来越广泛而深刻的分工协作。同一科学研究部门和技术开发部门内部，由于课题越来越趋于尖端化、边缘化，跨领域、跨学科的科学技术内容越来越多，每一个人越来越无法胜任这种开发和研究工作，因而，要求内部分工协作越来越发展；否则，不但不能适应技术发展的需要，反而连现状都无法维持。

综上所述，生产力的发展必然依赖于社会经济的不断的社会化，一定的经济社会化水平，所能容纳的社会生产力发展水平是很有限的。记S为社会经济的社会化发展程度；S不变，经济社会化停止；S提高，经济的社会化水平随之提高。社会劳动生产率w与社会经济的社会化程度S之间的关系的函数w=w（S）曲线如下图：

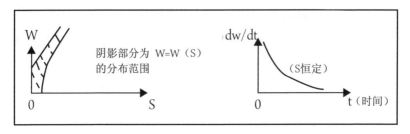

经济的社会化推动了社会生产力的发展，社会生产力水平与一定的经济社会化水平相对应；当经济社会化处在一定程度（S）时，社会生产力发展速度就会随时间的推移而逐渐下降并趋向于零。

在资本主义及其以后的社会经济中，社会生产力的发展必须以同步发展的经济社会化为基础，我称之为"同步规律"。在社会化经济中，经济的社会化是经济发展的"第二动力"。事实上，社会生产力越是发展，它的继续提高就越是依赖于经济的社会化。

第六节　自然经济与社会化经济

在资本主义以前的诸社会中，如封建社会中，商品经济极不发达，社会经济以家庭自然经济为基础，各家庭内部男耕女织、自给自足，家庭之间相互独立，几乎没有什么经济联系、更不用说协作关系了，无论是空间上、还是时间上，社会生产均在同一模式上简单重复；体力劳动与脑力劳动相对立、相互间没有什么协作关系；整个社会经济各部分之间相同、重复、互相独立、互不依赖，社会经济的社会化程度过分低下、极度缺乏经济联系，犹如一盘散沙；商品经济发展迟缓，经济社会化长期停滞，这就是"自然经济"。

在资本主义社会及以后的社会中，社会经济各局部高度片面化、简单化，各企业之间、企业内部、地区之间、产业之间、国家之间，经济上相互联系紧密、广泛分工，各部分呈现出越来越发展的相异性、互补性、多样性；整个社会经济呈现高度一体化，分工、协作、交换关系深入社会经济的内部，渗透到每一个角落。发达的商品交换使得经济的社会化得以充分实现，经济的社会化程度极高。经济社会化极其广泛而又深刻、迅速，极强劲地推动了社会经济的发展。我称这种经济为"社会化经济"。

自然经济与社会化经济是经济社会化的两个社会阶段，它以资本主义的开始为分界线。

第七节 经济社会化的两个"自然"阶段

在资本主义以前的时代与资本主义早期阶段，尽管脑力劳动与体力劳动早在奴隶制时代就已分工，但是，对社会经济起着决定性作用的仍然是体力劳动；脑力劳动与体力劳动长期处于对立状态、脑力劳动长期脱离社会经济而独立存在，与体力劳动、经济的发展联系甚少，在前资本主义时代更是如此。此时的经济的社会化主要表现为体力劳动内部的分工协作的发展。

随着资本主义经济的发展，产品日趋高级化、复杂化，对技术、科学的依赖越来越强烈，科学技术在社会经济中的地位越来越重要。科学技术的研究、开发、推广、应用在社会经济发展中的作用日益提高，科学技术工作等脑力劳动日益渗透到经济生活中，与体力劳动日益广泛地结合起来，并极大地推进了经济社会化。

十八世纪，从英国开始的产业革命，蒸汽机的出现和普遍采用，使手工作坊组成的工场手工业过渡到资本主义机器大工业。在各个产业上迅速实现了全面的机械化、普遍地用自然力代替了人力，体力劳动的地位自此趋于下降；但是，此时的体力劳动在经济生活中仍然占据着主导地位、机器大工业使体力劳动中的分工协作高度发展，我称之为"手的协作时代"。十九世纪末到二十世纪初，电动机、发电机代替了蒸汽机，人类依赖科学技术征服了更大的物力，"手的协作时代"也因此而发展到顶点。

二十世纪五十年代，电子计算机、自动控制理论和技术的广泛发展和应用，使生产过程、管理系统高度自动化，体力劳动越来越少，越来越被自动化生产所取代。美国在70年代统计蓝领工人仅占工人总数的47％，而白领阶层占到53％。同时，社会的经济进步越来越依赖于新技术的发展和科学研究的发展。此时，社会经济中的分工协作已日益由体力劳动的分工协作为主的状况转化成以脑力劳动的分工协作占主体的状况。我称之为"脑的协作时代"，所谓的"信息时代"正是"脑的协作时代"。

大脑是人类最值得骄傲、最发达、最具威力、最完善的器官，它被认为是物质发展的最高形态，它使人成其为人，手的功能与脑的功能是根本无法比拟的；"脑的协作"取代

"手的协作"，是人类社会经济的社会化中最伟大的飞跃，它必将人类社会推向超过以往任何世代的文明的总和的、超越一切人的想象力的极度发达的文明。

根据"手的协作"时代的十九世纪英国机器大工业生产状况，马克思由机器大工业的发展、自动化生产对人手的作用的取代，认定分工必将走向消失。事实上，自动机械的发展结果，仅仅是体力劳动与脑力劳动之间的分工的消失以及体力劳动本身的消失。而一种新型的分工：脑力劳动之间的分工又在迅速发展。

早在古希腊时代，就有了脑力劳动内部的分工，如亚里士多德将科学划分为：哲学、文学、医学、生理学、数学、物理学等学科，出现诸如希罗多德、修昔底德等史学家，毕达哥拉斯、德谟克利特、泰利斯等哲学和数学家，埃斯库罗斯、阿里斯·托芬等戏剧学家……现代社会中，这种分工极大地深化和发展了。现代科学理论、技术的容量和复杂程度以时间的指数函数急剧膨胀，被世人称为"知识大爆炸"；科学理论和技术无论在深度还是在广度上，均达到了令人难以置信的地步；科学理论与技术领域的分支层出不穷、令人目不暇给。爱因斯坦说过："物理学上，哪怕是一个最微不足道的分支也足以吞噬一个人的一生"；研究数学的学者们，毕其一生，往往连模糊数学等新分支也不知道；二次大战之前，物理学诺贝尔奖很多为一人独享，今天，几乎全部是由几人合作获得；科学发展到今天，任何科学和技术上的成就都不能不依赖于协作，人们常常无法区分出谁对成果做了什么贡献、哪一个更大些。

许多边缘学科，是几门科学和技术相结合的产物，若没有各学科的专家互相协作，根本无法产生，更谈不上发展。

脑力劳动的社会化，即分工协作不但不会消失、还要大大发展，因为一个人脑力的限制和精力、时间的限制，使他所从事的门类越多、越难深入，反而阻碍了科学研究和技术开发的发展。

一般的产品在使用过程中要被不断地消耗，直至消失，使用者只能有一个或几个，同一种产品必须大量地、不断地被重复生产；科学理论和技术成果则完全不同，它们的成果可以被极其广泛地、大量地重复应用，使用只能使它们日臻完善、不断改进、积累，而不会被"消耗"掉。同一成果可以为无数人同时使用、每一项新的科学理论的研究和技术开发可以完全建立在既有的科研和技术成果之上。"手的协作"的产品是实物；而"脑的协作"的产品是科研和技术成果，它们完全不需要重复生产，重复生产只能造成浪费、阻碍经济的发展。"脑的协作"时代的经济社会化，就是要竭力避免这种重复研究、重复开发；尽量使科研和技术开发建立在科研和技术开发的最新、最尖端的成果之上，不但极大地节约了人力、物力、财力，而且极大地加速了科研和技术开发；只有尽可能迅速地、尽可能广泛地推广和应用科研和技术开发的成果，从而使社会经济发展出现巨大的飞跃。

在"手的协作"时代，经济社会化所带来的社会生产力的发展是渐进式的量变，还不那么十分明显；而在"脑的协作"时代，经济社会化带来的是科学研究和技术开发水平的提高，由此直接产生出社会生产力的质的飞跃，"脑的协作"时代的经济社会化所引起的社会生产力的发展速度远远超过"手的协作"时代的经济社会化产生的生产力发展。

第八节 经济社会化的运行方式

经济社会化总是与伪社会化伴随在一起的，同时又是对伪社会化的不断否定，从而完善经济社会化；它是一种充满风险与未知的、创造性的经济运动，是经济结构的"自我进化"的过程，社会经济社会化本质上是一种微观的经济运动方式。因为每一步的经济社会化，都意味着当事人经济的片面化、对外界的依赖性的加剧、独立生存能力的下降和丧失，没有与外界经济环境交换和联系、协作的同步发展，就意味着将成为伪社会化，使他蒙受巨大损失、甚至破产。

经济社会化是一种高级的微观经济活动，它的结果一般无法预知，无法宏观观测、计划，它总是不断地发生在社会经济的每一个基本单位之中、每一个基本单位之间、每一个更高层次的经济体之间。如企业内部的优化组合、分工协作、企业之间的分工协作、产业之间的分工协作、地区之间的产业分工协作、国家之间的分工协作等等。

人们在尝试一种经济社会化的方式时，常常不知道它是否真的会成功，常常陷入伪社会化之中，但是，经济社会化以其巨大的诱惑力使人们为之着迷；一旦这种经济社会化取得成功，巨大的利益又会驱使人们去发展和完善它；在传播媒介的作用下，类似的合作迅速而广泛地推行，这种形式的经济社会化迅速遍及全社会。

经济社会化与伪社会化的区别，只有参与者才最清楚，因而，它只能是一种微观的社会经济活动，它实际上是社会经济自发的，由微观到宏观全方位的自组织过程。

第九节　经济社会化的动力

经济社会化，由于它推进了社会经济的发展，必然为公共利益向量 $\overline{I_L}$ 所追求；伪社会化损害了社会经济、阻碍了社会经济的发展，必然为公共利益向量 $\overline{I_L}$ 所坚决抵制，从而走向消失。

在本章第五节中，我们知道：当现有产业有了较充分的发展时，相当多的利益人的利益因现有相互不可替代产品的种类数n有限而走向饱和，这就表现为现有市场的日趋饱和、现有产业越来越难以获利、社会平均利润率 p' 日趋下降、产品出现越来越严重的过剩，社会经济发展越来越趋于停滞、呈现出越来越严重的危机状态；此时，若有新的产业出现，而其产品确有一定市场需求时，由于刚出现，市场呈现显著的供不应求状态，其利润率 p'_N 就自然比社会平均利润率 p' 高得非常多，为生产者与发明者所竭力追求；但是，新的产业是前所未有的，其产生难度大、投入高、风险亦高；然而，这远不足以抵挡产生后巨大的利益的诱惑。如电脑产业的先驱苹果公司创始人和微软公司的总裁从一文不名到一夜暴富。

假设在两个社会经济单位A、B之间发生经济社会化；在经济社会化前后，它们各自的利益消耗速度及劳动者人数、成份均不变；在经济社会化之前，占有物净增殖速度

分别为 V_{mAA}、V_{mAB}，经济社会化后，占有物净增殖速度分别为 V_{mAA1}、V_{mAB1}；显然，必须分别有：$V_{mAA1}>V_{mAA}$、$V_{mAB1}>V_{mAB}$；即经济社会化为参与者双方均带来利益。经济社会化之所以能实现，也是因为能为参与者双方均带来利益；否则，如果只能为一方带来利益，而并没有为另一方带来利益，没有获利一方必然不会去追求经济社会化，经济社会化就无法发生，即使发生，也无法维持。因而，事实上经济社会化是使所有的参与者均从中获利的过程，也正是因为如此，它才有发生的可能与动力；否则，它就无法发生或无法维持。

如两个企业，由生产同一种产品变成分别生产其中某几个零件；这样，其中的每一个企业的产品大大简化、成本大大下降、产品质量和劳动生产率均大大提高，双方均从中获利，因而企业必然积极追求这种分工协作。

在企业内部，由于生产过程之中的分工协作的发展、能够带来劳动生产率的提高、产品质量的提高、产品产量的增加、能源原材料和资金的节约，也必然为企业所迫切追求。

企业与科学研究和技术开发部门的分工协作，使企业花很少的投入，在很短的时间内就获得巨大的技术进步，科研和技术开发机构也因此获得实验场所、课题和市场、资金、经验、技术进步而大获其利，必然为双方所追求。

科学研究和技术开发中的分工协作，使各方均在投入资金、人力、物力较少的情况下，获得每一方均无法单独完成的成果，因此均获利，为各方所追求。

在经济社会化中，若仅仅是一方获利，而另一方不能获利，甚至损失利益，未获利一方必然不愿承受这种关系，获利一方为保持获利，必然分利给未获利者，以使所有的参与者均从中获利，以维持这种社会化。

经济社会化类似有机化合物的聚合反应，是一种"社会经济聚合反应"，不是哪一方侵害另一方而获利，而是"反应"自身释放出大量的"能量"，使各方均从中受益。

在经济社会化过程中，A、B在此前利润率分别为：p_A'、p_B'，此后，利润率分别为：p_A'、p_{B1}'，$\Delta p_A' = p_{A1}' - p_A'$、$\Delta p_B' = p_{B1}' - p_B'$越大，对参与者的诱惑力越大，经济社会化的动力越大；反之，$\Delta p_A'$、$\Delta p_B'$越小，对参与者的吸引力越小，经济社会化的动力就越小。

经济社会化的参与者为n个，则其中每一个$p_{i1}' > p_i'$，$\Delta p_i' = p_{i1}' - p_i'$，每一个利润率增量$\Delta p_i'$越大，人们越是竭力追求经济社会化；每一个利润率增量$\Delta p_i'$越小，人们追求的积极性就越小。

"脑的协作"时代的经济社会化所带来的每一个利润率增量$\Delta p_i'$比"手的协作"时代的要大得多，因而，对其追求的动力也就异常强烈、远远超过过去。

第十节　经济社会化的"物质"条件

经济社会化，是社会经济中分工协作与交换及其它联系的同步发展的过程。分工与交换首先是以一定的农业剩余产品和农业剩余劳动为基础的，经济社会化的发展程度首先由社会中农业剩余产品与农业剩余劳动的数量决定的；农业剩余产品与农业剩余劳动比率越小，则经济社会化程度S越低；农业剩余产品与农业剩余劳动比率越大，经济社会化越能够提高。经济社会化，必须以农业剩余劳动力为基础，因为农业之外的所有产业、分工协作都必须靠农业产品来养活。

社会分工必须以交换的同步发展为基础，经济社会化总是意味着社会中物质与信息的流动数量和速度的急剧增加。经济社会化正是以物质和信息在社会中交换与流动的数量与速度的急剧增加为基础的。

在"手的协作"时代，这种联系主要靠物质产品的交换与流动来实现；此时，经济社会化是以物质的交换、转移数量和速度的急剧增长为基础的。因而，经济社会化必须以交通运输的相应发展为基础，即以交通运输的容量与速度的急剧增长为基础；否则，交通运输发展滞后，必然导致经济社会化的停滞与伪社会化。如我国许多农民由种粮食转化为种植蔬菜、瓜果等经济作物，但因交通运输不畅而烂在地里，造成巨大损失，这就极大地阻碍了经济社会化。

在"脑的协作"时代，技术、科学取代了物质产品的绝对统治地位，因为信息的交流和传递已成为此时社会中的联系的极其重要的内容。此时，"脑的协作"越是发展，要求通讯和信息处理无论容量还是速度均大大提高；否则，就无法避免重复研究和重复开发，无法使每一项科学技术成果建立在最新的科技成果之上，科技成果不能被迅速提高、应用，不但不能推进经济社会化，反而产生伪社会化、造成极大的浪费。通讯技术、通讯产业、信息处理技术和产业的同步发展是"脑的协作"时代的经济社会化所必不可少的条件。当然，交通运输的迅速发展仍然是十分重要的，只是其重要性越来越被通讯取代，互联网络、信息高速公路的产生与急剧发展是这个时代的特征。

假设A、B两个经济实体，在它们分工协作前后，双方的人数和成份、利益消耗速度均未发生变化，由于经济社会化带来交通运输、通讯的数量的骤然增加，此项费用增加的总和为ΔV_{mc}，A的增加为ΔV_{mcA}，B的增加为ΔV_{mcB}。

我们首先假设协作后，A、B的联系费用不变，则ΔV_{mc} $=\Delta V_{mcA}=\Delta V_{mcB}=0$，$V_{mcA}$、$V_{mcB}$全部投入生产之中，则$V_{mA1} = V_{mAA1}+V_{mAB1} = V_{mAA0}+V_{mAB0}= V_{mA0}$，$V_{mA0}$为最大值；而实际上，$\Delta V_{mcA}>0$，$\Delta V_{mcB}>0$，投入于生产之中的利益消耗速度分别减少了$\Delta V_{mcA}$、$\Delta V_{mcB}$，实际的利润率$p'_A$、$p'_B$的增量为$\Delta p'_A = p'_{A1} - p'_A = \left(V_{m_{AA1}} - V_{m_{AA}}\right)/V_{m_{cA}}$ $=\left(V_{m_{AA0}} - V_{m_{AA}} - p'_{A1}\Delta V_{m_c}\right)/V_{m_{cA}}$、$\Delta p'_B = p'_{B1} - p'_B = \left(V_{m_{AB1}} - V_{m_{AB}}\right)/V_{m_{cB}}$ $=\left(V_{m_{AB0}} - V_{m_{AB}} - p'_{B1}\Delta V_{m_c}\right)/V_{m_{cB}}$，在这里$V_{mAA0}$、$V_{mAB0}$是假设联系成本并未增加，即$\Delta V_{mc}=\Delta V_{mcA}=\Delta V_{mcB}=0$的情况。

显然，联系成本增量ΔV_{mcA}、ΔV_{mcB}越大，利润率增量$\Delta p'_A$、$\Delta p'_B$越小，当利润率增量为负值时，即$\Delta p'_A<0$、$\Delta p'_B<0$，或者$\Delta V_{mcA}\geq\left(V_{m_{AA0}} - V_{m_{AA}}\right)/p'_{A1}$、$\Delta V_{mcB}\geq\left(V_{m_{AB0}} - V_{m_{AB}}\right)/p'_{B1}$时，就出现了伪社会化。在一个社会中，交通运输、通讯的障碍越少、越便利、越发达、费用越低廉，联系成本增量ΔV_{mcA}、ΔV_{mcB}就越小，利润率增量$\Delta p'_A$、$\Delta p'_B$越大，高于

零的情况就越多，经济社会化的动力就越充沛、吸引力越大、越容易实现，经济社会化的发展越迅速。相反，交通运输和通讯的障碍越大、越落后、费用越高，联系成本增量 ΔV_{mcA}、ΔV_{mcB} 就越大，利润率增量 $\Delta p_{A}^{'}$、$\Delta p_{B}^{'}$ 越小，负值的可能性越大。本来可以成为经济社会化的协作，因联系成本增量 ΔV_{mcA}、ΔV_{mcB} 太大，而成为伪社会化，经济社会化的可能性越小，经济社会化不但路窄，而且缺乏吸引力，经济社会化越艰难、发展越迟缓。封建时代的中国之所以长期进入不了资本主义社会，就是因为交通运输的成本、费用太高，交通运输的障碍太大的缘故。

经济社会化总是依赖于与之同步发展的交通运输和通讯的发展。

沿海及可航行的河流两岸的交通运输状况较好、而且费用低廉，其经济社会化程度因而较高、社会生产力发展较快；而内陆地区则差得很多，尤其山区就更差了。就是发达国家也莫不如此，日本的工业化地带全部集中于沿海地区、德国的莱茵河两岸是其经济最繁荣的地区、美国的东西海岸远较中部地区发达。

在"脑的协作"时代，经济社会化，即脑力劳动的分工协作依赖于信息的传递与处理的容量和速度的急剧增加。因而，此时的经济发展更多地依赖于卫星、电话电讯网、计算机互联网络及信息处理和存储、电视等一系列先进技术的普及、应用与发展，因此"脑的协作"时代被称为"信息时代"。"脑的协作"时代的经济社会化依赖于信息技术与信息产业的同步发展。此时的社会生产力水平很大程度上取决于信息产业和信息技术的发展水平。信息产业和信息技术越发展，经济社会化就越迅速，经济发展也就越快；反之，信息产业和信息技术越落后，经济社会化越迟缓、越落后，社会经济发展也就越落后。信息产业取代交通运输产业而成为"脑的协作"时代的第一重要的产业。

社会生产力的发展，使交通运输、通讯工具和技术无论是规模还是速度均大幅度提高，并极大地降低了交通运输和通讯的成本和时间，使 ΔV_{mcA}、ΔV_{mcB} 大大降低，$\Delta p_A'$、$\Delta p_B'$ 大大提高，经济社会化发展动力越来越充足、发展越来越迅速。大量的伪社会化转化为社会化，由原来"不经济"的变成"经济"。相反，交通运输和通讯发展停滞、迟缓，必然限制交通运输和通讯的容量、速度，使之无法提高、导致经济各局部之间的联系发展的停滞，从而阻碍经济社会化。

交通运输及信息产业的发展速度制约着经济社会化的进程，因而就制约着社会经济的发展。

第十一节 经济社会化的社会制度条件

经济社会化是一种难以预见的、充满创造性的、大量而频繁的微观经济运动，它产生的原因是参与者的利益追求；经济社会化常常伴随着伪社会化的出现，并常常是对伪社会化的不断纠正和对经济社会化的完善。因而，经济社会化是一种"冒险行为"，马克思说：商品经济是一个"惊险的跳跃"，很大成分指的正是分工协作与越发片面化的生产，即经济社会化——尽管他本人可能并未真正意识到——。经济社会化一旦失败、成为伪社会化，就必然造成巨大损失。事实上，经济社会化是一种需要耗费大量的人力、物力和财力、并往往使参与者花费毕生精力的冒险活动，因而总是需要有充分的吸引力 $\Delta p_i'$。经济社会化的动力就在于参与者能够从中获取很大的利益 $\Delta p_i'$。

经济社会化是对伪社会化的不断否定，而其中的差别往往只有参与者才能及时地从各自的利润率增量 $\Delta p_i'$ 的分析中区别开来、局外人难以分辨，即使分辨出来，所花的时间远远长于参与者，而其纠正也很难奏效，就更谈不上完善了。因而，伪社会化的纠正和经济社会化的实现与完善，必须由参与者自己独立自主地完成，这不但需要参与者要有充分的经济动力，而且还要求要有充分的经济自主权。

参与者不能从中获利、或者伪社会化对他个人利益没有什么损害，就既没有经济社会化的动力、不愿冒险去追求，更没有充分的动机去纠正伪社会化。这样，就极大地削弱了经济社会化的动力，严重阻碍经济社会化，造成许多伪社会化，伪社会化长期得不到纠正，给经济造成巨大损失。经营者没有充分的自主权，同样阻碍经济社会化，局外人一知半解、强行干预只能造成大量的伪社会化，而且无法得到纠正，加上局外人经营动机更弱，经济社会化必然遭到极大的歪曲和阻碍。经济社会化的冒险性、不可预见性和细微性，使它不具有宏观可控、可计划性，宏观调控者对经济社会化的干预只会歪曲、破坏和阻碍它。如我国"横向联合"中的"拉郎配"造成了许多较好的企业亏损、濒于破产。

经济社会化要求社会制度能够使人们有充分的追求经济发展的动力、要求保证经营者有充分的经营自主权和独立、自由的"人格"。

第十二节　社会化经济对其经济规模的要求

一个人的生产，既谈不上分工，更谈不上协作，也就没有经济社会化；生产过程中的分工，只有在较多的人、较多的设备的企业中才能发生；而更多的分工协作，要求的人和设备就更多。因而，经济社会化越是发展，要求企业规模随之扩大；否则，就会使分工协作无法发展，经济社会化趋于停滞。

企业之间的分工协作的发展，要求参与的企业群体越来越大，而生产规模的扩大要求生产资料的供应者和供应数量、需求市场越来越大，因而要求整个社会化经济体系的规模越来越大；否则，片面化就会失去依托而成为伪社会化，从而阻碍经济社会化。

一企业的经济社会化，必然带来其自身经济规模的扩张和自身经营的片面化，因而，必然依赖于它所处的经济环境的经济社会化和经济规模的扩张，一企业的经济社会化程度也就不会太多地脱离整个社会的经济社会化程度而单独发展。随着经济社会化程度的提高，社会经济内部的相互依赖关系越来越强化，这种现象也就越来越明显。

从整体上来看，经济社会化总是伴随着企业规模和整个社会化经济体系整体规模的不断扩张；对于一个产业和国家而言，有同样的规律。在现代世界经济中，国家与地区之间的经济社会化越来越发展，而发达国家的发展，越来越依赖于其它国家，尤其是发展中国家的经济发展。经济社会化，总是驱使经济规模，无论是在企业内、还是在社会中、乃至在全世界范围内，尽可能快速地、尽可能广泛地扩张，从而推动社会经济的发展；否则，就会严重地阻碍社会经济的发展。

在"手的协作"时代，经济社会化程度S的差异引起的社会生产力水平的差距是数量上的；而在"脑的协作"时代，经济社会化程度S的差异就意味着科学研究和技术开发水平的差异，也就必然意味着社会生产力水平的质的差别，因而，在"脑的协作"时代，对经济社会化追求冲动之强烈将远远超过"手的协作"时代，而这种强烈冲动必然打破所有的对之不利的制度和障碍。在"脑的协作"时代，经济社会化要求企业之间越来越分化、参与协作的企业数量越来越大、每一个企业内部分工协作越来越发展、每一个企业内部协作的"大脑"越来越多，要求整个社会"脑的协作"体系中的人口越来越多，当然，高等教育的普及、强化非常重要，但是，一个国家中的人口总是有限的、可造之材更加有限，而人口又必然受到资源和生存空间的限制，许多国家需要的是减少人口、而非增加人口。

在手的协作时代，一国的劳动人口的多少仅仅意味着产品数量上的多寡；而在脑的协作时代，脑力劳动人口的多少就决定了其科学、技术发展的快慢和水平，脑力劳动人口多的国家有天然的优势，小国天然劣势。在以往的手的协作时代，新加坡、瑞士等小国也能具有优势，但在脑的协作时代就会变为劣势。因而，大国周围的小国会纷纷要求与大国统一。

不同国家和地区之间日益发展的"脑的协作"成为必然发展趋势，这又必然会带来国家之间利益相关系数的急剧提高，而国界的划分、制度和政策的不统一、贸易壁垒、信息交流的限制、人员和劳动力流动的限制等等必然会阻碍经济社会化，在"脑的协作"时代的经济社会化的强烈冲击下，必然要求打破这所有的限制，因而，相邻的国家和地区必然走向统一，国家将越来越大，这种趋势随着经济社会化而迅速发展，最终，世界将走向统一。

第十三节　经济社会化对社会中利益相关系数C_L、C'_L的影响

经济社会化使社会经济的每一个局部日趋片面化、越来越依赖于其它部分；每一个产业、企业、个人的利益追求都是建立在其它的产业、企业的经营、生产、及个人经济利益的基础之上的，而且越来越依赖于外部环境的利益追求和增殖；每一个产业、企业、个人之间的经济联系日益发展、日趋深化，使整个社会经济乃至全球经济越来越凝成一体，人们之间的利益相关系数C_L、C'_L必然随之迅速提高，即社会中的利益相关系数C_L、C'_L与经济社会化程度S呈增函数关系，其曲线如下图：

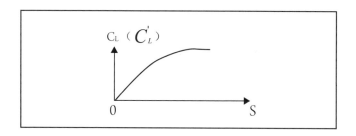

在社会经济中，一个产业的经济萧条、一企业的破产，不可避免地危害到与它密切相关的产业、企业和个人的利益，使整个社会经济遭受比这一产业或企业自身损害大得多的损失。一产业的巨大损失或一个大企业的破产往往会瓦解与之相关的产业、企业的生存基础，使整个社会的生产、生活水平急剧下降，引起广泛而又深刻的经济动荡与危机。在社会化经济中，反向利益相关系数 $C_{L反}$、$C'_{L反}$ 随着经济社会化程度的提高上升得尤为剧烈，其增长比正向利益相关系数 C_L、C'_L 大得多。其函数曲线如下图：

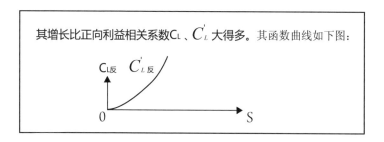

社会中反向利益相关系数 $C_{L反}$、$C'_{L反}$ 的急剧增加，使社会化经济中利益侵害日益受到整个社会的强力抑制，内耗比 K_{iL} 迅速下降，一致性系数 Y_L 急剧上升，公共利益向量 $\overline{I_L}$ 急剧强化。社会日趋稳定，政治日趋安定，专制政治被瓦解，社会日趋平等、民主和法制化。因而，经济社会化必然导致社会日趋民主化、平等化、自由化、法制化，社会自然道德也日趋强大、高尚、利益约束日益强化；而强制道德、禁欲主义、对人性的歪曲和否定被越来越干净、彻底地清除。人性越来越复归、充分自由、充分发展；文化的专制、禁锢、道德化被日益取消，为文化自由化、人性化所取代；艺术充分自由，得到充分的发展；科学研究、探索的禁区被取消，新思想、新理论层出不穷，科学、文化水平日新月异、迅速发展。

由于反向利益相关系数 $C_{L反}$、$C'_{L反}$ 太大，使社会经济中公共利益向量 $\overline{I_L}$ 对利益侵害、对社会经济内部的局部的经济损失、病态、隐患反应过分敏感，对利益侵害的抑制力量十分巨大，而且反应极为迅速。因而，社会化经济的社会比以往任何时代都要稳定得多、对外来侵略的抵制力量惊人巨大，超出以往任何时代。在近代和现代历史中，几乎所有的侵略社会化经济的国家的入侵者，都是以失败而告终，极少有中世纪封建社会、古代奴隶社会中的许多民族被其它民族征服、许多国家为另一些国家毁灭的现象。对于经济内部的损失十分警觉，一方有难、八方支援。如美国、西欧对农业的补贴每年高达数千亿美元，就是因为害怕这种损失。

在"脑的协作"时代，社会经济发展对"脑的协作"的依赖更加强烈，因而，所有利益相关系数 C_L、C'_L、$C_{L反}$、$C'_{L反}$ 提高得远远超过"手的协作"时代，世界越来越走向呼吸与共，一损俱损、一荣俱荣。

第十四节 社会化经济内部各局部的量的比例关系

在社会化经济中，社会经济各局部高度片面化，各局部之间衔接紧密、相互依赖、不可分割，相互之间的联系极为深刻，每一部分必须以其它部分为基础，如每一部分的原料、设备、能源、劳动力、生活资料的提供、人才的教育和培养、相应配套的生产、产品包装、运输、通讯、广告、销售等等无比依赖于其它部分的密切配合，而其产品又是为其它部分所需要的，它依赖于其它部分所带来的巨大市场。如电力工业为生产、生活提供能源和动力，石油工业为汽车工业、石化工业、橡胶工业、化学工业等产业提供能源和原材料，汽车配件厂为汽车提供配件……而所有的产业最终都是为"人"服务的。人们需要的同一用途的产品的数量是一定的，一个社会在一定的生产力水平下，需求量也是一定的，当有一些产品生产量超出需求量时，就会卖不出去、造成巨大浪费、给生产者带来巨大损失并危及相关产业和企业，使社会经济遭受大得多的破坏；一些产品的供应量不足，不但会造成人们的生活问题，还使相关产业遭受严重打击，给社会经济造成巨大损失。

同样，各个经济环节之间的产量和需求量的比例关系也要求一定；否则，某种产品的生产过剩必然引起巨大浪费，某种产品生产不足必然引起以其为生产要素的产业的危机。随着经济社会化程度的提高，社会经济内部的相互依赖关系越来越强烈，对这一比例的要求越来越严格，比例失调所带来的危害就越来越大。

如何保持整个社会经济各成份之间的比例关系恰当而又稳定，是社会化经济中所面临的艰巨而又严肃的问题。

第十五节　经济社会化的宏观考察

前面，我们从微观上、在一个较短的时间范围内考察了经济社会化，它是一种社会经济的局部的片面性、相异性、互补性及局部之间联系的发展；从其运动方式来看，是一种微观经济运动；那么，从宏观上、从较长的历史时期内考察它，其表现又是怎样呢？

从宏观空间上来看，经济社会化不断地渗透到社会经济的每一个角落，小至个人，大至整个国家、国家之间、乃至全世界，社会经济越来越多样化、复杂化，整个社会经济结构日趋紧密、错综复杂，整个社会经济越来越走向一体化、整个社会经济越来越强大，社会生产力的总和早已超越并越来越超越了每个人所能单独提供的生产力的简单代数和。即公共利益向量 $\left|\overrightarrow{I_L}\right\rangle\sum\limits_{i=1}^{n}\overrightarrow{I_i}$，一致性系数 Y_L 超过1；并随着经济社会化，一致性系数 Y_L 越来越大。一致性系数 Y_L 与经济社会化程度S呈陡然上升的增函数关系。其函数 $Y_L=Y_L$（S）图象如下图：

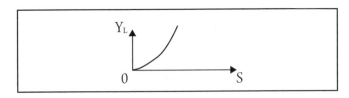

这看起来似乎不可思议，但是，如果我们把社会经济看成一个完整的系统，就会发现：经济社会化实质上是社会经济系统L的自组织过程，或者说是社会经济系统L的不断地自我进化的过程，整个社会化经济成为一个高度一体化的、高

度发展，并越来越发展的超级系统，一个高度发展的系统的功能大于各部分的功能的总和，是系统论中的常识。

社会经济系统又有另一个重要特性，那就是一点点微小的经济扰动，如一个大企业的破产、一个产业的危机，都会迅速引起整个社会经济的大得多的危机、而这一危机的幅度随着社会经济的经济社会化程度S的提高而增大；同样，一个产业的兴旺、产生常常会引起整个社会经济的革命性的变革、所产生的财富又远远大于该产业自身的利益增殖，如蒸汽机的出现引起工业革命，使资本主义社会进入了机器大工业时代；电子计算机的产生与推广，引起发达国家的"重新现代化"，其产生的社会经济财富远远大于该产业自身的价值。我把这一现象归纳为社会经济"系统放大效应"；将"经济扰动"自身的占有物获得速度增量记为$\Delta x = \Delta V_{mz扰动}$，而其产生的社会财富的巨大增殖记为$\Delta y = \Delta V_{mAL}$，则$G = \Delta y / \Delta x$为社会经济系统的"系统放大倍数"；显然，随着经济社会化程度S的提高，社会经济内部成份之间相互作用关系也提高，社会经济系统放大倍数G增大，即G为经济社会化程度S的增函数$G = G（S）$。

当经济扰动$\Delta x = \Delta V_{mz扰动} < 0$时，即为负面扰动时，其产生的$|\Delta y|$异常巨大，但是过一段时间t后，系统经过自行调整，消除该扰动的影响。而经济扰动$\Delta x = \Delta V_{mz扰动} > 0$时，虽然$\Delta y$较大，但是远远小于负面扰动所产生的$|\Delta y|$值，社会经济系统随着时间的推移，将这种良性影响经过经济社会化产生的渠道延伸到社会经济的每一个角落，其影响越来越大、所产生的Δy随时间的推移而越来越大。社会经济系统放大倍

数G关于时间的函数G=G（t）图象如下：

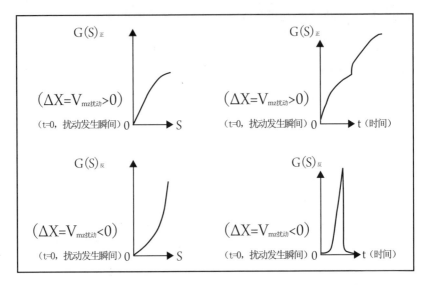

社会经济系统放大倍数G关于时间t的函数G=G（t），t=0时，为扰动发生的瞬间时刻，正向的G=G（t）是时间的增函数，反向的G=G（t）是时间的减函数，而这所有的系统特性都是由利益向量追求利益的本性决定的。这正说明了社会经济系统的自我调整、自我壮大的功能。

那么，从宏观历史上怎样来看社会经济的社会化呢？

我们考察一下生命的诞生与发展的过程：比起无机物来说，有机物是复杂得多的物质，尤其蛋白质结构高度复杂，一个蛋白质分子由几十万到几百万个原子构成；而生命正是由这些高度复杂、形态、性能各异的蛋白质构成的，最初的生命是单细胞生物，它们由细胞膜、细胞质、细胞核等功能各异的部分组成，细胞内各成份功能高度分化、相互依存、少了哪一样都无法生存；这样，就使细胞具有一整套的摄养、消化、吸收、排泄、自我保护、适应环境的功能，其变化的速度、复杂程度远远超过了蛋白质本身，更超过了无机物，功能高度发达。

单细胞生物又进化为多细胞生物。最初的多细胞生物，如空球藻仅仅是由三十二个完全相同的细胞粘在一起、团藻则是由几百万个细胞粘在一起构成的，细胞的功能尚未分化、相互没有依存关系；后来的生命逐渐出现了不同细胞之间的功能的分化，日益呈现出各自的片面性、相异性、互补性和相互之间越来越强化的物质和信息的流动和联系，细胞之间的分化又形成组织、器官和器官系统，它们之间又高度分化、各司其职、相互依赖，如高等植物的花、茎、叶、根之间分化极其深刻，花司生殖，根吸收水分和矿物质并排出废物，茎输送水分和矿物质给叶、并将叶释放的养分和产生的氧气送到根及其自身，叶进行光合作用产生养分和氧气并将氧气和水分蒸发出去以促进水分和矿物质在整个体内的流动与吸收，简直是一座"现代化工厂"。高等动物的每一个器官、组织、系统离开自身都无法生存，而片面化的高度发展使其整体的行为十分发达：神经系统可以使整体的行为十分准确、惊人得敏捷、获取食物的本领十分高超。动物体分为神经系统、循环系统、消化系统、呼吸系统、内分泌系统、生殖系统、运动系统等等，既复杂又发达。其整体功能更是高度发达。

而人是其中最发达的，其关键在于人脑的高度发展的状态，人脑被公认为当今世界上物质发展的最高形态。假如把人体分解开来：放在一个密闭的容器中烧掉，就会发现，不过是一百多斤水，十几斤碳、氢、氧、氮、铁、钠、钾、磷、硫等十几种元素组成的。仅仅将这么一丁点物质加到一起，作用实在微不足道。而由它们构成的人体、大脑却有移山倒海、认识世界、改造世界的功能；显然，高度完善、高度一体化的人体的功能已远远超过了组成它的全部化学物质的功能的总和无数倍了！

同样，人的大脑事实上是由功能高度分化、相互联系极其发达、极其复杂的几百亿个脑细胞构成的，其功能远远超过了迄今为止所有计算机的功能的总和。人类的神经系统也十分发达，通过神经系统，大脑控制了人体的生命和生产、生活。人体内部机能高度分化、高度复杂，各器官、系统内部及相互之间的片面性、相异性、互补性及相互之间的极其发达而又频繁地联系，尤其人的大脑，内部各部分高度片面化、各部分之间高度紧密的联系、和整个大脑的高度一体化，正是人体这一系统高度进化、人体极其发达的功能的原因。

有机物超越了构成它们的碳、氢、氧、氮；蛋白质超越了构成它的氨基酸；细胞超越了蛋白质；多细胞生命超越了细胞；人类则超越了前面所有的生命和系统。

人类超越了一切动物、植物、超越了生物界，就如同动物超越了构成它们的细胞、组织、器官、系统一样，难道这仅仅是人类的劳动带来的吗？！不，绝不是！是人类的"社会"，人组成社会、社会日益走向经济社会化，正如动物、植物通过器官组织的分化来实现自身进化一样，人类社会是通过社会化来实现其发展的。人类社会的社会化，使人类——

人类社会，远远超越了作为生物的人的本身。

社会经济的社会化，使人类一天比一天超越了生物界，而进入了更高级、功能是人本身所无法比拟的历史阶段，"手的协作"，将人类联成了一个巨大无比、魔力无边的"万能之手"；而"脑的协作"时代，又使人类社会正向一个无比巨大、功能"无限"的超越人类大脑能力的总和上万万倍的"万能之脑"进化；而"万能之手"由自动机系统取代，受"万能之脑"的支配。

在脑的协作时代，每一个人的大脑均成为这只"万能之脑"的一个脑细胞，日趋发达的通讯、信息处理系统、互联网络、信息高速公路则是"脑细胞"之间的神经网络。显而易见，脑的社会化必将使人类实现令人无法置信的、无法想象的自我超越。

社会化正是人类的自我超越的过程！

第十六节　等价交换的规律

经济社会化以人们生产的产品、技术、信息在各企业、产业和个人之间日益频繁的转移、流动为基础。人们对自己个人利益的追求，决定了这种转移和流动绝不是无偿的，因为这只能构成利益侵害，必然破坏经济社会化、造成社会的混乱状态，不为人们和强大的公共利益向量$\overrightarrow{I_L}$所允许；日益频繁的交换、而非掠夺，必然成为经济社会化的有机构成。

同样原因，人们之间的交换，必须建立在双方自愿的基础上；否则，就会构成利益侵害，必然为被侵害者和公共利

益向量 $\overline{I_L}$ 所反对。因而，交换必须是建立在双方完全同意的数量比例关系之上的，即交换中包含着等价关系。否则，就会因为利益侵害而使交换无法发展，阻碍经济社会化。

交换者双方手中掌握的商品和货币总量是有限的，出于追求利益的本性，卖主总是希望能从交换中获得更多的货币，买主总是希望付出尽可能少的钱获得自己需要的商品。在同样质量和性能的产品中，卖主总是选择出价最高的买主，买主又总是选择售价最低的卖主。二者作用的结果是：在同一市场中，同样品种、同样质量的商品的价格是统一的，即使有差别，也很小；在不同市场中，在交通运输、通讯较为方便、没有贸易税收壁垒等人为障碍阻挡的情况下，同样质量、同样品种和性能的商品价格也大致统一，价差等于运费的差额。

由于价格的统一，对卖主而言，市场的总供应量越少越有利，因为买主总是希望买到一些商品，卖主可以在完全售出的情况下，讨到较高的价格，因而其争价的实力越大；供应量越大，则越不利，即使压低价格也很难卖出，因为在需求远远没有真正达到自然饱和之前，价格越低，有效需求量就越大，所以，卖主为了获得更多的货币，总是压低商品的价格，此时，买主的争价的实力越大。

我们知道：对一个人而言，一种占有物i所能带来的利益是有限的，当占有物i的获得速度达到其饱和点 $V_{mui}=V_{m0i}$ 时，V_{mui} 的增加就无法带来 V_I 的增殖了；因而，对任何一种占有物i，社会的总需求量 D_i 是有限的，而其最大值为 $D_{imax}=\sum_{j=1}^{n}V_{m_{uij}}$，（其中n为社会中的总人口数）当该用途的占有物的需求達到其最大值，即$D_i=D_{i\max}$時，其社會總需求量D_i就無法增加了。$V_{Iij}=V_{I0i}$，$K_{ij}=\dfrac{V_{m_{uij}}}{V_{m_{0ij}}}$，顯然$K_{ij}$越大，i物品帶來的利益人$M_j$的利益轉化速度$V_{Iij}$隨 增長越慢，$K_{ij}=1$時，$V_{Iij}$不再增長，利益人$M_j$追求$V_{m_{uij}}$是隨著$K_{ij}$的變化而變化，$K_{ij}$越大，其追求$V_{m_{uij}}$的動力越小；$K_{ij}$越小，其追求$V_{m_{uij}}$的動力越大。對整個社會而言，需求飽和度$K_i=\dfrac{D_i}{D_{i\max}}$，需求飽和度$K_i$越大，社會中追求$D_i$增加的買方力量越小；需求飽和度$K_i$越小，社會中追求$D_i$增加的買方力量越大；需求飽和度$K_i=1$時，買方就不再要求$D_i$增加了。因而，需求飽和度$K_i$越大，人們願意購買的價格越低；需求飽和度$K_i$越小，人們願意購買的價格就越高。由於社會中普遍的貧富分化，貧窮者無力購買、富裕者已過剩，對一些產品而言，其在需求飽和度K_i遠遠沒有達到1時，就停止增長了，而社會經濟的發展，又會使需求飽和度K_i提高。

在商品經濟中，商品生產者生產的商品總是希望能換到更多的貨幣；因為對他們而言，無法賣出的商品是毫無用處的，若有部分賣不出去，即供應量S_i超過了需求量D_i，他們就會壓低價格使D_i上升達到或接近S_i。一般來說，在一個自由競爭的社會中，$S_i\approx D_i$，因為賣不出去的商品對賣主而言一般是毫無用處的；在壟斷狀態下，有時$S_i>D_i$，壟斷者只賣出一部分商品，以保證其價格。

商品生產者追求自己的最大利益，總是趨向於最易獲利的方向，即利潤率p_i'最大的方向，當一產品的利潤率p_i'越大時，商品生產者紛紛湧向該產品的生產，大量的資金、勞動力、设备、原材料纷纷向该方向转移；当一个经营方向的利润率 $p_i^{'}$ 越小时，生产者纷纷离开该方向，另觅它途。一个利润率 $p_i^{'}$ 大的方向生产规模会迅速扩张、产品的供应量 S_i 迅速上升；利润率 $p_i^{'}$ 小的方向，生产规模迅速萎缩、产品的供应量 S_i 急剧下降。

供应量 S_i 的上升，必然引起价格下跌，从而使利润率 $p_i^{'}$ 下跌，当利润率 $p_i^{'}$ 跌至社会平均利润率 $p_L^{'}$ 时，人们就不再向该产业转移，供应量 S_i 随之稳定，价格稳定，利润率 $p_i^{'}$ 稳定于社会平均利润率 $p_L^{'}$ 附近；反之，若供应量 S_i 下降，势必引起产品价格上升，当利润率 $p_i^{'}$ 上升至社会平均利润率 $p_L^{'}$ 时，人们不再向外转移，价格稳定、利润率 $p_i^{'}$ 稳定于社会平均利润率 $p_L^{'}$ 附近。

该产品价格的高低，决定了其生产的利润率 $p_i^{'}$，而利润率 $p_i^{'}$ 又决定了其产品的供应量 S_i 相对于其它产业的增减速度和幅度，供应量 S_i 的变化又决定了供求关系，从而决定了产品价格的高低。这就形成了各产业在商品经济中的生产数量的比例关系的负反馈控制系统，它总是趋向于保持各产业资本利润率 $p_i^{'}$ 平均化，即 $\lim_{t \to \infty} p_j^{'} = p_L^{'}$，各产业的平均利润率 $p_i^{'}$ 趋向于社会平均水平 $p_i^{'}$。

如图为价格、利润率 $p_i^{'}$、供求关系的负反馈控制系统的方框图，不难发现，在这一系统中，每一步运行都要以利益追求为动力。

社會利潤率 $p_i^{'}$ 平均化的趨勢使各種產品的價格趨向於穩定的中心值 W_{i0}，從而決定了交換關係的等價性。

第十七節　價值規律的數學推導

任何一種商品的生產中，生產成本均由勞動力成本 V 與生產資料成本 C 之和構成。設一商品生產過程中的勞動力成本為 V_0，生產工具損耗、原材料的消耗等生產投資 C_0，利潤率 ，其價格 $w=C_0+V_0+P_0=(C_0+V_0)(1+p_0^{'})$，首先假設 C_0 為一種商品的價格，其價格為：$C_0=C_1+V_1+P_1=(C_1+V_1)(1+p_1^{'})$，同樣，$C_1=(C_2+V_2)(1+p_2^{'})$，$\cdots$，$C_K-1=(C_K+V_K)(1+p_K^{'})$，$w=(C_0+V_0)(1+p_0^{'})=[(C_1+V_1)(1+p_1^{'})+V_0](1+p_0^{'})=\{[(C_2+V_2)(1+p_2^{'})+V_1](1+p_1^{'})+V_0\}(1+p_0^{'})=C_2(1+p_0^{'})(1+p_1^{'})(1+p_2^{'})+V_0(1+p_0^{'})+V_1(1+p_0^{'})(1+p_1^{'})+V_2(1+p_0^{'})(1+p_1^{'})(1+p_2^{'})\cdots$，$\cdots$，可推知：

$$w=\sum_{i=0}^{n}\left[V_i\prod_{j=0}^{i}\left(1+p_j^{'}\right)\right]+C_n\prod_{j=0}^{n}\left(1+p_j^{'}\right)$$，用數學歸納法證明：

n=0、n=1、n=2 均得證，令 n=K 時，（k≥要，K∈J）成立，即 $w=\sum_{i=0}^{K}\left[V_i\prod_{j=0}^{i}\left(1+p_j^{'}\right)\right]+C_K\prod_{j=0}^{K}\left(1+p_j^{'}\right)$，n=k+1 時，

$$w=\sum_{i=0}^{K}\left[V_i\prod_{j=0}^{i}\left(1+p_j^{'}\right)\right]+(C_{K+1}+V_{K+1})\left(1+p_{K+1}^{'}\right)\prod_{j=0}^{K}\left(1+p_j^{'}\right)$$

$$=\sum_{i=0}^{K+1}\left[V_i\prod_{j=0}^{i}\left(1+p_j^{'}\right)\right]+C_{K+1}\prod_{j=0}^{K+1}\left(1+p_j^{'}\right)$$，故得證。

令 $C_j = K_{vj}V_j$，$C_j + V_j = (1+K_{vj})V_j$，显然 $K_{vj} > 0$，

$1 + K_{vj} > 1$，而 $\dfrac{C_j}{C_{j-1}} = \dfrac{C_j}{(C_j+V_j)(1+p_j')} = \dfrac{1}{(1+K_{Vj})(1+p_j')} < 1$，

$$C_n = \frac{C_n}{C_{n-1}}\frac{C_{n-1}}{C_{n-2}}\cdots\frac{C_2}{C_1}\frac{C_1}{C_0}\frac{C_0}{C}C = C\prod_{j=0}^{n}\frac{1}{(1+K_{Vj})(1+p_j')}$$

，$C_n\prod_{j=0}^{n}(1+p_j') = C\prod_{j=0}^{n}\dfrac{1}{1+K_{Vj}}$，令 $K_{V\min}$

$= \min[K_{V1}, K_{V2}, \cdots, K_{Vn}]$，$K_{V\min} > 0$，且 $K_{V\min}$ 为一有限小

的量，$K_{V\min}+1 > 1$，故有：$C_n\prod_{j=0}^{n}(1+p_j') = C\prod_{j=0}^{n}\dfrac{1}{1+K_{Vj}} \leq \dfrac{C}{(1+K_{V\min})^{n+1}}$，

$\lim\limits_{n\to\infty}C_n\prod_{j=0}^{n}(1+p_j') = 0$，故 $w = \lim\limits_{n\to\infty}W = \lim\limits_{n\to\infty}\sum_{i=0}^{n}[V_i\prod_{j=0}^{i}(1+p_j')]$。

实际上，C_0、C_1、$\cdots$、C_n 均为多种商品的组合，假设

$C_0 = \sum_{i1=1}^{K1}(V_{i1} + C_{i1})(1+p_{i1}')$，$C_{i1} = \sum_{i2=1}^{K2}(V_{i1i2} + C_{i1i2})(1+p_{i1i2}')$，$\cdots$，

$$C_{i1i2\cdots in} = \sum_{i(n+1)=1}^{K(n+1)}|(V_{i1i2\cdots i(n+1)} + C_{i1i2\cdots i(n+1)})(1+p_{i1i2\cdots i(n+1)}')$$

，$\cdots$，那么，$(1+p_0')\sum_{i1=1}^{K1}\sum_{i2=1}^{K2}\cdots\sum_{ij=1}^{Kj}C_{i1i2\cdots ij}\prod_{m=1}^{j}(1+p_{i1i2\cdots im}')$，

在这里，$(1+p_0')\sum_{i1=1}^{K1}\sum_{i2=1}^{K2}\cdots\sum_{ij=1}^{Kj}C_{i1i2\cdots ij}\prod_{m=1}^{j}(1+p_{i1i2\cdots im}')$

就等于前面把 C_0、C_1、$\cdots$、C_n 看成一种商品时的：

$$C_j\prod_{i=0}^{j}(1+p_i') = C\prod_{i=0}^{j}\frac{1}{1+K_{Vi}} \leq \frac{C}{(1+K_{V\min})^{j+1}}$$，

$$\lim_{j\to\infty}(1+p_0')\sum_{i1=1}^{K1}\sum_{i2=1}^{K2}\cdots\sum_{ij=1}^{Kj}C_{i1i2\cdots ij}\prod_{m=1}^{j}(1+p_{i1i2\cdots im}') = 0$$，

$$W = V_0\left(1 + p_0^{'}\right) + \left(1 + p_0^{'}\right)\sum_{j=1}^{\infty}\left[\sum_{i1=1}^{K1}\sum_{i2=1}^{K2}\cdots\sum_{ij=1}^{Kj}V_{i1i2\cdots ij}\prod_{m=1}^{j}\left(1 + p_{i1i2\cdots im}^{'}\right)\right]。$$

又知：在商品經濟中，各產業的資本利潤率 $p_j^{'}$ 趨於社會平均化，即，但是，包含在一商品之中的利潤率並不是資本利潤率，不同商品生產的資本週轉期不同，資本利潤率是指一定時期（如一年）的總的利潤率，因而，對同一商品的生產中所包含的利潤率 $p_j^{'}$，有：$\lim\limits_{t\to\infty}\dfrac{p_j^{'}}{T_J} = \dfrac{p_L^{'}}{T_L}$，其中，$T_J$、$T_L$ 分別為 j 產品生產的資本週轉期和社會資本利潤率的計算時期（通常為一年），令 $Z_J = \dfrac{T_J}{T_L}$ 為產品的資本週轉係數，即一年中該產品生產的資本週轉次數的倒數，因而，有：$\lim\limits_{t\to\infty}p_j^{'} = Z_J p_L^{'}$，商品的價格 W 有：

$$W = V_0\left(1 + Z_0 p_L^{'}\right) + \left(1 + Z_0 p_L^{'}\right)\sum_{j=1}^{\infty}\left[\sum_{i1=1}^{K1}\sum_{i2=1}^{K2}\cdots\sum_{ij=1}^{Kj}V_{i1i2\cdots ij}\prod_{m=1}^{j}\left(1 + Z_{i1i2\cdots im} p_L^{'}\right)\right]$$

。顯然，要使 $\lim\limits_{t\to\infty}W$ 有一個確定值，還需要商品生產中的勞動力成本 $\lim\limits_{t\to\infty}V_i$ 有確定值，V_i 為第 i 步生產中在勞動力消耗上所需支付的成本。

因而價值規律的存在，必須有兩個前提：一、$\lim\limits_{t\to\infty}p_j^{'} = Z_J p_L^{'}$，即社會各產業利潤率趨於平均化；二、$\lim\limits_{t\to\infty}V_i$ 有確定值，單位勞動量所包含的工資水平趨於一定值。

第十八节　前资本主义时代社会中的价值规律

在奴隶制下，如古希腊的商品经济十分发达，奴隶劳动力（连其本人）是商品，所有权归奴隶主，由奴隶主买卖。在古希腊雅典等国家，不但奴隶贸易十分发达，而且还有奴隶出租业务，如同今天的劳务公司，只是奴隶从中不能获得分文。

假设一奴隶社会中，奴隶一般价格 V_N，其一般劳动时期为 T_N，养活一个奴隶的平均最低成本为 V_L，最低成本 V_L 为其生理极限，超出的费用为 ΔV_L，则单位劳动时间的费用为 $V^0 = \dfrac{V_L + \Delta V_L + V_N}{T_N}$，$V_L$ 一定，ΔV_L 可变，当市场中奴隶价格 V_N 越高时，奴隶死亡、过度消耗要为奴隶主造成较大的经济损失，ΔV_L 就越高；而奴隶市价 V_N 越低时，奴隶的死亡、过度消耗给奴隶主造成的经济损失就越小，ΔV_L 就越低，甚至为零或负值。近似地可看成 $\Delta V_L \propto V_N$，$\Delta V_L \ \Delta K \approx V_N$，生产一种商品的社会奴隶必要劳动时间为 t_W，则 $V = t_W V^0 = \dfrac{V_L + \Delta V_L + V_N}{T_N} t_w \approx \dfrac{t_w}{T_N}\left[V_N(1+K) + V_L\right]$，于是，奴隶社会的商品的价值为：

$$\lim_{t \to \infty} W = \lim_{t \to \infty} V_0\left(1 + Z_0 p_L'\right) + \left(1 + Z_0 p_L'\right)\sum_{j=1}^{\infty}\left[\sum_{i1=1}^{K1}\sum_{i2=1}^{K2}\cdots\sum_{ij=1}^{Kj}\lim_{t \to \infty} V_{i1 i2 \cdots ij}\prod_{m=1}^{j}\left(1 + Z_{i1 i2 \cdots im} p_L'\right)\right]$$

$$= \frac{V_N(1+K) + V_L}{T_N}\left\{\left(1 + Z_0 p_L'\right)t_{w0} + \left(1 + Z_0 p_L'\right)\sum_{j=1}^{\infty}\left[\sum_{i1=1}^{K1}\sum_{i2=1}^{K2}\cdots\sum_{ij=1}^{Kj}t_{Wi1 i2 \cdots im}\prod_{m=1}^{j}\left(1 + Z_{i1 i2 \cdots im} p_L'\right)\right]\right\}$$

，即在奴隶社会中，产品的价值由生产它的奴隶社会必要劳动时间：t_{W1}、t_{W2}、$\cdots$决定。

在奴隶社会中，战争越发达，奴隶来源越充裕，奴隶价格 V_N 越低下，产品价值 W_0 越低；反之，奴隶来源越少，奴隶价格V_N越高，产品价值W_o越高，以致于许多人买不起，商品经济就越衰落。

在封建社会中，农奴既有一定人身自由、又对封建领主有人身依附关系。农奴自由出卖自己的劳动力不为封建领主所允许；封建领主也不能出卖农奴的劳动力。这给商品经济的发展造成了巨大障碍。因而，西欧在中世纪后期，商品经济的发展首先要求废除农奴制。

在封建领主制时代，广泛而又深刻的利益侵害、人身依附、贸易壁垒，使价值规律被严重歪曲。

第十九节　商品经济中产业结构的自发调节

在商品经济中，若一、商品生产者的生产方向由自己自由决定；二、商品生产者有强烈的追求利润的动机；三、商品的价格完全由市场决定。商品生产者追求自己的利润，趋向于利润率p'_j更高的方向、远离利润率p'_j低的产业方向，使利润率p'_j高于社会平均水平p_L的产业的生产规模的发展速度远远超过了其它的产业、利润率p'_j低于社会平均水平p_L的产业生产规模缩小或发展速度降低。这样，就自发地调节了产业之间的发展速度的比例关系。

假设一产品i的总供应量S_i与总需求饱和量D_{imax}之比为该产品的社会饱和度$K_{bi} = \dfrac{S_i}{D_{imax}}$，其饱和度$K_{bi} = 1$时，供应量$S_i$呈绝对饱和状态；饱和度$K_{bi} > 1$，$S_i$为绝对过剩状态，饱和度$K_{bi} < 1$为不饱和状态。而实际上，由于贫富分化，购买力常常达不到D_{imax}使$D_i < D_{imax}$。

价格随社会饱和度K_{bi}的变化而升降，当社会饱和度K_{bi}越小时，需求产生的利益向量越大，价格越高、其利润率p_j'越高；K_{bi}越大时，需求产生的利益向量越小，价格越低、利润率p_j'越低。

因而，利润率p_j'的平均化的趋势使各产业之间的比例关系自发地走向合理状态。

当商品的价格扭曲、受到政府强力控制、或者商品生产者缺乏追求利润的动机、或者生产者、经营者在经营方向上无决定权或权力受到限制时、或者市场发育不健全、贸易壁垒林立、税收混乱时，市场就必然失去这种调节作用，即使有"比例"，也不是"经济的"比例，价值规律无法起作用。

第二十节 商品经济的秘密

经过几千年漫长而又曲折的道路，到了近代乃至现代社会，商品经济仿佛天外来客一样飞速发展、席卷全球，已根深蒂固地进入了人们的生活、思想的每一个角落之中。

虽然有人曾经诅咒、谩骂并预言它的消亡。然而，就是坚决反对它的人们，最后也不得不臣服于它。它为什么会有如此巨大的魅力？！为什么会如此汹涌澎湃、无可阻挡地发展呢？！

就交换形式来说，没有丝毫值得奇怪的；价值规律不过是利益向量在商品经济中的运动规律的体现罢了。

商品经济的真正奥秘不在于交换本身，而在于它带来的、以它为基础的汹涌澎湃的经济社会化；商品经济的发展，使经济社会化得以实现，经济社会化以其无比巨大的、令世人无法理解的力量强劲地推动了社会生产力的高速发展，为生产力的发展提供了前所未有的广阔天地。

相反，商品交换的阻碍，必然引起经济社会化的停滞、中断，商品经济的消失只能使社会经济退回到自然经济状态，正如单细胞生物无法变成高等生物一样，人类社会也无法实现自身的进化。

人类社会的现代文明之所以能够远远超过过去几千年的文明的全部总和、人类社会经济之所以能象今天这样急剧发展、一日千里，都是由于商品经济使社会经济急剧社会化。

商品经济一天一天地将人类的全部智慧、全部力量越来越充分地集中起来，推动社会经济的迅速发展、社会的急剧进化。在经济社会化所产生的巨大能量面前，人类其它的一切努力、一切伟大壮举都变得如此的微不足道；迄今为止，还没有任何力量能够象商品经济那样深刻地影响着、改变着这个世界和每一个人。

商品经济的全部意义就在于社会经济的社会化！

第六章　资本主义经济

"资产阶级在它不到一百年的阶级统治中所创造的生产力，比起任何世代创造的全部的生产力的总和还要多、还要大。自然力的征服、机器的采用、化学在工业和农业中的应用，轮船的行驶、铁路的通行，电报的使用，整个大陆的开垦、河川的通航，仿佛用法术从地下呼唤出来的大量人口，——过去哪一个世纪能够料想到有这样的生产力潜伏在社会劳动里呢？"（《共产党宣言》马克思•恩格斯），然而，这仅仅是一个开端，马克思所看到的仅仅是十九世纪上半叶的蒸汽机文明；二十世纪初，资本主义社会广泛实现了"电气化"，发电机、电动机的发明，火力、水力发电站的兴建，使电动机迅速取代了蒸汽机，电力在生活和生产中普遍地应用，一般机械、汽车、火车、船舶等也极大地发展；石油作为一种更为先进的能源、化工原料被广泛地采用，社会生产力更加大踏步地前进；这些成就也算不了什么，它们不过是"手的协作"时代的生产力；在短短二三十年后，四、五十年代，原子能、电子技术和电子计算机、宇航工业、通讯等产业的产生并迅速发展，四十年代，世界开始了科学技术革命，科学技术迅速发展，自动化的发展使体力劳动迅速退出生产过程，以计算机、信息产业、通讯、互联网络等为标志，人类社会进入了"脑的协作"时代，今天的资本主义的"脑的协作"时代，仅仅是一个开端，更多的好戏还在后头呢！

资本主义社会何以会创造如此令人不可思议的巨大的生产力呢？！

是社会经济的社会化！在资本主义社会，发达的商品经济为经济社会化提供了优越的条件。资本主义经济发达的奥秘不在于交换本身，而在于社会经济的急剧社会化。

第一节 资本主义的开端

马克思指出："资本主义生产事实上首先是在那个地方开始，在那个地方，同一个资本同时雇佣多数劳动者，劳动过程扩大了它的范围，并以数量上比较更大的规模来提供产品。多数劳动者在同时同地（或者说在同一个工场），在同一个资本家指挥下为生产同种商品而进行劳动，在历史上和概念上，都是资本主义生产的出发点"（《资本论》第一卷P340）。

较大的资本、较多的雇佣劳动力、生产单一的产品，这就是资本主义。因为只有这样，才有企业内的分工，才能使资本主义经济有较大的生产力，才能战胜封建生产力而走向主导地位。而这就要求：一、较大的资本原始积累，二、劳动力的商品化，三、较大的市场需求量能够容纳所生产出的大量的商品。

于是，英国就有了长达三百年之久的圈地运动。圈地的规模越来越大、范围越来越广，大片大片地吞噬着农民的土地和家园。其目的在于资本的原始积累和"创造"出无产的劳动力—被剥夺土地的农民；也就出现了更加残酷的对外奴隶人口掠夺、贩卖，对外财富的掠夺，航海探险、新大陆的发现和开发，广泛的海外殖民活动。正象古代奴隶制国家的殖民活动一样，给殖民地人民造成空前深重的灾难。

然而，这一切都抹煞不了这样的事实：资本主义的诞生，是迄今为止的人类历史上最伟大、最壮丽的一页！从自然经济跨越到社会化经济，人类终于踏上了自我超越的征途、进入了完全崭新的时代；社会生产力出现了令人无法理解的质的飞跃。在这一巨大的成就面前，人类的一切罪恶、一切血腥都变得如此的微不足道了！

第二节 劳动力的商品化

在封建社会末期，随着手工工场的崛起，社会经济急剧走向商品化、社会化，人们之间的相互关系由毫无瓜葛突然变得相互依赖起来，利益相关系数C_L、C_L'迅速提高，公共利益向量$\overline{I_L}$很快壮大；公共利益向量$\overline{I_L}$要求抑制社会内部的利益侵害，农奴对封建主的人身依附及劳役地租是领主制时代最广泛、最深刻的利益侵害，迅速被否定，土地的商品化又使封建主走向没落，更加速了社会经济制度向地主制的过渡；另一方面，资本主义生产需要大量劳动力商品，要求农奴摆脱人身依附，更加速了领主制的瓦解。地主制的建立，使农民成为"自由人"。

英国的圈地运动，一方面加速了土地的集中，使农业迅速走向资本主义大规模经营，同时，又加速了资本的原始积累；另一方面，将剩余农业劳动力赶出土地，为手工工场提供大量的廉价劳动力商品，极大地推动了资本主义经济的发展。

当然，劳动力商品化并不是要求劳动者一定要是无产者，只是当时的资本主义正处于资本的原始积累阶段，圈地运动使资本家在不提高雇佣工人工资，甚至降低工资的情况下，获得大量的廉价劳动力商品，使资本的原始积累得以顺利实现，极大地推动了资本主义经济的发展。

今天，资本主义社会中的工人生活水平有了极大地提高，出现大量中产阶级，他们拥有自己的花园、别墅、汽车、资产，但是，他们仍然情愿出卖自己的劳动力，因为这样的比较利益更大。

第三节　资本主义制度下的价值规律

资本家的利益 I 来源于利润 P_i，他们追求自己的利益 I，必然追求利润率 p_i' 的最大化，总是趋向于利润率 p_i' 最高的产业、产品和生产。资本家经营方向上的完全自由，必然造成利润率 p_i' 低的产业的产品供应量的下降，而价格、利润率 p_i' 必然上升；利润率 p_i' 高的产业的产品供应量增加，价格下降、利润率下降。在利益追求的作用下，社会中各产业的利润率 p_i' 水平日趋平均化，即商品中包含的利润率有：$\lim_{t \to \infty} p_i' = p_L'$。

另一方面，劳动力的商品化，使劳动者可以自由选择职业、企业。当一个企业的劳动力价格比社会平均水平高时，人们纷纷涌向该企业，使其劳动力供应量大于需求量，劳动力价格必然下降、达到社会平均水平；一个企业的劳动力价格低于社会平均水平时，则工人就会离开该企业、另觅它途，该企业劳动力不足，必然要提高劳动力价格，因而，社会劳动力价格必然日趋平均化。同一职业的劳动力价格是一致的。

不同的职业，劳动力价格随着培训、学习的费用、时间、所花的精力的增减而增减。一种职业需要的学习时间、费用、劳动量越多，其劳动力价格越高。当劳动力在不同职业上的比价离开人们公认的合适值时，人们愿意学习劳动力价格偏高的职业，其劳动力供应量必然增加，又会使其价格下降、达到合适值；劳动力价格偏低的职业学习的人必然减少，使劳动力供应量下降，劳动力价格必然提高、上升至合适值。因而，在社会中，劳动力的比价在各种职业上必然趋向于一个稳定的值，这一比值取决于它们所需要的学习费用、时间、精力和难易的比较值。

社会劳动力价格的总水平，很大程度上取决于资本家与雇佣劳动之间的力量对比，资本家对劳动力需求的数量越多、质量越高，劳动力越是供不应求，劳动力价格就越高，工人越可以要高价，工人的力量就越大；资本家对劳动力需求的数量越少，劳动力供应量越多，劳动力价格越低，工人为求得工作、避免失业，委屈求全，资本家的力量就越大。

从总体来说，劳动力价格高低是指单位劳动时间的报酬，因为人们对利益的追求，实际上是追求利益获得速度 V_{mAi}，对工人而言，利益获得速度 V_{mAi} 就是单位时间的工资量；工人的劳动量与劳动时间成正比，工资与劳动时间成正比。

工资不取决于每一个工人的个别劳动时间，因为资本家购买的是劳动、看到的是劳动量；如果一个工人劳动效率比别人低下，尽管他与别人工作了相同的时间，资本家不愿意付给他与别人同样的工资；一个工人劳动效率高于别人，他不会愿意资本家付给他与别人一样的工资。因而，一个工人的工资取决于其劳动中所包含的劳动量的大小。

假设在社会平均的劳动强度下，人们的一种劳动i花费的劳动时间的社会平均值为t_{wsi}'、t_{wsi}'为该劳动中所包含的社会必要劳动时间。一工人的一定劳动中所包含的工资量取决于该劳动中所包含的社会必要劳动时间t_{wsi}'，工人的工资量为$V_i = K_{si}t_{wsi}'$，不同职业的单位社会必要劳动时间所包含的工资量K_{si}是不等的，这由其学习的费用、时间、难易等决定。我们可以将K_s的不等看成社会必要劳动时间单位的不统一。我们取社会平均值：$K_s = \dfrac{\sum_{i=1}^{n} K_{Si}}{n}$，n为社会中的职业的种类数，$K_s$称为社会工资系数；一产业的工资$V_i = K_{si}t_{wsi}' = K_s t_{wsi}$，$t_{wsi}$称为i职业的当量社会必要劳动时间，$d_i = \dfrac{K_{Si}}{K_s}$为i职业的当量系数，$t_{wsi} = d_i t_{wsi}'$。在当量社会必要劳动时间$t_{ws}$下，一劳动i包含的工资量$V_i = K_s t_{wsi}$。

一职业i，如果其$V_i \rangle K_s t_{wsi}$，工资水平高于社会平均值，劳动力供应就会增加，工资下跌至社会平均水平$\lim_{t \to \infty} V_i = K_s t_{wsi}$；反之，$V_i \langle K_s t_{wsi}$，则其工资水平低于社会平均水平，其劳动力供应量必然下降，工资上涨、达到社会平均水平$\lim_{t \to \infty} V_i = K_s t_{wsi}$，总之，有$\lim_{t \to \infty} V_i = K_s t_{wsi}$。

由第五章的研究，我们知道，一种商品的价格为

$$W = V_0\left(1+p_0^{'}\right) + \left(1+p_0^{'}\right)\sum_{j=1}^{\infty}\left[\sum_{i1=1}^{K1}\sum_{i2=1}^{K2}\cdots\sum_{ij=1}^{Kj}V_{i1i2\cdots ij}\prod_{m=1}^{j}\left(1+p_{i1i2\cdots im}^{'}\right)\right]$$

，而 $\lim\limits_{t\to\infty}p_j^{'} = Z_jp_L^{'}$， $\lim\limits_{t\to\infty}V_i = K_st_{wsi}$， $\lim\limits_{t\to\infty}W = K_st_{ws0}\left(1+Z_0p_L^{'}\right)$

$$+ K_s\left(1+Z_0p_L^{'}\right)\sum_{j=1}^{\infty}\left[\sum_{i1=1}^{K1}\sum_{i2=1}^{K2}\cdots\sum_{ij=1}^{Kj}t_{wsi1i2\cdots ij}\prod_{m=1}^{j}\left(1+Z_{i1i2\cdots im}p_L^{'}\right)\right]$$，即一产

品的价值由其所包含的当量社会必要劳动时间 t_{wsi} 决定；一资

本主义社会的物价水平由其工资系数 K_s 及社会平均利润率 $p_L^{'}$

决定。

在一资本主义社会价格的稳态条件下，

由于 W 是一个无穷级数，我们须讨论一下它的收敛问题：

我们仍然把 C_0、C_1、C_2、…、C_n 看成一种商品，对于一

个产业，其产品 i 的价格为： $V_i = K_st_{wsi}$， $C_{i-1} = \left(C_i+V_i\right)\left(1+p_i^{'}\right)$

，而 $C_i = K_{Vi}V_i$，因而， $C_{i-1} = \dfrac{1+K_{Vi}}{K_{Vi}}C_i\left(1+p_i^{'}\right) = \left(1+K_{Vi}\right)V_i\left(1+p_i^{'}\right)$，

$\therefore \dfrac{C_i}{C_{i-1}} = \dfrac{K_{Vi}}{\left(1+K_{Vi}\right)\left(1+p_i^{'}\right)}$，而 $V_i = \dfrac{C_{i-1}}{\left(1+K_{Vi}\right)\left(1+p_i^{'}\right)}$， $V_{i+1} = \dfrac{C_i}{\left(1+K_{Vi+1}\right)\left(1+p_{i+1}^{'}\right)}$，

$\therefore \dfrac{V_{i+1}}{V_i} = \dfrac{1+K_{Vi}}{1+K_{Vi+1}}\dfrac{C_i}{C_{i-1}} = \dfrac{K_{Vi}}{\left(1+K_{Vi+1}\right)\left(1+p_{i+1}^{'}\right)}$，有 $V_i = \dfrac{V_i}{V_{i-1}}\dfrac{V_{i-1}}{V_{i-2}}\cdots\dfrac{V_1}{V_0}V_0 =$

$V_0\prod\limits_{j=0}^{i-1}\dfrac{K_{Vj}}{\left(1+K_{Vj+1}\right)\left(1+p_{j+1}^{'}\right)}$， （i≥1）

， $W = \sum\limits_{i=0}^{\infty}V_i\prod\limits_{j=0}^{i}\left(1+p_j^{'}\right) = V_0\left(1+p_0^{'}\right)\left(1+\sum\limits_{i=1}^{\infty}\prod\limits_{j=0}^{i-1}\dfrac{K_{Vj}}{1+K_{Vj+1}}\right)$， 令 $a_i = \prod\limits_{j=0}^{i-1}\dfrac{K_{Vj}}{1+K_{Vj+1}}$

（i≥2），则 $a_i = \dfrac{K_{V0}}{1+K_{V1}}\dfrac{K_{V1}}{1+K_{V2}}\cdots\dfrac{K_{Vi-2}}{1+K_{Vi-1}}\dfrac{K_{Vi-1}}{1+K_{Vi}} = \dfrac{K_{V0}}{1+K_{Vi}}\prod\limits_{j=1}^{i-1}\dfrac{K_{Vj}}{1+K_{Vj}}$，

令 $q_j = \dfrac{K_{Vj}}{1+K_{Vj}}$，则 $0\langle q_j\langle 1$，取其中最大的一个 $q_{max} = \max\left[q_1,q_2,\cdots,q_n\right]$

， （n 为社会中的产业的个数），则 $0\langle q_{max}\langle 1$， $0\langle a_i \leq \dfrac{K_{V0}}{1+K_{Vi}}q_{max}^{i-1}$

$\lim\limits_{i \to \infty} \dfrac{K_{V0}}{1+K_{Vi}} q_{max}^{i-1} = 0$ ， $\therefore \lim\limits_{i \to \infty} a_i = 0$ ，取其中最小的一個

$K_{min} = \min\left[K_1, K_2, \cdots, K_n\right]$ ，又知道： $0\langle a_i \le \dfrac{K_{V0}}{1+K_{Vi}} q_{max}^{i-1}$ ，因而，

有： $0\langle \sum\limits_{i=2}^{\infty} a_i \le \sum\limits_{i=2}^{\infty} \dfrac{K_{V0}}{1+K_{Vmin}} q_{max}^{i-1} = \dfrac{K_{V0}}{\left(1+K_{Vmin}\right)\left(1-q_{max}\right)}$ ，顯然， $\sum\limits_{i=2}^{\infty} a_i\rangle 0$ 是一個

有限的量，又知道： $\lim\limits_{i \to \infty} a_i = 0$ ， $a_i\rangle 0$ ，因而， $\sum\limits_{i=2}^{\infty} a_i\rangle 0$ 為一個收

斂的無窮級數，故 $W_0 = \lim\limits_{t \to \infty} W = \sum\limits_{i=0}^{\infty} V_i \prod\limits_{j=0}^{i}\left(1+p_j'\right) = V_0\left(1+p_0'\right)\left(1+\sum\limits_{i=1}^{\infty} a_i\right)$

為一收斂的無窮級數，是一個穩定的值，而實際上，

$\lim\limits_{t \to \infty} W = K_s t_{WS0}\left(1+Z_0 p_L'\right) + K_s\left(1+Z_0 p_L'\right)\sum\limits_{j=1}^{\infty}\left[\sum\limits_{i1=1}^{K1}\sum\limits_{i2=1}^{K2}\cdots\sum\limits_{ij=1}^{Kj} t_{WSi1i2\cdots ij}\prod\limits_{m=1}^{j}\left(1+Z_{i1i2\cdots im} p_L'\right)\right]$

中的 $\sum\limits_{i1=1}^{K1}\sum\limits_{i2=1}^{K2}\cdots\sum\limits_{ij=1}^{Kj} t_{WSi1i2\cdots ij}\prod\limits_{m=1}^{j}\left(1+Z_{i1i2\cdots im} p_L'\right)$ 就等於將C_0、C_1、

C_2、$\cdots$、C_n看成一種商品時的，因而，

$\lim\limits_{t \to \infty} W = K_s t_{WS0}\left(1+Z_0 p_L'\right) + K_s\left(1+Z_0 p_L'\right)\sum\limits_{j=1}^{\infty}\left[\sum\limits_{i1=1}^{K1}\sum\limits_{i2=1}^{K2}\cdots\sum\limits_{ij=1}^{Kj} t_{WSi1i2\cdots ij}\prod\limits_{m=1}^{j}\left(1+Z_{i1i2\cdots im} p_L'\right)\right]$

是一個收斂的無窮級數。

價值規律的作用是通過工人對工資水平的追求與資本家對利潤的追求的兩個相互聯結的環構成的一個雙閉環負反饋系統。其方框圖如下：

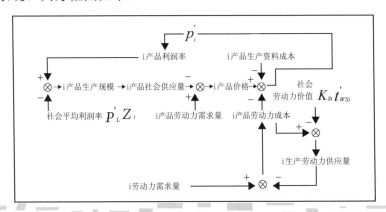

在资本主义社会系统中，各种产品的资本利润率趋于统一，产品中所包含的利润率 $\lim\limits_{t\to\infty}p_i^{'}=Z_jp_L^{'}$，产品、劳动力价格趋于价值中心 $\lim\limits_{t\to\infty}V_i=K_st_{WSi}$，

$$\lim\limits_{t\to\infty}W=K_st_{WS0}\left(1+Z_0p_L^{'}\right)+K_s\left(1+Z_0p_L^{'}\right)\sum_{j=1}^{\infty}\left[\sum_{i1=1}^{K1}\sum_{i2=1}^{K2}\cdots\sum_{ij=1}^{Kj}t_{WSi1i2\cdots ij}\prod_{m=1}^{j}\left(1+Z_{i1i2\cdots im}p_L^{'}\right)\right]$$

，即其价格系统是一个较稳定的系统。这就是资本主义制度下的价值规律。

第四节　资本主义经济发展的动力分布

企业是资本主义经济的细胞。我们取一个企业的财产由一个资本家所有，则企业产出的增量 $\Delta X_q=\Delta V_{mzq}=\Delta V+\Delta C+\Delta P$，带来资本家收入为 ΔP，资本家对企业的利益相关系数 $C_{zq}=\dfrac{\Delta Y}{\Delta X_q}=\dfrac{\Delta P}{\Delta V+\Delta C+\Delta P}=\dfrac{p^{'}}{1+p^{'}}$，企业中工人的收入取决于其劳动量，而与企业的经营状况、利润无关，因而其对企业的利益相关系数几乎为0；工人对自己职业的利益相关系数 $C_{ii}=\dfrac{\Delta Y_i}{\Delta X_i}=\dfrac{\Delta V_i}{\Delta V_i+\Delta P_i}\approx\dfrac{V}{V+P}$。

假若企业利润率 $p^{'}=20\%$，则资本家对企业的利益相关系数 $C_{zq}=16.7\%$，相当大，资本家对经营企业有强烈的动机，资本家对企业利润的强烈追求，是资本主义社会经济发展的原动力。

假设剩余价值率 $m^{'}=100\%$，则职业利益相关系数为 $C_{ii}\approx0.5$，很大，工人劳动积极性很高；相反，工人对企业的利益相关系数却太小。

因而，工人对整个企业的情况不太关心，对自己的职责、工作十分关心、认真，职业道德感非常强烈、工作十分卖力。

在资本主义制度下，资本家强烈地追求自己的利润、千方百计地调动职工的劳动热情、实行工人之间的"按劳分配"，计件工资很早就流行起来了。

随着股份制的出现和广泛流行，出现了所有权与经营权的分离，经营者被赠送一定数量的股份n_i，使他对企业的利益相关系数 $C_{jq} = \frac{n_i}{N} \frac{p'}{1+p'}$ 大大提高，令 $p' = 20\%$，则 $C_{jq} = \frac{n_i}{N} \frac{p'}{1+p'} \approx 0.167 \frac{n_i}{N}$，$Q_J = \frac{n_i}{N}$ 为经营者在企业中占有的股权，显然，经营者占有的股权 $Q_J = \frac{n_i}{N}$ 越大，经营者的经营动机越强烈、企业的经营状况就越好。如美国克莱斯勒总裁—原福特汽车公司总裁—艾可卡，在福特、克莱斯勒的股份都很大，每年股息、红利达到一千多万美元，这极大地激励了他对公司的经营动力。

资本主义经济发展的原动力是所有者的利益追求，所有者又通过对工人的"按劳分配"的办法提高工人对自己职业的利益相关系数、将自己的利益追求巧妙地注入到职工的劳动中，将工人的利益追求转移到企业的生产发展上来；所有者一方面通过高薪、另一方面通过赠送股份的办法提高经营者、管理人员对企业的利益相关系数，调动他们的积极性。

第五节　竞争

在奴隶制度下，战争不但带来了大量的奴隶和财富，还带来了奴隶制社会的生机和活力，带来了工商业、艺术和科学的发达，极大地提高了自由人之间的利益相关系数，战争是奴隶制社会的主旋律。

在资本主义时代，"战争"就让位给"竞争"了，竞争是资本主义经济的主旋律。

在资本主义制度下，企业的经营完全自主，而社会对同类产品的需求量是有限的，消费者总是希望购买价格低、质量好的产品；于是，在生产同类产品的企业之间就形成了竞争，一个企业，如果经营状况差、劳动生产率和产品质量低、生产成本高，产品卖不出去，企业难免亏损、破产；反之，劳动生产率和产品质量高、生产成本低，市场欢迎，价格自然较高，利润率高，企业就必然兴旺。

一个企业经营状况不如其它企业时，就很快会被淘汰，资本家破产、经营者和工人失业，资本家对企业的利益相关系数C_{zq}呈反向状态〔$C_{zq反}$〕、很高；如果经营状况优于其它企业，就会将较差的企业逐出竞争并赚大钱、获得高额利润。破产的威胁与竞争胜利的诱惑，使资本家对企业的视在利益相关系数$C_{zq}S$极大地提高。

另一方面，每个企业都害怕被淘汰、都竭力把别的企业挤出竞争，于是竞争使得各企业的所有者、经营者竭尽全力提高劳动生产率和产品质量、降低生产成本、开发新产品。

企业不景气，管理人员的高工资、高地位难保，工人要被裁减；企业破产，所有的职工都会失业；企业经营状况好，管理人员加薪、工人的工资提高；企业之间的竞争必然带来管理人员与工人对企业的利益相关系数C_{jq}、C_{gq}的提高，尤其视在利益相关系数C_{jqS}、C_{gqS}就大得多了。企业之间的竞争，使得管理者、工人对企业的依赖感大大提高，更尽心、尽力，极大地调动了企业内部的经济动力。

在资本主义社会，劳动力的商品化，使每一个劳动者都面临着失业的威胁；劳动力需求有限，使工人、管理人员、技术人员之间形成激烈的竞争；一个工人或管理、技术人员，工作不如其他的工人或管理、技术人员时，就可能被解雇，其职业利益相关系数C_{ii}被提高到了惊人的高度。

在企业中，管理人员的工资很高、经理更高，这就使得他们的职位面临着企业内、外的众多的竞争者，工作干得好，会使他们得到提薪、晋职；干得不好，就会失去信任、被解雇、失去高薪。这极大地提高了他们的职业利益相关系数，使得资本主义国家中的许多经营者把工作看得比生命和家庭还重要，事业心之强烈，令人惊骇！

工人与管理人员之间的竞争也很激烈，工人干得好，就会晋职，有时可以获得管理职位，这大大提高了他们的职业利益相关系数C_{ii}。工人的责任心、工作热情很高。

竞争，给资本主义经济带来了巨大的生产力，带来了资本主义的生机和活力，使每一个人都不敢偷懒一下，整个社会经济处于癫狂状态，人们狂热地追求自身企业经济的发展，进而推动了社会经济的飞速发展。

第六节　资本主义经济的社会化

在资本主义社会中，社会经济高度商品化，企业经营者狂热地追求企业利润、追求生产力的发展，企业的经营又完全自主，宏观上不受强制干预，作为推动社会经济发展的强大动力—经济的社会化，必然为人们所热烈追求。

企业内部组织结构不断优化、企业之间的分工协作越来越广泛、深入；一些中小企业为站住脚，与大企业结合，构成以大企业为中心的企业群体，如今天的日本，企业群体就十分发达。

许多国家的企业跨国经营、与外国企业构成联盟；各国家内部的各个地区、各产业、各企业、各国家之间的经济社会化日益发展，推动了越来越大范围的经济社会化。

尤其值得重视的是：科学研究、技术开发机构与生产企业之间的急剧发展的经济社会化，一方面极大地推动了社会生产力的发展，另一方面又推动了科技进步，使科学技术在资本主义社会得到了全面、广泛、迅速而又深刻的发展和应用。随着信息产业的迅速发展、计算机、互联网络的发展和应用，使科学研究与技术开发产业内部急剧社会化、越来越广泛、越来越深刻地分工协作；许多最新科技成果一出来，就被广泛传播和应用，别人又在此基础上发掘出更多、更大、更新的成果；使资本主义的科研、技术开发始终居于世界领先的地位。例如，在美国，航天飞机上所采用的高温涂料技术，很快就被推广到锅底上，制成不粘锅。

在当代发达资本主义国家中，经济社会化已从以机器大工业为代表的"手的协作"时代迈入了以计算机、互联网络、信息高速公路、通讯产业大发展为标志的"脑的协作"时代，社会在飞快地、深刻地信息化，整个资本主义社会正经历着空前伟大的"信息革命"。"信息革命"使资本主义经济的社会化进入了质的飞跃。

新的产业诞生、新的需求产生伊始，总是出现供应远远不足的情况，其产品的价格远远高于价值，为生产者带来超额利润。在商品经济下，激烈的市场竞争极大地刺激了新产业的产生与发展，许多人为此甘愿冒着极大的风险，这样，就为新产业的产生与发展创造了前所未有的有利条件。在资本主义经济中，新兴产业层出不穷。从十八世纪的水力纺织机和织布机使英国的纺织业全面机械化；蒸汽机的发明、应用，掀起了英国乃至世界资本主义的产业革命；十九世纪末至二十世纪初，电力、电机对蒸汽机、石油对煤炭的取代，汽车、火车的迅速发展；到二十世纪四十年代的新技术革命、第三产业的迅速发展，新的产品、各种各样的服务层出不穷。而这一切，又强有力地推动了不同产业之间日趋深刻的结合。资本主义世界的广泛而深刻的竞争，使旧产业市场迅速走向饱和，社会平均利润率 p_L 的下降，又迫使投资者向别人未涉足的更新的产业发展，极大地推动了产业的分化。整个资本主义社会的经济社会化呈现出举国若狂的状态，而这每一个进步都将社会生产力推向了更高的发展。社会经济的社会化，为资本主义社会带来了、并继续带来令人难以置信的、急剧膨胀的巨大生产力。

第七节　资本家与雇佣工人的对立

在资本主义社会中，资本家占有绝大多数生产资料，雇佣工人没有或较少占有生产资料，他们占有自己的劳动力，工人向资本家出卖劳动力，资本家通过工人的劳动获得剩余价值（即利润）；资本家追求自己的利润，而工人追求自己的工资收入，工资多了、利润必减少，利润多了、工资必减少。这就产生了分配的矛盾。

事实上，这仅仅构成了对立的条件，并不是对立的本身，因为资本家对工人的剥削只是一种交换关系，而交换关系是建立在双方自愿的基础上，更多地受市场规律制约，而非双方随意决定的。真正的对立是资本家对工人的利益侵害或工人对资本家的利益侵害。

在资本主义发展初期，资本家通过延长劳动时间、提高劳动强度、降低工人工资等一系列残酷而拙劣的手段，榨取工人的剩余价值、提高剥削程度，这对工人构成了残酷的、赤裸裸的利益侵害，工人则通过罢工、破坏机器、游行示威等办法反侵害，迫使资本家停止侵害。随着社会资本的迅速积累，工业规模迅速膨胀，劳动力变得越来越希缺，迫使资本家利用新的方法：通过提高技术水平、提高劳动生产率、减少工人必要劳动时间的办法来获取利润。

随着资本主义经济的迅速社会化，资本家对工人的利益相关系数日益提高，尤其反向利益相关系数提高更甚；随着科学技术在生产中越来越广泛的应用，对产品质量的要求越来越高、产品的复杂程度越来越高，经济的发展越来越依赖于劳动者的高素质，而高素质又要求有良好的教育、培训，劳动者接受教育、培训也需要花费他们大量的时间成本和精力，这都需要有较高的并不断提高的收入；要想让劳动者心甘情愿地花费金钱、时间、精力接受教育和培训，如果没有足够的回报显然不会可能，这就通过劳动力市场的供求关系迫使资本家随劳动生产率的提高，不断地提高劳动者收入；另一方面，"脑的协作"时代的到来，使生产力的提高越来越依赖于劳动者的素质和创造力、劳动积极性的提高，这就决定了资本家必须更加充分地调动劳动者的才智和积极性；为提高劳动者对企业发展的利益相关系数，资本家必须与劳动者"分享"部分成果；资本家之间高素质劳动力的竞争，迫使他们竞相提高高素质劳动力的身价。

这一切，使得剥削程度不但不提高，反而日趋下降；为提高劳动者的积极性，他们不但提高工资，还主动拿出少量股份赠送或低价卖给劳动者。

经济社会化和生产力的大发展，使资本家对工人的利益侵害受到了极大的抑制，因而劳资的对立变得大大缓和了。

尽管如此，工人对企业的利益相关系数毕竟极为有限，他们对企业整体利益关心甚少，往往只关心自己的工作、职责，一些工人仍对企业缺乏归属感，这极大地影响了企业生产力的发展，这是资本主义制度的一个致命弱点。要解决这个问题，只有使工人占有部分企业资产；在英国，撒切尔政府将国营企业私有化、向工人低价出售国营企业的股票，极大提高了工人的劳动热情，劳动生产率迅速提高、原来承受巨额亏损的企业迅速盈利、工人罢工现象消失、加入工会组织的人随持股工人人数增加而正比地减少。诸如微软、英特尔等顶尖"脑的协作"公司，职工普遍持有公司股份，他们的分红往往远远超过工资。

生产资料所有权的社会化是发达资本主义国家继续发展的必由之路，这在德国、美国、英国、法国等发达资本主义国家表现得十分显著。

与以前的时代不同，资本家对工人的利益侵害不是经济的"主流"方式，而剥削，是此时最重要、最基本的经济关系。而这一切，又是经济社会化的必然结果。

第八节　从"资本制胜"到"脑力制胜"

早期的资本主义，由于市场远离"自然饱和"状态，生产的产品较简单，同一种产品简单的数量增加、重复生产，分工协作处于"手的协作"时代，此时，只要有资本，就可以买到设备、原料、雇佣劳动力，就可以"赚钱"。那个时代，是"资本制胜"的时代，"资本"在社会经济中起着决定性的作用。

然而，"好景"不长，尽管市场规模较早期大大扩张，然而劳动生产率的增长、尤其发达国家的劳动生产率的增长远远超过了市场容量的扩张，而资本总额的增长也远远超过了市场的扩张；生产简单的产品、现有主要产品的市场日趋饱和，社会中现有产业平均利润率 p_L 趋于下降。"资本制胜"成为童话，资本越来越失去了昔日呼风唤雨的能力了。

要实现利润，光靠资本已不再可能了，较高的利润率 p_i 的产品全部集中于新的产业、新的产品，"手的协作"

被自动化生产所取代，使简单产品的成本、价格、利润迅速下降，"脑的协作"一天天占据主导地位，更高的利润率 p_i 由脑力劳动、而非体力劳动带来。生产的产品日趋高级化、复杂化，新产品的成本、利润更多地由创造性的脑力劳动带来。

这一切决定了现代资本主义中，"脑力制胜"比重越来越大，"资本制胜"因素越来越小。

"脑力制胜"，使"人才"成为越来越重要的资源。然而，光有"人才"是远远不够的。同一个人的才能在一企业中发挥20％，在另一个企业中发挥80％，在其它环境中也许是0％。产生的作用天差地别。而一个企业中的大多数人的"脑力"的发挥程度，决定了一个靠"脑的协作"的企业的生死存亡！

"手的协作"时代，简单的监督劳动、计件工资就可以大致管理；而在"脑的协作"时代，"脑力劳动"产品是无形、无质的思想、精神，以前的监督、管理已不再奏效。事实上，"脑力"的发挥，更大程度上依赖的是劳动者的积极性的发挥。

劳动生产率的急剧提高，使较简单的产品市场纷纷饱和，有市场的产品的性能、技术越来越复杂化、尖端化、边缘化，对脑力劳动、对各学科之间的协作的要求越来越高。

劳动者的积极性的调动取决于他们对本职业的利益相关系数和对企业的利益相关系数；协作的好坏更多地依赖于个人的"整体协作意识"和较好的协调，这一切都无疑要求对企业各层次的利益相关系数更大的值和更合理的分布。

　　如果不能在经济发展的同时，不断地改善经济动力状况，由于技术和产品要求越来越走向尖端化和复杂化，需要越来越大的创造力、积极性和整体意识，资本主义经济将不可避免地出现危机：相对于经济发展，科学研究和技术开发越来越滞后、新产业出现和发展越来越缓慢，生产力仅仅是简单的数量增长，生产日趋过剩，进而引起经济危机。

　　事实上，这就要求有社会资本的分布走向社会化的趋势———在第八章、第九章中，我们将详细讨论这一问题——。中产阶级的大量出现正是这种趋势的一种体现。

第九节　资本主义劳资分配比例的变化

　　现代发达资本主义国家中，劳资分配比例越来越大，如美国的劳资分配比例平均为75%：25%，比起早期大大提高，比起中国等发展中国家也要高得多。有人把它归结为凯恩斯主义，或是社会福利、保障制度；也有人说是工会斗争的结果。

　　这些都不是真正的答案，因为：无论如何，资本家都不会自愿让劳动者拿大头、自己拿小头的，真正的原因在于：1、经济不断迅速发展，必然带来资本积累迅速增加，劳动力增加速度远不及资本增加速度，使劳动力日益成为稀缺资源，必然导致工资提高，——从长期看，市场是公平的，任何资源被大量廉价使用的结果一定是使它成为稀缺资源，其价格必然不断提高——。2、资本制胜因素越来越小、脑力制胜因素越来越大、脑的协作越来越取代手的协作占据主导地位。

　　我们知道：给劳动者更多的分配、更好的生活和学习的条件，能够大大提高他们的劳动积极性、促使他们发挥更大的创造力，使他们能更加努力地学习，提高智力、文化、科学技术水平。

　　我们把工资总量记为 V，不变资本记为 C，则资本投入 I=C+V，利润 P，资本家的投资有两种选择：一种是提高工资水平 V，但不增加工人人数，（V 为此时的工资总量）；一种是不增加工资水平、仅仅增加劳动者数量和不变资本投入，则 I=C+V_0，（V_0 为个人工资水平不变的企业工资总量）。选择哪一种取决于哪种方式更能获利，当 $\dfrac{dP}{dV} > \dfrac{dP}{d(C+V_0)}$ 时，适当增加工人工资水平比扩大生产规模更能提高利润 P，资本家宁愿提高工资水平。

　　工资水平适当增加能够提高利润 P，但是提高多了就会拿走利润，太多甚至使利润降为零、负值，V—P 曲线大致如图所示。$\dfrac{dP}{dV}$ 开始为正，但随着 V 的增加而减小，如图：当 $\dfrac{dP}{dV}$ 降到 $\dfrac{dP}{dV} = \dfrac{dP}{d(C+V_0)}$ 时，就不再提高工资水平了，因为不再有利，工资的平衡点为：$\dfrac{dP}{dV} = \dfrac{dP}{d(C+V_0)}$ 时。

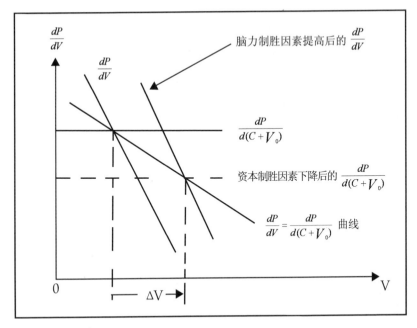

脑力制胜因素的不断提高、资本制胜因素不断下降，使 $\dfrac{dP}{dV}$ 不断提高、$\dfrac{dP}{d(C+V_0)}$ 不断下降，必然迫使资本家不断提高劳资分配比例。

劳资分配比例的不断提高，必然使社会日趋平等化、贫富分化程度不断降低。中产阶级的普遍兴起，社会分配结构趋于菱形结构，正是劳资分配比例不断提高的必然结果。

第十节　关于一般商品需求曲线的研究

在西方经济学中，有一条非常基础、极常用的曲线：对一产品的需求D—价格P曲线，这条曲线与另一条更基础的效用I—使用数量Q曲线：图（B）发生矛盾：效用曲线告诉我们：随着一种产品的使用数量Q的增加，使用量Q的单位增量带来的效用I的增量递减，即：$\frac{dI}{dQ}$ 随Q增加而递减，即"边际效用递减原理"。

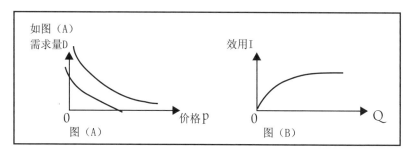

按照（B），购买量越大，使用量越大，边际效用越小，而人们花钱买的是"边际效用"，随着产品价格的下降，需求量虽然增加，"边际效用"却在下降，个人对需求增加的要求越来越小，人们因为需要，不是因为便宜而去购买；即 $\frac{d D_i}{dP} < 0, \left| \frac{d D_i}{dP} \right|$ 随价格P的降低而减小，与图（A）所示的随价格P降低而增加恰恰相反。另一点是：图（A）中需求D随价格P下降而越来越急剧地增加，这不但与效用曲线相矛盾，而且与实际情况根本不符，一个一顿只能吃半斤饭的人，绝不会因为粮食价格下跌而吃六两！显然，对同一用途的产品的需求量D应该有一个不依赖于价格P的"自然极限"$D_0 > 0$，$D \leq D_0$。一个人需求D_i—价格P的曲线应该是如图（C）的情况。

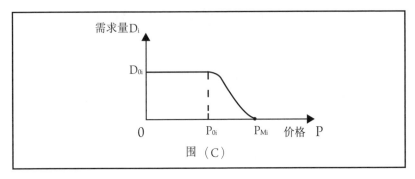

围（C）

不同的人的开始购买的价格点P_{Mi}和饱和价格点P_{0i}完全不同，有钱的人的开始购买点P_{Mi}和饱和购买点$P0i$价格很高；没钱的人的开始购买点P_{Mi}和饱和购买点P_{0i}很低，饱和购买点P_{0i}离开始购买点很远；贫富对需求饱和值D_{0i}没有任何影响，它只取决于每个人的自然消费能力，这种区别主要取决于于个人的年龄和性别，在一个社会中，每个人的需求饱和值差别不会太大、呈正态分布。

在一个完全没有贫富差别的社会里，人们的开始购买点和饱和购买点相差不大，对于社会而言：过早购买者和过迟购买者都不占多数，他们对整个需求曲线影响不大，整个社会对该产品的需求$D = \sum_{i=1}^{m} D_i$，其中，m为社会中的消费人口，社会的需求"自然极限值"$D_0 = \sum_{i=1}^{m} D_{0i}$，社会的开始购买点$P_M \approx P_{Mi}$，社会的饱和购买点$P_0 \approx P_{0i}$，社会的需求曲线为个人需求曲线的纵向迭加，如图（D）：

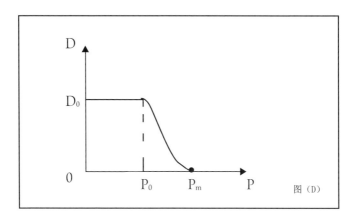

图（D）

在一个贫富分化的社会中，购买力的差异使每个人的开始购买点P_{Mi}和饱和购买点P_{0i}发生差别，这种比例与他们的收入的比例一致，因为一块钱对一个收入五千元的人与两块钱对收入一万元的人而言，无论支付能力还是心理上的感觉都是等价的，他们的开始购买点、饱和购买点之间的比例均为收入的比例，因而，一个人对同一产品的开始购买点与饱和购买点之间的比值是一定的；我们可以将社会按照个人收入水平来分割成不同的收入块来研究，每一个块里不同人的收入相差不大，不同的块的个人收入差别较大，每个块的需求曲线大致如图（D），不同的块的开始购买点和饱和购买点与其人均收入成正比，需求饱和值与块中的人口数量成正比，社会的需求曲线是社会中所有的收入块的需求曲线的纵向迭加，显然，占社会总人口比例最大的那些收入块对社会需求曲线的影响最大，它们决定了社会需求曲线的走向、是否饱和；社会的开始购买点P_M是最富的收入块的开始购买点，社会的饱和购买点P_0是最穷的收入块的饱和购买点，社会的贫富分化程度越大，开始购买点 P_M 离饱和购买点P_0距离越远。

如图（E）为社会需求曲线，其中，P_{M1}、P_{M2}、P_{M3}、P_{M4}、P_{M5}、P_{M6}，P_{01}、P_{02}、P_{03}、P_{04}、P_{05}、P_{06}分别为各收入块的开始购买点和饱和购买点价格，在这些点上，需求D发生突然增长，其 $\left|\frac{dD}{dP}\right|$ 增加，但是在其它地方，$\left|\frac{dD}{dP}\right|$ 是递减的，当社会多数人口的需求饱和时，需求D就基本饱和了，很少变化了。

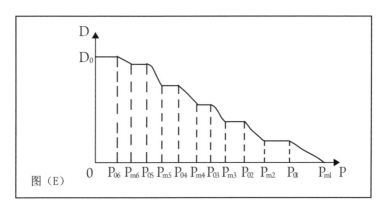

图（E）

图（E）不但与边际效用递减规律相符合，而且与实际情况十分吻合。一种用途的产品在刚出来时，随价格的下降，需求增长迅速；但是，随着产量的增加，尽管价格下跌，需求增长越发缓慢，这种普遍存在的现象用图（E）完全可以解释，而图（B）却只能得出相反的结论。

按照图（A）描述的情况，需求D没有一个不依赖于价格的"自然极限"D_0，它仅仅取决于价格P，那么，同一种用途的产品或一个产业就没有产量饱和的现象，结果使经济学的研究可以完全脱离产业、脱离市场需求而关起门来谈论：金融、工资、通货膨胀、投资、储蓄等，很大程度上，西方经济学正是这样做的！在一定程度上，主观臆想的需求曲线的导致了西方宏观经济学对实际的严重脱离。

事实上，图（E）告诉我们：对同一种用途的产品的需求是有限的，一产业的发展只能带来有限的经济发展。经济发展到一定程度：现有产业趋于饱和时，就必须开辟新产业。否则，不但经济发展停滞不前，而且会引起经济危机，这就是产业危机。日本和东南亚的经济危机就是产业危机。

由于生产成本的限制，实际的最低价格P_T往往高于饱和需求点P_0，实际需求D_T往往低于饱和值D_0。在同样的社会总收入的情况下：社会贫富分化越严重，其需求饱和点价格P_0越低，实际需求D_T越低；贫富分化程度越低，其需求饱和点价格P_0越高，实际需求D_T越大。社会需求D_T的大小主要取决于占总人口比例最大的等级的贫富程度。一个社会人均收入越高，同一产品的实际需求D_T离需求饱和值D_0越近，实际需求D_T越大；反之，实际需求D_T离需求饱和值D_0越远，实际需求D_T越小。

另外，用途可以相互替代的产品的使用量的边际效用相同、并互相影响，即它们在同一条效用曲线上；而用途不能相互替代的产品的边际效用互不影响，因而，用途可以相互替代的产品在一条需求曲线上，用途不能相互替代的产品有各自独立的需求曲线。需求曲线应该按照用途区分，而不应该按照产品区分。

关起门来空谈什么总需求、总供给、货币发行量、扩大公共需求、财政赤字、征富济贫不但无效，而且有害，使本已日趋饱和的产业更加饱和、需求更加不足，而经济的混乱更加严重！宏观经济学家们谈论的应该是产业、产业饱和和危机！这才是真实可信的研究。

第十一节　传统的经济危机的分析

在资本主义制度下，价值规律可以自发地调节各产业、各种产品生产的比例关系，使之趋于合理。

但是，对于整个社会中各种产品总需求量日趋饱和显得无能为力，凯恩斯指出了需求不足、边际消费倾向随国民收入增长而下降的趋势。

那么，为什么边际消费倾向 $b=\dfrac{dC}{dY}$——其中，C为消费量，Y为国民收入量——会随民收入Y的增长而日趋下降呢？

我们知道：对一个人而言，有限的n种不可相互替代产品所能生产的利益转化 $V_I=\sum\limits_{i=1}^{n}V_{I0i}\Phi_i(K_i)\le\sum\limits_{i=1}^{n}V_{I0i}$ 是有限的，随着生产力的提高，当其中所有的 $K_i=\dfrac{V_{mui}}{V_{m0i}}$ 越接近于1，V_I 增长越慢，所有的 $K_i=1$（i=1,…,n），则 V_I 达到最大 $\sum\limits_{i=1}^{n}V_{I0i}$，就不会再提高，因而其消费占有物的最大速度为 $V_{m0}=\sum\limits_{i=1}^{n}V_{m0i}$，随着国民收入的提高，$V_{mu}=\sum\limits_{i=1}^{n}V_{mui}$ 亦提高，$V_{mu}=\sum\limits_{i=1}^{n}V_{mui}$ 越来越接近于 $V_{m0}=\sum\limits_{i=1}^{n}V_{m0i}$，则需求增长越来越小；若 $V_{mu}=V_{m0}$，显然需求就不可能再增长，因而有限种产品只能产生有限的需求，且随着生产的发展、供应量的不断增加，产生的要求供应增长的利益向量越来越小，因为需求增加量所能带来的利益增长 $\sum\limits_{i=1}^{n}\dfrac{dV_I}{dV_{mui}}\Delta V_{mui}\approx\sum\limits_{i=1}^{n}V_{I0i}\dfrac{d\Phi_i}{dV_{mui}}\Delta V_{mui}$ 趋于下降、直到为零。

事实上，在资本主义社会中，由于贫富化，社会低层次的许多需求，因无足够购买力无法转化为"有效需求"，其在 K_i 远小于1时，其个人的有效需求 D_Σ 就不再提高了，而整個社會在社會需求的自然飽和度 $K = \dfrac{\sum\limits_{i=1}^{n} V_{mui}}{\sum\limits_{i=1}^{n} V_{m0i}}$ 遠遠未達到1時，有效需求就停止了增長。一個社會中，其貧富分化越嚴重，則需求越早飽和。

　　一個產業只能產生出有限種類數的相互不可替代產品，有限種產業同樣只能產生出有限種類數的相互不可替代產品，因而，只能產生有限的需求和經濟發展。對一產業的社會需求量自然極限值為 D_0，實際最大值為 D_Y，該產業的飽和比 $K_Y = D_Y / D_0 \leq 1$，$D_Y = K_Y D_0 K_Y$，K_Y 的大小取決於產品的價格和社會的貧富分化程度，產品價格越低，買的人越多、數量越大，K_Y 越大，越接近於于1；反之，價格越高，買得起的人越少、購買量越小，K_Y 越小。貧富分化程度越高，窮人越多，買得起得人越少，而富人早已需求飽和，K_Y 越小；反之，貧富分化程度越低，窮人越少，買得起的人越多，K_Y 越大。

　　如下兩圖分別為需求量 D_Y 和飽和比 K_Y 受價格影響的曲線及一產業帶來的經濟發展的曲線。

　　0—B點為不飽和區，產業在這一區域裡發展時，社會需求拉動該產業的發展，勞動生產率和產量不斷提高，創造大量就業增長，但接近B點時，就業不再增加；產量超過B點後，為飽和區，社會有效需求飽和，產品出現大量積壓，社會需求不再拉動其增長，產業發展必然停滯，利潤率下降，投資減少，不但無法產生社會經濟增長、吸收社會中的剩餘勞動力人口，反而因勞動生產率的增長而不斷裁減勞動力，製造失業。

一个社会的发展，不仅仅依赖于劳动生产率的提高，还依赖于新的产业的不断出现和发展。如图为社会中的产业种类数与经济发展的函数关系图。

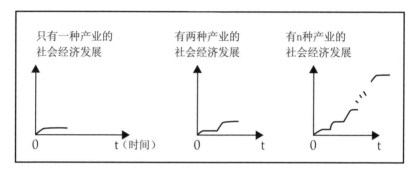

新产业发展的滞后，必然带来社会经济发展的停滞，而劳动生产率的提高必然产生出大量剩余劳动力人口，这些人口无处转移，造成大量失业，加剧贫富分化，产生巨大的浪费，成为社会的不安定因素。中国封建地主制经济中的"流民"现象就是如此。

由于社会中的贫富分化，资本所有者与劳动者严重分离，所有者追求利润、劳动者追求工资，并不统一。一旦各产业的产品供过于求，产品积压，社会平均利润率下降，投资必然大大减少，劳动者大量失业，而社会中的新产业的产生与发展又严重滞后，无法容纳这些多出的劳动力，社会中的失业急剧增加，贫富分化迅速加剧；由于资本家的需求早已饱和，他们从生产投资中抽回的资金所能增加的消费极少，形成大量资金沉淀，劳动者的需求因社会工资总量急剧下降而使社会有效需求量急剧下降，这必然带来社会需求总量的下降，产品更多、范围更大的积压，利润率进一步下降，投资进一步减少，失业更多，需求更下降……形成恶性循环，这就是经济危机。如图为形成经济危机的控制方框图，它是一个正反馈控制系统。

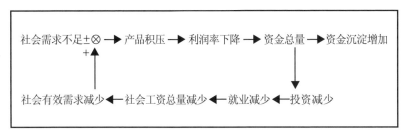

在一个社会中，贫富分化越严重，其有效需求就越小，经济危机就越频繁；另一方面，贫富分化越严重，社会中的资产所有权与劳动者的分离与对立越严重，经济危机时，资本家减少投资带来的资金沉淀占社会资金总量的比例越大，有效需求减少得越快、比重越大，经济危机越严重，破坏力就越大。

在同样的贫富分化程度下，一个社会中的生产力水平越高，其各产业走向饱和的速度越快，经济危机频率越高，危机时的产品过剩量越大、资金沉淀量越大，危机越深刻，破坏力越大。因而，随着社会生产力的发展，总是要求不断地相应缩小贫富分化程度；否则，经济就会因越来越频繁、越来越严重的经济危机的破坏而无法发展下去。一个社会的经济发展程度总是与相应的贫富分化程度相对应的，发展程度越高，对应的贫富分化程度越低；否则，经济发展就无法达到这一高度。如图为贫富分化程度与生产力发展水平的函数关系图，阴影部分为函数分布范围。

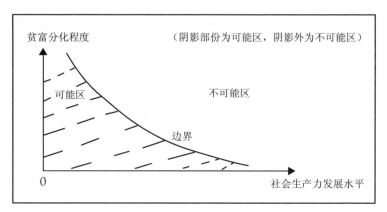

早期的资本主义社会，经济处于"手的协作"时代，劳资分配比例很低，贫富分化严重，经济危机破坏力十分巨大；随着"资本制胜因素"的不断下降、"脑力制胜因素"不断提高，劳资分配比例不断提高，社会贫富分化程度日趋下降，发达资本主义国家的中产阶级占据社会的多数、并占有多数社会财产。这样，就大大降低了发达资本主义国家的经济危机的破坏力。

然而，从长期发展上来看，如果新产业发展迟缓，必然使现有产业日趋饱和，社会经济发展停滞，这就要求随着经济发展，不断地开发和发展新产业；否则，社会就会停滞，需求不足，投资减少，失业增加，贫富分化加剧，引起经济危机。

第十二节 产业危机

本书把新产业的发展滞后于生产力发展，所引起的经济危机，称为产业危机。中国封建地主制经济的危机就是最早的产业危机。

早期社会，由于生产力水平较低，一产业从产生到饱和的周期较长，如封建时代的农业，从开始到饱和大致经历了300—500年，东西方均大致如此。早期资本主义经济从产生到饱和周期较长，新产业发展滞后引起的经济危机并不太突出，但是，随着生产力的提高，产业由产生到饱和的周期越来越短，新产业的创新与发展越来越成为经济中极端重要的环节；否则，不但无法发展，还会引起经济危机。

今天的发达资本主义国家中，贫富分化问题并不是严重的因素，而新产业发展滞后造成的产业危机是经济停滞与危机的首要因素。一产业在其不饱和区发展创造就业增长；而在接近饱和区时，产量增长因需求量增长缓慢而增长很少，劳动生产率的提高又会减少就业机会，就业开始下降；在饱和区，需求量不再增长，产量也停止增长，劳动生产率的提高使就业人口迅速下降，反而制造失业。如图为一产业发展与其提供就业量的曲线。

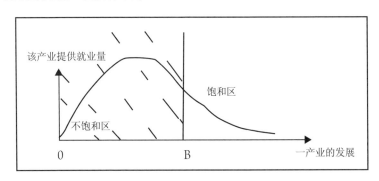

与其把东南亚和日本的经济危机归结为泡沫经济或金融危机，勿宁说是产业危机。事实上，当今世界经济处在一个转折点上：随着脑的协作日益取代手的协作，常规的物质产品生产因自动化生产的急剧发展、劳动生产率的迅速提高

而日趋饱和，产品价值、利润不断下降；美国日益脱离这些产业，转向脑的协作产业；东南亚发展的几乎全部是走向饱和、停滞、重要性日趋下降的产业，其经济走向危机不可避免，而其货币对美元的贬值很大程度上是其产业重要性、产品价值、利润率日趋下降的反映。日本的基础研究严重不足，发展的是常规的物质产品生产所需的常规技术，脑的协作领域如：基础研究、新技术开发、计算机网络和软件、通讯远远落后于美国，其危机也在所难免。

另一方面，新兴产业的发展，又使旧产业发生脱胎换骨的变化，如资本主义国家十八世纪的蒸汽机和化学工业的发展使农业发生天翻地覆的变化，劳动生产率惊人地提高，农产品价格大大下降；美国的"重新现代化"——用计算机、信息技术武装——的工厂，劳动生产率平均提高50%以上，能源、原材料消耗大幅度下降，生产成本急剧下降，产品更新速度急剧提高，产品质量、性能极大地提高，不仅使无数新产品问世，生产周期也大大缩短。旧产业的产品价格大幅度下降，使有效需求D_Y更接近于其自然极限D_0。

而新产业发展的滞后，必然使旧产业进步迟缓，成本高、质量差、产品单调、过时，在国际竞争中处于劣势，为国际市场所淘汰，经济危机加剧。

无论是日本，还是西欧，产业危机都迫在眉睫。

解决产业危机的关键在于提高新产业的开发和发展的速度，创造新的需求市场，并用新产业改造旧产业，推动社会经济发展。

　　凯恩斯看到富人的边际消费倾向b_j值要比穷人的b_j低得多，提出"征富济贫"、提高就业率，通过扩大公共需求、赤字预算、通货膨胀等办法解决，这当然会有一定效果，但只能使总需求D_Σ有一定提高，但$D_\Sigma = \sum_{i=1}^{n} V_{mui}$接近于$\sum_{i=1}^{n} V_{m0i}$时，即$K$接近于1时，就无能为力了。此时从需求不足就变成了"绝对不足"。"需求不足"极大地阻碍了经济发展，使经济发展动力大大减弱，甚至引起严重的经济危机。

　　唯一能够真正、彻底地解决问题，使社会经济走出停滞并向前发展的是n的不断提高，即相互不可替代产品种类的不断提高，而这种提高又依赖于新的产业的不断产生和发展。

　　事实上，资本主义世界的每一次经济的大发展都无一例外地是由新的产业的出现、发展带来的。

　　新的产业的不断开发是克服、避免有效需求不足的最根本的途径，因而是资本主义经济持续稳定发展的唯一可行的方式，而限制和缩小贫富分化也是克服有效需求不足所必不可少的。经济越是发展、劳动生产率越高，"有效需求不足"出现得越频繁，越需加快新产业的开发、发展，越需缩小贫富分化。但是，当今发达资本主义国家的贫富分化程度因脑力制胜因素的提高、资本制胜因素的下降而不断缩小，贫富分化对经济的影响远低于产业危机的影响。

　　凯恩斯提出的"财政赤字"、"扩大公共需求"等等办法只能解一时之急。长期使用，对经济发展就起不到作用了，而通货膨胀带来的社会经济的混乱也就无法避免了。

　　对不同产业之间的比例关系，价值规律可以自发地，很好地调节，而对于需求的不足，它就无能为力了。资本主义国家的经济停滞（危机）几乎全部地是由需求不足引发的，而不是由产业之间的比例失调引起的。在资本主义经济发展初期，贫富分化是主要原因，但现代资本主义的发展，使收入差距日益缩小，出现广大的中产阶级，真正的大富翁与贫困者都很少，呈现出"菱形分布"的收入结构，贫富分化的作用就小得多了；更重要的原因是产业种类数的提高，新产业的开发速度远远慢于经济发展速度，这显然必须要从宏观上调节。

资本主义社会的政府应从"财政赤字"、"通货膨胀"、"扩大军备"等危险而有害的游戏中走出来，真正投资、鼓励新的民用的、确实能产生出需求增加的产业的开发和发展上来，从而真正地推动经济发展。

当新产业发展滞后时，旧产业走向饱和区，就出现了凯恩斯所说的"边际消费倾向" $b = \dfrac{dC}{dY}$（C为国民消费，Y为国民产值）递减趋势，需求不再拉动产量增长，而劳动生产率的提高又会使旧产业所需的劳动力人数大大减少，社会中出现越来越多的失业人口和产品积压，经济走向停滞和危机，贫富分化加剧。

凯恩斯认为：边际消费倾向 $b = \dfrac{dC}{dY}$ 总是随着国民生产总值Y的提高而递减；事实并非如此，如美国的边际消费倾向 $b = \dfrac{dC}{dY}$ 就是周期性地升高和下降，是什么原因造成的呢？

当新产业发展时，其市场前景广大、供不应求，劳动力需求量巨大，产生大量就业；而新产业的投资，必然使其对旧产业的购买、需求量大增，假设新产业投资 I_N，则带来经

济增长 $\Delta Y = \dfrac{I_N}{1-b}$，社会就业增加，失业率下降。新产业的发展又会改造旧产业，使之更新换代，产生出大量质量更高、品种更新、成本更低的产品，国际竞争力大大提高；旧产业产品价格大幅度下降，使有效需求 D_Y 增长，更接近于自然极限 D_0。这样，社会有效需求必然提高，重新出现边际消费倾向 $b = \dfrac{dC}{dY}$ 提高的现象，使经济走出危机。

如在西方，在没有出现许多新产业时，农业仅仅可以使多数人不致于饿死，新的产业的出现，使他们的总收入增加，旧产业得到改造、产品价格下降，人们不但吃饱，而且可以吃好，今天一般工人家庭吃的与富翁已没有多大区别了，农业终于出现了长期的、绝对的过剩！对许多旧产业的需求，必须在新产业不断出现并发展的情况下，才可能发展至其"自然极限"。

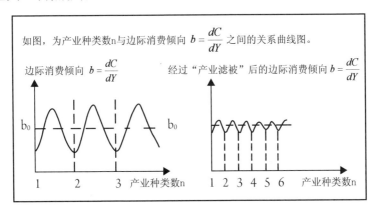

如图，为产业种类数 n 与边际消费倾向 $b = \dfrac{dC}{dY}$ 之间的关系曲线图。

经济危机的解决并不是凯恩斯所说的财政赤字、扩大公共需求、征富济贫等，这些只不过是治标不治本的"西药"，而根本的解决办法是：一、政府向新产业开发、发展提供大量无息贷款、资助，并减免税收。二、加强基础研究力量和人才的培养、吸纳，推动科学研究和技术开发的进步。三、加强脑的协作领域所必需的建设：通讯、计算机互联网络、信息高速公路、计算机软件等。四、组织和协调企业、科研机构，共同协作完成新的产业、产品的开发。五、在新产业尚未饱和时，就应开发出更新的产业，作为技术储备，一旦产业走向饱和，立即投入生产，以保证经济的持续稳定地发展。六、加强国际间的尖端技术合作，获取或保持技术的领先。

对新产业的投资倾斜应适度，过度投资反而会引起通货膨胀，造成经济过热和巨大浪费。资本主义政府可以通过对国民总边际消费倾向b的不断监测来调整自己的政策，找出一个较合适的值b_0，一旦b低于b_0且b趋于下降，就必须增加对新产业开发的投资，降低、减少、减免新产业的税收，提高b值，使之趋于b_0；反之，消费过热，b高于b_0，就减少其投资，以保证经济发展的稳定。这样，就构成了非常有趣的负反馈控制系统，结构如下图：

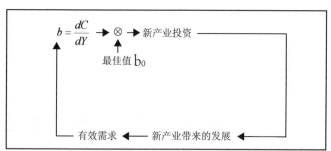

经调整后的边际消费倾向$b = \dfrac{dC}{dY}$的波动大大降低，如图为其曲线。比起原来，其中的边际消费倾向b更接近于b_0，但是，产业创新的速度大大加快，本书称这种宏观经济调节方式为"产业滤波技术"，类似于交流电整流技术中的滤波

情况。此时，产业危机将被消灭，社会经济将保持长期、持续、稳定、健康发展。

随着脑力制胜因素的不断提高，人才、人才协作体系的重要性越来越高，比资金更重要，政府一方面要在人才培养上投入大量资金，一方面组织人才开发新产业、新技术。

我将凯恩斯的理论称为"有限需求理论"，它所能产生的需求增长是有限的；而产业种类的不断增加，使需求可以不断地、近乎"无限"地增长，带来社会经济的"无限"增长，我称其为"无限需求理论"。（注：实际的"需求"不可能"无限"，"无限"在这里只是个说法。）

第十三节　资本主义经济的规模

资本主义经济作为社会化经济，其社会化的主体是企业，企业中经济社会化、分工与协作的发展水平受企业规模制约，尽管企业之间的广泛的社会化不断进行着，但关系远不那么稳固、协调，远不如企业内部的协作和分工好，其发展程度远不如企业内的经济社会化发展程度。因而，一定程度的经济社会化水平，要求企业有相应大的经营规模，经济社会化程度越高、要求的企业经营规模就越大。对一企业而言，其经济规模要求随其经济社会化程度的提高而不断扩大。

经济社会化快的企业，有走向经营规模迅速扩张的趋势。而经济社会化程度决定了企业劳动生产率的高低和成本的高低，在一定程度上，经济社会化程度越高，劳动生产率越高、生产成本越低，在竞争中越有优势。因而，在现代资本主义社会中，企业"以大制胜"。

当然。仅仅扩大规模，而不去提高内部社会化程度，各成份间无甚关联都无助于经济的社会化，就不能"以大制胜"。扩大规模应以经济的社会化为前提。

企业经济规模的不断扩张，其需要的原材料、生产设备、配套部件、能源的数量越来越大，而其生产出的产品的数量也越来越增加，需要的供应市场和生产者越来越增加、需求的市场也要求越来越大；而企业之间的分工协作的发展，又要求参与的企业群体规模、数量越来越大。因而，要求整个资本主义经济社会化体系的规模越来越大，否则，经济社会化就会趋于停滞。一个企业的经济社会化，必然带来其自身经济规模的扩张和经营的片面化，因而，其经济社会化依赖于周围经济环境的经济社会化和整体社会化经济的规模的相应扩张，一个企业或产业不可能太大地脱离其所处的社会经济环境的经济社会化程度和社会经济规模而单独实现自身的经济社会化。

资本主义经济的社会化总是依赖于其社会经济规模的不断地、迅速地扩张，出于经济社会化的要求、扩大其分工协作的规模的要求，无论是从微观上、还是宏观上，都是十分强烈的；早期的资本主义经济更多地依靠对外战争来实现其社会经济协作规模的扩张；随着世界范围内的广泛的经济社会化，各国家、地区之间的利益相关系数大大提高，尤其反向利益相关系数提高得更大，战争受到越来越强烈地抑制，因而，跨国贸易、跨国分工协作必然地越来越迅速地发展起来，世界经济、市场越来越走向统一，甚至国界都在越来越走向消失，欧洲联盟就是很好的例子。

在现代社会经济中，不但一个企业的发展越来越依赖于其所处的社会经济环境的社会化，一个国家经济的发展也越来越依赖于其周围的国家和地区乃至全球的经济环境的社会化，随着世界范围内的经济社会化程度的提高，相互之间利益相关系数越来越增加，每一个国家的发展都越来越依赖于世界经济环境的发展，区域性的社会经济的发展能够带动整个世界经济的发展，而区域性的经济萧条同样带来世界范围的经济萧条。

在"脑的协作"时代，经济社会化不同于"手的协作"时代，后者仅仅意味着生产力的量的渐进式的增长，而此时，经济社会化意味着科学研究、技术开发水平的质的飞跃。经济社会化因对社会经济发展的无可比拟的巨大推动，而被所有的国家、地区、行业、企业、每一个人所强烈地追求，经济社会化依赖于"脑的协作"体系的规模的不断扩大，"脑的协作"的范围、规模越来越大，跨越国界、意识形态、宗教、习惯和各种人为障碍而迅速发展，大国在竞争之中的巨大优势，使小国纷纷走向合作、统一，各地区越来越趋于统一，国家将越来越大。最终，全球将成为经济政治统一体，构成无可匹敌的超级"万能之脑"，而全世界的每一个人的"大脑"成为它的"脑细胞"，各"脑的协作"行业和企业成为它的"脑组织"。

第十四节　小国的危机

在"手的协作"时代，一个个配件加起来就是一个完整的产品，产品或配件仅仅是一个物品，只能同时用在一个地方，寿命也是有限的，用完就成废品，小企业、或小国与大企业和大国之间的差别往往是产量上的，作为小国的瑞士、新加坡也同样有竞争力；而在"脑的协作"时代，产品是科学、技术的进步、新产品和产业的开发，每一个产品都可以被无限应用，并成为新的开发和进步的基础，无论是企业还是国家，这种积累的大小都意味着科学和技术水平的本质的差别，也意味着产品开发的水平的本质差别。而这种积累的速度取决于：1、具备开发素质的脑的数量的多少。2、每个脑的知识水平和创造力水平的高低。3、网络内部的信息交流和应用速度和成本的高低，是否足够开放、发达，4、网络从外界网络获得信息的速度、数量、成本、水平。5、网络中每个大脑的开发创造的积极性的大小。小企业、小国在2-5条中都可以通过努力来实现，但是第一条无论如何都是无法与大企业或大国相竞争的。因而，大企业或大国在"脑的协作"时代将具有无可比拟的绝对优势。

在手的协作时代，经济社会化仅仅意味着生产力的渐进式的量的增长；而在脑的协作时代，它却意味着科学研究和技术开发水平的质的飞跃，因而意味着生产力水平的质的差别；一国的经济发展水平决定于其脑的协作体系的强弱，正如一个大脑，其中的"脑细胞"——每个脑力劳动者的脑——数量的多少，决定着其内部分工协作的发展程度，决定着脑的协作体系的功能强弱，决定着科学、技术开发的速度和水平，与大国相比，小国处于天然的劣势；尖端科学的研究需要集中越来越大的资金和越来越多的大脑，小国无力承担。

生产自动化的迅速发展，使劳动生产率急剧提高，较简单些的产品迅速饱和，新产品越来越趋于复杂化、尖端化、边缘化，开发所需的脑的协作无论水平还是规模均越来越提高，小国往往心有余而力不足。因而，大国在新产业的创造和发展中占据绝对领先和优势地位，小国必然处于劣势，跟在后面拣大国走向饱和的产业，这种差距产生的经济发展水平的差距将越来越大，二十一世纪的小国经济必然处于严重的产业危机状态。

大国优势、小国劣势状态的发展，造成越来越大的发展差距和小国危机，必然迫使小国纷纷与周围的国家合并，成为大国，国家将越来越大，世界加速统一。

不发达国家也陷入了与小国相似的危机状态，它们正在大力发展的产业几乎全是发达国家中走向饱和的产业，其新产业发展大大滞后，始终面临着世界性的产业危机的巨大压力。它们处于"手的协作"时代，甚至手的协作也远不够发展，"脑的协作"极不发达，其经济发展与发达国家相比越来越落后，经济陷入越来越严重的产业危机状态。

不发达国家要想摆脱危机，就要求它们：一、不要过分发展发达国家已趋于饱和的产业、步他人后尘，避免世界性产业危机引起的经济损失。二、加强基础研究和人才培养，迅速建立自己的脑的协作体系，并与世界——尤其发达国家脑的协作体系建立深刻、紧密、全面的联系、协作关系，跟上科学研究和技术开发的趋势，并相应开发出具有国际领先水平的新产业；大力、优先发展脑的协作领域的新产业。三、大力发展脑的协作领域的基础建设：通讯、信息高速公路、计算机互联网络和软件等。四、加速进入世界性的分工协作体系，加强与其它国家，尤其发达国家的经济合作、交流。五、加快产业升级，跳过"手的协作"，加速向"脑的协作"发展。

只有这样，才能减少产业危机造成的经济损失、缩小与发达国家的差距，赶上发达国家的步伐。

第十五节　经济动力危机

在"脑的协作"时代，脑力劳动在社会经济中所占的比重和地位越来越高，"手的协作"被自动化生产所取代。

在机器大工业时代，即"手的协作"时代，仅仅通过监督劳动、计件工资就可以贯彻资本家对利润的追求，因为那时的产品看得见、摸得着，生产简单、重复，产品数量一目了然、质量大同小异，劳动者的工作简单、重复、被动，无须多少主动性、更无须劳动者动什么脑筋。

而在此时，劳动者主要使用"脑"、而不是"手"工作，劳动产品是新思想、新创意、新技术、新理论，其产品的质量、数量难于直接观测、难于管理；而产品的质量、数量完全取决于劳动者的智力和创造力的发挥程度，要求劳动者有高度的劳动积极性和主观能动性。此时，纯粹的"按劳付酬"已越来越不能适应变化的需要了；首先，难以计量和衡量劳动的质量和数量，无法说请该付的报酬；其次，劳动者对企业的利益相关系数太小，几乎为零，无法充分调动他们的主观能动性和创造力。

另一方面，自动化的发展，使劳动生产率急剧提高，稍简单些的产品市场迅速饱和，产品日趋尖端化、复杂化、边缘化，产品的开发与生产越来越需要风马牛不相及的学科、技术之间的综合、协作方能完成，如八十年代兴起的交流变频调速器需要：电机学、电子技术、电气技术、自动控制理论、半导体材料和器件、和对此一窍不通的纯数学家，以及纺织、机械、冶金等方面的工艺学、力学的专家紧密协作，方能开发出来；今天的高档汽车，甚至要卫星导航技术……，现有产品市场日趋饱和，迫使产业不断地越来越走向尖端化、边缘化、复杂化，对各种类型的专家、科研和技术开发人员之间的紧密协作的要求越来越高，参与的人数越来越多，不光要求他们要有越来越高的劳动积极性和创造力、知识和智慧，还要求企业中的劳动者有越来越强烈的整体协作意识；否则，就难以协作，更谈不上发展；而纯粹"按劳付酬"，收入仅仅与他们自己个人的劳动挂钩，显然根本无法带来整体协作意识，因而，越来越无法适应经济发展的需要了。

处于脑的协作前沿的企业，如微软公司、英特尔公司等，也看到了这一现象，他们给予高层职工"优先认股权"，英特尔公司职员的分红高于工资收入。

但是，在一个稍较大一点的企业中，如一万人的企业中，哪怕全部利润都平分给职工，每个人对企业的利益相关

系数只有 $C_q' = \dfrac{p}{10000(1+p)} \langle \dfrac{1}{10000}$！企业的整体协作意识十分渺茫，而社会化经济又要求规模经营，一万、十万，甚至更多人的企业比比皆是，因而，资本主义经济在脑的协作时代，发展到一定高度时必然发生"经济动力危机"！

经济动力危机是一种微观经济的危机，它的表现是：当产品的复杂化、尖端化、边缘化程度达到一定高度时，需要的劳动积极性和整体协作意识越来越高，经济动力的严重不足必然使科研、技术开发发展到一定程度就停滞不前，新的产业的出现与发展越发迟缓、市场日趋饱和，形成产业危机，产品迅速积压、利润率下降、投资减少、失业增加，贫富分化加剧，经济陷入严重的危机状态。

关于资本主义经济动力危机的解决，我们将在本书的第八、第九章讨论。

第十六节　资本主义社会经济中的"经济"与"不经济"

在资本主义经济中，企业内部，所有者对企业的利益相关系数、经营者对企业的利益相关系数均很高。工人对自己本职工作的利益相关系数极高，劳动积极性较高。资本主义企业经济动力较大，企业内部纪律严明、生产效率较高、技术水平提高迅速，各部分之间、工人之间相互协作、联系十分紧密，经济迅速社会化；外部经济社会化也极迅速。企业迅速走向更经济状态。

但是，工人对企业的利益相关系数的低下，使他们的经济行为缺乏整体意识，极大地阻碍了整体效率的发挥；对企业缺乏关心，阻碍了创造力的发挥，缺乏足够的主动进取精神；随着"脑的协作"的大发展，对创造力、劳动积极性、工人的整体意识、协作精神的发挥的要求越来越高、依赖越来越强烈，这一矛盾将越来越严重、必将越来越严重地阻碍社会经济的发展。

在企业之外，整个社会的生产无计划、完全由市场价格调节，哪里价高、利润率就高，生产者蜂拥而至；价格低、利润率低、产品卖不掉，企业纷纷破产、倒闭、转向，人力、物力损失严重，这种经济往复振荡造成的损失大大超过振荡本身，——根据"放大原理"——，这构成了资本主义经济中不经济的部分因素，经济危机时，矛盾就更尖锐了。

资本主义社会的贫富分化，大大降低了有效需求的最大值、使"有效需求不足"发生的频率大大提高，甚至引起整个社会的经济危机；在资本主义社会中，资本家占有主要的生产资料和社会财产，他们追求利润、而工人追求自己的工资，二者相互矛盾，一旦社会经济中出现需求不足现象、生产出现较大过剩，资本家必然减少投资，从而减少社会工资总量、减少社会需求总量，更加剧了需求不足现象……如此反复振荡，使社会经济急剧恶化、陷入经济危机之中，这是资本主义不经济的主要原因。

总的来看：资本主义生产过程内是比较经济的——至少目前如此——，而不经济主要在生产过程之外。

第十七节　股份制在经济社会化中的作用

一定经济社会化程度的企业，要求有相应大的经济规模；经济的社会化又要求这种经济规模不断的相应扩张。资本简单的、原始的积累速度太慢，远远无法满足迅速社会化的社会经济的要求；依靠银行贷款，其额度不可能太大，因为银行总是要根据企业资产的大小相应放一点，否则，就会承受太大风险；而大量资金带来很高的利息和较短的还贷周期，往往又使企业无法承受，因为既使有足够的资金，要想形成较大的规模的经济和经济中较高的社会化程度、较大的生产能力，还是需要相当长的时间。

这一切，就使得资本主义企业经济的社会化面临太大的障碍，经济社会化面临着停滞的威胁。尤其在新的产业中，创业伊始，靠自身简单的积累难乎其难，速度太慢；而太小的规模，只能带来很低的经济社会化程度和低下的生产力水平，在充满竞争与风险的商品经济中，太容易夭折，更谈不上发展了。

果真如此吗？如果没有股份制的话，确实如此；而股份制，这种"分利"的方式却使这一切困难迎刃而解，它可以在一夜之间积聚巨大的资本，形成庞大的企业。

在股份制下，企业之间的合并，变得极其简单、容易，这使得本来要靠自身慢慢来实现的经济社会化和经济规模的扩张变得简单、容易、迅速得多。

企业、产业、地域间的合作，通过合股和参股变得容易、迅速，从而大大加强——尤其在日本，企业群内相互参股和企业群之间参股极其普遍——这极大地促进了经济的社会化。

在日本，相互联系较紧密的企业协作群体中，相互参股现象极普遍，并不是为了相互控制，而是加强分工协作、加速经济的社会化。

许多企业，尤其大企业，跨行业投资，促进了不同行业的协作关系，如日本一些汽车公司投资电子部门，用电子部门的高技术武装汽车工业，设计出更多、更好的新型产品。尤其生产企业对科研、技术开发部门、大学的参股，使科研、技术开发生产之间社会化大大加速。

大企业跨国参股，形成跨国公司，加速国际间经济社会化。

股份制是经济社会化这种"社会化合反应"所必不可少的"催化剂"，其作用相当于生命运动中的"酶"，没有"酶"就没有生命的一切运动。

在当代社会中，制胜的是跨国参股的大的跨国公司，因为它们站在经济社会化的顶端，具有太大的优势。

因此，一个自由、健康、充满活力的资本市场对资本主义经济的发展是极为重要的。

第十八节　资本主义的政治

与奴隶制社会和封建社会不同，资本主义社会是一种经济高度社会化的社会，而社会经济又始终处于急剧的社会化之中，社会经济中各成份的片面性日益发展，各片面之间的联系、依赖性迅速强化，相互之间的利益相关系数C_L、C'_L非常大，尤其反向利益相关系数$C_{L反}$、$C'_{L反}$异乎寻常地大，并且日益强化。由"放大效应"知：利益侵害在社会中引起的损失往往大大超过其本身造成的损失，公共利益向量$\overrightarrow{I_L}$对利益侵害过份地敏感，因而，产生的抑制社会内部利益侵害的力量也非常巨大，这极为有效、而且越来越有效地抑制了人们之间的利益侵害。

封建社会末期，随着资本主义生产方式的迅速崛起，社会经济迅速社会化，公共利益向量$\overrightarrow{I_L}$迅速壮大，日益摆脱了对以国王为首的封建统治利益向量$\overrightarrow{I_R}$的依附；公共利益向量$\overrightarrow{I_L}$与日益衰落的统治利益向量$\overrightarrow{I_R}$越来越对立起来；公共利益向量$\overrightarrow{I_L}$足以抑制社会内的利益侵害并强烈要求抑制社会内的利益侵害。建立在特权、等级、专制、人身依附基础上的统治利益I_R和统治利益向量$\overrightarrow{I_R}$本身就是社会中利益侵害的主要根源，它们本身就是建立在利益侵害基础上的，因而，日益强大起来的公共利益向量$\overrightarrow{I_L}$第一件事就是瓦解统治利益向量$\overrightarrow{I_R}$。于是，就有了轰轰烈烈的西方资产阶级革命。反向利益相关系数$C_{L反}$非常巨大、公共利益向量$\overrightarrow{I_L}$十分强大、及社会财产在社会中的分散——不是集中在几个人手里——决定了资本主义政治是资产阶级的民主政治。

资本主义社会并不是不需要政府，公共利益向量$\overrightarrow{I_L}$并不能完全取代统治利益向量$\overrightarrow{I_R}$的作用。这需要建立与公共利益

向量 $\vec{I_L}$ 方向一致的统治利益向量 $\vec{I_R}$ ，那么怎样实现它呢？

这要求统治利益向量 $\vec{I_R}$ 依附于公共利益向量 $\vec{I_L}$ ，服从于公共利益 I_L 。因而要求统治利益 I_R 依附于公共利益 I_L 。统治利益集团的利益 I_R 不能存在于公共利益 I_L 之外，即统治利益集团不能参与经济运行。在资本主义国家中，社会财产主要由不同的资本家占有，政府没有自己独立的经济，从而公共利益向量 $\vec{I_L}$ 十分强大、独立；而统治利益向量 $\vec{I_R}$ 必然较弱，并且从根本上依附于公共利益向量 $\vec{I_L}$ 。

为抑制统治利益向量 $\vec{I_R}$ 的膨胀，防止它对社会公共利益 I_L 的侵害，十七世纪，英国的洛克在其名著《政府论》中提出立法、行政和联盟的三权分立的思想；十八世纪，法国的孟德斯鸠在其《论法的精神》中阐述了立法、行政、司法三权分立、相互制衡的思想。他提出三种国家权力"彼此牵制"和"协调前进"。他们主张通过分权制约一种权力的过份强大、防止出现专制特权现象。《论法的精神》中写道："从事物的性质来说，要防止滥用权力，就必须以权力制约权力。"

光有这些还不够，怎样才能确保统治利益向量 $\vec{I_R}$ 与公共利益向量 $\vec{I_L}$ 方向一致呢？！西方就提出了普选制度，通过选举产生政府首脑、总统或首相；再通过选举产生出立法机构：议院。由于政府首脑、立法机构的议员获得很高的薪水和荣誉、社会地位及其它优惠条件、待遇，竞争者很多，这极大地提高了他们对自己职责的职业利益相关系数，而普选制度又迫使他们不得不对人民负责、追求公共利益 I_L ；如总统违背了人民的意愿、损害公共利益 I_L ，人民就会对他失去信任，其政府就要倒台；他们的巨大的利益和崇高的荣誉、地位转瞬即逝；相反，若顺从民意、极力发展经济并卓有成效，就会取得连任、利益得到巩固。

政治的民主化，必然带来社会的法制化。

资本主义社会的政治民主化，事实上是公共利益向量 $\overrightarrow{I_L}$ 强大的结果，而不是分权、普选的结果，后者不过是民主的保障和表现罢了。

分权、选举正是强大的公共利益向量 $\overrightarrow{I_L}$ 对相对弱小的统治利益向量 $\overrightarrow{I_R}$ 的制约，没有公共利益向量 的强大，这种制约是不可能发生的，就是摆摆形式，也没有真正的力量去执行。

事实上，资本主义社会的民主也是相对的，因为社会的贫富分化，公共利益向量 $\overrightarrow{I_L}$ 中的主要部分利益向量是由资产阶级产生的，因而很大程度上是资产阶级的民主。

随着资本主义经济的急剧社会化，社会中的利益相关系数 C_L、C_L' 急剧提高，尤其反向利益相关系数 $C_{L反}$、$C_{L反}'$ 提高益甚，公共利益向量 $\overrightarrow{I_L}$ 越发强大；另一方面，贫富分化日趋缓和、出现大量中产阶级，分配、财富呈菱形分布、真正的富翁和穷人都较少，中产阶级占多数，这就决定了资本主义政治的民主化的大趋势。

资本主义社会的民主化进程取决于其社会财富的分散化和社会经济的继续社会化的进程。

第十九节　资本主义的道德和文化

"禁欲主义"、封建等级、特权这种违背人性、扭曲人的心灵、"使人不成其为人"的封建强制道德教条，对于封建时代中广泛存在的利益侵害、动荡不安的社会而言，是必不可少的；而此时，这些就完全成了社会的"敌人"，它们对人们构成严重的利益侵害、削弱了人们的利益追求、严重地破坏了社会经济发展的动力。由于公共利益向量$\overrightarrow{I_L}$日益控制了相对弱小的统治利益向量$\overrightarrow{I_R}$，统治利益向量$\overrightarrow{I_R}$再也没有封建时代那种控制一切生杀大权、为所欲为权力了，制造强制道德既无必要、更无可能。

因而，资本主义社会道德日趋自由、开放，对人性的歪曲代之以人性的复归、人自身的解放；人身依附为人的充分自主、自由所取代；对人的否定、对人的蔑视则代之以人文主义、人道主义、对自我的重新认识和追求、对人们的思想和愿望的大胆表现。

公共利益向量$\overrightarrow{I_L}$成长的过程，就是人的自我解放的过程，这在西欧文艺复兴时代的文学、哲学、政治、法律、艺术作品中表现得极其充分，宗教的统治地位被彻底打碎，中世纪文化的代表—僧侣文化被人文主义所取代。就连深受儒家道德文化熏陶的日本也对儒教的"克己"、人身依附做了深刻而彻底的批判，如西周称旧道德"桎梏性情而求道德于穷苦贫寒之中"，福泽谕吉在其《文明概论》中说："仅以道德高尚就叫文明吗？也不是，如果这样，天下人都将成为贫居陋巷、箪食瓢饮的颜回了"。

自然道德首先取代了封建强制道德。经济的社会化，使人们之间的利益相关系数C_L、C_L'的急剧提高，使人们之间的关系变得越来越和谐、文明、礼貌；遵守法律的思想越来越深入人心。如在日本，当行人欲穿马路时，汽车会立即停下、让人先行；到日本的中国人往往因躲车而令许多汽车停上一串等上更长时间。

职业利益相关系数的巨大，使人们的职业道德极其发达，在日本谁要是工作努力、认真，就会为人们称赞；一个人工作不好，无论在其它方面如何好，人们都瞧不起他；就是以玩世不恭而著称的一些"新派"年轻人也不敢怠慢工作。

对法律的遵守和对职业纪律的遵守是自然道德发达的另一种表现。发达资本主义国家的人往往视法律高于一切。一部美国电影中曾有一段镜头：有人要想自杀，前来营救他的警察无法靠近，当警察骗他说："自杀是违法的"时，他立即放弃了这一念头。法律意识根深蒂固的根源，在于资本主义社会充分发达的法制，而法制发达的原因是利益相关系数C_L、C_L'、尤其反向利益相关系数$C_{L反}$、$C_{L反}'$巨大。职业纪律的严格遵守的意识，关键在于职业道德的发达。

人们充分尊重别人的自由权利，每个人的自由权力绝不能侵犯他人的自由、权利；充分尊重别人的隐私权，干涉别人的私生活被视为丑行。

资本主义道德是经济社会化的必然结果。当然它也会被新的、更高尚的道德取代，而这种更新的道德只能是经济社会化更加发达的结果，绝不是教育带来的。

　　文化领域，充分自由、毫无禁忌，充分表达人们的思想、情感和个性；经济社会化，要求社会经济中、甚至每一个人之间越来越发展的局部的片面性、相异性，要求人们充分相异，因而，其文化更多地鼓吹个性、文化多样化，这就在人们面前呈现出一支令人眩目的文化万花筒；文化的另一个特征是：随着文化的商品化，文化极其充分地大众化，无论生死、无论色情、无论暴力，无论是高雅、无论通俗，乃至庸俗，只要有人喜欢，就会出现；只要受欢迎，就会充分发展！这一方面极大地促进了文化发展，充分进步，另一方面制造不少喧嚣的文化垃圾，产生了一些负面影响。但是，从长远上来看，其利远远大于弊！

　　另一方面，通讯的高度发达、文化领域的充分社会化，也使文化、艺术得到了空前繁荣。

　　社会的民主化带来新闻充分自由，许多抨击政府丑行、抨击社会阴暗面的报道、小说、电影、电视大量、及时、广泛地出现，使新闻成为监督政府行为、约束统治利益向量的极为有效、极其强大的工具。

　　封建时代所设科学技术的发展禁区早被取消，而科学研究和技术开发此时作为社会经济发展的主动力而越来越被人们充分重视和越来越广泛地应用。

第二十节　政府的经济行为

在法国、英国、美国等发达资本主义国家，国有经济成份占有相当比重，尤其法国、英国。国营企业效率十分低下，一般都是亏损或微利企业，给社会经济带来沉重负担，如日本经营了110多年的国铁，每年亏损达七千亿日元！票价高昂、服务态度差、办事效率低下，公众宁愿乘新干线等民营铁路，最后不得不进行私有化，私有化后，很快就扭亏为盈；法国国营企业亏损严重；南美国营企业较多的国家外债高筑，如墨西哥；因而，全球普遍出现国营企业的私营化趋势，英国撒切尔政府的巨大成功很大程度上依赖于国营企业私营化的成就。

问题不仅仅如此，国营企业的存在，使政府有了公共利益I_L之外的独立的经济、独立的利益。这就使统治利益向量$\overrightarrow{I_R}$有摆脱公共利益向量$\overrightarrow{I_L}$的趋势，从而使统治利益向量$\overrightarrow{I_R}$与公共利益向量$\overrightarrow{I_L}$的方向偏离加大；随着国有经济成份的提高，这种偏离就会加剧、形成权力资本，这无疑要严重损害社会的经济利益、损害政治的民主。

政府直接参与经济，它对各企业的利益相关系数就会失去平衡，其政策的制定和执行就会失去客观公正性，对其它其未参与经营的企业构成利益侵害，从而破坏市场、破坏竞争，引起社会经济的巨大损失。

政府官员的工资来源于税收等财政收入，他们对企业的利益相关系数非常小、对企业缺乏责任心和关心，但只要他们插手企业经济，就必然要为自己营私、损害公共利益I_L。在西方及日本，政府官员甚至亲属经商都是不允许的，要受到法律制裁。

政府对经济的宏观调节、控制又是社会化经济所必须的，那么怎样调节呢？首先，政府的经济行为应该是间接的，而不应直接参与经济，政府可以通过控制货币发行、调节税收政策、对新兴产业及重要产业予以贷款、补贴等方式调节社会经济的发展。为就业增加而增设国营企业、拼命扩充军备，应当让位于新产业新技术开发的投资、贷款、扶植和予以减、免税收；对市场已趋于饱和的产业应停止贷款、增加税收，从而促其转向，这样就会使需求保持持续、稳定的增长，社会经济发展也能连绵不绝。

总之，资本主义政府应参与经济的间接的宏观调控，而尽量避免对经济的直接参与、干预；政府应着眼于经济的长期发展，而不能只看到眼前利益、大搞通货膨胀、财政赤字；应从经济全面来考察、制定政策，而不能为了创造就业而损害整体效率、损害长期利益。

第二十一节　资本主义国家之间的发展上的差距

一国的资本主义经济的发展程度，并不取决于其经济资源的丰瘠，如发达资本主义国家：日本、瑞士、德国等，资源十分贫乏，日本连粮食都无法自给；相反，资源得天独厚的科威特、阿联酋、利比亚、伊朗、伊拉克等经济很不发达，只能依靠出卖石油生活。

事实上，交通、运输条件才是资本主义发展的极其重要的条件，尤其在"脑的协作"以前的时代，它居于决定性的地位。当今世界上经济发达的国家，除瑞士和列支敦士登外，无一不是海上交通十分发达的国家，而瑞士和列支敦士登都是很小的国家，其周边的国家海上交通均很发达、整个西欧尽是些岛屿或半岛，总的来说，海上交通十分发达。

世界上最早出现资本主义生产关系的是意大利，西班牙发展也较早，地中海没有潮汐、风平浪静、极易于航行，意大利、西班牙均濒临地中海，资本主义经济发展很早；但是，地中海更象个"内陆湖"，交通、贸易的辐射面很小，商品交换、经济社会化的规模难以大发展，从而阻碍了社会经济的继续社会化，限制了经济的继续发展。随着造船业的发展、航海技术的提高、新大陆的发现、远洋航海技术的发展，位于大西洋中的英、法等国如鱼得水，后来居上，大西洋与全球各地极广泛地联接，交通、贸易的辐射面极其广大、全球各大洋又全部连通，交通运输的巨大优势使它们的社会经济急剧社会化，使英国成为"世界工厂"。

许多人对资源贫乏、人口密集的日本经济奇迹大惑不解，其实对于经济的社会化而言，日本一点儿也不缺少什么：狭长的岛国、极其广大的沿海覆盖面、地处太平洋之中，这成了它无与伦比的、最有利的资源，它的经济奇迹全部仰给于此。

有人对中国的戊戌变法和资产阶级革命无法成功、而比临的日本明治维新却取得成功感到困惑不解。事实上，早在美国人叩关之前，日本就有"大坂商人一怒，则天下大名为之战栗"的说法，工商业早就十分发达了，美国人不过是在干柴上点了把火罢了；而中国交通的极不发达，使工商业无法深入发展，几千年来一直如此，在广泛引入现代交通技术之前，也不可能有所改变。因此，中国的变法和革命，难免曲高和寡了！

当代的新兴工业化国家：亚洲四小龙的海上交通运输也均十分发达。

交通运输的极端重要性，正说明了经济社会化在资本主义经济发展中的决定性作用。

随着"脑的协作"对"手的协作"取代，产品的运输，由资源大宗的所谓"吨级"的产品变成"公斤级"的产品、乃至"克级"的高级技术产品，技术成本在产品中所占比重日益加大，技术的交流、协作日益重要，对经济的发展日益起到决定性作用，因而，通讯、互联网络、计算机信息处理和存储作为脑的社会化的信息时代最重要的条件而日益取代交通运输的决定性地位。在信息时代中，不同的国家的发展水平差距大小的决定因素，将越来越取决于信息产业的发展水平的差距，当然，交通运输仍然非常重要。通讯资源已不同于交通资源，它主要是依赖于人们对信息产业的努力。

美国在信息产业的发展上遥遥领先，因而，其经济实力也居于世界领先水平，而且，在下一世纪的前二十年内，仍将处于领先地位。

在"脑的协作"时代，"脑的协作"的发展程度决定了科学研究、技术开发的水平，因而决定了社会生产力的发展水平，这种差别远远超过了"手的协作"的发展水平引起的生产力水平的差距，因为后者带来的仅仅是生产力量的增长，而前者产生的却是科学和技术的质的差别、社会生产力本质上的巨大差别。

"脑的协作"时代的经济社会化发展程度直接受制于参加协作的大脑的数量，因而，高素质的脑力劳动者的多寡，将决定同一协作水平的不同国家的科学、技术、社会生产力的发展水平，"脑的协作"时代，将是大国占有绝对优势、小国处于绝对劣势的时代。

交通运输状况差的国家、地区，在努力改善其交通运输条件的同时，在资金缺乏的情况下，宜优先发展信息产业，发展脑的协作、高技术产业，以弥补交通、运输上的缺陷，推动社会经济的发展。

越是幼年时期的人类社会，越是依赖于自然资源和造化的恩赐，如最早的文明均诞生于亚热带地区的河流两岸，中国在黄河流域、印度在恒河流域、埃及尼罗河流域、巴比伦在底格里斯和幼发拉底河之间，为什么呢？因为这些地方土地肥沃、灌溉方便，极利于农业发展；资本主义早期又依赖于海洋；随着人类社会的成长，就越来越摆脱自然的束缚了，"脑的协作时代"，通讯工业的决定性地位将使不同国家和地区处于"较为平等"的自然条件下，这就为世界经济发展水平的日趋统一、人口众多的发展中国家赶上发达国家提供了前所未有的条件。

第二十二节　日本"成功"的奥秘

"整个日本经济有时被称作日本股份有限公司"，这个称呼指的是日本政治家、企业界领导人、政府官员、银行家、学术界和工会之间密切合作，就象每个人都在为一个大公司干活一样"（《比较经济学》美 汉格•阿穆泽加），是日本国营企业多吗？否！工业系统的国营部分不大，公有经济部分本身的收入只占国民总产值的百分之四（同上），远低于其它发达国家。

许多人说，是由于日本人的团队精神使日本人天下无敌，柏杨说："每一个单独的日本人，看起来都象一条猪，可是三个日本人加起来就象一条龙"（《丑陋的中国人》），那么，日本人的民族凝聚力是如何产生的呢？有人说是日本人的文化传统，是儒家文化的产物。那么中国才是儒家文化的正宗，为何没有这种力量呢？

事实上，明治维新前夕，外国列强叩关时，"长州的大多数农民和城镇居民，把与外国舰队交火看作是长州武士与外国舰队之间的一场地方性战斗。下关海峡对面的丰前藩的人民把它看作是长州藩和外国人的战斗。这是当时人们普遍看法的典型代表。"（《日本人为什么"成功"》P116森岛通夫），多么可怕的民族意识、多么严重的"民族劣根性！"，就是满清政府与外国人交战，中国百姓也会群起响应的！

而明治维新之后，"然而许多日本人形成一个团体时，就会形成一个为一支严整的队伍，产生令人难以置信的力量"（《日本之谜》梁策），是什么原因使这个民族产生如此强烈的凝聚力呢？

首先，资本主义经济急剧的社会化，使人们之间的利益相关系数 C_L、C_L' 非常巨大，产生了巨大的社会凝聚力。

那么，同是资本主义的欧洲美国人的民族精神为何远逊日本呢？在竞争中被日本"军团"打得落花流水呢？

根本原因在于：日本是一个人口高度密集、粮食严重依赖进口，能源和原材料资源匮乏、几乎全部依赖进口的国家。人们每天必须不停地工作，必须依赖进口；否则，大家就会饿死，经济就会崩溃！

一踏入资本主义社会，日本就越来越发现自己如此严重地依赖外部资源，经济每前进一步、需要的工业原料就相应地增加一些、在对外依赖的"泥潭"里陷得更深一些。人们普遍地产生一种悲观的忧患意识，即使在经济繁荣时期也念念不忘危机，《日本的五大破局》、《日本列岛沉没》等成了畅销书，日本报刊、杂志对危机讨论极为热烈。这种意识大大地调动了反向利益相关系数 $C_{L反}$、$C'_{L反}$ 的作用，大大提高了人们的视在利益相关系数 C_{LS}、C'_{LS}，从而使日本人的团结精神和民族责任感、进取精神比欧美强得多。

对外的经济竞争，不仅仅是各企业自己的事，对日本来说，是民族生死攸关的"生存竞争"、"要生存，就出口"，这是日本人根深蒂固的观念。超高的视在利益相关系数 C_{LS}、C'_{LS} 产生出非常高的一致性系数 Y_L，产生出惊人的民族凝聚力，因而对外竞争力也无与伦比。

日本的国营经济是发达国家中最少的，但由于其异常巨大的凝聚力，国家仅仅作为各集团的协调者，就对经济起到巨大的影响，人们为了国家利益，往往作出许多让步，相互联合。日本国内的竞争对手竟然也相互参股，这在其它发达国家中是不允许的，但这反倒使它们的力量更加强大了，从而极大地推动了日本经济的社会化。一般企业集团之内，均有相互参股的现象，并不是要相互控制，而是为了提高利益相关系数。整个日本如同一支足球队，国家是教练，对手则是外国企业。

日本倾全国之力出口、对外竞争，其内部的经济社会化程度高于其它国家，在四百八十万个企业中，大的雇佣人数超过一千人的企业只中百分之一点五，而百分之九十五以上的企业雇佣人数不到四人，这些小公司基本是大公司的供应者和承包商，每个大企业周围总有一大批为之服务的专业化小企业，形成庞大的企业联合群体，而大企业之间的社会化发展也十分发达，"许多'独立'的公司通过千丝万缕的互惠交易、金融联营和密切的企业关系，都连成一片，你中有我，我中有你"（同前）。

日本经济社会化的高度发展，尤其表现在技术应用和技术开发研究领域。"一无所有"的状况和对外竞争的迫切依赖，使日本不得不以"技术立国"，它吸收、消化国外先进技术并加以创新，例如在20多年前日本从西德引进炼钢脱氧技术，从奥地利引进氧气顶吹炼钢技术，从美国引进带钢轧制技术，从瑞士引进连续铸钢技术，从苏联引进高温高压技术，从法国引进高炉吹重油技术。日本研究人员将它们综合、改良，创造出"转炉未燃气回收炼钢新法"，技术上实现协作的全球化！日本将国内科研力量协调起来、支持它们之间的合作，使技术开发、研究高度社会化，使其社会化程度明显高于欧洲和美国。

日本积极开发新技术、发展新产业，以之占领了欧洲和美国的大片市场，以致于欧洲有人惊呼：欧洲已沦为日本的"微电子殖民地"了。

社会凝聚力高度强化的日本，当对外贸易出现对自己不利的情况时，它们就一致行动、共同对外，一旦外来商品冲击本国产业，有害于本国经济时，日本人就会坚决抵制，用"特别许可证"制度、高额关税来抵制，西方人惊叹：日本的贸易壁垒固苦金汤，攻不可破！出口时，他们协调起来采用倾销、欺骗等手段打击外国企业，然后再将这些破产业企业收买过来，占领对方技术领地、垄断外国市场。相互竞争、拆台的欧美企业招驾不住，纷纷落马、束手就擒。

多年来，欧美人对日贸易中巨额逆差大动肝火，对日本威胁、恫吓、协商，结果不但毫无收获，反而越发严重，殊不知：日本人把储备美元看得象储备粮食一样重要！日本对对外贸易的极端依赖，使其经济社会化程度明显高于欧洲，对生产力发展的强烈追求，使其以较快的速度由"手的协作"时代跃入"脑的协作"时代，实现信息化。这一切使日本具有可怕的竞争优势！

老子说："祸兮，福之所倚；福兮，祸之所伏"。日本的经济奇迹正应验了这句话。当然，日本海上交通的高度优势正是祸福转化所必不可少的条件。

然而，另一方面，日本经济中也存在着巨大的缺陷和隐患。

首先，其技术、经济侧重于常规的技术发展和物质产品的大规模、大批量的生产；其基础研究、尖端技术开发不足；严重的排外情绪，妨碍了对外部尖端科技人才的吸收；文化中更多地强调集体协调、意见一致、严重缺乏个人的独立思考和创造意识，使其在"脑的协作"上成绩并不突出。这样，日本的经济充其量不过是"超级工厂"，而非"超级大脑"，"脑的协作"的发展程度远远落后于美国。在"脑的协作"时代所必备的电子计算机软件、互联网络、信息高速公路，以及对人才吸收的社会的开放程度等等方面，日本远远落后于美国。因而，日本远远没有能够适合真正的世界经济发展的潮流。

其次，过高的消费税严重地抑制了国内需求、经济过分地依赖于外部需求，产生了巨大的贸易顺差，而其主要的产品为现有的、常规技术下的产品，始终面临着强大的竞争、市场日趋饱和，一旦国际市场饱和，其经济必然陷入瘫痪状态。

因而，日本的经济在相当长的时期内，远远不能成为第一流的、领先世界的经济。

第二十三节　资本主义国家间关系的发展趋势

二战前，资本主义国际间的协作还主要集中于宗主国与殖民地之间，国际间经济社会化程度较低；二战后，西欧、日本、美国等发达国家之间相互间经济协作极大发展，各国经济日趋片面化，相互之间的贸易的增长速度远远超过了经济发展速度，生产、技术开发、科研领域的合作广泛发展，各国家各自发展自己的专业产品；生产过程的国际合作、相互渗透也迅速发展；发达国家对发展中国家的投资（利用它们的原料、廉价劳动力和广大市场）大大增长，这一切正说明了："经济社会化没有国界"这样一个真理。

二战后，西欧建立了共同体，实行经济、贸易的互惠合作，这大大地推进了世界经济的社会化，欧洲建立统一市场"在成员国内实现商品自由流通、人员自由定位、资本自由流通、建立统一劳务市场、统一的税收制度和发展统一的欧洲货币"。美国和加拿大也签订了"美加自由贸易协定"，美加全部关税和绝大部分贸易"障碍"被拆除，美国与墨西哥签订"美墨贸易协定"；日本要建立西太平洋经济圈……各国经济之间急剧社会化。

资本主义国际间经济的社会化，极大地提高了各国之间利益相关系数，使发达资本主义国家间国界日趋消失，再也不能发生二战那样德国将法国乃至西欧大陆全部占领、盟国与轴心国之间的残酷的战争了。发达资本主义国家间战争将由于经济的社会化而日趋消失。

发达国家与发展中国家由过去的压迫、掠夺与被压迫、被掠夺的关系转化为分工协作关系，经济的急剧社会化使相互间利益相关系数C_L迅速提高，各国家之间的关系趋于稳定、协调。

在"脑的协作"时代，经济社会化带来的科学技术水平和开发能力的巨大发展，带来社会生产力的巨大飞跃，从而带来巨大的利益，各资本主义国家必然纷纷狂热地追求经济社会化，而经济社会化对企业和社会协作规模的要求、对参与的大脑的数量增加的要求，以及大国在竞争中的巨大优势，促使各相邻国家纷纷走向脑的协作，并打破一切不利于经济社会化的障碍，相邻的国家必然纷纷走向统一，国家越来越大，出现越来越大的"超级大国"，由于经济社会化的全球性发展，这些超级大国对世界安全与稳定并不会构成威胁；经济社会化的结果将是世界趋于统一。

经济的社会化，以其无穷的力量和魅力征服着整个人类，无论是什么制度、什么宗教、什么意识形态，一切看起来似乎不可逾越的人为障碍，都无法阻挡它的伟大征程！资本主义的全部"魅力"，就在于它对经济社会化的有力促进。

第二十四节　资本主义的用人标准

在封建时代，由于人们之间的利益相关系数C_L的低下，利益侵害广泛存在，威胁着每一个人，甚至连亲骨肉也无法逃避这种可怕的陷井，兄弟之间为争夺遗产，打得不可开交，甚至相互残杀；就连中国历史上最开明、最伟大的皇帝李世民也把他的哥哥李建民、弟弟李元吉杀死，逼迫其父李渊让位；满清的雍正据说将其父康熙杀死，夺取皇位；臣弑其君者，更不计其数；人人自危、人人难保自身利益不受侵害、权位不被剥夺，甚至生命都无法保障，在人的评价和使用上，对道德的需求也就提高到了顶点，中国汉代做官要举孝廉，后来就写道德文章、开科取士；所谓"以德服人"，说穿了就是以平庸、恭顺、愚昧、无知为用人标准，就连现代史中的蒋介石也留下"不朽名言"：宁用"猪"，不用

"虎"。猪虽无能，但听话；虎虽有为，却可怕。

封建社会中，一个人的才能出众或财产较多，就会对周围人构成严重威胁，就产生出对贤能者的嫉妒狂、极度憎恶，所谓"木秀于林，风必摧之"、"人怕出名猪怕壮"、"民不患寡而患不均"，有本事、有作为的人往往难逃"千夫所指、无病而终"的厄运了。

"以德取人"就化成了"以平庸无能取人"的同义词，整个民族变得目光短浅、唯唯诺诺、噤若寒蝉，社会发展日趋停滞，国家就达到所谓"至治"的地步了！

在资本主义社会中，经济的极其广泛而深刻的社会化使人们之间的利益相关系数C_L急剧提高，由此产生的法制的强大大大抑制了人们之间的利益侵害，在封建时代，人们之极的极不稳定的封建道德、伦理关系被日益深刻的利益相关性取代，而利益相关性是一种极牢固的关系，因而对利益侵害的恐惧、对道德的极端重视变得毫无必要、毫无意义了，唯一剩下的可重视的就是：职业道德、责任感、信用、诚实，而这一切在资本主义时代，都属于自然道德，是多数人都具备的。

另一方面，资本家和经营者对企业利润热切追逐，使他们视人才如珍宝，严酷的市场竞争，尤其技术、质量竞争，使他们对人才的重视、渴求更加强烈，有才能的人被给予极高的荣誉、报酬和地位，这反过来又极大地激励了人才的出现和成长，另一方面，人才之间水平的高低，使个人的收入、地位差别很大，这就刺激了人才之间的竞争，使行每个人都不敢懈怠，又强烈地刺激了人们才智的发挥和才能的培养、发展。

经济的多样化、社会化，社会经济各局部的片面性、相异性的发展，对人才的要求也是各种各样，只要有一技之长，就有用武之地，封建时代那种求全思想早已过时。

"唯才是用"是资本主义时代的用人标准。

第二十五节　脑的协作时代的企业

工业自动化的飞速发展，使劳动生产率迅速提高，体力劳动迅速被机器取代而走向消失，20世纪90年代美国只有10%的劳动人口为产业工人，90%是白领。脑力劳动大军在前所未有地急剧扩张。

在脑的协作时代，传统的产品因不含新的脑力劳动、含有的体力劳动又可被高度自动化的生产取代，价值迅速下降，而传统产业的产值、利润迅速缩水。

不仅如此，就是脑的协作的产品如果不迅速更新换代，也会随着大量使用而使单位产品价值急剧下降，如微软的视窗系统软件如果不很快更新换代就会变得一文不值，一旦有别的公司发明更先进的系统，微软就会迅速倒闭。只有不断地、比别家公司更快地更新换代，才能保持始终领先，才能保持目前的地位。

事实上，脑的协作时代的企业的运作方式与以往手的协作企业不同，后者是要不断地大量重复生产相同的产品，前者是要不断地创造新的技术、新的设计、新的思路。而此时，真正生产环节反倒变得次要，因为高度自动化的生产耗费人力很少，所创造的价值和利润也很少，创造价值和利润主要是技术开发、创新、更新换代，即靠产品中包含的脑力劳动。

在脑的协作时代，只有技术领先的企业才能生存，由于生产周期太快，一种产品一旦开发出来，就很快被大量生产，市场很快饱和，产品价值、利润迅速下降，而更新换代的产品又很快出现，跟在别人后面模仿不但无法获得利润，反而很可能会亏损，风险越来越大。技术落后，就没有市场，产品不值钱，无法补偿开发的成本，企业甚至要破产。

这就是为什么微软、英特尔公司要不断地开发更新换代的产品，因为这是脑的协作企业的生产方式，因为只有第一名才能够生存。

这就是为什么发达国家的企业把生产环节转移到发展中国家，因为生产环节已不再那么重要，重要的是研究、开发环节。

手的协作时代产品是实物，一件产品只能同时在一处使用，寿命也是有限的；而脑的协作时代，产品是无形的技术创新、新设计、新理论、新思想，可以被无限使用，使用只会让它更成熟，更发展，并且成为新的、更高的创新的基础。企业的技术水平取决于这些创新的累积，创新累积的多少决定了企业是先进还是落后，是生存还是死亡。大企业经济社会化程度高，参与的脑多，其创新累积就大，其技术就会领先。

另一方面，企业在国际上是否先进，取决于整个国家的创新累积的水平，因为后者是前者的基础。

在脑的协作时代，参与协作的大脑数量多的国家创新累积更快，因而大国很容易领先，小国的企业很难生存，会出现资本和人才大量流向大国的现象。

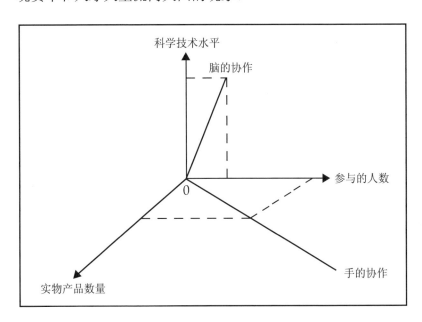

第三部分

$$\beta_{G2}$$

$$C_{jq} = \frac{n_i}{N} \frac{p^{'}}{1+p^{'}}$$

第七章　国家所有制经济

注：这里研究的是国家所有制占据绝对统治地位的经济模型，时间跨度也较长，主要部分成稿于1989年之前。而目前中国经济已发生很大变化，国有资产尽管很庞大，但它对整个国家GDP的贡献仅占30%左右，在很多领域不再是市场的主导。中国目前的经济是国家所有制向官僚资本主义转化的过渡状态。本章的一些结论与目前的情况已不尽相符，这也是很正常的。

国家所有制是迄今为止的、所有"社会主义国家"的主要特征，所谓国家所有制，就是"国家代表人民"拥有、管理社会财产。名义上，国家所有制是人民所有，即"全民所有"；而事实上，国家的"代表"使政府垄断了对经济的一切特权。

第一节　国家所有制下的分配规律

在资本主义制度下，工人之间实行"按劳取酬"的分配方式；然而在国家所有制下，这完全是行不通的。

原因何在？任何一种社会原则，它之所以能实行，之所以能成为原则，是由于其背后的强大的支持力量在起作用；进而言之，有一种强大的利益向量在支持它。因而它必须以能为其起支持作用人们提供巨大的利益为存在条件。如资本主义实现法制和民主，是由于强大的公共利益向量I_L要求抑制利益侵害，追求公共利益I_L；在资本主义制度下，工人之间实行"按劳分配"、"平等竞争"是由于资本家狂热地追求自己的利润。另一方面，这一原则的支持力量必须始终大于反对力量，只有这样才能成立；否则就只能是虚幻。一原则只有在它给人们带来足够的利益时，才会有人真正支持，支持力量才会超过反对力量，原则方能成立。事实上，国家所有制下，"按劳分配"原则远远不具备这些条件。

假设在国家所有制下，所有国有财产总增量为ΔV_{mzL}，每个国家所有制企、事业单位、政府机关的工人、干部的收入均来源于这一收入，总和为ΔV_{mAL}，由于再生产的投资真正用于分配的部分$\Delta V_{mAL1} < \Delta V_{mAL}$，

$K_L = \dfrac{\Delta V_{mAL1}}{\Delta V_{mAL}}$ 是个比较稳定的值，大约为 0.7 左右，而

$\Delta V_{mAL1} = K_L \Delta V_{mAL} = \dfrac{K_L p_L^{'}}{1 + p_L^{'}} \Delta V_{mzL}$，$p_L^{'}$ 是不计劳动力投入只

计生产资料投入的国家所有制的总的"利润率"。假设国家所有制中全部员工（全国）总数为n，则$\sum\limits_{i=1}^{n} \Delta V_{mAi} = \Delta V_{mAL1}$

，人们对于国家所有制财产的利益相关系数$C_{iL} = \dfrac{\Delta V_{mAi}}{\Delta V_{mzL}}$，全

部总和：$\sum\limits_{i=1}^{n} C_{iL} = \dfrac{\Delta V_{mAL}}{\Delta V_{mzL}} = \dfrac{p_L^{'}}{1 + p_L^{'}} K_L \langle 1$，人们对国家财产的利

益相关系数的平均值为：$C_L^{'} = \dfrac{1}{n} \sum\limits_{i=1}^{n} C_{iL} = \dfrac{p_L^{'}}{(1 + p_L^{'})n} K_L \langle \dfrac{1}{n}$

，我们知道n是一个非常庞大的数字，如苏联的为1亿到两亿，人们对国家财产的利益相关系数$C_L^{'} \approx 0$，非常之小，因而，不可避免地，人们对国家财产漠不关心，无法产生出一

种追求国家财产增值、保护国家财产的力量，哪怕是资本家对其财产的保护力量的万分之一。

在国家所有制下，企业财产归国家所有、由政府支配，企业将自己的利润上缴国家，从国家获取投资，由国家支配其工资总量。无论是企业的经营者、职工，还是政府官员，对国家财产的经营状况漠不关心，更谈不上热心追求其增殖了。按人们所说的"常理"，经营好的企业，应得到更多的工资总额、更高的工资水平；经营差的企业，应受到严厉的处罚，应克扣奖金、压低工资水平。这样可以鼓励企业经营、生产，加强企业之间的竞争，似乎是天经地义的。然而事实上，作为管理者的政府官员没有追求企业利润的动机、也没有提高各企业生产积极性的愿望，无法产生出足够大的利益向量来支持这种做法；另一方面，各企业并不关心国家财产的增殖或减少、对各企业上缴国家的利润漠不关心、眼睛只盯着本企业的工资水平、无法容忍别的企业工资水平超过本企业，这种极其普遍、而又异常强大的压力施加到政府上，就形成了强大的政治力量、"政治问题"；由于在整个社会中根本无法形成一个要求按利润好坏来分配工资的力量，政府就不得不平均各企业的工资水平、各企业的工资水平也就不可避免地日趋平均化了；政府丝毫不能有厚此薄彼的举动，因为一旦有哪个企业工资水平高了，其它企业绝不会看到它经营的好坏、而竭力去攀比，政府必然要承受极大的压力；而对社会经济状况同样漠不关心的官员们根本无法形成与这个"强大的"压力相比拟的抵制力量，因而"企业吃国家的大锅饭"是国家所有制必然的、甚至"天然"的产物！

　　各企业工资水平的日趋平均化，使企业工资总量ΔV_{q1}与其产值的增量ΔV_{mzq}失去了联系，企业的产值增量ΔV_{mzq}并未直接转化为职工工资的总增量ΔV_{q1}，而是先转化为国家财产的增量ΔV_{mzL}，然后再由国家分配工资总量给企业，每个企业职工对企业财产的利益相关系数C'_q $=\dfrac{\Delta V_{mAi}}{\Delta V_{mzq}}=\dfrac{\Delta V_{mAi}}{\Delta V_{mzL}}=C_{iL}\approx C'_L$ $C'_L\approx0$，他们对企业财产的经营状况漠不关心，无论是厂长、经理，还是一般工人、干部均如此。这样，就根本无法形成一种真正追求企业利润的力量；职工们追求个人收入增殖、但不追求企业财产的增殖，各企业工资总额确定、平均工资一成不变，有人拿得多了、别人就得少拿；职工们看不见别人比自己干得多或少，只看到工资比自己多了少了、自己"损失"多少，必然盲目攀比；尽管"按劳分配"有这样、那样的优越性，但因实在没有一种追求企业利润的力量，也就根本没有实现的可能；即使真的实现了，由于反对力量过于强大，支持力量极不可靠、极微弱，也无法维持。因而，各企业内部工资的平均化就不可避免了，"个人吃企业的大锅饭"的现象，在国家所有制下，成了"普遍规律"！

　　一职工M_i劳动创造产值的增量ΔV_{mzi}，ΔV_{mzi}先转化为企业的产值ΔV_{mzq}，然后ΔV_{mzq}再转化为国家的产值增量ΔV_{mzL}，最后，ΔV_{mzi}才与M_i的收入ΔV_{mAi}勉强联系上，因而职工M_i职业利益相关系数$C_{ii}=\dfrac{\Delta V_{mAi}}{\Delta V_{mzi}}=\dfrac{\Delta V_{mAi}}{\Delta V_{mzq}}=\dfrac{\Delta V_{mAi}}{\Delta V_{mzL}}=C_{iL}\approx C'_L\approx0$。

国家所有制是一个如此奇怪的所有制，它使每个人的利益追求与正常的经济发展几乎完全失去了联系,它是有史以来最违反利益相关系数分配规律的所有制。这就决定了国家所有制经济中社会经济动力史无前例地极端匮乏。

第二节　国家所有制经济的本质特征——"掠夺"

在国家所有制下，企业的厂长、经理和工人、干部对企业的利益相关系数以及职工的职业利益相关系数 $C_{ii} \approx C_q^{'} = C_L^{'} \approx 0$，广泛而又深刻的平均主义，使每个人从正当途径根本无法获得个人利益的增殖 $\Delta Y_i = C_{ii} \Delta X_i \approx C_L^{'} \approx X_i \approx 0$。

同样，政府官员对社会财产的利益相关系数一样低下，无法实现正当途径利益追求。

在整个社会中，人们对国家财产利益相关系数 $C_L^{'}$ 普遍低下、对社会财产漠不关心，根本无法形成一种能保护国家财产不受侵害的力量，因而，对国家财产的利益侵害也就异乎寻常得容易而且极为安全。许多国营企业财产大量损失、被盗竟无人过问，有的被盗数次竟无动于衷；德国人慨叹：德国无论哪家企业象中国这样浪费都要立即破产；到工厂区拾垃圾的人几乎个个成了万元户；使国家财产蒙受巨额损失的经营者仍可易地为官，何也？没有人因此而损失什么、没有人真正心痛，谁还会去得罪人？！

企业职工在企业生产、经营上的利益向量小得可怜，平均分配的工资使干得多的工人事实上受到利益侵害，干得少的人却占尽了便宜、不干的人更快活、苦干的人成了傻瓜，没有人心甘情愿地忍受别人的利益侵害，也就没有人愿意干得比别人更多，生产上的利益向量的分布也就更少了；相反，对企业财产的利益侵害因异常容易而为越来越多的人所热衷。有些利益侵害竟成了堂而皇之的制度，如：发电厂及供电部门职工可以免费用电、铁路职工可以免费乘火车、公交公司职工可以免费乘公共汽车……。

　　如同自给自足的自然经济无法使人们获得更多的利益一样，这种广泛而又深刻的利益侵害的飞速发展，早已打破了"干一行、拿一行"的"原始"、"自然"的掠夺方式，权力交换市场——"关系网"应运而生并急剧地发展起来，一个人掌握一定的对国家财产的利益侵害的"特权"或金钱，就可以通过"关系网"获得自己的力量所远远不及的东西，如果他没有这种"特权"或金钱就寸步难行；一旦掌握了，就可以象阿里巴巴那样轻而易举地打开宝库的大门、任取所需，这种"关系网"中的交换活动被称为"走后门"，关系网的本质就是权力交换市场，或者说具体一点：就是对国家财产的利益侵害权的交换市场。"关系网"、"走后门"的广泛发展，使人们对国家财产的侵害异常方便、异常"繁荣"。

　　前些年，一些个体户大肆行贿，套购国家物资、高价倒卖，大发其财，或贿赂工商、税务人员，偷税漏税；这些年的国企的贱卖；公共工程假招标，高价发包给关系户；工程上偷工减料、质量差，却总能靠行贿过关。有人写了幅对联："用我的钱买你的权，用你的权赚我的钱"，这就形成了一个正反馈控制系统：

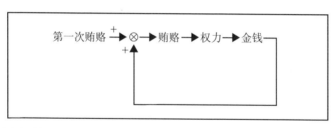

　　用金钱买来特权，用买来的特权赚来更多的金钱，又用更多的贿赂赚取更多的钱，不言而喻：这些金钱只能是从国家财产中"掠夺"来的，国家财产因此而急剧减少、个人财产则加速膨胀。

　　"关系网"，这种对国家财富的瓜分与拍卖的市场，在社会中广泛而又深刻地发展、极其广泛地深入了人们的日常生活之中。用公款请客送礼、游山玩水；借开会名义大量发送实物、大吃大喝；空前规模的"集团消费热"——买个人消费品分给大家，如《北京晚报》1988年11月8日报道："北京一些单位无视国务控制集团购买力的决定，把购买力由专控商品转向非专控商品……10月份北京各社会集团共从4个城区各百货商场、商店购买商品2746万元，比去年同期上升39.3%……"在"控制"之后，集团购买力年增长速度仍达到经济增长速度的三、四倍。人们在肆无忌惮地瓜分国家财产。

　　一九八九年下半年的反腐败运动中，仅安徽省机械行业中就主动退回四、五百万元赃款，有关人士透露：这只不过是冰山的一角；纪检部门的方针是：保护大多数干部，大多数只要退赃、检讨、批评一下就可以了，只有极少数影响太大、群众呼声太高、不得不查办的，才办。究其原因：一曰：犯此类"错误"的太多，法不责众；二曰：牵涉太广、太深、盘根错节、阻力太大，办起来太危险，稍不留心就会引火烧。事实上，在国家所有制下，国家财产不归任何人所有，没有什么人可以完全占有、支配它，也没有人真正关心它，它的保护力量远远敌不过掠夺、侵害的力量，反腐败雷声大、雨点小，终于草草收场。

人们从正当途径中获利难于上青天，从对国家财产的掠夺、侵害中获利却异常容易而且安全，这就使得越来越多的人走向对国家财产的掠夺上来。国家所有制中极其广泛而又深刻的利益侵害，造就了这个社会中的极其独特的社会机制并引导这一制度走向毁灭。

在利益侵害与交换的"市场"中，"权力"是唯一的筹码，人们的官职的大小、掌握国家财产资源的多少，就意味着对社会财产支配、掠夺权的大小，就意味着在"权力"交换"市场"中拥有的筹码的多少，最终意味着财富的多少，与资本主义的"金钱至上"不同，形成了"官衔至上"的"官本位"体制；在整个社会中，由于其它方向上的获利难于上青天，唯有当官可以更容易、风险更小地获利，因而"当官"成了这个社会的诱导主动力。

"掠夺"，是国家所有制经济中的主旋律、是国家所有制的本质特征。这就决定了在国家所有制下，社会经济中起支配作用的不是经济规律，而是掠夺规律！

第三节　国家所有制下的就业规律

在国家所有制下，政府控制着一切经济，而官员对经济的控制权是他们的一切特权和地位的来源，他们的政治、经济活动一方面是权力交换，一方面就是获取更大的权力、更高的官职。

在国家所有制下，失业现象必然会引起社会的不满、形成政治压力，压力施加到政府官员身上，政治压力就意味对他们统治的威胁，更意味着对个人官运的威胁；另一方面，没有人真正关心社会经济的发展，尽管"就业"无限制地增加会严重地危害社会经济、阻碍社会经济的发展，但是对官员们自身不构成压力，因而国家所有制经济必然产生出尽可能地"充分就业"，就业已不再是以经济自身的需要为标准、完全取决于社会经济的"自然承受力"；这种"充分就业"造成表面的"就业人口"迅速膨胀，实质上产生大量的"在职失业"人口、使消费品开支急剧增加，极大地加重了经济的负担，生产所需流动资金、投资被"就业"吞噬，劳动生产率大大降低，经济发展难以为继、人浮于事、相互扯皮、大锅饭现象愈加严重。

人们不关心经济的发展，也就没有吸收素质高的、受过专业教育的劳动力的动机，学非所用、用非所长、人才大量积压、劳动力流动阻塞现象日益严重。素质差的职工，从经济规律上看：应被淘汰；但是，这会对官员们形成政治压力，又没人关心经济的客观需要、无法形成解雇不合格职工的力量；相反，由于工人解雇造成的"巨大"压力远远超过了经济损害对人们的压力，即使真的有人要解雇他们、也无法抵制这么大的压力，因而这种现象极少见。这就形成了国家所有制下"特制"的"铁饭碗"，"铁饭碗"反过来又强有力地巩固了"大锅饭"，真可谓"相得益彰"！

大家都不会失业，最后，当国家所有制经济无法维持下去时，只能是大家都失业！

当国家所有制经济开始大量裁减人员时，就只能意味着其自然承受力的衰减，因而意味着国家所有制经济最后的崩溃。

第四节　企业破产的"不可能性"

在国家所有制下，所有企业归国家所有，整个社会经济中既没有、也无法产生出一种推动经济发展的力量；从社会经济发展的角度来看：企业的破产是社会经济组织内部新陈代谢所必不可少的环节；然而，在国家所有制经济中，根本没有推动经济"自然"代谢的动力；企业的破产必然要形成巨大的政治压力，如果把他们硬塞给其它企业，安置起来难度极大，因为所有的企业都因"充分就业"而人满为患了，尤其那些厂长、经理更无法安置，因为安置他们就要侵犯别人的权力；同时，企业破产要给主管领导脸上抹黑、影响其官运，因而其反对力量远远超过支持力量，无法实现。

企业不能正常破产，亏损企业越发理直气壮地亏损，盈利企业的利润上缴用以补偿亏损。出现"鞭打快牛，鼓励懒汉"的现象，社会经济发展动力日趋匮乏、整个国家所有制经济亏损日重，社会经济日益走向恶性循环，越发展亏损越大。

　　企业不能破产，极大地强化了"铁饭碗"的强度、使之变得异常坚固；人们无忧无虑，仿佛进入了伊甸园！然而，这种"铁饭碗"最终必然因国家所有制经济的崩溃而被彻底打碎！

　　当国家所有制经济中出现企业相当多的倒闭时，就意味国家所有制已走向衰落、并将迅速瓦解，这种现象将与大量国家所有制企业职工失业相伴出现。

第五节　国家所有制下体力劳动与脑力劳动的工资的比较

　　在一个正常发展的社会中，脑力劳动的工资应数倍于体力劳动，它们的比例取决于职业学习、培训的费用、时间、难易及工作的复杂程度。

　　如果脑力劳动与体力劳动收入相当、甚至脑力劳动比体力劳动工资更少，必然使从事脑力劳动的专业学习的人越来越少、知识分子越来越少，社会文化、科学、技术素质急剧下降，具有各种专业知识、专门技能的人才，尤其高级人才来源枯竭，社会经济技术水平日趋下降。

　　显然，脑力劳动报酬高于体力劳动是社会经济发展的必然要求。

　　然而，在国家所有制经济中起决定性作用的绝不是经济规律，而是掠夺规律！对知识分子的待遇，体现的恰恰是整个社会对生产力的态度、对社会经济的态度。在国家所有制下，人们对经济发展与否普遍地麻木不仁，根本不可能形成尊重知识、珍惜知识分子的观念；相反，对许多人来说：知识分子的知识、学历对他们的仕途构成严重威胁、障碍，必然遭到冷落、排斥、打击。对国家财产的极其发达的掠夺中，权力是唯一的"通货"、是掠夺的资本，谁获得了权力，谁就可发财、捞到不尽的好处；社会经济的发展、建设所必需的知识、技术"毫无用处"，因为它们无助于"掠夺"！知识分子自然被冷落了。

在掠夺规律支配下，谁离国家财产近、谁掌握更大的实权，谁就有更多的"好处"。

唯有科研单位、政府机关中的无权的知识分子、科技人员既无特权、又远离国家财产，毫无油水可捞，教师更一无所有。

必然地，出现脑力劳动也体力劳动收入倒挂。

第六节　国家所有制下政府对企业经营的干预

在国家所有制下，企业财产归国家所有，也就理所当然地由政府官员支配，政府官员的一切特权、一切对国家财产的利益侵害权无不来源于他们对国家、企业财产的支配权，进而一切"官本位"制度、官僚的社会地位均由这种支配权决定，对社会财产的巨大的支配权是特权官僚阶层赖以生存的基础。

　　对国家财产的利益侵害是官僚们与国家财产之间最本质的联系，官僚们的利益的大小无不以支配权的大小为依据，让他们减小自己的权力，就是对他们的利益进行侵害；放弃这种支配权无异于自杀，因而根本无法实现。尽管这两年中央一而再、再而三地要求对企业放权、"松绑"，然而这些权力又尽数落入中层政府、管理部门手中，极大强化了他们的特权，企业苦不堪言、承受来自各级政府组织机构官员的明的、暗的、公开的、私下的数不尽的敲诈勒索。

　　在资本主义社会中，企业利润归所有者所有，他们与企业的联系是"经济"的联系，经营权与所有权的分离非但不会使他们损失，反而往往使他们的利润大大提高，因而普遍出现"两权分离"的现象。在国家所有制下，政府官员仅仅是企业的"管理者"，而不是所有者，他们对企业的利润没有占有权，因而根本没有追求企业利润的动机，唯一的获利途径就是对企业进行利益侵害；让他们放弃对企业的经营、管理、支配权无异于让老虎发誓不吃肉。另一方面，在国家所有制下，普通人民根本无权支配社会财产，无法形成迫使官僚阶层放弃既得利益的力量，企业的自主、独立经营只能是纸上谈兵，即使偶尔出现，也很难维持，更难普及。

　　资本主义制度下的"两权分离"在国家所有制下无法实现，关键在于"剥削"与"掠夺"的天壤之别，前者是经济的构成，后者是对经济的毁灭。

　　在国家所有制下，企业没有经营自主权，政府官员作为所有者的"代表"，是当然的支配和管理者，他们远离生产、经营，对企业生产、经营状态、市场、生产成本、生产流程、工艺、设备、工人、技术人员、生产要求、技术要求、环境一无所知或一知半解、道听途说，同时，他们对企业的利益相关系数 C'_L 过分低下、没有追求企业利润的动机，对企业经营极不负责；出于追求特权的动机，他们从不愿放弃手中的支配权、对企业强行干预、严重地破坏了企业的正常经营、发展；对企业财富掠夺的无穷欲望，驱使他们设立层层关卡，在生产、流通等各个环节上揩油，企业为批准一项计划，往往要跑上几年、盖上几百个公章、送上几十万元的贿赂，哪个庙的香没烧到都不行、都会得罪人、会有人给小鞋穿、事办不成。有的企业出国联系业务，呈上级批准，上级就会要求将上级领导带出国考察，否则不予批准，企业只好认命；各种摊派多如牛毛，企业被剥得苦不堪言。

以检查为名的揩油团频繁不断，稍有侍侯不周，就会影响企业厂长官运，或有人对企业报复。企业只能尽心伺候，如《光明日报》载许锦根之文"上海一家著名大宾馆用来招待去检查工作的检查组的，在党中央、国务院一再强调为政清廉、严禁用公款大吃大喝的情况下"的"便饭"："花式冷盘、八味小碟、白灼大虾、油 局膏蟹、春白鲍片、荷叶鸡翅、四色素菜、清蒸白水鱼、鸡火鳖汤、淮安汤包、船点——糯米春卷、火烧冰淇淋。""那天参加用'便饭'的有检查组成员5人，宾馆陪同2人。虽说仅7个人，酒量也真不少，竟喝掉了整整两瓶茅台酒！检察组在宾馆检查了几天，如此规格（有的还更高）也就吃了几天；这还不算，临走，每人还带走几条外烟、几瓶雀巢咖啡，组长还另加高级羊毛衫一件和皮箱一只"。

政府对企业的干预在国家所有制下无法逃脱，政府官员对企业经营的干预是企业的大灾大难，国家所有制企业在劫难逃！

第七节　国家所有制下的投资规律

尽管人们对经济发展漠不关心，但在国家所有制经济中，仍然存在着一种不可遏制的巨大的投资热情。为什么会有这种冲动呢？

首先，政府官员虽然没有追求企业利润的动机，但他们的特权、官职，从而财富的大小取决于自己所支配的社会财产的多少，他们支配的财产越多，势力范围越大，特权就越大，官职也随着他们所控制的产值的增加而提高，因而他们有一种超乎市场规律、利润得失之上的狂热地追逐自己控制范围内的经济规模的冲动。这种冲动无论在企业领导，还是各级主管部门都有十分充分的反映。

其次，就业问题对各级政府形成巨大压力，因为太多的失业会造成一系列社会问题、引起民怨、恶化社会治安甚至引发动乱、危及统治，哪一个官员处理不好自己辖区的就业问题，他的官位就会受到威胁，无论民众、还是政府都会怨恨他。就业的增加对于人满为患的现有企、事业单位已不太可能，只有追求投资才能解决。因而，就业的压力是政府官员追求投资增加的外在动力。

第三，由于在国家所有制下，社会财产的无主性，没有人保护、关心国家财产，投资错误、损失没有人去追究，政府官员不必承担投资风险、投资错误造成的巨大财政损失完全由国家承担，因而官员的投资行为无所顾忌。

这样，就必然出现：不管市场规律、不管利润好坏，拼命追求自己管辖范围内的经济规模、总产值，形成盲目投资、争上项目、乱哄哄的投资热潮，下级官员的势力扩张、经济规模扩展，亦使其上司势力大增，加之整个社会中没有人真正关心社会经济效益，通过"关系网"的权力交换，人们可以轻而易举地获得上级某官员首肯的"首长工程"、"胡子工程"，社会经济投资规模也由于权力交换、特权的需要而急剧地膨胀。投资结构极不合理、具有极大的任意性、各产业之间比例无法协调。尽管一些高层官员可能有协调各产业之间投资比例关系的愿望，但远不敌整个社会中需要追求投资的压力，各产业的投资比例关系的严重混乱在所难免。

国家所有制经济投资的另一特点是：几乎全部投资都集中于生产规模的简单的扩大之上，设备折旧投资极少、常常没有，更不要说技术进步、产品和设备升级换代了。为什么会有这种情况呢？因为官僚们想的仅仅是扩大自己的势力圈，设备更新、旧设备折旧使生产规模增大甚小；降低成本、提高劳动生产率、增加利润，但几乎全部利润要上缴国家，无论官僚还是工人、厂长的工资都不会增加，加之"鞭打快牛，鼓励懒汉"式的分配方式，往往使官僚们控制的财产反而减少、大大"吃亏"；相反，生产规模的简单扩大、旧设备的利用，虽然加大了原材料、能源、劳动力的消耗，加大生产成本、降低产品的质量、甚至导致亏损，但损失的利润由国家背、亏损了也是国家的，产值却比设备更新、折旧的要高多了；另一方面，设备更新、劳动生产率提高会减少劳动力的需求量、加剧在职失业、使就业产生更大困难，反给官员们自己出难题。

这种投资方式，使原料、能源、劳动力浪费严重，产品质量下降，极其严重地阻碍了技术进步、阻碍了社会生产力的发展，使国家所有制经济与资本主义经济相比越来越落后。

国家所有制经济的另一特点是：几乎没有企业、地区用自留资金投资生产的，因为这一部分已归本辖区的官员控制、可自行瓜分；而投资生产，就属于国家了、且生产出的利润几乎要悉数上缴、得不偿失；相反，从国家银行取得投资，是人们的主要投资渠道；事实上，当投资下到基层后，往往要经过政府层层截留瓜分；下到企业，又会有相当部分被化为奖金、福利等，真正用于生产投资的就所剩无几了。

国家所有制下，银行同样不是以赚钱为经营目的，其贷款是以关系、政府官员首肯、贿赂大小为依据的，而且几乎都是贷给国营企业的，而几乎所有国营企业都严重亏损，根本还不起贷款，甚至很多连利息都还不起，因而银行坏帐比例之高史无前例，银行是最大的亏损企业，而这种不还的贷款无法控制地不断增加，个人储蓄几乎全部转化为银行坏帐，一旦出现挤兑风潮，银行根本拿不出那么多钱，金融危机无法避免。这种经济的崩塌非常可怕，全世界都救不了！如果不在危机发生前改变所有制，危机就无法避免，而且发生的越晚越剧烈。

第八节　国家所有制下的市场规律

国家所有制经济同资本主义经济一样，是社会化经济，因而，市场交换就必然存在。无论是企业的厂长、经理，还是各级主管领导，他们特权的大小、官职的高低取决于他们手中掌握的社会财产控制权的大小，他们必然不允许自己所辖的企业、社团的财产无偿向非己所辖的企业、社团转移，或者明显吃亏的交换；尽管上级官员可利用支配权调拨下辖企业的财产，但他们没有充分的动力去做、而且这样做遭到反对会很强烈，因而不会经常发生；作为社会经济中血液循坏的流通，必须川流不息、不受任何阻力，因而必然须使当事人感到没有受到利益侵害，这种流动是具有一定的等价关系的交换。这决定了国家所有制经济是一种商品经济。

在国家所有制下，商品价格同样由三个部分构成：一是耗费在其中的不变资本C，二是劳动者的工资V，三是包含的价值增量P，商品的价格W＝C＋V＋P，其利润率 $p' = \dfrac{P}{C+V}$，则商品价格W＝（C＋V）（1＋p'），由第五章知：

$$W = V_0\left(1+p'_0\right) + \left(1+p'_0\right)\sum_{j=1}^{\infty}\left[\sum_{i1=1}^{K1}\sum_{i2=1}^{K2}\cdots\sum_{ij=1}^{Kj}V_{i1i2\cdots ij}\prod_{m=1}^{j}\left(1+p'_{i1i2\cdots im}\right)\right]。$$

首先，在国家所有制下，平均主义占据主导地位的分配方式使各产业中的人均工资量与人们的实际劳动量失去了联系，人们工资仅仅是时间流逝量的正比例函数，各企业、产业的产品中所包含的实际劳动量也与它所花费的真实工资成本失去了联系，无论产品中的工资成本 V_i，还是 $\lim_{t\to\infty}V_i$ 都是一个无法确定的量，不存在一个 $\lim_{t\to\infty}V_i = K_s t_{wsi}$，因为商品中所包含的工资量与它包含的社会必要劳动时间无关。如一劳动者一天做一百件产品，一件产品的价格为 $C_{i1}=C_i+V_i+P_i$，而其一天工资 V，则 $V_i=0.01V$；若他偷懒，一天只做一件，工资仍然不少一分、还是 V，而该产品中所包含的劳动力成本 $V_{i1}=V=100V_i$！

其次，企业没有经营的自主权，也就缺乏追求利润的动机，企业经营的方向由政府官员决定，从前一节我们看到：无论政府官员还是企业厂长、经理都有一种盲目地无限制地扩张自己势力范围、追求追加投资的动机，因为这样可以使他们获取更高的官职、更大的特权，而且无须他们冒险；失败了，自己也毛发无损；整个社会中没有一个真正关心经济发展力量、也就没有约束这投资混乱的力量，投资结构必然极不合理、极端混乱，各产业的供求关系千差万别、没有使之趋于协调的动力，各产业的平均资本利润率根本没有日趋平均化的趋势、不存在 $\lim_{t\to\infty}p_i=Z_j\,p_L$ 的趋势，商品中所包含的利润率 p_i 始终是一个不确定的量。

企业吃国家的大锅饭、长期亏损的企业可以照常经营，无论是工人还是厂长、经理对于企业利润麻木不仁、缺乏由利润率低的产业转向利润率高的产业和产品生产的动机，官僚的干涉又使这种转移更难；而这种转移往往要进行很大的调整、花费很多投资、时间、风险，于产值的增加无好处；企业不愿出力不讨好、政府不愿减少产值，而且这种转行往往要使原来的官僚失去对其控制权、或者侵害到其它条条块块的官僚的领地，为官僚们所竭力反对。

我们由第六章知道：产品的价格中心，价值 $W_0=\lim_{t\to\infty}W$ 存在的条件是：（1）$\lim_{t\to\infty}V_i=K_s\,t_{wsi}$，（2）

$$\lim_{t \to \infty} \overset{.}{p_i} = Z_j \overset{.}{p_L}$$ ；然而在国家所有制下，这两个条件均不能实现，因而就没有价格中心 W_0，价值规律无法实现其作用。

在不触及国家所有制的情况下，进行"改革"，以为放开价格、由企业自由定价就会使其自动趋于合理、稳定，结果只能造成市场混乱、通货膨胀。

社会中的极其广泛而又深刻的官僚对国家、企业财产，企业厂长、经理、职工对企业财产的利益侵害，经常性地破坏着等价交换关系，使物价急剧扭曲、无法捉摸，而物价改革成了人们变换方法瓜分、掠夺国家财产的大好时机，"八仙过海、各显神通"，国家所有制经济中的物价成了潘多拉盒子里放出来的魔鬼。

只有当社会经济中国家所有制不再占据市场的主导地位时，价值规律才能重新起作用。

第九节　国家所有制下的通货膨胀

在国家所有制下占据统治地位的市场中，商品价格不存在价值中心、价格极难稳定，必须由政府强行严格控制。人们对放开物价后，象野马奔腾一样的通货膨胀迷惑不解，南斯拉夫、匈牙利、波兰的物价膨胀速度尤为惊人。弗里德曼一到中国，就发了一通控制通货膨胀必须严格控制货币发行量的高论。

问题的根子到底是什么？在国家所有制下，人们没有发展经济的愿望，无意于企业资本积累，却醉心于对企业、國家財產的瓜分；從企業、事業單位，到政府機關，工資之外的消費無法控制，由於社會中沒有一股維護國家財產的力量，"集團消費"以高於經濟發展速度兩倍以上的高速度急劇上升；整個社會總消費以不可阻擋的趨勢上升。

我們設一企業 i 總投資 G_i，其中消費品費用 G_{Xi}，G_{Xi} 包括各級政府官員掠奪造成損失、多如牛毛的攤派、內部個人瓜分，生產資料投資 $G_{Wi} = G_i - G_{Xi}$；消費資金 G_{Xi} 惡性膨脹，必然使生產投資 G_{Wi} 急劇下降、企業經濟難以為繼，銀行必須提高 G_i，以維持生產投資 G_{Wi}。

假設國家所有制下企業總數為 n 個，資金總使用量 $G = \sum_{i=1}^{n} G_i$，生產性總投資 $G_W = \sum_{i=1}^{n} G_{Wi}$，消費品耗費的總資金 $G_X = \sum_{i=1}^{n} G_{Xi}$，$G_X$ 包括國家所有制經濟的總消費量；企業向職工濫發實物、獎金、政府官員從中敲詐勒索，倒買倒賣，大吃大喝，貪污、受賄等使 G_X 急劇膨脹，社會集團購買力急劇飛脹，亦使 G_X 劇升；由於整個社會中 $C_q' \approx C_L' \approx 0$ 太小，無法產生出抵制利益侵害力量，G_W 急劇下降，總積累率 $K = \dfrac{G_W}{G} = 1 - \dfrac{G_X}{G}$，下降益甚，各企業簡單再生產無法維持、虧損日重，整個社會經濟日趨停滯、崩潰。為了維持社會經濟的運轉，國家銀行不得不提高貨幣總發行量，提高資金總使用量 G，以減緩生產投資 G_W 的急劇下降；貨幣發行總量失控、通貨膨脹就無法控制。

問題還不止這些，從第七節，我們知道：在國家所有制下，有一種難以遏制的、盲目擴大投資規模的衝動，生產規

模盲目扩大使 G_W 的无效增加，必然使货币总发行量的增加雪上加霜、愈加混乱，通货膨胀更加无法控制；事实上，G_W 增加的目的在于追求私利的增加，即 G_X 的增加，生产投资 G_W 中相当部分又被瓜分转化为消费 G_X。货币发行量的控制所能做到的仅仅是使生产投资 G_W 急剧减少。

弗里德曼以为控制通货膨胀"只有一种成功的办法，这就是控制货币总发行量"，殊不知：货币发行量的失控仅仅是表面现象，其背后隐藏着深刻的危机。控制货币发行量，结果不但不能使通货膨胀减弱；相反，总积累率 K 急剧下降、生产投资急剧萎缩、企业正常的简单再生产无法进行。许多企业卖出去的货收不到钱、相互拖欠、三角债严重，许多企业为正常生产不得不向职工筹集年息高达20％的资金，更有甚者，向个体户借高利贷！大批企业被迫停产。

然而，就是这样，消费总投入 G_X 依然恶性膨胀、集团消费仍以超过30％的年递增率直线上升、通货膨胀依然无法避免、经济急剧恶化。货币发行总量控制，仅仅使生产性投资 G_W 大幅度减少。

弗里德曼的控制货币发行量的办法在1948年的联邦德国行得通、在整个资本主义世界常常行得通，因为资本家对企业利润的追求，使投资不断增长，极为有效地抑制了需求、抑制住通货膨胀。而在国家所有制下，人们在生产经营中无法获利，从企业、国家财产中掠夺、瓜分、化生产资金为消费资金非常"实惠"，没有从自留资金中节约、投资生产的企图，却企图从国家中获得"无限"的投资并乘机转化为消费资金。控制货币发行量，根本无法控制消费的恶性膨胀，反而却对社会经济的运行釜底抽薪、给社会经济造成毁灭性的打击。

只要还有一定支付能力，国家所有制经济就不会停止制造通货膨胀。当国家所有制经济停止通货膨胀时，只能说明它已经到了最后的崩溃阶段，其影响力已被其它经济成份所取代，说明社会中的贫富分化程度已经非常之高、管理阶层已非常富有，被他们瓜分的资金已很少形成消费而是变成个人储蓄或个人投资了，而此时，个人储蓄将急剧增加，大量的国家所有制企业职工失业和企业破产将不可避免。

第十节　国家所有制下的"竞争"

在国家所有制下，人们对社会经济的发展、企业的利润漠不关心，工人失业、干部免职引起一些人不满、报复以及官场敌手的倾轧、拆台、诬谄等，这种威胁和压力远远超过了社会经济发展的停滞、浪费、巨大损失所带来的压力；政府官员们宁可损害经济、也要保证工人的尽可能充分的就业，宁可使企业亏损，也要确保不称职的、或有严重经济问题的干部就任或易地为官，从而带来"就业人口"的恶性膨胀，在职失业极其严重、有增无已，企业吃国家的大锅饭、没有破产；长期亏损可以得到巨额补贴、特殊照顾；落后，可以得到保护；职工吃企业大锅饭，广泛实行平均主义，一旦就业，一保终生；整个社会完全丧失了正常的社会经济所应具有的竞争机制。

另一方面，职工之间的相互攀比，唯恐自己的工资、奖金落于人后，自己"吃亏"；各企业之间相互攀比、无条件地要求提高自己企业的工资水平，竞发奖金、实物。前些年，一大企业因效益好，每天向工人免费提供一顿午餐，国务院闻讯立即发文禁止，怕别的企业纷纷效仿，后果不堪设想……

各事业单位、政府机关和企业竞相设"小金库"，攀比着大发实物、奖金、"补助"、大吃大喝、大量购置小轿车……政府主管部门利用手中职权，竞相向企业摊派、大肆搜刮，严重地危害了社会经济。各事业单位、政府部门争讲排场、摆阔气、礼尚往来，宴会、招待规格日益升级，以开会为名集体旅游、吃喝、分发食物现象有增无已，以致于杭州等名胜饭店、旅馆人满为患，成瓶好酒、大量剩菜竟把猪灌醉、吃坏！

企业领导、各级政府官员为扩大自己的持权、势力，唯恐落后于人，争着向国家要投资、抢着上项目、拼命扩大自己领地内的投资规模；一企业、或一地方政府的经济势力不如别人大，特权就减小，因而，就迫使它们争相扩大自己范围内的经济规模。

国家所有制下的"竞争"，是人们对国家财产掠夺、瓜分与浪费的竞争，而非经济竞争，它大大加剧了国家财产的瓜分速度和通货膨胀，使价格急剧扭曲、投资恶性膨胀、盲目发展益重，宏观经济急剧失衡、日趋恶化。

第十一节　国家所有制下的宏观经济

在国家所有制占据主导地位的情况下，人们对经济普遍漠不关心、对生产投资缺乏兴趣、对消费狂热追求、对国家财产的掠夺日甚一日，使社会上始终存在着消费膨胀的巨大压力，生产投资 G_W 与消费投入 G_X 之比 K 急剧减少；社会经济发展动力极端匮乏、社会生产力发展迟缓、生产效率低下，简单地、盲目地扩大生产规模，旧设备极少折旧的投资方式使设备日趋陈旧、老化，生产成本、消耗日益加大，严重的在职失业现象使消费资金 G_X 更加剧增长；生产投资 G_W 急剧下降，经济日益呈现需求大于供给、供给不足的现象；为维持正常的、甚至简单的再生产，国家银行不得不向企业越来越多地大量贷款；否则，整个社会经济就只能陷入瘫痪、崩溃状态，而通货膨胀不可避免；企业得到贷款、投资后，绝不会老老实实投到生产中去，总要不失时机地瓜分一番，这更大大加剧了消费大于生产、供给不足、需求过剩现象。科尔内把供给不足称为"短缺现象"，短缺现象是国家所有制经济中存在的普遍现象，以致于有人竟本末倒置地把它看成社会不上正之风、官倒现象的总根源。

从表面上看，国家所有制经济的控制权高度集中，国民经济似乎可控性良好、极易协调各产业间的比例关系，使之达到最佳匹配。而事实上恰恰相反，因为依靠官僚的宏观调控使经济进入良性循坏，需要两个条件：一、他们狂热地追求社会经济的健康发展、人民生活需求的满足、没有任何个人欲望；二、政府经济的计划、管理人员能非常及时而准确地掌握全国各产业生产发展的状况与需求水平，非常及时而准确、全面地掌握全国人民的消费倾向、种类、水平、数量。这就要有一个同样以国民经济的正常发展、人民生活需求的不断满足为唯一目的、对职业极端负责的官僚体系随时搜集生产、需求的十分详尽的情报并能立即报告中央决策者，首先第一条就根本无法满足，因为他们对经济利益相关系数 C_L^l 过份低下，任何一点点诱惑、人情都会使他们放弃原则。第二条就更不可能，因为其工程过于浩大，实在非人力所能为；其次，出于这样、那样的目的，人们常常虚报产值、产量、利润、或隐瞒利润等，所搜集的情报就更加面目全非了，用它们来控制生产无异于缘木求鱼。

在国家所有制下，"经济学家" 幻想用市场经济中价格的变化引导经济、挽救经济的恶性循环、急剧倾斜，殊不知，此时的价格的变化早已不再遵循价值规律，价格既不反映价值、也不反映市场供求关系，价值中心不存在，用它作为经济指针，只能使宏观经济更加混乱！

不是从经济角度考虑，而是从政治需要着眼规划、计划社会经济，计划和宏观控制脱离市场、脱离需求。如无论哪一个国家所有制国家，都拼命发展军工，建立起与经济毫不相称的庞大军事力量；苏联民用工业破烂不堪，载人飞船却邀游太空，航天工业与美国并驾齐驱，每年耗资数百亿美元，对经济却毫无用处。

各级官员为扩大自己的势力范围、捞取官场角逐资本，拼命索要投资、竭力扩大经济规模；为得到更多的投资，不择手段，毫不负责地虚报成绩、隐瞒问题、失误，使上级计划依据完全失真；企业领导和各级政府官员请客、送礼、贿赂高层官员，使计划、资源、资金分配完全背离了社会经济的发展和正常运转的需要，宏观经济比例严重混乱、失调。对社会经济发展普遍的漠不关心、不负责任，使官僚阶层、乃至整个社会无法形成一个约束资源、资金、劳动力合理分配的力量，只要有些个人好处，就可以随意调整投资方向使本已饱和的产业、本已亏损的企业更加饱和、亏损更大；使本已得短缺的产业更加短缺。

国家所有制的宏观经济是一种严重失衡并无法自行实现平衡的经济。

只有当国家所有制经济不再占据主导地位时，社会经济才有可能走向平衡和良性循环。

第十二节　自治企业与非自治企业

在一个企业中，职工与企业的关系有两条：一是通过劳动使企业财富增殖、保护企业财产不受外来侵害，我设之为方向，（为单位利益向量，$|\vec{g}|=1$）；另一条是从侵害企业财产、倒卖企业原料、设备产品，贪污、受贿、出卖企业利益等，它与方向恰好相反，为$-\vec{g}$方向。企业同时要受到职工们的这两种利益向量的作用，一是对企业进行利益侵害的向量，为$-\vec{g}$方向；另一个是追求企业财产增值并保护企业财产的利益向量，沿$\vec{g}$方向。

假设一个企业共有职工n人，第i人的$\overrightarrow{I_{+i}}$方向的向量，$-\vec{g}$方向的利益向量为$\overrightarrow{I_{-i}}$，则企业中$\vec{g}$方向的利益向量和：

$\overrightarrow{I_{+q}} = \sum_{i=1}^{n} \overrightarrow{I_{+i}} = |\overrightarrow{I_{+q}}|\overrightarrow{g}$，$-\overrightarrow{g}$ 方向的利益向量和：$\overrightarrow{I_{-q}} = \sum_{i=1}^{n} \overrightarrow{I_{-i}} = -|\overrightarrow{I_{-q}}|\overrightarrow{g}$，而职工对企业总的利益向量为：$\overrightarrow{I_q} = \overrightarrow{I_{+q}} + \overrightarrow{I_{-q}} = \overrightarrow{g}$（$|\overrightarrow{I_{+q}}| - |\overrightarrow{I_{-q}}|$）。令 f＝$|\overrightarrow{I_{+q}}| - |\overrightarrow{I_{-q}}|$，则 $\overrightarrow{I_q} = \overrightarrow{I_{+q}} + \overrightarrow{I_{-q}} = \overrightarrow{g}f$。

　　显然，全体职工对企业的利益相关系数人平均值 $C_q^{'}$ 越大，对企业财富增殖的追求的动力越大、对企业财产保护力量 $|\overrightarrow{I_{+q}}|$ 越大，对企业的瓜分、侵害的利益向量 $|\overrightarrow{I_{-q}}|$ 越小，对企业利益侵害获利越难、危险越大，$|\overrightarrow{I_{-q}}|$ 就更小；相反，$C_q^{'}$ 越小，$|\overrightarrow{I_{+q}}|$ 就越小，人们对企业利益增殖漠不关心、对企业财富的保护力量 $|\overrightarrow{I_{+q}}|$ 也越小，人们对企业侵害越容易、越易获利，$|\overrightarrow{I_{-q}}|$ 就越大。因而，$C_q^{'}$ 越大，f 越大、越正；$C_q^{'}$ 越小，f 越小、越负。如图：

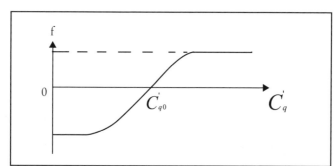

　　总存在一个 $C_{q0}^{'}$，$C_q^{'} = C_{q0}^{'}$ 时，f＝0，$\overrightarrow{I_q} = \overrightarrow{g}f = \overrightarrow{0}$，企业财产不增不减，恰好平衡。$C_{q0}^{'}$ 为临界利益相关系数。

　　我们假设企业经营、财产支配完全不受外来人为硬性干预，则当 $C_q^{'} > C_{q0}^{'}$ 时，f＞0，$\overrightarrow{I_q} = \overrightarrow{g}f$ 沿着企业财产增殖、经营发展的方向，我称之为"自治企业"。

在自治企业中，C_q越大、$\overrightarrow{I_{+q}}$越大、$\overrightarrow{I_{-q}}$越小，f越大，$\overrightarrow{I_q} = \overrightarrow{g}$ f就越大，企业经济发展动力越充沛、经济发展就越快。自治企业可以在没有受到外力约束、自由经营的状况下，自发地降低成本、提高劳动生产率和劳动积极、主动地推进科技进步和产品更新换代、更新设备、加快折旧，企业"自发"地走向更经济的状态。自治企业总是追求更好的自治状态，寻求提高$\overrightarrow{I_q} = \overrightarrow{g}$ f的途径，$\overrightarrow{I_q} = \overrightarrow{g}$ f有自我增殖的趋势。

当$C_q^{'} < C_{q\,0}^{'}$时，f<0，$\overrightarrow{I_q} = \overrightarrow{g}$ f沿$-\overrightarrow{g}$方向，企业发展停滞、甚至倒退，原材料、能源浪费、损失严重，成本高昂、居高不下，劳动生产率低下，企业对市场反应迟钝，管理、经营混乱，经营方式"百年不变"，内部利益侵害严重，消费增长大大超过生产投资，平均主义、大锅饭占据主导地位，对企业财产的掠夺、瓜分使分配制度自发走向混乱；总之，企业自发地走向瓦解，它的行为是不经济的。

当企业$C_q^{'} \leq C_{q\,0}^{'}$时，企业处于非自治状态，$C_q^{'} < C_{q\,0}^{'}$时，若撤除外来干预，它会自发地走向瓦解、自我毁灭，我称这一状态为"不治状态"。

在资本主义社会中，除国营企业外，均为自治企业；在国家所有制下，由于$C_q^{'} \approx C_L^{'} \approx 0$，过份低下，使企业完全呈非自治状态、远离自治状态；有些人只看到政府对企业的干预、以为撤除干预就可进入良性循环；殊不知，企业失去干预后，仍远离自治状态、而成为"不治企业"，非但不能走向更经济状态、反而加速走向瓦解，如南斯拉夫在实行"企业自治、下放权力之后，出现了工资大幅度增长的倾向，企业也发现自己陷入流动资金不够的困境，因为在确定工人工效纯收入中所占比例时没有充分注意企业的财务情况（事实上是根本不关心！），结果在一九六二年再次实行个人收入与其它用途之间分配纯收入的控制指标，这一控制指标旨在阻止对个人收入的支付超过规定的最低水平，采用的办法是强制性上缴大笔纯收入。上缴者的计算方法如下：从纯收入中扣除社会规定的最低个人收入剩余收入按累进制上缴。上缴之后，留给企业处置的少量资金可以加到社会规定的最低工资额中或用于其它用途。实行这一制度的主要弊病是企业对降低成本一事不感兴趣，因为降低成本而增加的纯收入只是增大了上缴数目的基数，于个人切身利益关系甚微。一九六四年废除了上缴做法，于是企业终于取得了对其纯收入较大的控制权"，然而，由于没有根除国家所有制，消费仍增长过快，"据说在自治制度下企业投资的积极性较低，因为工人个人收入的那部分节余归工人所有，而再投资于企业的资金归社会所有。但实际上企业的再投资率一直很高，这部分原因是在经济扩展的情况下实行利率很低，鼓励了企业借钱投资；另一个原因是投资给工人带来的风险并不大。投资决策权的下放并未造成投资风险的下放，作出错误投资决定的企业和工人不必承担相应的财政损失，因为国家保障个人收入的最低水平"（《外国经济体制概论》何大隆编译），企业只有亏损、没有破产。国家所有制经济使南斯拉夫长期积累外债、通货膨胀无法控制。

第十三节　国家所有制下经济社会化的巨大障碍

经济的社会化是一种充满了创造性和风险的高级微观经济活动，它的实现首先要求企业有强烈的追求利润的动机，其次要求企业有充分的经营自主权，即企业要成为真正的自治企业。而在国家所有制下，根本不具备这个条件。

经济的社会化是社会经济的自组织过程，经济社会化必然使不同地域、不同行业的官员权力重新调整、分配，这对他们的特权构成严重侵害、常常被认为是不可容忍的，因而遭到阻挠、扼杀；官员们对经济社会化强行干预，往往为了政治上的需要而乱弹琴、把伪社会化当成社会化、把社会化否定掉。

企业内部大量存在的在职失业现象、分配上的平均主义，使不同工种、岗位苦乐悬殊巨大，形成严重的不平等现象，企业内部的分工、发展、结构优化必然调整一些人的工种，引起"利益纠纷"、引起一些人不满，通过裙带关系、"关系网"、触动上司的"政治"神经，使上级官员阻挠、制止调整；另一方面，内部的组织优化、生产效率的提高，势必加剧在职失业现象、加剧苦乐不均，将这种优化带来的效益抵消掉。国家所有制下的厂长、经理根本不关心、也不愿为经济社会化给自己带来无穷的麻烦。

新的产业的诞生，必须以市场的需要、利润为动力，它需要创业者有充分的追求利益的动机、需要冒极大的风险、需要集中许多人的创造力、需要开拓者忘我的劳动、需要足够的财力、物力、人力的支持；但是，在国家所有制下，企业不为市场服务，只为"官场"服务，缺乏追求利润的动机，由于新产业创业不如原有产业上简单重复创造产值多，产生特权稳定而且速度快，为官员们坚决抵制。

不同产业之间的经济社会化，在国家所有制下的障碍就更大，尤其技术开发科研与生产企业之间，如苏联"管理机构为了避风险，往往推迟新型号、新产品的投产。因此苏联巨大的经济科技能力得不到充分利用，苏联从研究开发结束到转入商业性生产周期长达17年，而且只有1／3的发明获得应用，其余2／3的发明被束之高阁"。（《挑战与机会》P57）。仅仅有经济局部片面性的发展，而无相互之间的联系、互补性的相应发展，使苏联巨大的科技力量只能成为巨大的浪费！

经济社会化是片面性与联系、互补性的同步发展，在资本主义制度下，企业实行专业化、片面化经济的目的无非是要提高劳动生产率、产品的质量、竞争力，从而提高利润，联系也必然能同步发展，否则就要破产。在国家所有制下，企业、产业投资从国家直接获得，联系不同步、甚至根本不存在时，企业产业竟然可以独立发展片面化，大锅饭使这种奇怪的、畸形的、毫无用处的片面化"奇迹般"地长期地生存下去；没有追求利润的动机，社会化的两条腿被奇怪地分开了，如"苏联研究人员近140万人，居世界首位，为美国研究人员的两倍多。苏联研究费用支出仅次于美国……，超过日本和英国研究经费支出的总和。一九八〇年苏联批准的专利许可证和发明证书为169，587件，仅次于日本。……一些科研成果往往是墙内开花墙外红，例如连续铸钢法是苏联首创的，在28个国家获得专利权，日、美等国相继引进后，迅速推广，日本又加以创新，进一步发展了连续铸钢工艺，但在苏联本国却推广很慢"（《挑战与机会》P 56）巨大的科研开支和力量不但未能使经济发展，反而造成巨大的浪费。这极大阻碍了经济社会化。

经济的社会化，使社会经济越来越趋于多样化、复杂化，政府官员对经济越来越看不清，干预就越来越乱、破坏力也越来越大。

在国家所有制经济中，经济的社会化程度极端低下，企业、地方大而全、小而全，一个四、五百人的企业会配上医院、幼儿园、食堂、商店、苗圃、车队等等；而在西方、日本这些为社会服务所取代。上海仅仅相隔几公里远的钢铁厂，如上钢、宝钢等之间各自独立、互不联系；而日本的钢铁公司要与周围几百家、上千家小企业联合生产同时又与许多大企业分工协作。

社会经济发展动力的极端匮乏和条块分割、"诸候割据"的广泛存在，为经济的社会化设置了巨大的障碍，使国家所制下，社会经济无法实现社会化、生产力无法继续发展。

第十四节　国家所有制经济无法进入"脑的协作"时代

如果说，在传统的机器大工业生产中，政府官员尚可勉强加以控制并可能取得近似预期效果的话，在"脑的协作"时代，情况则完全不同了。

在传统的机器大工业中，企业的生产资料、能源、设备、生产的产品都是有形、有质、有量、看得见、摸得着、产值较易计算，产品、工艺、性能、原料、设备变化还较少，技术成本所占比例不大，宏观上还可以近似地控制；尤其国家所有制经济的社会化程度低下，工业体系简单变化更小。

然而在"脑的协作"时代，信息产品无形、无质、产值难以计算，生产依赖于人的研究和思想，技术成份极高、甚至占主要成份，产品具有极大的可塑性、品种极其多样化，质量更无法弄清，其研究和开发充满创造性、变化迅速、常常无规矩可循，生产、使用只有生产"企业"和"用户"清楚，旁观者根本弄不明白，官员们连门都摸不到，宏观上控制、计划无法进行。而且毫无利益追求动力和风险意识的国家所有制企业根本无法介入，即使介入，也因劳动者的积极性极端匮乏而出不了象样的产品，只能造成巨大浪费。

在"脑的协作"时代，人们之间的联系、协作关系比机器大工业有了质的飞跃，产品生产速度、更新换代的频率急剧加快，变化日益频繁、日趋多样化，整个经济更是日趋复杂、多样化，使宏观计划者、控制者眼花缭乱，更不用说正确的计划、控制了。

在"脑的协作"时代，经济社会化速度远远高于机器大工业时代，新产品、新技术、新产业层出不穷，产品更新换代极其迅速，缺乏经济动力、缺乏设备更新和折旧的国家所有制企业根本无法适应，就是跟人家跑，经营都感到喘不过气来；更何况远离经营、对经济漠不关心、所知越来越少的官员了；常常还没等到他们弄明白、适应一种产品，这种产品可能就已过时了、更新的产品的生产又出现了；即使他们一心为经济进行干预，也只会起到相反的作用。在国家所有制下，官员们追求自己势力范围的"产值"，由于新的技术的应用往往无法带来产值的增加；相反，成本下降、劳动生产率提高、利润率的提高往往反而要降低"产值"，他们阻碍新技术应用，直接阻碍了社会的信息化，从而大大阻碍了社会经济的发展。

传统工业主要依赖于交通运输的服务，通过硬性的组织、实物运输、流通来实现经济联系，变化不太大、较易弄清，调控还有迹可循。而在信息时代，生产、经济的联系越来越依赖于通讯、信息处理，因而变得愈加错综复杂、变化多端、无法宏观观测；在国家所有制下，政府对通讯广泛、严格的封锁和控制，使产业、企业之间信息闭塞，地区之间互相封锁，使社会的信息化受到巨大阻碍。

在"手的协作"时代，生产对劳动积极性的要求还不那么高，而在"脑的协作"时代，经济发展越来越依赖于劳动者的劳动积极性和创造力以及整体协作意识的发挥和提高，资本主义企业尚且需要不断地改善经济动力，经济动力极端匮乏的国家所有制企业更是无所适从，只能坐以待毙。

面对"脑的协作"时代，国家所有制企业无法找到安身之处，政府官员更是茫然不知所终。

没有一个国家所有制经济，能象西方国家那样拥有发达的信息产业或在这方面做得较好的。因为信息化非但不能为国家所有制经济所容纳；相反，严重地威胁了国家所有制经济的统治地位，为国家所有制本能地排斥。

第十五节　国家所有制下的政治

虽然国家所有制经济是社会化经济，公共利益向量 $\overrightarrow{I_L}$ 较大；但在国家所有制下，国家既掌握了政治权力、又垄断了社会财产的所有权、控制了经济命脉。人民虽创造了、并创造着一切财富，却无人占有生产资料、对生产资料的支配权被剥夺，并完全依赖于国家财富的支配者——政府，这使得统治利益向量 $\overrightarrow{I_R}$ 过份强大，公共利益 I_L、公共利益向量 $\overrightarrow{I_L}$ 强烈依附于统治利益向量 $\overrightarrow{I_R}$，远远无法独立。

统治利益向量 $\overrightarrow{I_R}$ 过份强大，使国家主义盛行，经济的需要，即人民的需要无人理睬、不受重视，政治的需要、统治者的需要、政府权力的需要成为生活的目的、生活的主题。"五八年大跃进"、"共产风"，为政治需要虚报产量；斯大林残酷的大清洗、大屠杀，史无前例的"文化大革命"……这一切都是对人民利益的疯狂大破坏，但是这一切又仅仅是为了极少数人的"政治利益"而做的巨大牺牲！

统治利益 I_R 严重脱离了公共利益 I_L，统治利益向量 $\overrightarrow{I_R}$ 脱离对公共利益 I_L 的追求，社会不可避免地日趋以政府为中心的特权化、等级化，政治专制也是必然的。

特权等级现象日趋严重、以权谋私司空见惯，没有什么力量可以抑制，因为它们是专制统治利益向量 $\overrightarrow{I_R}$ "强大"的基础。

第十六节　国家所有制下的"法制"

尽管在国家所有制下，人们之间的利益相关系数 C_L 较诸封建时代大多了、人们之间的利益侵害受到一定程度的抑制。但是，统治者首先追求的是他们自己的利益 I_R，而不是人民的利益 I_L，在社会中至少百分之九十的利益侵害是政府官员对国家财产、或对人民的。利益侵害，是官僚阶层与国家财产之间最本质的联系、是官僚统治利益 I_R 的源泉、是官僚特权的存在基础，因而是统治利益向量 $\overrightarrow{I_R}$ 强大、稳定的基础。

法制作为抑制社会中的利益侵害、保护一切公民自由和权利、保障社会民主的强有力的武器，必然要抑制、强有力地打击官僚特权阶层对社会财产、对人民的极其广泛而又深刻的利益侵害。因而，法制必为统治者所本能地强烈反对。

由于公共利益向量 极其强烈地依附于统治利益向量 $\overrightarrow{I_L}$，统治利益向量 $\overrightarrow{I_R}$ 非但不受公共利益向量 $\overrightarrow{I_L}$ 制约，反而完全操纵、控制了公共利益向量 $\overrightarrow{I_L}$；人民既无制定法律的权力，又无执行法律，监督、左右政府的力量，"法制"的建设、执行自然由政府官员操纵。

任何一个制度的执行不过是人的行为过程，它必须依靠充分大的力量支持、需要支持力量始终大于反对力量；否则，只能是幻觉或欺骗。政府追求其统治利益I_R，它抑制内部利益侵害的目的无非是要稳定其统治和获取更多的统治利益I_R，公共利益I_L与统治利益I_R冲突时，他们就不可避免地要维护其自身的利益I_R，靠政府力量实现"法制"，只能是"刑不上大夫"，或重罪轻判。司法成为执政权、所有权的附庸，公、检、法日益成为掌握生杀大权的特权机构，执法权也成了牟利的工具。最终，在很大程度上，"法制"、"执法"成为利益侵害的手段。

在国家所有制下，只有"人治"，不存在真实的"法制"。

第十七节　道德与文化

国家所有制下的道德呈现出空前的危机。

首先是职业道德的普遍危机；没有什么比职业道德的危机更严重的了，在封建社会，如果农民无心种田，我们就可以毫不犹豫地得出结论：这个社会已衰败了，正在走向灭亡；在资本主义社会中，有普遍良好的职业道德，工作不负责、不尽力为人们所不耻；在国家所有制下，人们对企业、国家财产的普遍低下的利益相关系数$C_q' \approx C_L' \approx 0$，对职业普遍低下的利益相关系数$C_{ii} \approx C_q \approx C_L \approx 0$，无人关心经济和生产、无人尽心于工作，职业道德日益败坏、堕落。掌握一定权力的政府官员无心正事，不为办事企业、事业单位、与己无关的个人着想，反而借机刁难、敲诈勒索；一般劳动者，消极怠工、在上班时间利用公家的原料、设备干私活；而且在国家所有制下，人们并不鄙视职业道德差的人、视之为当然，这是多么可怕的社会悲剧啊！

第二个表现是：法律意识淡薄与消失、及人们对国家财产广泛侵害并视之为当然，认为是道德的。如人们向别人绘声绘色地炫耀自己单位如何如何用公款购物分给大家、如何地大吃大喝、如何公费游山玩水，听者也不以为耻、反以为荣、羡慕不已；人们在公费医疗时，肆意索要贵重药品、补药，一旦医生不愿开，就会被公认为"缺德"、遭到贬斥。对国家财产的侵害是道德的，抑制这种侵害反而成为不道德的了！法律被人们肆意践踏、没有支持公正执法的力量，人们肆意利用职权侵害国家财产。

第三个表现是：社会中欺骗之风广泛盛行，人们无心于经济、无心于职责，把虚幻的"面子"、"荣誉"看得比事实、比经济本身更重要！掩盖失误、逃避问题，编造、夸大成绩，以讨上级信任；上级为显示"政绩"，鼓励、纵容、诱导下级行骗，并打击敢于揭露问题的人，整个国家所有制中弥漫着虚伪、欺骗的、令人窒息的浮夸气息。

第四个表现是：自然道德的崩溃与广泛盛行的强制道德。对国家财产的广泛的利益侵害，无人抵制、无力约束，使社会中自然道德日趋崩溃、败坏，政府无力于抑制利益侵害，为维持其统治、维护统治利益，竭力鼓吹个人"无私奉献"，虚无缥缈的"共产主义精神"。

道德的深刻而普遍的危机，正表明了国家所有制日趋瓦解、公共利益向量 $\vec{I_L}$ 指向国家所有制瓦解的方向上；道德强制的盛行、公众道德观念与强制道德的日趋分离，正说明了

统治利益向量 $\overrightarrow{I_R}$ 与公共利益向量 $\overrightarrow{I_L}$ 日趋对立的趋势以及统治利益向量 $\overrightarrow{I_R}$ 自身趋于瓦解的趋势，国家财产遭受的日甚一日的侵害，使统治者感到如履薄冰、无能为力。

国家对文化的强力控制，既是专制主义的表现、又是道德强制的手段。在国家所有制下，国家掌握了一切文化、舆论、传播、出版、印刷、发行机构，掌握了对文化生杀予夺的权力，一切有损于其统治利益 I_R、有损于其"威信"的言论和报道被予以禁止。对道德混乱、堕落的无能为力，使国家对道德强制极端重视，竭力推行文化控制，通过审查、控制制度，使文化受到禁锢，鼓吹文化道德化、渲染禁欲主义文化、宣传政治说教。

在社会科学领域，禁区遍布，造成社会科学研究水平极端低下、唯意志论广为盛行。

第十八节　国家所有制的自然发展趋势

在国家所有制下，一方面人民无权占有、支配社会生产资料，另一方面政府中也没有什么人可以完全支配社会财产、更不能合法地占有社会财产；只是相比起来：政府官员的支配权、管理权比人民要大得多，而人民毫无权力。所有的人对国家财产的利益相关系数 $C_q' \approx C_L' \approx 0$，均几乎为零，对国家财产漠不关心。因而，国家所有制是一种奇怪的，"悬在空中"的所有制。国家财产几乎与每一个人分离开来，形成一个孤立于世人之外的庞大的怪物。人人都没有财产，这就是国家所有制！

政府官员、企业的经营者、工人乃至所有的人对企业的利益相关系数及职业利益相关系数均为：$C_{ii} \approx C_q^i \approx C_L^i \approx 0$、非常低下，通过生产、增加企业财富来获利难乎其难，也无法产生出保护企业不受利益侵害的力量，对国家财产的利益侵害异常容易、而且安全。

利益追求总是要替自己找到出路，无论政府官员、还是国企负责人，甚至普通劳动者，于是，对国家财产的侵害无法遏制。"天下熙熙，皆为利来；天下攘攘，皆为利往"。不同于资本主义社会中，人们忙于生产、经营、销售，而是熙熙攘攘地忙于掠夺、瓜分国家财产，造成消费恶性膨胀、生产日趋萎缩、通货膨胀无法抑制，人心惶惶、一片混乱！

国家所有制远非一种稳态的所有制形式，它从一出现就自发地走向瓦解！

随着时间的推移，"国家代表人民所有"、特权阶层凭借手中对国家财产的管理、支配权，不断地侵吞国家财产、日益强化自己的实力、特权、财产；公共利益向量　越来越指向国家所有制瓦解的方向；这种侵害在每个阶层都大量、不断地、日甚一日地发生，汇成一股无可抵挡的"洪流"，使国家财产私有化。按支配权的大小、掠夺手段的高下、关系网的利用手段的巧拙，分出雌雄，整个社会日益呈现出越来越严重的贫富分化。最终，空洞的国家所有制就演化成官僚资本主义私有制、官僚演化成官僚资本家；广大的劳动者成为名符其实的"无产阶级"，贫富分化越发严重。

然而，在这一过程中，由于贫富分化、利益侵害加剧造成的社会中广泛而又深刻的矛盾必然日趋尖锐，会出现反对这种趋势的力量，斗争的结果有可能把国家所有制引向一种新的所有制形式——在职职工所有制。（注：实际更大的可能是各方力量斗争和妥协的结果，即一种混合股份制。）

无论我们有没有意识到问题的严重性、承认不承认这一事实，国家所有制的末日来临了。国家所有制日趋瓦解的趋势在我们周围不断发生、发展、无法阻挡，就象春天里的残雪，逐渐消融。总有一天，这种趋势将汇成不可逆转、令人震撼的洪流，使社会发生巨大变革。

第十九节　承包制与租赁制的困惑

在承包制或租赁制下，承包者或租赁者虽从经营中获利，但企业并不属于他们，他们与企业的关系是暂时的、而不可能是永久的，他们有对企业利益侵害、化公为私的趋势。

经营者的行为是否规范，是否对企业、国家财产构成侵害，取决于发包者的约束力的大小，而发包者为政府官员，他们对国家财产的经营状况漠不关心、对企业财产和利润不关心，无法形成足够的约束力量。许多企业，在承包期内，经营者为提高利润，拼命使用设备、机器从不大修，官僚们对此麻木不仁、姑息纵容。承包期内指标不兑现者，按合同规定，本应处罚；但与发包者无利益关系，他们往往不愿得罪人，不予处罚。如武汉的几家承包企业，承包期满，未完成合同指标，没有一个受罚；相反，因在报上公布了应受罚人名单，主管部门反倒要向承包人道歉；对完成或超额完成指标的人，不履行承包合同上规定的报酬。

国家所有制下的经济如同一个人头顶上用一丝细线悬着一块巨石，每时每刻都有掉下来的危险。承包制、租赁制只把线的一小部分换成绳子，殊不知：线还是要在最细处断裂的！

第八章　在職職工固定分層股份所有制經濟

注：這是一種僅僅存在於理論上的所有制模式。在現實中，因為人們對個人利益最大化的追求，與理論上"最大經濟動力分布"規律的要求存在很大差距，因此，實際上無法實現；但是，現實的選擇更可能出現的是各方經過利益鬥爭和妥協，而形成一些中間狀態。隨著"腦的協作"的發展，客觀上對經濟動力的要求將不斷提高，將會出現現實模式向與理論模型不斷逼近的趨勢。在這裏，我們僅將它作為一種最優化的理論模型的純理論探討，至少"看起來很美"。

第一節　在職職工所有制的選擇

在國家所有制下，國家財產遠離大家、成為"無主財產"，人們對國家財產漠不關心、社會經濟發展動力極端匱乏、對國家財產的侵害無法遏制，國家財產迅速被瓜分、浪費、破壞，經濟社會化停滯於極低的水平上，整個社會經濟日趨停滯、倒退。國家所有制經濟一天一天地走向崩潰。

即使任其自然發展，國家所有制同樣會蛻變為官僚資本主義。難道我們沒有別的選擇嗎？不！與國家資本主義社會中：極少數官僚資本壟斷社會財產的情形恰恰相反，由社會，從而廣大的勞動者掌握社會財產，使社會財產日益真實地與廣大勞動者結合起來，成為真正的"社會"主義。這就是"在職職工所有制"。

无论是在职职工所有制、还是"官僚"资本主义私有制，它们的建立都必然经过一个过渡过程，这一过程事实上是一个极其广泛而又深刻的利益侵害的过程，社会生产力必然遭受很大的损害与浪费，社会经济发展蒙受巨大破坏，历史给我们的任务是如何加速、缩短这一过程，如何减少社会经济的损失。

选择官僚资本主义，将会使社会中最广大的劳动者遭受严重的利益侵害、日趋贫困、加剧贫富分化、往往造成持久的社会动荡，因为贫富分化的加剧，使社会内部矛盾日益激化，很有可能产生社会动乱。官僚资本主义制度的形成过程十分漫长、经济损失巨大，官僚资本的垄断、腐朽与封建特权结合起来，将长期阻碍社会经济的发展。

选择在职职工所有制，社会将日益走向公平、合理、自由，而特权、等级、不平等现象大大减少、贫富差距较小、社会矛盾较缓和、社会经济遭受损失小、过渡时间短，而且将大大推动社会生产力的发展。

第二节 股份制与在职职工所有制

在社会化经济中，社会财产属于不同的所有者占有时，股份制就成了组织社会财产的最佳方式。股份制是一种将不同的所有者的财产组织起来、将绝然不同的所有形式纳入社会化经济的最奇妙的熔合剂。在在职职工所有制下，社会财产与广大劳动者结合起来，必然造成社会财产所有权的分散化；而社会化经济又要求财产的集中与组织使用，能解决这一矛盾的，非股份制莫属！因而，在职职工所有制必然是一种股份制。

通过股份化的方式，我们可以在完全不影响正常生产、经营的情况下，实现社会财产的大规模的迅速转移，通过对股份占有率的变化连续调节，可以连续、平稳地调节所有制成份，使国家所有制向在职职工所有制转化速度具有充分的可调性、所产生的冲击大大减弱。

设一企业总资产共折N股，全体职工人数为m人，共占n股，则企业内职工所拥有的股份占全部股份的总股权为：$Q' = \dfrac{n}{N}$，企业产值V_{mzq}，利润P，每股股息、红利共为G，则$\dfrac{NG}{P} = K_x$，K_x为一常数，$NG = PK_x$。一职工M_j手中股份n_j，则他所得股息、红利总额为$V_{j1} = n_j G = \dfrac{n_j}{N} K_x P$，而

$$P = \frac{p'}{1+p'} V_{mzq}, \quad V_{j1} = \frac{n_j}{N} \frac{p'}{1+p'} K_x V_{mzq},$$

他对企业的原生利益相关系数$C_{jq} = \dfrac{\Delta V_{j1}}{\Delta V_{mzq}} = \dfrac{V_{j1}}{V_{mzq}} = \dfrac{n_j}{N} \dfrac{p'}{1+p'} K_x$，而企业中全体职工对企业的原生利益相关系数$C_{jq}$的平均值为：$C_q' = \dfrac{1}{m} \sum\limits_{j=1}^{m} C_{jq} = \dfrac{K_x p'}{1+p'} \dfrac{1}{mN} \sum\limits_{j=1}^{n} n_j$，又知：全部职工拥有的股权总额为：$n = \sum\limits_{j=1}^{m} n_j$，因而

$$C_q = \frac{K_x p'}{1+p'} \frac{1}{m} \frac{n}{N} = \frac{K_x p'}{1+p'} \frac{Q}{m}.$$

显然，职工拥有的总股权$Q' = \dfrac{n}{N}$愈大、他们对企业的利益相关系数C_q'愈大，但Q'最大为1，即企业所有财产归全体员工所有。C_q'超过临界利益相关系数C_{q0}'时，企业可实现自治。

例如：我们取$p' = 10\%$，$K_x = 0.7$，而$Q' = 1$，m=100

，則 $C_q^{'}$=0.00064>>$C_L^{'}$；比起國家所有制下，利益相關係數有了極大地提高，經濟發展動力也極大提高。設 Q ＝ $\frac{Q^{'}}{m}=\frac{1}{m}\frac{n}{N}$ 為企業職工的人均股權，則 $C_q^{'}=\frac{K_x p^{'}}{1+p^{'}}Q \propto Q$ ，要使企業經濟動力穩定，必須使 $C_q^{'}$ 穩定，就要使 Q 穩定；職工脫離本企業或退休時，會帶走一部分股份，必然使 n 減少、$Q^{'}$ 減少，從而 Q 減少，削弱企業的經營動力；職工若將股份轉讓或賣掉，必然使 n 減小，Q 減小。因而必須規定：這部份股份不得轉讓或買賣，只要職工進入企業，他就擁有這一股份，離開企業，這份股份自行消失，我稱之為"職工固定股份"。

企業之外對企業股份的占有，會使 $Q^{'}$ 減小，Q 減小，應限制企業外對企業股份的占有，以穩定 Q 值。

第三節 強迫自治企業與完全自治企業

假設一個企業的經營完全不受外來人為強制力量干預，則它實現自治的條件僅僅是超出其臨界利益相關係數 $C_{q0}^{'}$ 的利益相關係數 $C_q^{'}$，即 $C_q^{'} > C_{q0}^{'}$。而事實上，臨界利益相關係數 $C_{q0}^{'}$ 的大小隨著企業中經營者、工人對企業的利益相關係數 $C_{jq}^{'}$ 的分佈狀況的變化而變化。

在企業中，$\overrightarrow{I_q} = f\overrightarrow{g}$，$|\overrightarrow{g}|$＝1、是單位利益向量，$\overrightarrow{g}$ 指向企業經濟發展的方向，而 f 是 $C_q^{'}$ 的函數，f 隨 $C_q^{'}$ 的增加而增加，隨 $C_q^{'}$ 減小而減小；f 越大，企業經濟動力越強大、自治狀況越好；反之，f 越小，企業經濟動力越微弱、自治狀況越差，$C_q^{'} \leq C_{q0}^{'}$，f<0，企業就會陷入不治狀態。

假设一企业中共有职工 m 人，职工 M_j 对企业的原生利益相关系数为 $C_{jq} = \dfrac{n_j}{N} \dfrac{p'}{1+p'} K_x$，全体职工对企业的原生利益相关系数的总和为 $\sum\limits_{j=1}^{m} C_{jq} = \dfrac{p' K_x}{1+p'} Q'$，$Q' \leq 1$，显然原生利益相关系数的总和 $\sum\limits_{j=1}^{m} C_{jq}$ 是一个小于1的有限量。因而，在一个企业中原生利益相关系数（以下简称利益相关系数）是一种有限资源，其总和是小于1的常数。

我们研究一下职工 M_j 的行为—在这里，我们假设职工 M_j 的行为是在没有受到其他人的制约的情况下—，其产生 $\overrightarrow{g}$ 方向的利益向量 $\overrightarrow{I_j} = f_j \overrightarrow{g}$，则 f_j 为 C_{jq} 的增函数，C_{jq} 越大，f_j 就越大；反之，C_{jq} 越小，f_j 就越小；$C_{jq} < C_{q0}'$，则 $f_j < 0$。但是，由于一个人力量有限，随着 C_{jq} 的增加，f_j 增大到一定程度就不再增加；同样，随着 C_{jq} 的减小，f_j 减小到一定程度，就不再减小，同时，$C_{jq} > C_{q0}'$ 时，f_j 随 C_{jq} 的增加会越来越慢；另一方面，每个人由于在企业中地位不同、能力不同，所能产生的影响力差别很大，设 $\dfrac{f_j}{f_{max}} = \Psi(C_{jq}) \leq 1$，$f_{jmax}$ 是 M_j 所能产生的最大的、正向的 f_j 的值，对每个员工而言，$\Psi(C_{jq})$ 应当为大致差不多的曲线，$C \geq C_{q0}'$ 时，$\dfrac{d\Psi(C)}{dC} \geq 0, \dfrac{d^2 \Psi(C)}{dC^2} \leq 0$（曲线图见下两页）$f_j = f_{jmax} \dfrac{f_j}{f_{max}} = \Psi(C_{jq}) f_{jmax}$，$f_{jmax}$ 的大小取决于利益人 M_j 在企业中影响力的大小，M_j 影响力越大，f_{jmax} 越大，反之 M_j 影响力越小，f_{jmax} 就越小。

假設 $\sum_{j=1}^{m} C_{jq}$ 不變、且每一個 $C_{jq}=C_q'$ 恆定，而職工 M_j 的 $f_j = f_{jmax} \Psi(C_{jq})$，另一個職工 M_k 的 $f_k=f_{kmax} \Psi(C_{kq})$，$C_{jq}=C_{kq}=C_q'$，$M_j$ 的影響力超過 M_k 的影響力，即 $f_{jmax}>f_{kmax}$，他們的實際影響力的總和為 $f_j+f_k=f_{jmax} \Psi(C_{jq})+f_{kmax} \Psi(C_{kq})$，在二者對企業的利益相關係數的總和 $C_{jq}+C_{kq}=2C_q'$ 不變的情況下，他們的影響力總和何時達最大值呢？

$$f_{jk} = f_j + f_k = f_{jmax} \Psi(C_{jq}) + f_{kmax} \Psi(2C_q' - C_{jq}),$$

在 $C_{jq}=C_{kq}=C_q'$ 附近時，我們考察一下他們的影響力總和 f_{jk} 隨著利益相關係數 C_{jq} 的變化而變化的情況：

$$\frac{df_{jk}}{dC_{jq}} = f_{jmax} \frac{d\Psi(C_{jq})}{dC_{jq}} - f_{kmax} \frac{d\Psi(2C_q-C_{jq})}{dC_{jq}} = \left(f_{jmax} - f_{kmax}\right) \Psi' \Big|_{C_{jq}=C_q'}$$

> 0，令 $\dfrac{df_{jk}}{dC_{jq}}=0$，則可得 $f_{jk}=f_j+f_k=f_{jmax} \Psi(C_{jq}) + f_{kmax} \Psi(2C_q'-C_{jq})$ 最大值的條件：

$$\frac{f_{jmax} d\Psi(C_{jq})}{dC_{jq}} + \frac{f_{kmax} d\Psi(C_{kq})}{dC_{jq}} = 0, \frac{d\Psi(C_{jq})}{d(C_{jq})} = \frac{f_{kmax}}{f_{jmax}} \frac{d\Psi(C_{kq})}{dC_{kq}} < \frac{d\Psi(C_{kq})}{dC_{kq}}$$

，而 $C \geq C_{q0}'$ 時，$\dfrac{d\Psi(C)}{dC} \geq 0, \dfrac{d^2\Psi(C)}{dC^2} \leq 0$，故：$C_{kq} < C_{jq}$

總之，在利益相關係數總和 $\sum_{j=1}^{m} C_{jq}$ 不變的情況下，影響力大的職工 M_j 對企業利益相關係數 C_{jq} 增加一定量 Δ，而影響力小的 M_k 對企業的利益相關係數 C_{kq} 減小一定量 Δ，總的經濟動力 f_{jk} 增量為 $\Delta f_{jk} \approx \left(f_{jmax} - f_{kmax}\right) \Psi' \Big|_{C_{jq}=C_q'} \Delta > 0$，反而使經濟

动力总量增大。因而，按人们在企业中影响力f_{jmax}的大小分布他们对企业的利益相关系数C_{jq}会大大提高企业经济动力，并能降低企业自治所需的C'_{q0}。为什么呢？

我们假设$\overrightarrow{I_{q1}} = f_1 \vec{g}$，$\overrightarrow{I_{q2}} = f_2 \vec{g}$，而对同一个$C'_q$，有$f_1$（$C'_q$）$> f_2$（$C'_q$），则当$f_1=0$时，$f_2<0$，显然，$\overrightarrow{I_{q1}} = f_1 \vec{g}$的临界利益相关系数$C'_{q10}$小于的临界利益相关系数$C'_{q20}$。

由于人们在企业中影响力的大小，按职位高低呈金字塔状分布，因而利益相关系数C_{jq}的分布也应按金字塔状分布，使自治所需的临界利益相关系数C'_{q0}大大降低、企业更易于实现自治、企业自治状况得到改善、经济动力大大提高。

在一个企业中，若$C'_q > C'_{q0}$，则该企业处于自治状态，假设取消任一部分人对企业行为的硬性干预权，但不取消他们的建议、指导、服务，若仍能实现自治，则称之为"完全自治企业"；若不能总是实现自治，则称为"不完全自治企业"。

显然，利益相关系数C_{jq}分布极不均匀的企业几乎都是不完全自治企业，而不完全自治企业一定是分布极不均匀的。资本主义企业就是一种不完全自治企业，它的所有者、经营者对企业的利益相关系数$C_{经q}$、$C_{资q}$很高，工人对企业的利益相关系数$C_{工q}$却小得很，一旦所有者、经营者的决策、经营权被剥夺，又无人接替，企业立即陷入不治状态。极少数人对企业的利益相关系数大大超过临界利益相关系数：$C_{经q}$、$C_{资q} \gg C'_{q0}$，而占绝大多数的工人对企业的利益相关系数远远小于临界利益相关系数：$C_{工q} \ll C'_{q0}$，我称这种状态为"强迫自治状态"。因为这完全是在所有者和经营者强志力压力下实现的自治。

显然，"强迫自治"企业中利益相关系数C_{jq}分布最不均匀，它所需的临界利益相关系数C'_{q0}却很小、因而易于实现自治。

在完全自治企业中，每一个人对企业经营高度负责、对企业利益热切追求，每一个职工的积极性、聪明才智被充分地调动起来，企业发展动力极其充沛、内耗非常小。但是，完全自治企业中利益相关系数C_{jq}分布较均匀，实现自治所需的临界利益相关系数C'_{q0}太高，很难实现，而且随着人数m的增加，人们对企业的利益相关系数$C_q = \dfrac{K_x p' Q}{1+p'} \cdot \dfrac{Q}{m} \propto \dfrac{1}{m}$急剧下降，因而，事实上，此时已根本无法实现自治。在不完全自治企业中，一些人的工作带有被动、强迫性，缺乏充分的主动性、自觉性，经济动力不能充分调动起来，但更易于实现。

完全自治企业是一种理想的自治企业，但是不现实；我们可以实现介乎于完全自治与强迫自治之间的状态——半强迫自治企业，半强迫自治企业中的利益相关系数C_{jq}的分布没有强迫自治企业那么悬殊、完全按影响力大小分布，故所需的临界利益相关系数C'_{q0}大一些，但比起完全自治企业的临界利益相关系数 要小得多。半强迫自治企业的经济动力远高于强迫自治企业。

在半强迫自治企业中，人们的利益相关系数C_{jq}分布按他们在企业中影响力大小分布，呈金字塔状，因而，他们的股权也完全依此分布。

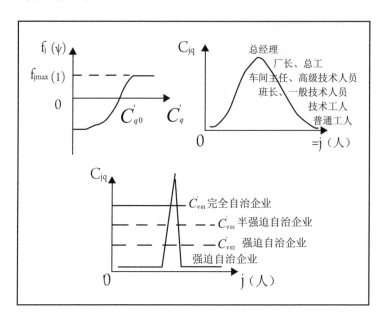

第四节　在职职工所有制企业的分配规律（之一）

在国家所有制下，幻想失败了，那么在社会所有下的自治企业中，分配方式又如何呢？

在半强迫自治企业中，人们对企业利益相关系数 C_q' 较大，强烈地追求企业利益增殖，自然会产生出追求更能促进企业发展的分配模式的强大的利益向量 $\vec{I_q} = f\vec{g}$；企业的分配方式日益走向最佳状况。

我们取两种模式研究：一是"按劳分配"模式；一是"按资分配"模式。若纯粹"按劳分配"，即职工收入与其劳动量成正比，则工人对自己的职业利益相关系数 $C_{ii} = \dfrac{\Delta V_i}{\Delta(V_i + P_i)}$，取剩余价值率 $m = \dfrac{m}{V} = 100\%$，则 $C_{ii} = 0 \cdot 5$，非常高；然而，个人对企业的利益相关系数 $C_{iq} = \dfrac{\Delta V_i}{\Delta V_{mzq}} \approx 0$，极度缺乏整体意识、企业缺乏凝聚力，无法成为自治企业；而现代企业是社会化程度很高的经济体、内部分工严密，各环节衔接、配合要求极高，对每个人的主观能性要求极高，显然，仅有"按劳分配"无法满足要求。若纯粹按股分配，则 $C_q = \dfrac{K_x p' \dot{Q}}{1 + p'} \dfrac{\dot{Q}}{m}$（如 $p' = 10\%$，$K_x = 0.7$，而 $\dot{Q} = 1$，m=100 时，则 $C_q' = 0.00064$），较大，工人对整个企业的各个部分均同样关注、企业凝聚力也比较大，但是职工的职业利益相关系数仅为：$C_{ii} = \dfrac{\Delta V_i}{\Delta(V_i + P_i)} = \dfrac{\Delta V_{mzq}}{\Delta(V_i + P_i)} \dfrac{\Delta V_i}{\Delta V_{mzq}} = C_q' = 0.00064$，很小 [其中的 ΔV_{mzq} 是由 $\Delta(V_i + P_i)$ 转化来的，$\Delta V_{mzq} = \Delta(V_i + C_i + P_i) = \Delta(V_i + P_i)$]，比较起来，完全按股分配情况下的职业利益相关系数 C_{ii} 就太小了，职工工作不卖力、企业生产效率无法提高。

事实上，在在职职工所有制下，职工既是所有者、又是劳动者，这本身就决定了他们的分配既不是纯粹的"按劳分配"、又不是纯粹的"按资分配"，而是二者兼有。既保证较高的职业利益相关系数 C_{ii}，又要保证较大的对企业的利益相关系数 C_q'。

第五节 在职职工所有制企业的分配规律（之二）

随着企业经济规模的扩大、人数m的增加，企业职工对企业的利益相关系数：$C_q' = \dfrac{K_x p'}{1+p'} \dfrac{Q}{m} \propto \dfrac{1}{m}$ 迅速衰减，企业自治难以维持、经营动力越发匮乏、尤其保护企业财产不受侵害的力量迅速减小，这极大地限制了自治企业的经济规模。然而，社会化经济又要求企业经济要充分地、不断地扩大经济规模。这给我们出了一个难题。

在一个在职职工所有制企业中，我们首先假设企业的资产全部归其全体在职职工所有。在企业中，每个职工对企业不同部分的影响力差别极大；一个规模较大的企业，总是由不同的经营、管理层次构成。如总公司下分成若干分公司、分公司下有企业若干、企业又由总厂、分厂、车间、班组、及个人构成。每一个职工对自己所干的工作的影响力最大、具有决定性作用；他对本班组的其他人工作的影响力大为减弱、他对同车间的影响力又大大减弱……，总之，与他"距离"越远、关系越少的地方，他的影响力就越小。随着企业中经济层次的提高、规模的扩大，其影响力也就大大减弱。对于有限资源的利益相关系数 C_{iq} 而言，按职工对企业不同经济层次的影响力大小来分布他们对不同的经济层次的利益相关系数 C_i，才是最经济的、才能够最大地调动企业的经济发展动力。

在常规的股份制下，职工拥有的是企业的股份、分到的是整个企业的利润，对整个企业各处的利益相关系数完全一

致為 C_{iq}、都一樣關心，這顯然大大浪費了極其寶貴的利益相關係數資源，因而是極不經濟的。

首先假定所有職工對企業的影響力均同樣大小，由大到小各層次的人數：m_1、m_2、m_3、$\cdots$、m_n，總共有 n 個層次，$m = m_1$ 為企業總人數，第 n 個層次為個人、$m_n = 1$，在每個層次上，全體職工的影響力總和為"1"，則個人在每個層次上的影響力分別為：$\frac{1}{m_1}$、$\frac{1}{m_2}$、$\cdots$、$\frac{1}{m_n} = 1$，$\frac{1}{m_1} << \frac{1}{m_2} << \cdots << \frac{1}{m_n} = 1$。

我們按照對不同經濟層次的影響力大小的分布來安排工人的注意力、精力，從而決定他們對不同經濟層次利益相關係數的分布，使企業經濟動力達到最大——在這裡，根據第三章，第十四節的推導：

$$\frac{\frac{df(C_i)}{dC_i}}{\frac{df(C_j)}{dC_j}} = \frac{\left|\vec{I}_{w0j}\right|}{\left|\vec{I}_{w0i}\right|}$$

時，二者在同一經濟層次發展方向上的利益向量和達到最大。我們知道對經濟的同一部分的利益相關係數最佳分布與人們對其影響力大小的比值的關係。但是，我目前沒有實驗條件測算出 $f_j = f_{jmax} \Psi(C_{jq})$ 的真實函數，只能用近似的方法處理，而當利益相關係數遠小於 1 時，這種近似與實際情況應該比較接近。即：暫且假設一職工對各層次上的利益相關係數與其影響力大小成正比，待將來有了測試條件，我們再對它進行修正。——近似地，有：$C_1 = \frac{\beta}{m_1}$、$C_2 = \frac{\beta}{m_2}$、$\cdots$、$C_n = \frac{\beta}{m_n}$。

$C_1 = \dfrac{\Delta V_{11}}{\Delta V_{mz1}}$，其中 ΔV_{11} 为第一层次的产值增量 ΔV_{mz1}

带来的个人收入增量；$C_2 = \dfrac{\Delta V_{21} + \Delta V_{22}}{\Delta V_{mz2}}$，$\Delta V_{22}$ 为第二层次

产值增量 ΔV_{mz2} 带来的个人收入增量，ΔV_{21} 为 ΔV_{mzi} 转化

到第一层的 ΔV_{mz1}、然后再由第一层次从 ΔV_{mz2} 分配给个

人收入的增量；$C_i = \dfrac{\Delta V_{i1} + \Delta V_{i2} + \cdots + \Delta V_{ii}}{\Delta V_{mzi}} = \dfrac{\sum\limits_{j=1}^{i} \Delta V_{ij}}{\Delta V_{mzi}}$，$\Delta V_{ij}$ 为

第 j 层产值增量 ΔV_{mzi}，转化成第 i 层产增量 ΔV_{mzi} 所带来

的个人收入增量。其中，$\sum\limits_{j=1}^{i-1} \Delta V_{ij} = \Delta V_{i1} + \Delta V_{i2} + \cdots + \Delta V_{i(i-1)}$

是 ΔV_{mzi} 转化成 $\Delta V_{mz(i-1)}$ 后所带来的全部利益增值，

即 $C_{i-1} = \dfrac{\Delta V_{i1} + \Delta V_{i2} + \cdots + \Delta V_{i(i-1)}}{\Delta V_{mzi}} = \dfrac{\sum\limits_{j=1}^{i-1} \Delta V_{ij}}{\Delta V_{mzi}}$，因而

$C_i = \dfrac{\sum\limits_{j=1}^{i-1} \Delta V_{ij} + \Delta V_{ii}}{\Delta V_{mzi}} = C_{i-1} + \dfrac{\Delta V_{ii}}{\Delta V_{mzi}}$，$\Delta V_{ii} = (C_i - C_{i-1}) \Delta V_{mzi}$，

（$i \geq 2$）。在不同层次上，$\sum\limits_{j=1}^{i-1} \Delta V_{ij}$、$\sum\limits_{j=1}^{i-1} \Delta V_{(i-1)j}$ 发生重复，

如 ΔV_{11} 包含 ΔV_{21}、$\Delta V_{22} + \Delta V_{ii}$ 又包含 $\Delta V_{31} + \Delta V_{32}$、等等。

只有 ΔV_{11}、含 ΔV_{21}、$\cdots$、ΔV_{22} 相互之间无重复关系，工人

收入增量 $\Delta V = \Delta V_{11} + \Delta V_{22} + \cdots + \Delta V_{nn} = \sum\limits_{i=1}^{n} V_{ii} = C_1 \Delta V_{mz1} + \sum\limits_{i=2}^{n} (C_i - C_{i-1}) \Delta V_{mzi}$

$= \dfrac{\beta}{m} \Delta V_{mz1} + \beta \sum\limits_{i=2}^{n} \left(\dfrac{1}{m_i} - \dfrac{1}{m_{i-1}} \right) \Delta V_{mzi}$，而 $\Delta V = \dfrac{\beta}{m} \Delta V_{mz1} + \beta \sum\limits_{i=2}^{n} \left(\dfrac{1}{m_i} - \dfrac{1}{m_{i-1}} \right) \Delta V_{mzi}$

，工人 M_j 的收入為 V_j ，則 $V_j = \dfrac{\beta_j}{m}\Delta V_{mz1} + \beta_j\sum_{i=2}^{n}\left(\dfrac{1}{m_i} - \dfrac{1}{m_{i-1}}\right)\Delta V_{mzi}$

，則 $\beta_j = \dfrac{V_j}{\sum_{i=2}^{n}\left(\dfrac{1}{m_i} - \dfrac{1}{m_{i-1}}\right)V_{mzi} + \dfrac{\Delta V_{mz1}}{m}}$ ，其中 $\dfrac{1}{m_1} << \dfrac{1}{m_2} << \cdots$

$<< \dfrac{1}{m_n}\cdots$ ， $\beta_j \approx \dfrac{V_j}{\sum_{i=1}^{n}\left(\dfrac{\Delta V_{mzi}}{m_i}\right)}$ ，而 $\dfrac{V_{mzi}}{m_i}$ 為第 i 層次上職工人均產

值，一般而言，各層次上人均產生的產值大致相當並與

整個企業中人均創造的產值 $\dfrac{V_{mz}}{m}$ 相當，即： $\dfrac{V_{mzi}}{m_i} \approx \dfrac{V_{mz}}{m}$ ，

$\therefore \beta_j \approx \dfrac{V_j}{n\dfrac{V_{mz}}{m}} = \dfrac{m}{n}\dfrac{V_j}{V_{mz}}$ ， $\beta = \dfrac{1}{m}\sum_{j=1}^{m}\beta_j \approx \dfrac{1}{n}\dfrac{\sum_{j=1}^{m}V_j}{V_{mz}}$ ，而其總收入為：

$$\sum_{j=1}^{m}V_j = V + K_X P = V + K_X p'(C+V), \quad V_{mz} = C + V + P = (C+V)(1 + p')$$

，則企業中人均的 β_j 值為 $\beta \approx \dfrac{1}{n}\dfrac{V + K_X p'(C+V)}{(C+V)(1 + p')}$ ，其中 V 為整

個企業中的純工資的總和（或勞動報酬收入部分）、C 為此時

的企業中全部不變資本的消耗。令 $K_c = \dfrac{C}{V}$ 為資本有機構成，

則有 $\beta \approx \dfrac{1}{n(1 + p')}\left(\dfrac{1}{1 + K_c} + K_X p'\right)$ 。

在第 i 層次上，企業職工對該層次利益相關係數

$C_i = \dfrac{\beta}{m_i} = \dfrac{1}{n}\dfrac{\dfrac{1}{1 + K_c} + K_X p'}{(1 + p')m_i}$ ，事實上 n 並不太大，至多為十幾。

令 n=5， p' =10%， K_c = 19， K_X = 0.7， m=m_1=10000，

m_2=1000，m_3=100，m_4=10，m_5=1，則工人對自己生產的

产值的相关系数：$C_5 = \dfrac{\beta}{m_5} = \beta = \dfrac{1}{5}\left(\dfrac{1}{19+1} + 0.7 \times 10\%\right) \times \dfrac{1}{(1+10\%)} = 0.022$,

职业利益相关系数为：$C_{ii} = \dfrac{\Delta V}{\Delta(V+P)} = \dfrac{V}{V+P} + C_5 = \dfrac{\dfrac{P}{(1+K_c)p'}}{\dfrac{P}{(1+K_c)p'} + P} + C_5 = 0.355$

；对班组：$C_2 = \dfrac{\beta}{m_2} = 0.0022$ 也较高，$C_3 = \dfrac{\beta}{m_3} = 0.00022$,

$C_4 = \dfrac{\beta}{m_4} = 0.000022$，$C_q' = \dfrac{\beta}{m} = 0.0000022$。

而在常规股份制下，即使企业全体职工占有了企业全部股份，职工对企业各层次的利益相关系数均相等为 $C_1 = C_2 = C_3 = C_4 = C_5 = 6.4 \times 10^{-6}$，利益相关系数很小，企业根本无法实现自治。

按企业的不同层次的产值来分配是一种奇妙的分配方式，在这种分配方式下，职工劳动积极性非常之高，在班组、车间等低级层次上，可实现完全自治，职工形成节约、保护班组财产的强大力量，企业的每一处财产均归一定班组掌握，产生出很大的、保护企业财产的力量，另一方面，职工对企业的各层次的利益相关系数也较大，因而整体意识较强。

那么不同班组所形成的车间内的自治、及不同车间构成的分厂、分厂构成的总厂诸如此类的自治是如何实现的呢？因为层次较高，人数大大增加，而利益相关系数就急剧减少，我们知道：班组负责人比班组成员对班组、车间、分厂、乃至总厂的影响力大得多，因而其对班组、车间、企业的利益相关系数分配比例，即 应大大超过其他普通职工，因而其 $\beta_{G4} \gg \beta$，车间主任的分配比例 β_{G3} 又应大大大于班组负

責人的 …… 依此類推：$\beta_{G1} \gg \beta_{G2} \gg \beta_{G3} \gg \beta_{G4} \gg \beta$，而，$C_{G4q} \gg C_{G3q} \gg C_{G2q} \gg C_{G1q} \gg C_q^i$ 對企業的利益相關係數、以及對企業的相應的層次的利益相關係數完全按照每個人在該層次上的影響力的大小來分配，這樣，就形成了車間內：由主任及班組長之間形成的半強迫自治；分廠內：車間主任之間及分廠長之間的半強迫自治；…… 依此類推，在一個龐大的企業內形成了自治。

在這種分配模式下，一個規模很大的企業，其中每個層次中的每個單位均能夠實現自治，本書稱之為「分層自治狀態」。顯而易見，分層自治方式是在職職工所有制下最佳的自治方式；在這種自治方式下，企業的規模可以擴張到很大的規模，而仍能實現充分的自治、經濟動力不減。

在分層自治企業中，分配中既含按勞分配的成份、又包含股份制的分配成份，因而是一種混合的分配方式，它的奇妙處就在於既非純粹的按勞分配、亦非純粹的按資分配。

第六節　分層自治企業的所有制基礎

儘管在半強迫自治企業中，人們對企業的利潤的追求的動力 $\vec{I_q} = f\vec{g}$ 相當大；但是人們首先追求的是個人的利益，當分配方式中有嚴重損害個人利益的情況時，就會引起人們的反對，而無論這種分配方式如何對企業有利，因而，分層自治企業的分配方式必須以相應的所有制為前提。

我们看一下职工 M_j 的收入的构成情况：$V_j = \frac{\beta_j}{m}\Delta V_{mz1} + \beta_j \sum\limits_{i=2}^{n}\left(\frac{1}{m_i} - \frac{1}{m_{i-1}}\right)\Delta V_{mzi}$，$\beta \approx \frac{1}{n(1+p')}\left(\frac{1}{1+K_c} + K_x p'\right)$，

M_j 在第 i 层次上获得的分配为：$\sum\limits_{j=1}^{i}\Delta V_{ij} = \frac{\beta V_{mzi}}{m_i}$，$V_{mzi} \approx \frac{(1+p')P_i}{p'}$，$\sum\limits_{j=1}^{i}\Delta V_{ij} = \frac{1}{n}\left[\frac{1}{(1+K_c)p'} + K_x\right]\frac{P_i}{m_i} = \frac{P_i}{n(1+K_c)p'}\cdot\frac{1}{m_i} + \frac{P_i K_x}{n m_i}$，其中的 $\frac{P_i K_x}{n m_i}$ 等效于股权为 $Q_i = \frac{1}{n m_i}$ 的股份分成，而整个第 i 层次的全体职工、包括管理人员的股权的总额为 $\sum\limits_{j=1}^{m_i}Q_j = m_i Q_i = \frac{1}{n}$；$\frac{P_i}{n(1+K_c)p'}\frac{1}{m_i}$ 等效于工资部分。

这样，我们就可以看到：每个层次上的每个单位，它的资产平分为 n 份，其中一份由其自身占有；第二份由同层次上的其它单位平分；第三份由高一层次上的未分到的单位平分；……

我们不妨假设有一个企业，它包括工厂、车间、班组、个人四个层次，n=4，m= m_1=1000，m_2=100，m_3=10，m_4=1，则普通职工占有自己经营的那份财产的 $\frac{1}{n m_4} = \frac{1}{4}$ 股权；班组中其他员工平分余下的 $\frac{1}{4}$；车间中其它班组平分该班组财产的 $\frac{1}{4}$；工厂中其它车间平分该车间的资产的 $\frac{1}{4}$。

此时，按股分成部分：$V_x = \left[\frac{1}{m}\Delta V_{mz1}\frac{p'}{1+p'} + \sum\limits_{i=2}^{n}\left(\frac{1}{m_i} - \frac{1}{m_{i-1}}\right)\Delta V_{mzi}\frac{p'_i}{1+p'_i}\right]\frac{K_x}{n}$，在第 i 层次上的利益相关系数为 $C_i =$（我们不考虑纯粹按劳分配部分对利益相关系数的影响，

因为它们仅仅与工人的个人劳动量成正比、而与企业各层次的实际经营状况无关，而且职工对除了纯工资部分之外的部分的利益相关系数丝毫不受它们的影响），而各层次上的利润率与企业总的利润率大致相当：$p_i' \approx p'$，$C_i \approx \dfrac{K_x p'}{n\left(1+p'\right)} \dfrac{1}{m_i}$，按劳分配部份为 V，则总的收入为 $V + V_x$。职工的职业利益相关系数：$C_{ii} = \dfrac{1}{1+m'} + \dfrac{K_x p'}{n\left(1+p'\right)}$，其中 $m' = \dfrac{P}{V}$ 为利润率与纯工资性收入的比值。

令 $m' = 100\%$、$K_x = 0.7$、n＝4、$p' = 10\%$，则 $C_{ii} \approx 0.52$，非常高；同时，人们对企业的整体也很关心，企业实现稳定的分层自治。

我们把分层自治企业中的股份制形式称为"股份分层"制度，"股份分层"制度是一种十分奇妙的在职职工所有制形式，它使企业的分配方式、从而自治方式达到了空前完善的地步，它实现了有限利益相关系数资源下的经济动力的最大化，其中的每个人既尽力于本职工作、又十分关心整体利益，这在资本主义社会是无法达到的，它所能产生的生产力将是我们从未见到过的。

在股份分层制度中，第 i 层的管理者的股份应远远大于（i＋1）层次的个人股份，设 $G_i = \dfrac{\beta_{Gi}}{\beta}$，其中 $G_i \gg 1$，且：$G_1 \gg G_2 \gg \cdots \gg G_{n-1} \gg 1$，技术人员根据他负责的层次依此类推，应与同级别的管理者的股权相当；i 层管理者持股为 $Q_{iGj} = \dfrac{G_i Q'}{n m_j}$，$Q_{ij} = \dfrac{Q'}{n m_j}$，其中 Q' 大致为整个企业中职工所拥有的总股权，$Q^{'} = \dfrac{n}{N}$。

在前面，我们讨论的是 $Q^{'} = \dfrac{n}{N} = 1$，即企业财产全部由企业全体在职职工所有的情况下的利益相关系数的分布状态；而实际上，$Q^{'}$往往小于1，此时，前面所讨论的对企业各个层次的利益相关系数会因此而与 $Q^{'}$ 成正比地相应下降，实际的利益相关系数为 $C_i = \dfrac{K_x p_i}{n(1 + p_i^{'})} \dfrac{1}{m} Q^{'}$。

显然，分层所有制不同于常规股份制，它是"职工固定股份"、不得转让或买卖，职工脱离企业，则其所拥有的"职工固定股份"将自行消失。

第七节　股份分层的破坏因素及抑制措施

在股份分层所有制企业中，企业对外发行股票，会使企业全体职工拥有的本企业股权总额 $Q^{'} = \dfrac{n}{N}$ 下降，整个企业各层次的利益相关系数 $C_i \approx \dfrac{K_x p^{'}}{n(1 + p^{'})} \dfrac{1}{m_i} Q^{'} \propto Q^{'}$ 普遍随之下降，这势必降低企业经济动力，破坏企业的分层自治；自治企业追求其最佳经营状态、追求经济动力，必然会自觉地限制外部占有的企业股份 Q_o 的增长，为抑制这种破坏，必须规定企业对外发行的股份在企业总股份中所占的最高比例 $Q_{O\max}$，以保证企业分层自治的实现。

职工购买本企业股票，若数量不大，问题不大；若太大，就会使利益相关系数在企业内的分布状态发生畸变，偏離最佳狀態，因而，應限制在一定範圍內。

常規股票是對整個企業的，但職工購股，不應是常規股，必須按分層方式分解於各層次，以維持其利益相關係數C_i分布的恰當。凡是內部聯結緊密的企業，其內部各部分不應有權發行股票，只能發行整個大企業股票；職工購的是大企業股票，但按$C_i \propto \dfrac{1}{m_i}$的關係分配到企業的各個層次上；企業各層次的積累資金不准許自作主張，在整個企業中算作該單位的全體職工認購的股份，並按固定股份的模式分配給該單位職工。企業中各基本單位的購股速度應協調，以免破壞C_i的分布。

當職工脫離本企業時，他們帶走自己購買的股票會降低企業中職工所占有的總股權Q'，長此下去，就會大大削弱Q'，因而，企業須規定：職工離開企業，他認購的股份若超出當時企業外私人認購股票的限額，超出部分由企業高價購回。

總之，既要保持利益相關係數C_i的水平不至於大幅度降低、又要保持C_i在各層次上恰當的比例，不同職工之間的比例的穩定、恰當，從而確保企業經濟動力始終旺盛、始終處於較好的分層自治狀態。

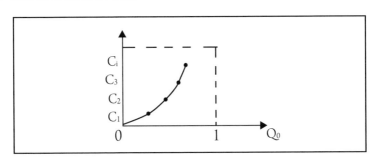

第八节　分层自治企业中的不平等竞争及改善

在同一企业中，由于设备先进、落后程度不一，在等量劳动下，人们创造的价值V＋P不同，这就会造成机会的不均等现象；工人争用好设备、争干好工种，这会造成纠纷、削弱企业的经济动力；另一方面，劳动力的安置、调整困难，使劳动力、设备的配置不合理，从而降低生产效率。

要解决这一问题，必须使劳动者在不同的部分、使用不同设备、干不同工种，均有同等的获利机会。即在相同的外部条件下、在同等劳动熟炼程度和劳动强度下、在需要技术水平相当的条件下、工人劳动相同的时间，劳动所创造的价值在企业内应相当。

我们取在一设备A上，在上述条件下，在单位劳动时间内一工人创造的价值为：$W_{A0} = V_{A0} + P_{A0}$ 为A的产出率；设在工资计算时间（t）内，企业创造价值：$\sum_{i=1}^{m}(V_i + P_i)$，企业人均创造的价值为 $\dfrac{\sum_{i=1}^{m}(V_i + P_i)}{m}$，在单位时间内，人均创造价值为：$W_0 = \dfrac{\sum_{i=1}^{m}(V_i + P_i)}{mt}$，与 应当相当，即工人用设备A创造 $W_A = V_A + P_A$，则他的工资应该为：$V = (V_A + P_A)\dfrac{W_0}{W_{A0}}V_0$，$V_0$ 为企业在单位时间的平均工资水平，$D_A = \dfrac{W_0}{W_{A0}}$ 为设备A"工资当量系数"，$V_D = V_A\dfrac{W_0}{W_{A0}} = V_A D_A$、$P_D = P_A D_A$，$W_A = V_A + P_A$ 为A设备的真实产出值，这样，收入修正值为：

$$V_\Sigma = V_D + \left[\frac{1}{m}P_{Dq} + \sum_{i=2}^{n}\left(\frac{1}{m_i} - \frac{1}{m_{i-1}}\right)P_{Di}\right]\frac{K_X}{n}。$$

其中，$P_{Di} = \sum_{j=1}^{m_i} P_{Dij} = \sum_{j=1}^{m_i} P_{ij} D_j$ 为一职工所在的第 i 层次上的所有职工创造利润当量值总额，$V_{Dj} = V_j D_j$。

对于不同设备，如 A、B，在工人等量劳动下，$W_{A0} \rangle W_{B0}$，按 W_{A0}、W_{B0} 计算的按劳分配部分：$\dfrac{V_A}{V_B} = \dfrac{W_{B0}}{W_{A0}}$，经校正：

$V_{DA} = V_A \dfrac{W_0}{W_{A0}}$、$V_{DB} = V_B \dfrac{W_0}{W_{B0}}$，$\dfrac{V_{DA}}{V_{DB}} = 1$，恰好等价；利润也如此：$\dfrac{P_{DA}}{P_{DB}} = 1$，因而，能够实现企业内部的获利机会较均等。使企业设备、人员容易达到最佳匹配，生产积极性提高、经济动力提高。

第九节　在职职工所有制企业中的权力制约

在在职职工所有制下，企业财产主要归全体在职职工所有，我们假设为归全体职工所有。虽然经理等管理人员在企业中占有一个"固定股份"，但企业并不属于他们，他们拥有比所有权大得多的管理权和财产支配权，这就使他们难免有一种将企业财产转化为个人利益、侵吞企业财产、扩大个人特权和势力的欲望与趋势；企业的一般职工则产生出保护自己利益和权利、限制管理人员支配权的力量，这两种力量的较量，决定了企业的发展趋势。

当企业的管理人员对企业的支配力量远远超过职工的保护力量时，企业就会逐渐转化为管理人员的私人财产、职工利益受到严重侵害，无心生产、整个企业人心涣散、经济动力日益破坏，使企业陷入崩溃状态。

当职工的力量大于管理者、或至少与之相当时，他们就有力地抑制管理者的特权、罢免损公肥私的管理者，通过正当的民主程序控制、约束管理者的行为，使之促进经济发展；而管理者为保住自己的地位，不敢损害工人的利益、尽心发展生产、努力经营企业，使企业能够稳定、健康地发展。

在一个较大的企业中，如人数m=1000，人均股权Q=0.001，如果没有实现分层自治，则职工对企业的每一个部分的利益相关系数相等，且均为：$C_q^i = \frac{1}{m}\frac{K_x p^{'}}{1+p^{'}} = 0.000636$（假设 $K_x = 0.7, p^{'} = 10\%$），较小，根本无法产生出足够大的保护企业财产、维护自己利益的力量。

而在分层自治企业中，如，n=4，m=m$_1$=1000，m$_2$=100，m$_3$=10，m$_4$=1，普通员工在自己生产范围内股权达到1/4，班组中占0•025，非常多；车间中占0•0025，每个人既有充分的发言权，对自己经营的、自己所在班组的、自己所在车间的财产也有很大的支配权和保护权，强有力地抑制了管理者的支配权；同时，（不考虑按劳分配部分对利益相关系数的影响，因为它仅取决于个人劳动量、与各层次的经营状况无关），$C_4 \approx \frac{K_x p^{'}}{n(1+p^{'})} = \frac{K_x p^{'}}{n(1+p^{'})} \approx 0.016$，极大、$C_3$ $\approx \frac{K_x p^{'}}{n(1+p^{'})}\frac{1}{m_3} = 0.0016$，较大、$C_2 \approx 0.00016$，也较大、$C_4$ ≈ 0.000016，仍然比较大，企业财产保护力量极大，有力地限制了企业管理者对企业财产的侵害；越向基层，其凝聚力越大，形成极大的自下而上的民主力量。因而，只有在分层自治状态下，管理者的利益向量 $\overrightarrow{I_G}$ 才会远小于企业公共利益

向量 $\vec{I_q} = f\vec{g}$，企业的公共利益向量 $\vec{I_q}$ 完全支配了管理者的利益向量 $\vec{I_G}$，使之始终如一地追求经济的发展，企业才能实现民主、稳定、健康地发展。

第十节　在职职工所有制中的竞争

在在职职工所有制下，企业处于分层自治状态，它积极地追求利润；由于市场需求有限，而且市场健康发展、日臻完善，价值规律能够正常地起作用，因而各企业之间的竞争自然就十分激烈。企业经营状况好，产品质量高、品种新、性能好、成本低，其竞争实力就十分强大、日益占据优势，利润迅速增长、职工收入大增，皆大欢喜；相反，企业经营差、产品质量低、劳动生产率低下、成本高，竞争力就丧失，市场日益被别的企业占领、产品卖不掉，形成严重亏损，企业难免破产，大批工人、管理人员失业。企业之间的激烈竞争，使每一个职工面临着经营得好就"发财"、经营不好就"失业"的既给人以强烈诱惑、令人感到异常兴奋、又使人感到极大恐惧的局面，这使员工的视在利益相关系数 C'_{qs} 处在反向状态（$C'_{qs} = C'_{q反}$），从而大大提高了视在利益相关系数 $C'_q s$、极大地激发了企业内部的经济动力，使企业的发展更迅速、走向更经济的状态。

自治企业对自身利益的追求、以及各企业之间日趋白热化的竞争，迫使各企业竭力提高自己的竞争力，对企业设备更新、技术开发、人才投资下大本钱，竞相投资。一企业的

投资增长率 $\dot{I} = \dfrac{\Delta(C+V_0)}{(C+V_0)}$ ，——其中，V_0 为劳动投入量，见本章第十一节——若低于社会平均水平，其市场将日趋缩小、设备日趋落后、陈旧，技术水平落后，劳动生产率难以提高，生产成本高于社会平均值，竞争实力自然下降、利润日趋下降、企业走向亏损、破产；职工收入难以保证、人心浮动、有技术专长的人纷纷离开，加速企业瓦解，从而导致大量职工失业。因而，一般企业均竭力提高自己的竞争实力，投资增长率 $\dot{I}$ 很高、并竭力保持不低于社会平均水平。

企业追求利润、追求自身竞争实力，因而，必然对技术进步极端重视；争夺技术人才成为另一种竞争方式，有专长的技术人才和管理人才工资、待遇很高。

企业积极鼓励职工之间的竞争，工作出色就提薪、晋职，工作不如别人就受处罚、降薪、降职、直到解雇。企业中冗员多，劳动生产率低、成本高、工资开支大、人均收入低，竞争实力差；冗员少、劳动生产率高，成本低，人均收入高，竞争力强。因而，自治企业必然竭力减少冗员，裁减冗员，使失业成为常事。职工之间的竞争也极大提高了职业利益相关系数 C_{ii}。

职工收入、地位的高低，由他们的技术、文化水平决定，这极大地激发了职工、乃至整个社会的举国若狂地学习技术、科学、文化、管理的热情，使文化和教育受到整个社会的极端重视，整个社会文化素质、水平急剧提高，极强劲地推动着整个社会经济的发展。

企业管理人员薪水、地位极高，使竞争者极多、竞争尤为激烈，干得好、企业经营出色，不但职位可保、还可得到诸如升职、加薪的好处；干得不好，就会被人夺去职位、失去高薪和地位、甚至饭碗，这极大提高了管理人员，尤其厂长、经理对自己职业的利益相关系数，迫使他们尽全力去发展企业经济。

在整个企业中，人们强烈地追求经济效益，整个评价系统、人的观念完全统一到经济发展中去，凡职工，无论厂长、还是工人，他的地位、薪水、人们对他的评价均完全以他对企业发展的作用为标准，升职、加薪也以此为准，这样就使竞争十分健康、合理，推动经济迅猛发展。

第十一节　在职职工所有制企业的追求

在分层自治企业中，职工收入 $V_\Sigma = V_D + [\frac{1}{m}P_D + \sum_{i=2}^{n}(\frac{1}{m_i} - \frac{1}{m_{i-1}})P_{Di}]\frac{K_X}{n}$ ，其中包含着利润 P 的一部分，职工们追求自己个人总收入，就必然追求企业各层次的利润；在资本主义制度下，职工追求工资、资本家追求利润，工资、利润截然对立，从而产生劳资对立；而在分层自治企业中，情况截然相反，职工对工资收入的追求与利润的追求巧妙地统一起来，大大强化了企业对利润的追求动机，企业自治状况远远优于资本主义制度下的企业。

由于此时工人的收入构成复杂、研究起来较麻烦，我们不妨将社会的人均单位劳动时间内的工资量记为 K_S，K_S 在一定社会时期内较稳定，一产品包含的社会必要劳动时间的当量值t_{wsi}—参照第六章、第三节—而产品中包含的工资量$V_{0i}=K_S t_{wsi}$，显然$V_{0i} \propto t_{wsi}$，V_{0i}完全可以看成产品中包含的劳动量。因而，我们完全可以十分容易地得出一企业经营好、坏的指标："利润"$P_i=V_{mzi}-V_{0i}-C_i=(C_i+V_i+m_i)-V_{0i}-C_i=(V_i+m_i)-V_{0i}$，而"利润率"$\dot{p_i}=\dfrac{P_i}{C_i+V_{0i}}$—这里的利润、利润率与资本主义社会中的利润、利润率不同，因为资本主义工资不含利润部分，而这里的"工资"包含着部分利润—，（C_i+V_{0i}）为投入生产中的原料、设备等不变资本和劳动总量之和，投资总量带来的利益增殖—利润越高，说明企业经营得越好；反之，就越差。

企业的利润P_i一方面用于职工分配，另一方面用于设备、技术、增加劳动能力投资，设$\dot{I}=\dfrac{\Delta(C+V_0)}{(C+V_0)}$为投资增长率，如果投资增长率$\dot{i}$太高，就会使个人收入$V_i=V_{0i}+P_i-\Delta$（$C+V_0$）下降太多，劳动者受不了，就会强烈要求提高工资水平、降低投资Δ（$C+V_0$），从而降低投资增长率$\dot{i}$；但投资增长率$\dot{i}$低了、低于社会平均水平，企业就会在竞争中被淘汰。这两种力量作用的结果，使投资增长率$\dot{i}$趋于一个较稳定的水平，既不会太高、也不会太低，大致有$K_X P$用于消费，（$1-K_X$）P用于投资，K_X为一常数，投资增长率受企业经营状况决定，企业经营得好、利润就高，投资增长率$\dot{i}$就大；经营差，利润低，投资增长率$\dot{i}$就小。无论是对投资增长率$\dot{i}$的追求，还是对收入总量V_i的追求，本质上是一致的，投资增长率$\dot{i}$代表长远利益、工人个人收入总量V_i是眼前利益。

企業利潤率 p_i' 越高、效益越好、工人的收入就越高；反之，越低。企業投資總是從資本利潤率 p_i' 低於社會平均水平 p_L' 的產業轉移出去、轉到資本利潤率 p_i' 高的產業，這種轉移十分迅速，從而出現各產業資本利潤率 p_i' 趨於平均化的趨勢，即 $\lim\limits_{t\to\infty} p_i' = p_L'$。

在職職工所有制的自治企業的經營是職工追求工資與追求利潤的統一，從長遠上來看，追求的是職工收入的總水平。企業的經營是將職工的利益追求轉化為社會經濟發展動力的過程。

補充政策

管理者和董事會擁有的是虛擬股權，他們的任期是一定的，一旦離任，就不再享有高額虛擬股權。這樣，就會出現將利潤用於投資會降低他們的股息、紅利收入，其後因股權太小又得不到補償的情況，這會使他們對企業的投資行為發生偏離，不情願投資，更情願分配。為糾正這一偏離，應規定：總廠廠長、董事會成員一旦離任，其在任期間因投資而未分到的利潤部分，按其當時的虛擬股權份額所應分配的未分利潤部分，加上銀行利息一次補償給他們，如分配系數為0.7，投資系數就是0.3，他們已經分過了70%利潤的股息、紅利，此時，再將30%利潤的股息、紅利與相應的銀行存款利息分給他們。這樣，就不會干擾他們的正常的投資行為。

第十二节　劳动者的选择

在在职职工所有制下，劳动者持企业的"职工固定股份"，它仅仅由职工与企业的结合关系决定，职工进入企业、股份即随之俱来；职工离开企业、则自行消失。自由发行的股票相比起来较少，企业还可以采取一定措施将职工手中自由股转化为固定股。因而，职工从一企业到另一企业，就不会由财产关系引起与企业的纠纷、利益侵害。在在职职工所有制下，劳动者自然可以自由选择自己的职业、劳动力可自由流动。

企业的职工总是选择工资高的企业，不愿进工资低的企业。一企业的经营状况好、利润率高，工资必高，有技术、特长的劳动者必向这企业流动；一企业状况差、利润率低，工资必低，有技术专长的职工、技术人员、管理人员必纷纷离开，只剩下一些没专长、文化水平低下的无法转移，经营雪上加霜，加速企业瓦解。劳动力的自由流动加快了经济的新陈代射，使经济发展健康、迅速。

人们选择学习工资、待遇高的专业，以便获得从事工资、待遇高的职业；企业则按自己的需要选择不同职业的职工，双方选择的结果是：从事各种职业的工资的社会平均水平由学习的费用、时间、劳动总量和难度决定，各职业之间的工资水平的比例亦趋于固定。当一职业工资水平与社会平均水平的比值低于定比 $\dfrac{K_{si}}{K_s} \langle d_i$ 时，从事该职业的人会感到吃亏，学习从事者急剧减少、劳动力供不应求，工资水平必上涨，达到 $\dfrac{K_{si}}{K_s} = d_i$；相反，一职业 $\dfrac{K_{si}}{K_s} \rangle d_i$，则从事该职业

人增多，劳动力供应量大增、供过于求，工资水平下降达到

$\dfrac{K_{Si}}{K_S} = d_i$。通过折算，一职业的社会必要劳动时间 t'_{wSi} 可折成

当量劳动时间 $t_{wSi} = \dfrac{K_{Si}}{K_S} t'_{wSi} = D_i t'_{wSi}$，$V_i$ 为第 i 种职业在社会上

的平均工资水平下的工资量。

在在职职工所有制下，劳动力虽然具有商品的许多特征，但它不完全是商品。在资本主义制度下，一企业或一产业的工资高于社会平均水平，就说明它需要吸引更多的劳动力；而在在职职工所有制下，一企业或一产业的工资高于社会平均水平，只说明它的资本利润率 p'_i 高于社会平均水平 p'_L，不一定说明它需要吸引劳动力。在资本主义制度下，由于资本家追求利润与职工追求工资水平相对立，全社会工人工资有平均化趋势；而在在职职工所有制下，各企业的工人收入水平并无平均化的趋势。

由于各产业资本利润率 p'_i 平均化趋势和投资率 j 在利润 P 中所占比例的固定，使各产业的平均工资水平有日趋平均化的趋势。在在职职工所有制下，工资的变化与"利润"的变化是一致的。

那些社会上十分紧缺、珍贵的人才，即使陷入困境的企业，也情愿花大价钱聘用，因而在全社会中，他们的工资有平均化的趋势，这使他们的劳动力更具有商品性；而大多数劳动者，收入取决于企业经营状况。

就各企业而言，劳动者工资没有平均化趋势，不是商品；就各个产业而言，劳动者的总的工资水平有日趋平均化的趋势，似乎又是一件商品。

第十三节　在职职工所有制下的市场规律

在在职职工所有制下，企业总是追求自己的利润，使社会中各产业、各种产品的生产的资本利润率 p_i 日趋平均化，各产业、各种产品生产的平均工资水平也随之日趋平均化，各种职业的社会平均工资水平之间的比例日趋稳定、合理。

一种产品的价格 W，其产业平均生产的不变资本消耗 C、可变资本消耗 V_0、产业利润平均值 P，则商品价格为 $W = C + V_0 + P$，$p_i^{'} = \dfrac{P_i}{C_i + V_{0i}}$ 为商品平均利润率，与资本主义制度下情况相仿，有：商品的价格

$$W = V_0\left(1 + p_0^{'}\right) + \left(1 + p_0^{'}\right)\sum_{j=1}^{\infty}\left[\sum_{i1=1}^{K1}\sum_{i2=1}^{K2}\cdots\sum_{ij=1}^{Kj}V_{i1i2\cdots ij}\prod_{m=1}^{j}\left(1 + p_{i1i2\cdots im}^{'}\right)\right]$$

，商品价格中所包含的产业平均工资量趋于平均化：

$$\lim_{t\to\infty}V_{0i} = K_s t_{wSi}，其中 t_{wSi} = \frac{K_{Si}}{K_S}t_{wSi}^{'} = D_i t_{wSi}^{'} 为当量社会$$

必要劳动时间，社会中各产业的利润率趋于社会平均化，因而，各种产品中包含的利润率有：$\lim\limits_{t\to\infty}p_i^{'} = Z_i p_L^{'}$，$\lim\limits_{t\to\infty}W$

$$= K_s t_{wS0}\left(1 + Z_0 p_L^{'}\right) + K_s\left(1 + Z_0 p_L^{'}\right)\sum_{j=1}^{\infty}\left[\sum_{i1=1}^{K1}\sum_{i2=1}^{K2}\cdots\sum_{ij=1}^{Kj}t_{wSi1i2\cdots ij}\prod_{m=1}^{j}\left(1 + Z_{i1i2\cdots im}p_L^{'}\right)\right].$$

在在职职工所有制下，商品的价格 W，$\lim\limits_{t\to\infty}W$

$$= K_s t_{wS0}\left(1 + Z_0 p_L^{'}\right) + K_s\left(1 + Z_0 p_L^{'}\right)\sum_{j=1}^{\infty}\left[\sum_{i1=1}^{K1}\sum_{i2=1}^{K2}\cdots\sum_{ij=1}^{Kj}t_{wSi1i2\cdots ij}\prod_{m=1}^{j}\left(1 + Z_{i1i2\cdots im}p_L^{'}\right)\right]$$

总是趋向一个价值中心

$$W_0 = K_s t_{wS0}\left(1 + Z_0 p_L^{'}\right) + K_s\left(1 + Z_0 p_L^{'}\right)\sum_{j=1}^{\infty}\left[\sum_{i1=1}^{K1}\sum_{i2=1}^{K2}\cdots\sum_{ij=1}^{Kj}t_{wSi1i2\cdots ij}\prod_{m=1}^{j}\left(1 + Z_{i1i2\cdots im}p_L^{'}\right)\right].$$

价值规律正常作用，有效地调节供求平衡。

第十四节　在职职工所有制经济的社会化

在国家所有制下，经济动力的极端匮乏和对利润莫不关心，使企业根本没有动力去推动经济的社会化，而政府无所不在的控制又严重地破坏和阻碍了经济的社会化，使经济社会化程度长期停滞于"手的协作"时代的较低层次上，使社会经济没有发展的可能。

在在职职工所有制下，企业实现分层自治、政府的控制消失，使经济的社会化如鱼得水。

由于经济的社会化是无所不在的微观经济活动，而在职职工所有制下的分层自治，使工人既有极大的劳动积极性、又有充分的整体意识和充分的自主、自治权；对生产过程的了解莫过于深入其中的劳动者了，这使分层自治企业的内部经济社会化自下而上、迅速发展、充分发挥工人的才智，这与资本主义企业中主要依靠经营者来实现的情况有天壤之别，因而必然极大地推动社会经济的社会化，使其发展速度远远超过资本主义社会。

另一方面，随着"脑的协作"迅速取代"手的协作"而占据主导地位，越来越要求充分地发挥劳动者的才智、创造性，经济的发展越来越要求劳动者的自觉、自主；在资本主义企业中，强迫自治的实现完全依靠所有者和经营者的强意志力来推行，经济发展势必越来越受到阻碍；而在在职职工所有制中，自下而上的分层自治，使劳动者的才智、创造性、自主性、自觉性、整体观被极其充分地调动起来，其优越性越来越明显，必然产生出远远超过资本主义的生产力和远远快于资本主义社会的经济社会化。

在在职职工所有制下，企业规模以及社会经济规模总是不断扩张，以满足经济社会化的要求，企业之间迅速走向合并，由于这种合并不象资本主义社会中的牵涉太多的个人所有权而困难较大，在职职工所有制企业的所有权仅仅是在职职工与企业的一种结合关系、而非真正的所有权，合并十分容易、迅速，从而大大推动了经济社会化。

这一切就决定了在在职职工所有制下，经济的社会化比资本主义时代迅速得多；而在"脑的协作"时代，在职职工所有制要比资本主义优越得多；而且随着社会经济的发展，其优越性越来越大。这就决定了"脑的协作"时代，将是在职职工所有制的时代。

在在职职工所有制下，经济社会化自下而上、以前所未有的速度急剧发展，必然产生出巨大发展的生产力，并将人类引入一个崭新的天地！

第十五节　企业分层自治中包含的规律

尽管我们可以让职工们占有全部的企业财产，但是我们却无法提高一个大企业的利益相关系数 C_q'，因为利益相关系数是一种十分有限、稀缺的资源。这样，我们就面临着随着企业经济规模的扩大、职工对企业的利益相关系数 C_q' 迅速衰减、企业飞快地滑入"非自治企业"状态、甚至"不治状态"，经济动力也随之消失，对企业财产的、对企业发展追求力量的严重匮乏。鉴于此，我提出了分层自治企业：股份分層、從而實現分層自治的思想。

分層股份所有制以其神奇的力量，在企業絲毫不增加分配總額的情況下、甚至在全體職工占有企業財產的總比重毫不增加的情況下、極大地提高了企業的經濟發展的動力、極大地提高了企業財產的追求力量和保護力量。避免了因企業規模擴大而引起的企業經濟動力迅速同步衰減、企業保護力量和財富增殖追求力量的衰減。

企業分層自治中到底包含了什麼規律呢？這就是"對利益相關係數這種非常稀缺而又十分寶貴的資源，如何在社會中分配"的問題。即："按人們正常的經濟行為對經濟發生的影響力大小的分布狀況來'分配'人們對社會經濟的各部分的利益相關係數"。我們在絲毫不增加分配總額的情況下、極大地提高了經濟動力。從個人來看，按他對周圍經濟的影響力來分布他對它們的利益相關係數；從不同的人來看，按照他們對經濟的影響力的不同，分配他們之間對經濟的利益相關係數。

按影響力大小的分布狀態來分配人們對經濟的利益相關係數是經濟發展中的普遍規律。在國家所有制下，每個工人、管理人員對自己企業的影響力遠遠超過了對企業之外的影響力、又遠遠超過對國家的影響力、遠遠超過政府官員對企業的影響力；然而，利益相關係數竟然是 $C_{ii} \approx C_q' \approx C_L' \approx 0$ ！遠遠背離了這一規律，社會經濟發展動力極端匱乏，社會經濟發展日趨停滯、瓦解。　在在職職工所有制下，我們並未、也無法提高 $C_L' \approx 0$ ，但可以使 C_q' 大大提高，企業的分層自治使勞動者對社會經濟各個層次的利益相關係數由低層次到高层次、呈递减分布状态，即：$C_n \gg C_{n-1} \gg \cdots \gg C_q^{'} \gg C_L^{'}$，从而极大地激发了社会经济动力、大大强化了企业各层次的自我保护力量，使社会经济稳定、迅速、健康地发展。

我们常常对资本主义世界、尤其发达资本主义国家惊人的活力迷惑不解，其实其中并没什么密秘可言：所有者、经营者对其企业、职业的利益相关系数远远超过了对其它的企业和国家的利益相关系数。而所有者远离生产，却占有主要的利益相关系数资源，这本身就是不经济的、与在职职工所有制的情况是无法相比的。

在原始时代未期，公有制的瓦解也正是因为违背了这一规律，人们对自己从事的工作的利益相关系数与对整个公社的利益相关系数在同一水平上，是多么大的浪费啊！因而，私有制以其不可抗拒的力量击垮了公有制。

而由这一规律派生出不同的利益层次：个人、家庭、企业、企业集团、社区、国家等等。违背这个规律，我们就会遭到"自然"的惩罚：经济停滞、社会动荡、崩溃；自觉地遵循这条规律，会使我们受益无穷。我们攀登社会发展的险峰，就必须拉住这根绳子；放弃它，不但寸步难行、而且会坠入无底深渊，跌得粉身碎骨！

第十六节　贷款与合股

一企业或国家在其经济发展过程中，必然出现接受贷款或投资，及对外贷款或投资的问题。那么贷款与投资，哪一个更好呢？这是一个十分有趣的问题。

在相关的企业之间，如果投资数额在资本总额中所占比重不大，从经济社会化角度考虑，合股比贷款有利得多，因为双方的利益相关系数大大提高，彼此之间的经济联合使技术协作大大发展；当一企业技术比另一企业落后时，接受投资就是精明的选择了，利益相关系数的提高，会使对方十分情愿而主动地向你转让、传授技术和管理经验，由此获得金钱买不到的技术和宝贵经验、人才等好处。今天，我们接受西方发达国家的投资远远比接受贷款强。

如果想打入别国的市场或扩展国际经济社会化，独资孤军深入、毫无内应是不明智的。因为：我们对于外国市场：人生地疏、缺乏了解、缺乏市场基础、缺乏合作环境、缺乏信誉，而对对方国家的民俗、心理偏好、市场需求、供应、竞争对手等一无所知，需花太多不必要的精力；与别人合资，就好办多了，可以直接利用别人现成的市场、销售网络、名声、信誉、声望、合作体系等等；另一方面，外方会主动帮助我们了解各种信息、改进产品、改进宣传和形象。总之，合资使我们在没有迈出一步的情况下，就已跨入对方的市场、占领外国市场，实在是事半功倍！

合股是经济社会化的捷径，而相互的广泛参股，企业之间、行业之间，地区之间、国家之间等等，是经济社会化的必然产物。

如果我们缺乏的仅仅是对方的资本，根本无需对方合作、技术，不妨贷款。

在在职职工所有制下，企业接受国家的投资会严重危害企业经济动力、带来国家对经营的干预、带来腐败，因而远远不如接受贷款。

第十七节　国家股份

在在职职工所有制企业中，国家股份越大，对企业经营的干涉权越大、企业行为越不经济；同时，利益相关系数 C_i

$$\approx \frac{K_x p^{'}}{n\left(1+p^{'}\right)} \frac{1}{m_i} Q^{'}$$ 随企业中全体职工占有的本企业股权 $Q^{'}$ 的减

小而减小，企业经济动力必然随之减小、企业越来越远离自治状态；而且政府会严重地阻碍经济社会化、破坏市场；政府官员以权谋私、贪污腐化、行使特权会严重破坏经济；因而国家股份越小越好。

在国家所有制向在职职工所有制的过渡过程中，起初为了保证过渡的平稳进行、最大程度地减小对社会经济的冲击，国家股份是必要的；但是，随着企业经济动力的建立、企业经营进入正常状态，国家股份就应退出企业，否则只会留下祸根。

第十八节　在职职工所有制下的宏观经济

在在职职工所有制下，分层自治企业追求利润、追求自身经济发展，竞争又迫使它们始终保持较高的投资增长率 i，这极大地限制了消费的增长，使在国家所有制下，因消费恶性膨胀而引发的通货膨胀成为过去。

价值规律的广泛而正常的作用，使各产业、各种产品的生产结构趋于合理化，国家所有制时代的价值规律完全失效的情况一去不复返了。

在资本主义制度下，悬殊的贫富分化使"有效需求"在各种产品的总需求量远未达到"自然饱和"状态之前就饱和了，从而使需求经常过早出现严重不足，总需求小于总供给现象频繁出现，且更为严重。

在资本主义制度下，资本家追求企业利润，工人则追求工资、消费，工人的消费总量的追求与资本家生产总量的追求相互对立；一旦出现有效需求不足，利润率下降，资本家减少投资，这虽然增加了他们的一些消费，但由于资本家人数毕竟很少、而且他们的消费早已趋于饱和，尤为严重的是：资本家投资的减少，必然导致就业总人口的减少、工人工资总量的减少，社会总需求愈加减少，进而投资更少……形成恶性循环，市场急剧萎缩、经济急剧崩溃，这就造成了经济危机。

在在职职工所有制下，企业的经营目的是职工收入水平的增长，因而利润率的下降、市场需求的饱和，会使分层自治企业减少生产投资、将过剩资金转化为职工收入，这必然导致消费的增长，因而社会生产总量与需求总量的发展较均衡。一旦社会的需求总量不足、市场不足、企业利润减少，总投资必减少、投资率下降，必然增加职工收入，社会消费总开支会相应提高，从而带动整个社会的消费增长；同时，生产规模因生产投资的减少而有一定程度缩减或控制，使总供给量相应减少，总需求与总供给实现平衡。尽管需求不足带来一定程度的失业现象，但不会象资本主义社会那样形成恶性循环、导致经济危机。资本主义需求不足带来的是正反馈循环，在职职工所有制则是负反馈循环，如下图：

当社会总需求大于总供给时，供给不足会带来价格上涨、企业利润大幅度提

高，极大地刺激了整个社会的生产投资和经济发展，而投资的增加，必然会限制工资总额增长，从而有效地抑制住消费总量的增长、有效地抑制住需求的恶性膨胀而引发的通货膨胀。

在在职职工所有制下，贫富分化并不严重，社会需求总量的最大值更接近于"自然极限"，即 $\dfrac{D_{max}}{\sum V_{mu0}} \to 1$，有效需求不足发生的频率低于资本主义社会；但是，有限种相互不可替代产品的生产只能带来有限的需求，新产业出现、发展的速度如果太慢，就会随着社会经济的发展，出现整个社会全面的需求不足，引起社会经济发展的全面停滞。

第十九节　在职职工所有制政府的经济职责

伴随着社会经济的社会化，对交通运输、信息传递、存贮、处理的要求越来越高，需要交通运输、信息产业超前发展，国家对这些产业应积极扶持，给予大量低息、无息贷款，减免其税收。

商品经济的发展，越来越要求建立一个充分发达的全社会乃至世界性的全方位的产、供、销的信息网络和信息中心，如此宏大的工程是一般企业所无法独立完成的，国家应给予贷款并组织企业合作完成。

在在职职工所有制下，社会需求总量与供给总量大致均衡；但是，由于开辟新产业、新技术是一种十分艰难、带有极大风险、需要充分勇气的、创造性的活动，需要投入大量的人力、物力、财力，从事者往往为之荡尽家产、耗尽心血，仍一无所获；因而，往往为大多数人不愿接受、新产业的开发和发展总是远远滞后于社会劳动生产率的提高，也就阻碍了不可替代产品种类n的增加；随着社会经济的发展、生产规模的迅速扩张，使社会对现有产业的需求越来越趋于或达到其"自然极限"，对现有产业的社会需求总量日趋饱和、社会经济发展日趋停滞。因而，在在职职工所有制下，国家应优先考虑新产业和新技术的研究、开发、应用、发展；国家应以低息、无息贷款鼓励新产业和新技术的开发、发展；每年拨出占财政总收入一定比例的专款资助新产业发展、新技术的开发研究。对于有发展前途的新产业的创业者、发明者应给予巨额奖励，把他们当成民族英雄看待。在新产业、新技术最初的开发、应用和推广中，应减免其税收。由于新产业、新技术在最初出现时，因不成熟所造成的损失，国家应给予应用企业一定的补贴。

但是，所有产业、企业、国家均应避免入股，因为这会带来干预、低效率、大锅饭、不平等竞争等。新产业的产生、发展，会极大地提高社会总需求的自然极限 $\sum V_{m0i}$、使日趋下降的边际消费倾向 $b = \dfrac{dY}{dC}$ 急剧上升、社会需求总量上升；新产业的投资又会带来就业增加和对旧产业需求的增加，产生的需求总的增加量：$\Delta C = \dfrac{1}{1-b} \Delta Y_N$（$\Delta Y_N$ 为新产业的产值），而由于边际消费倾向 $b = \dfrac{dY}{dC}$ 的提高，ΔC 就大得多了；新的产业的产生将会极方便地开辟出新的出口市场、增加出口、加速社会经济发展和国际之间的经济社会化。新的产业与旧产业融合发展，创造出惊人巨大的经济发展，开发出旧产业本无法生产的高质量、高性能的产品，并扩大对旧产业的需求。

有时，社会经济发展出现过热现象，出现社会需求总量超过社会供给总量、引发通货膨胀，国家应控制货币发行总量、控制信贷规模，但应尽量不去控制消费，因为分层自治企业完全可以自行调节投资和消费的比例关系。中央银行的任务，就是控制货币发行总量、抑制通货膨胀。凯恩斯用通货膨胀来刺激经济发展的办法是不可取的。

国家应根据实际情况，量力制定新的产业、新的技术开发政策，当社会经济发展水平远未达到使需求达到"自然饱和"的程度时，对新产业的研究、开发仍须大力扶持，但贷款规模不应过于铺张、须适度；而当社会的供需大致平衡时，应当适当增加贷款；当社会总需求增长日趋缓慢时，应竭力发展新产业、开发新技术。国家应根据国民消费变化总趋势来调整新产业、新技术的开发投资，通过观察总的边际消费倾向 $b = \dfrac{dY}{dC}$，测算出经济发展适宜时的边际消费倾向 $b = \dfrac{dY}{dC}$ 的最佳值 b_0，一旦 b 值低于 b_0 值、且日趋下降，就立即增加对新产业贷款幅度、相应调整社会经济政策，使之上升至 b_0；而如果 b 高于 b_0，可减少对新产业的投资、避免浪费和对社会经济的损害。

随着社会生产力的高度发展，消费品数量、品种的极大丰富，将会出现人们的"消费时间不足"的现象，这同样会使社会需求总量增长趋于下降；因而，政府应制定法律：根据实际的社会情况来相应缩短人们的工作时间、延长"消费时间"。

当个人消费日趋饱和时，应鼓励组织公共消费、发展公共事业。如空间技术、太空探险、殖民、科学探索及体育竞赛等等。

然而，无论是缩短劳动时间、还是发展公共消费，都必须着眼于社会经济发展的实际水平、量力而行，不能脱离实际；否则，就只会损害社会经济的发展。总之，应该根据社会中总的边际消费倾向 $b = \dfrac{dY}{dC}$ 值，制定政策、使边际消费倾向 $b = \dfrac{dY}{dC}$ 稳定于 b_0 附近。

政府一方面要创造一个公平竞争的环境，一方面要建立一套有效而又经济的社会福利保障制度，给予竞争失败者以起码的生活补助、学习条件，使之重新进入"竞技场"，稳定社会治安；但是，这种保障不能太过份、要让竞争失败者的生活水平远低于成功者；否则，就成了新的大锅饭。社会福利应该保证竞争战场上长期有对手、有比赛，使竞争长期稳定、持续，推动社会经济的发展。

第二十节　在职职工所有制下的政治

在职职工所有制的建立，使最广大的劳动人民第一次掌握社会财产、第一次成为社会财产的主人；公共利益向量$\vec{I_L}$迅速独立、壮大，在国家所有制下，那种公共利益I_L依附于统治利益I_R、一切为统治者的"政治利益"、"国家利益"I_R服务的情况一去不复返了；公共利益I_L摆脱了对统治利益I_R的依附；相反，政府对社会经济所有权、支配权的丧失，使其经济权力越来越小、统治利益I_R越来越依附于公共利益I_L，统治集团R依靠税收、统治利益向量$\vec{I_R}$大大削弱；由于统治利益I_R无法独立并依附于公共利益I_L，公共利益向量$\vec{I_L}$完全支配了统治利益向量$\vec{I_R}$，社会走向民主、平等和自由。

在资本主义制度下，由于贫富分化严重、少数资本家掌握了社会中相当大比例的财产，他们掌握了公共利益向量$\vec{I_L}$中的相当大成份、"民主"在很大程度上是他们的民主；劳资的对立，使劳动者处于被支配地位，在此基础上所实现的民主是有限的。

而在在职职工所有制中，贫富分化并不严重、企业实现分层自治，越往社会基层，利益相关系数 $C_i \approx \dfrac{K_x p}{n(1+p')} \dfrac{1}{m_i} \dfrac{1}{Q}$ 越大，自治、自主状态就越好，工人说话权越大，这种自治自下而上，成为社会经济发展和社会生活坚强的基础，企业自治中民主力量十分强大；尽管企业管理者在生产中有领导权，但他们必须服从于企业利益，即职工的整体利益；否则就会被剥夺领导权、管理权。这就决定了在在职职工所有制下的政治民主是前所未有、高度发展、自下而上的。

社会的民主必然带来法制的空前发达与完善，及社会政治生活中极其广泛的分权，以保障民主。

第二十一节 在职职工所有制下的社会分层自治

在在职职工所有制下，企业实行分层自治、企业的每一部分均有一部分人完成自治，越往基层、自治的力量越大，企业的每一个部分均有其自身独立的利益；企业会不会因此出现分裂呢？各部分会不会各自为政呢？当一个企业的各部分联结紧密、协作关系很强时，不会发生这种情况。因为企业是经济社会化的产物，其内部各车间、班组、个人之间相互协作、联系紧密，构成不可分割的整体；分裂，是对经济社会化的反动，必然产生生产力的极大损失、劳动生产率的下降，分离出的部分无法独立、日趋破产；事实上，企业内部各部分的行为不协调、不一致会引起企业经济的损失，因而，企业中的各部分从其自身利益出发，总是力求团结紧密、步调一致、绝无分裂的可能，反而会大大加速经济的社会化。如果一个企业内各成份之间本来就没有相互什么联系、没有协作关系、是硬塞到一块的，其本身就是伪社会化的产物；分裂不但不会有什么损失、反而提高了生产力、提高劳动积极性，这种分离是正常的、也是必然的。在原始社会未期，原始公社的瓦解就是十分精彩的表演。

因而，企业内部经济社会化是企业实现分层自治的先决条件。

同样，随着各企业之间、大企业与周围的相关中小企业群之间、各产业之间的极其广泛而又深刻的分工协作关系的日益发展和相互之间投资的渗透，在企业集团中、集团之间、产业内、产业之间的广泛的分层自治也会"自然而然"地形成并日趋深化。

整个社会经济的日益深刻的社会化，使整个社会财产越来越紧密地结合成一个有机的整体、各成份之间的相互依赖关系越来越紧密、使整个社会进入一个自下而上的分层自治状态。

在职职工所有制社会通过各级行政首脑的普选制度实现民主政治；每个乡的乡长代表本乡的经济、政治利益；每个县的县长又代表本县的经济、政治利益，……在县中，由各乡之间协调、实现政治自治；在省中，由各县、市之间协调，实现自治；全国则由各省之间协调、实现自治。

每一个政治自治体的首脑仅仅对其所在的辖区的全体人们和法律负责、而无须对高于自己的任何政府负责。每一个层次的重大决策必须由本级人民代表大会通过。在整个社会中，实现分层自治。如一个乡长只对本乡负责，无须对县长或省长、总理等等负责。

任何一种利益侵害，包括各地区之间的侵害，尤其较高层次的自治体对低层次的自治体的侵害，必然要引起被侵害人民的极大不满、严重损害社会经济的发展，不为人民所允许。因而，必须用法律规定各级政府的权限、实行各级政府之间的分权制，抑制、防止高层政府对低层自体的侵害。

要使各乡、县、市、省乃至全国实现分层自治，避免各自治体之间的利益侵害，还需要制定出法律，来确定税收种类、税率，必须通过税收的分配来提高各自治体政府对本辖区的利益相关系数。

首先，须按统一的法定税率T收税，税收按定比关系分别流入乡政府、县政府、区政府、市政府、省政府和中央政府，设国家为一级自治体，省为二级、市三级、县四级、乡五级，设最低级的（m级）自治体中上缴的总税率为T，则它的税分别流入第（m-1）级、（m-2）级……，第1级，设分到第i级政府的率为T_i（m>i），显然$T = T_1 + T_2 + \cdots + T_m = \sum\limits_{i=1}^{m} T_i$，第i级政府获得的税收款额为：$T_i \sum\limits_{j=1}^{n} P_j$，其中$P_j$为各低于其级别的、属于其管辖范围内的第j个自治体的总利润，n为其内部自治体的总数。

第i级政府职员的工资来源于税收总额$T_i \sum\limits_{j=1}^{n} P_j$。我们一方面要监督、控制各级政府的财政开支状况，必须控制其工资总额V_Σ；另一方面，又要提高各级政府职员对自己所属的自治体经济的利益相关系数；同时，要求政府对下辖的自治体经济中每一部分都不偏不倚、平等对待；否则，就会产生机会不均、竞争不公平，对社会构成利益侵害、损害整体经济利益；因而，要求政府官员对下辖的每一个经济自治体的利益相关系数均相等。

首先，要提高各级政府职员对本自治体经济的利益相关系数，就必须使他们的工资、收入与本辖区的利润总额，或者税收总额$T_i\sum\limits_{j=1}^{n}P_j$成定比关系；打破一成不变的、"旱涝保收"的工资制度。其次，要保证他们对整个辖区的经济各部分的利益相关系数均等。假设$V_{\Sigma i}$为第i级自治体中一政府官员的工资总额，则$V_{\Sigma i}=RT_i\sum\limits_{j=1}^{n}P_j$，R<1为一个定值，政府职员的收入应该完全来源于$V_{\Sigma i}$。

我们又知道：要扼制政府机构人员的恶性膨胀，必须控制政府工资总额$V_{\Sigma i}$，因而必须固定政府工资总额$V_{\Sigma i}$，也就必须固定政府工资总额$V_{\Sigma i}$与税收总额$T_i\sum\limits_{j=1}^{n}P_j$的比例关系R，设i级自治体政府职员共k人，政府职员的人均工资为

$$V=\frac{V_{\Sigma i}}{k}=\frac{R}{k}T_i\sum_{j=1}^{n}P_j$$，职员们对全自治体的利益相关系数

$$C=\frac{\Delta V}{\Delta V_{mzi}}=\frac{R}{k}T_i\frac{p_i}{1+p_i}$$，而且他们对本辖区每一处经济的利

益相关系数均相等，因而更能够顾全大局；由于在工资总额$V_{\Sigma i}$一定的情况下，政府人数k越多、人均工资$V=\dfrac{V_{\Sigma i}}{k}$越

少；反之，政府人數越少，人均工資 $V = \dfrac{V_{\sum i}}{k}$ 越高；這就迫使政府官員自覺限制、精簡政府機構，以提高人均收入、從而節約財政開支、提高工作效率。

另一方面，職員人數 k 越多，對本層次自治體狀越少關心、責任心差、工作效率低、利益相關系數 $C = \dfrac{\Delta V}{\Delta V_{mzi}} = \dfrac{R}{k} T_i \dfrac{p_i^{'}}{1 + p_i^{'}} \propto \dfrac{1}{k}$ 就越小；反之，職員人數 k 越少、人們對自治體利益相關系數 $C_i = \dfrac{\Delta V}{\Delta V_{mzi}} = \dfrac{R}{k} T_i \dfrac{p_i^{'}}{1 + p_i^{'}}$ 越大、對其經濟發展越關心、責任心越強、工作效率越高。顯然，由於實行這種控制制度，使政府官員自覺控制、精簡人員，不僅能夠大大節約政府開支、還強化了責任心，官僚、文牘現象會大大減少。自治體中經濟狀況越好、經濟規模越大、利潤越高，政府職員的工資收入 $V = \dfrac{R}{k} T_i \sum_{j=1}^{n} P_j$ 會隨之提高；反之，經濟越差、利潤越低、政府職員的工資收入 $V = \dfrac{R}{k} T_i \sum_{j=1}^{n} P_j$ 隨之降低，因而他們必然盡力去追求本自治體內的整體經濟效益。這就形成了自治體的自治。

稅收按一定比例分別流入各高層及本層自治體的制度，我稱之為"定比分流制度"，在其基礎上建立的政府職員工資總額與稅收呈定比關係。它們既是保護每一社區不受其它社區利益侵害的法律武器，又是使政府關心本轄區的社會經濟、治理社會環境、調節經濟發展，使政府關心經濟整體的、長期的健康發展，使其行為走向健康、規范化的诱导机制，同时又是使政府人员编制的自我"收敛剂"。定比分流制度，使官员对本层次经济的利益相关系数 $C_i = \dfrac{\Delta V}{\Delta V_{mzi}} = \dfrac{R}{k} T_i \dfrac{p_i'}{1 + p_i'}$ 大大提高，从而从低到高，有：社会自治体的层次越高，其辖区的经济总规模越大，其利润总额 $\sum\limits_{j=1}^{n} P_j$ 就越大，又有：政府职员人均工资 $V = \dfrac{R}{k} T_i \sum\limits_{j=1}^{n} P_j$，而其各阶层的政府职员的人均工资基数相差不大，因而必然地：越往社会低层次政府，其人均工资在本辖区的利润总额 $\sum\limits_{j=1}^{n} P_j$ 中所占的比例值 $G_i = \dfrac{R}{k} T_i = \dfrac{V}{\sum\limits_{j=1}^{n} P_j}$ 就越大，而其职员对本辖区经济的利益相关系数 $C_i = G_i \dfrac{p_i'}{1 + p_i'} \propto G_i$ 也就越大：$C_m \gg C_{m-1} \gg \cdots \gg C_2 \gg C_1$，而在整个社会中恰好形成了分层自治，这种自治自下而上、越往下层凝聚力越大。

第二十二节　在职职工所有制下的道德文化、艺术

　　社会经济所有权的日益社会化，经济、政治决策权的日趋民主化，使政府日益丧失了国家所有制下左右风云、操纵一切、控制一切的权势，政府再也无权、也没有力量去强迫人民接受那些充满禁欲主义思想的、虚伪的道德说教了。在职职工所有制的确立，使公共利益向量 L 日益指向保护现有社会制度、推动社会经济发展的方向，国家所有制下的道德危机荡然无存。

在在职职工所有制下，人们对社会经济各层次的利益相关系数 $C_i \approx \dfrac{K_x \, p}{n(1+p)} \cdot \dfrac{1}{m_i} \cdot Q$ 很大、社会经济发展动力空前强大、对社会内部的利益侵害抑制力量极强大，企业成为自治企业，人们对企业的各个层次和对自己的职业的利益相关系数均非常高、而且分布极合理，每个职工都积极追求企业发展、保护企业利益。自然而然地，人们首先崇尚对本职工作的高度责任感、极端认真、刻苦、努力钻研业务的职业道德，崇尚严格遵守职业纪律、规章制度的思想，尊重那些职业道德高尚、遵守纪律，工作勤奋、认真的人；鄙视吊儿郎当、朝三暮四、既无责任心又无职业道德感的人，鄙视不遵守劳动纪律和规章的人。职业道德的广泛而深刻地发展，使在职职工所有制经济不可阻挡地急剧发展、兴旺起来。

与其它任何时代不同，在在职职工所有制下，由于广泛的分层自治，个人成为企业"由部分到整体"、"由下到上"的"主人"，使他们的道德中的整体意识、协作意识和对企业财产保护的意识极强，从而产生出热爱自己工作的岗位、班组、车间、分厂、总厂、公司乃至社区、城市、国家和维护其财产的道德，这种道德无须说教、发自内心，因而极其强大，不但保护各层自治体、还强劲地推动着整个社会经济日趋合理化、社会化、发展日益加快。

在国家所有制下，人人吃大锅饭、谁也不靠谁、谁也不挨谁、谁也不睬谁，人际关系十分麻木；而在在职职工所有制下，社会经济高度社会化，企业的自治使每一个人、企业、城市、省的经济都必须依赖别的个人、企业、城市、省的合作；经济的各部分之间，每个人之间相互依赖、紧密联系，这种关系日益深化，每个人要生存，就必须赢得别人的合作，因而，必须要尊重别人的人格、人权、自由；自己要赢得别人的信任，必须诚实、守信，因而，信誉成为每个人生活的一条极为必要的条件，人们普遍恪守信誉，言必信、行必果，整个社会崇尚这种风尚、鄙视言而无信的人。

在这种合作、依存的关系中，每个人都需要别人帮助，也必须帮助别人，加之高度的工作热情、良好的职业道德驱使人们崇尚主动、热情、友善、开放的美好的道德风尚。

日趋强大的公共利益向量$\vec{I_L}$，使社会日益法制化，有效地抑制社会中利益侵害；人们热切地盼望社会经济的稳定发展，高度社会化的经济中的"放大效应"，使社会对利益侵害过份敏感，因而法制越发发达，人们的思想、意识中也广泛认同并遵守法律，社会道德崇尚遵守法律。

自然道德如旭日东升，强有力地抑制利益侵害、"强制道德"为人们所唾弃。道德约束在利益约束、法律约束面前黯然失色。

极其广泛而又深刻的所有制的社会化，使广大人民日益占有和支配了文化、艺术、出版、传播工具，文化日趋民主化、社会化，得到极其充分的发展。舆论成为人民对各阶层政府、各政治势力和派别的行为的强有力的监督、制约、支配的工具，成为社会政治民主化的必不可少的条件。

文化禁欲主义、道德化被荡涤得干干净净，文化出现空前的繁荣。多种层次、多种形式、生动活泼、真实、深刻、充满人性、充满个性和艺术魅力的、表现广大民众思想生活的大众文化，和满足各种层次的需要、表达各层人民生活和思想的文化，将取代那些空洞、无聊、庸俗、虚伪、远远脱离生活实际的、毫无艺术价值可言的"官僚八股"，文化、艺术为之一新。文化成为人民自我表现、自我娱乐、自我发展、以及探求未知的工具。

社会科学的"雷区"被清理、"禁区"被扫平，社会科学将大大发展，更科学、更真实，一扫过去那种充满唯意志论的、为政治服务的、空洞无知的状态。

第九章 以后的社会及社会发展的趋势

第一节 社会生产力的内涵

所谓生产力，就是人类从自然中获取利益的能力。原始时代的人类在饥饿的驱使下，采集、捕猎。对付较大的动物，他们协作起来、集体行动；奴隶制时代的古雅典，在较大的手工作坊中，奴隶劳动的分工已十分发达，但是，总的来说：在资本主义社会以前的时代，社会生产力主要表现为"个人的"生产力，社会生产力为个人生产力的简单代数和。我们大致可以用如下框图表示：

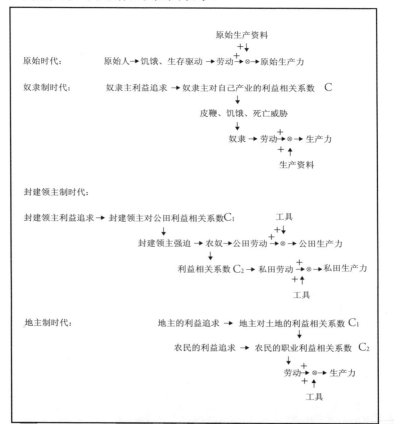

在资本主义时代，经济的高度而急剧社会化，使社会生产力呈现出巨大的飞跃，越来越表现为"社会的生产力"，社会生产力的水平远远超过了每一个人所能单独提供的生产力的总和。在"手的协作"时代，方框图如下：

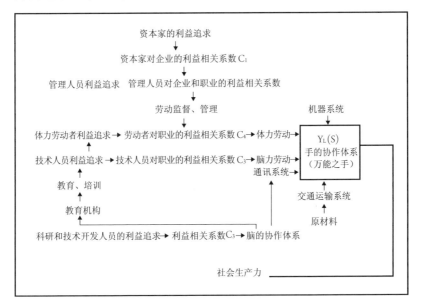

在"脑的协作"时代，脑力劳动成为劳动的主要形式，体力劳动日益消失，"手的协作"体系为自动机器生产系统日益取代。此时，社会生产力的发展必然依赖于"脑的协作"的深化与发展来实现，否则，当社会经济发展到一定技术水平时，就会陷入停滞状态。"脑的协作"时代的社会生产力是：高素质、高水平的劳动者在利益追求的驱动下，通过电子计算机、互联网络、信息处理和通讯系统，共同协作，生产出高效信息产品，这些信息产品又通过庞大的自动生产系统，形成高质量的物质产品。其方框图如下：

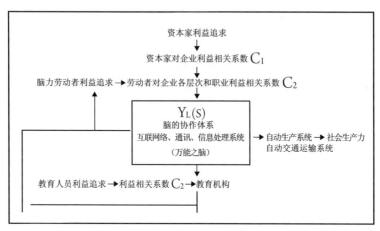

总之，生产力总是在一定的利益追求驱动下的产物，生产力水平的高低首先取决于人们对经济的利益相关系数的分布状态，人们对经济的利益相关系数的分布状态决定了利益追求能在多大程度上转化为生产力发展的动力；在资本主义社会及以后的社会中，社会生产力是在一定的经济社会化程度S下的，在低下的经济社会化程度下，即使有先进的设备、高素质的劳动者和充分的资金和原材料，社会生产力也不可能达到较高水平，这就如同细菌无论如何也无法与高等生物相比拟一样。

第二节　经济动力革命

在"脑的协作"时代，脑力劳动在社会经济中所占的比重和地位越来越高，"手的协作"被自动化生产所取代。

在机器大工业时代，即"手的协作"时代，仅仅通过监督劳动、计件工资就可以贯彻资本家对利润的追求，因为那

时的产品看得见、摸得着，生产简单、重复，产品数量一目
了然、质量大同小异，劳动者的工作简单、重复、被动，无
须多少主动性、更无须劳动者动什么脑筋。

而在此时，劳动者使用"脑"、而不是"手"工作，
劳动产品是新思想、新创意、新技术、新理论，其产品的质
量、数量难于直接观测、难于管理；而产品的质量、数量完
全取决于劳动者的智力和创造力的发挥程度，要求劳动者有
高度的劳动积极性和主观能动性。

"脑的协作"时代的到来和"脑的协作"的日益发展，
社会经济急剧社会化，企业内越来越紧密的协作，要求劳动
者有越来越高的"整体意识"，而"按劳分配"远远无法实
现这一点。（见第八章第四节）

"脑的协作"越是发展，越是需要"每一个"劳动者
有越来越高的经济动力和动力越来越"合理"的分布，这就
要求其对企业经济各部分的利益相关系数的提高和对企业内
各部分经济的利益相关系数由下到上的递减分布状态。必然
地，要求社会逐渐地走向"在职职工所有制"，企业乃至社
会实现"分层自治"。

资本主义经济发展到这一步："脑的协作"充分发展，
占据绝对主导、统治地位时，以往的资本家占有绝大多数社
会财产、劳动者靠出卖劳动力、劳资对立、"按劳分配"，
企业靠资本家和极少管理者的强意志力实现强迫自治、劳动
者远远不能充分发挥劳动积极性和主观能动性、劳动缺乏
整体意识，必将严重地、并越来越严重地阻碍社会经济的发
展。社会经济继续发展，就必须实现社会财产所有制的"社

会化"。无论是从社会经济发展的角度出发、还是从资本家自身利益追求出发，整个社会范围内的经济动力革命都将不可避免地发生。

事实上，现代发达资本主义国家越来越广大的中产阶级的出现，正是这种革命的体现和结果，只是许多人并未真正意识到而已。"经济动力革命"是一场极其广泛而又深刻的、由内到外、由微观到宏观、逐渐发生、潜移默化的革命，它不同于"暴力革命"，但它更坚定、更真实。

"经济动力革命"的结果，是使整个社会逐渐走向"在职职工所有制"社会。比起蒸汽机带来的机器大工业革命，计算机、自动控制、通讯、互联网络的发展带来的"信息革命"，它将更加深刻地改变和影响人类社会，将人类社会引向更高、更快、更新的发展。

"在职职工固定分层股份所有制"、企业乃至整个社会的分层自治将是人类社会的必然发展趋势。

第三节　资本主义企业经济动力的改善

在当代发达资本主义国家中，"脑的协作"越来越代替了"手的协作"而占据了经济社会化的主导地位，企业越来越依靠劳动者的智力和创造力的发挥，因而，要求劳动者的劳动积极性、主动性越来越提高，必然要求他们对自己所服务的企业各经济层次，由近到远、由低层次到高层次的利益相关系数随着"脑的协作"的发展而越来越提高；而企业内部的协作越来越发展、经济社会化程度越来越高、企业越来越凝成一个有机的整体，要求企业中的劳动者要有越来越强烈的整体意识、协作意识，必然要求他们对企业各层次的利益相关系数的分布状态越来越合理，也就要求劳动者对企业各层次的利益相关系数在提高的同时、按照其个人正常经济行为在各层次的经济影响力的大小来分布。那么，如何解决这一问题呢？

当然，这一问题的最终解决是在职职工固定分层股份所有制的实现；但是，在这一矛盾的发展过程之中、矛盾还没有达到足够尖锐化程度时，要求在资本主义国家实现在职职工所有制是不现实的；那么，此时社会经济发展的动力又如何提高呢？

事实上，通过限制劳动者的固定收入、将一部分收入按在职职工所有制分层自治企业的"职工固定股份"的形式来分配、或者企业将一部分利润按照"职工固定股份"的形式分配给职工，这就完全可以在职工收入没有增加多少的情况下，提高他们对企业各经济层次的利益相关系数，从而大大改善企业经济动力状况和企业自治状态，使企业走向类似"分层自治"的状态；此时企业真正的所有者仍然是资本家，职工的"职工固定股份"是虚拟的，我称之为"虚拟股份"。

假设一企业中全部"虚拟股份"总和在企业总资产中所占的"虚拟股权"为 $\overset{\cdot}{Q}$，职工按"虚拟股权"分配的收入部分

为 $V_x = \left[\dfrac{1}{m} \Delta V_{mz1} \dfrac{\overset{\cdot}{p}}{1+\overset{\cdot}{p}} + \sum\limits_{i=2}^{n} \left(\dfrac{1}{m_i} - \dfrac{1}{m_{i-1}} \right) \Delta V_{mzi} \dfrac{\overset{\cdot}{p_i}}{1+\overset{\cdot}{p_i}} \right] \dfrac{K_x}{n} \overset{\cdot}{Q}$ ——参见第

八章第六节一，其中 m、m_i 为企业及其各层次的职工人数、ΔV_{mzi} 为企业各层次的产值、p' 和 p_i' 为企业及其各层次的利润率、n 为企业中从个人到企业的总的层次数，而职工对企业各层次的利益相关系数为 $C_i = \dfrac{K_x p_i'}{n(1+p_i')} \dfrac{1}{m_i} Q'$、得到较大提高，使企业的经济动力系统得到改善；同样，各层次的管理者也随着管理层次的提高而应该使其个人"虚拟股权"相应大大提高、其股权系数 $G_1 \gg G_2 \gg \cdots \gg G_{n-1} \gg 1$，其中 $G_i = \dfrac{\beta_{Gi}}{\beta}$，$\beta_{Gi}$、$\beta$ 分别为各层次的管理者和企业中职工个人人均"虚拟股权"；这样，就使企业大致实现"类分层自治"。

随着资本主义经济的发展，"脑力制胜"所占成份越来越大、"资本制胜"成份越来越小、社会经济发展越来越依赖于劳动者积极性的发挥，需要的虚拟股权 Q' 将越来越大、社会也越来越向在职职工所有制靠近。

第四节　人类社会的经济危机

原始社会末期，剩余产品的经常性地出现使人类摆脱了饥饿和死亡的威胁，然而，饥饿与死亡恰恰是原始生产力存在的原因，极端状态下产生出来的公有制和平均分配以及"大公无私"的道德观念突然失去了依据，人类追求私利的本性使公有制下的经济动力极端匮乏，人类社会进入了第一次经济动力危机状态，最终，导致了原始共产主义的彻底瓦解。

　　奴隶人口来源的日趋枯竭使奴隶社会陷入了经济危机，奴隶毫无经济动力、生产力得不到提高，奴隶人口的大量消耗得不到改善，这种对劳动力人口资源迅速而大量消耗的经济最终因奴隶人口资源的枯竭而自我毁灭。

　　在封建时代，当农业生产力有了较大发展、农业剩余产品和农业剩余劳动大量出现时，工商业发展的迟缓，必然导致大量农业剩余产品无法转化、农业剩余劳动无处使用，出现大量无地、无业"流民"—饥民，而大量的"无用的"农业剩余产品又转化为人口的迅速增长，这更增加了社会的失业人口总量，广泛的利益侵害、土地的掠夺、兼并和买卖更加剧了土地的集中，使贫富分化日益加剧，无地、无业人口急剧膨胀，使社会呈现极其严重的经济危机，并导致农民起义，造成政治危机、社会大动荡；生产力越是发展，农业剩余人口越多，这种危机就越是严重，这就是人类社会最早的产业危机。中国自秦朝以后的两千年的封建历史就是最典型的例子。此时，唯一能够使社会经济摆脱危机的是新的产业的大发展—工商业和分工的大发展，从而过渡到资本主义社会。

　　在资本主义社会中，高度发达的生产力使社会中现有产业迅速走向饱和，而贫富分化又使这种饱和在各产业远远没有达到"自然饱和"状态之前就出现了，需求不足造成产品积压、社会平均资本利润率迅速下降，引起投资的迅速减少，投资减少又引起失业增加、社会工资总量减少，需求更加不足，引起更大的产品积压和利润率的进一步下降，投资更少、失业更多、更大的需求不足……，社会经济呈现恶性循环。缓和经济危机的办法就是随着经济发展，不断地缩小贫富差距，但是，这并不能解决因新的产业发展的迟缓而造成的经济发展的停滞和危机，解决停滞的唯一办法是新产业随着经济发展而相应地不断产生和发展，克服产业危机。

国家所有制经济的经济危机是"先天性的"，极端低下的经济动力使社会经济长期停滞、生产力落后、经济社会化无法实现。对国家财产的掠夺与瓜分的力量远远超过要求经济发展的力量，最终导致国家所有制的崩溃、瓦解，自发地走向官僚资本主义。

在资本主义经济发展到"脑的协作"时代，同样出现越来越严重的"经济动力"不足引起的经济动力危机，因为"脑的协作"越是发展，越是需要劳动者更大的经济动力和经济动力更合理的分布，这就要求：随着"脑的协作"的迅速发展，不断地改善资本主义经济动力系统，社会经济最终"自然"走向"在职职工所有制"；否则，科学研究和技术开发水平发展到一定程度就会停滞不前，生产技术水平停滞于一定程度上就不再提高，新的产业的出现和发展越来越缓慢，生产发展停留于现有产品的简单的数量的增长，社会经济迅速走向停滞和产业危机。

在在职职工所有制经济中，资本主义与国家所有制经济中的一些危机已不存在了，因为，首先：需求不足引起的投资减少反而会增加工资总量，使需求增长；其次，经济动力的"最优化"，使经济发展动力十分充沛。但是，新产业出现和发展的滞后引起的产业危机，同样会引起社会经济发展的停滞，必须使之与社会经济发展保持一定的同步关系。

当在职职工所有制经济充分发展时，由于个人消费能力的限制，又会出现个人需求能力的饱和，现有的、以个人利益追求为动力的社会经济动力系统必然在很大程度上失效，社会又会出现"高级"的危机。另一方面，对于科学和未知世界的探索、人类社会整体发展需求和安全需求，仍然将存在，因此，人类还有对未知的"好奇心"和公利可追求。此时，最能够解决危机的办法也许是人类"基因"的改变，使之象蚂蚁和蜜蜂一样，不再追求私利、而去追求公利。

人类社会就是这样：当社会经济发展到一定程度时，现有的生产方式就不再适合生产力的发展了，就出现了经济危机，经济危机是社会经济的崩溃、倒退。但是，同时又是一个契机，通过社会变革，解决危机，使社会经济走向更高、更新、更快的发展。

生产力发展 → 出现危机 → 社会变革 → 解决危机 → 走向新的、
　　　　↑　　　　 ↓　　　　　　　　　　　　　　　更高的发展

经济崩溃、社会动荡、社会生产力大破坏

第五节　走向统一的世界

对利益的追求，以其无比强大的力量驱动着人类社会向前发展，而社会经济的急剧社会化既是社会发展的表现，又是这种发展的必不可少的条件；社会经济的急剧社会化，要求社会化经济的整体的分工协作的规模越来越扩张，全世界范围内的经济社会化必然越来越迅速、越来越扩张。

　　无论是宗教、信仰、地域、制度的差异，国界的划分，甚至地狱都无法阻挡经济的社会化。不同国家之间的合作迅速发展，对外贸易、投资在整个经济中所占比重急剧上升；交通运输工具的速度与数量迅速提高，全球通讯网、计算机互联网络的迅猛发展，使地球变得越来越小；国家之间的分工、协作、经济关系日益深刻，利益相关系数急剧提高，人员往来无论数量还是速度都在迅速增加；国界在一天天地走向消失，欧洲联盟就是非常明显的例子。

　　另一方面，"手的协作"时代，社会经济发展程度依赖交通运输的发展程度，濒海国家远比内陆国家发达；"脑的协作"越是发展，经济越是依赖于通讯网络、信息产业的发展，而信息、通讯产业的发展并不取决于自然条件；必然地，全球经济发展水平差距将趋于减小，而发达国家对不发达国家的投资、经济渗透、技术交流与贸易又会大大加速这一过程。当这种差距较小时，所有的国门都会打开，贸易壁垒将消失，经济愈加社会化，世界趋于统一。在"脑的协作"时代，经济社会化所带来的社会生产力的巨大飞跃强烈地诱惑着各个国家、各个地区、各个企业和每一个人，以及大国的强大的竞争优势又迫使各个国家和地区迅速走向统一。

　　这种过程比较曲折、路程尚遥远，但是没有任何一种力量能阻挡这种趋势！

第六节　人类社会继续发展的障碍

没有什么能够比战争更迅速、直接、彻底地毁灭经济和人类生存基础、甚至人本身的了，而历史上所有的战争的破坏力都无法与现代社会的两次"世界大战"相比，因为现代社会经济更发达、战争所采用的能量更大、战争人口更多。今天的人类，掌握着足以在瞬息之间将自己毁灭几十次的能量，毁灭的阴影笼罩着人类。

值得庆幸的是：全球经济的社会化，各国之间的日益深刻的经济利益关系，经济社会化带来的增益越来越大的"放大效应"，使现代战争受到了极大的、并越来越大的限制；而战争几乎全部发生在经济社会化的"断面上"，世界经济的社会化，终将消灭地球上的"内战"——如果在此之前，人类还没被毁灭。除了世界经济的社会化，没有什么力量能够阻止人类的自我毁灭！

奴隶社会的文明是寄生在人口掠夺和消耗的基础之上的，文明越是发展、人口消耗就越大，终于将自己毁灭。

而现代文明则是建立在能源、原材料的迅速消耗和环境的破坏基础上的，社会经济越是社会化、生产力水平越高，能源和原材料的消耗速度就越快、数量就越大，环境的污染与破坏就越加剧。绝大多数原材料和能源不可再生。环境的污染与破坏，也许将会有某种程度改善，但不可再生资源在不久的将来，就会先后走向枯竭，这将遏制人类社会的发展，如果在此之前人类找不到新的可供殖民的星球，人类社会将会迅速走向衰落、甚至灭亡。

第七节　人类社会发展的极限

假设人类社会始终未被毁灭，也未因资源枯竭而衰落，那么，它必将走向世界统一，走向全球经济的在职职工所有制，走向自下而上的"分层自治"；社会经济急剧社会化、体力劳动迅速消失，而"脑的协作"体系通过高度发达的全球通讯、互联网络、计算机系统构成"万能之脑"，每一个人脑成为它的脑细胞；所有的自动化生产系统构成了它的"肢体"，代替大工业时代的"手的协作"体系；各种产品令人应接不暇，每一种新产品一出现，很快就会走向饱和，因为生产力发展水平太高了。

然而，新的问题又出现了：由于个人的消费能力的限制，所能消费的速度与产品种类不可能太大，更不可能无限，只能是有限的值；这就决定了个人利益终将走向饱和，个人利益追求不可避免地趋于衰减，而人类社会的经济动力趋于衰竭，个人利益追求将不再有效地推进社会经济的发展了！此时的人类社会发展将因经济动力衰减而趋于停滞。

尽管此时人们之间的利益相关系数十分大、尤其反向利益相关系数极高，但人类的"本能"决定了其对个人利益的追求。人类社会要继续发展，似乎只有依靠"基因"的改变，使人类只追求公利，不再追求私利，因为作为公共需求、社会发展的需要还有极其广阔的发展空间。人类此时，将真正"进化"为"社会"，社会也将变得异常统一和强大。

未来社会不可避免要向空间扩张，而其空间的极限范围取决于空间交通运输、通讯的速度。有部分人类远离"社会"到新的空间去发展，又会开辟出新的"社会"。当交通运输、通讯的速度又有了新的、质的飞跃时，不同的"社会"之间又会出现侵害、社会化、统一。

第八节　可持续发展的经济

在现代资本主义经济中，社会经济越是发展，有效需求不足的问题的出现就越是频繁，这不但会引起社会经济发展的停滞，还会引起投资减少、失业率上升，社会工资总量减少，引起更大的需求不足、投资更进一步减少，失业、破产更多，需求更加不足……，出现经济危机。贫富分化越严重，危机就越严重、发生的频率越高，使社会经济无法发展，必须随着经济发展，不断地缩小贫富分化程度；否则，社会经济就会越来越陷入越来越频繁的动荡之中，不可能发展下去。

新的产业随着经济的发展，不断地相应开发、发展，是社会经济持续发展所必不可少的条件。如果没有新产业的发展，即使社会中贫富分化差距极小，经济也同样会走向停滞；而事实上，需求不足引起的经济动荡、失业、破产，总是加大贫富分化的程度，而新的产业的迅速发展不仅仅能够推动需求的增长，还因大大缓解了需求不足，十分有助于贫富分化差距的缩小，是社会经济持续发展的唯一可行之路。因而，不断地开发和发展新的产业应该作为各国政府的政策倾斜的方向。

"脑的协作"的迅速发展，"脑力制胜"取代"资本制胜"因素，产品生产技术越来越趋于尖端化、复杂化、边缘化，使社会经济的每一步发展越来越依赖于人的智力、积极性、创造力的发挥，要求劳动者要有越来越大的经济动力和动力越来越"合理"的分布，因而，必然要求：随着社会经济发展，资本主义经济动力系统按照"类分层股份"所有的形式不断地改善；否则，社会经济发展就会越来越走向停滞，由此产生的有效需求的不足，又会引发经济危机。

"脑的协作"的发展、对劳动者的智力因素的依赖，要求教育产业越来越充分地发展，各学科、各边缘学科的教育不断地发展；受教育人口越来越多、水平越来越高；经济对人的创造力的越来越强烈的依赖，要求教育不但要培养劳动者的文化、科学、技术素质，还要充分地发掘他们的创造力；否则，社会经济发展同样会走向停滞。

经济社会化，一方面要求交通运输无论是容量、规模，还是速度都迅速发展，成本不断下降；而另一方面，"脑的协作"的飞速发展，要求电子计算机、互联网络、信息高速公路、软件、信息处理、通讯产业越来越充分地发展，无论容量、规模，还是速度，都要超前发展，而成本要求不断地下降；否则，就会使经济社会化受到严重地阻碍，阻碍经济发展。

经济社会化要求经济规模尽可能迅速地不断扩张，世界经济越来越走向紧密协作，要求世界经济越来越走向同步发展，世界市场越来越趋于统一，国界一天天趋于消失；否则，就会阻碍经济社会化，无论发达国家，还是发展中国家都难以发展。

尤为重要的是："脑的协作"对"手的协作"的取代，使经济社会化又有了更加重要的作用，经济社会化意味着更高的科学研究和技术开发能力和科学、技术更加迅速的发展，引起社会生产力的质的飞跃，"手的协作"的社会化仅仅意味着生产力量的渐进的增长；而"脑的协作"时代的经济社会化程度的差异意味着科学和技术水平的质的差别、意味着社会生产力水平的质的差别；而社会化意味着以个人为"脑细胞"的功能越来越分化的"脑组织"的发展，组织中的"细胞群"和"细胞"的功能越来越走向分化，这必然要求参与的大脑越来越多，而其数量就制约、决定着经济社会化程度，因而，决定着社会生产力的水平。高素质脑力劳动者众多的国家，必然占据绝对优势；大国占有巨大的优势。同一地区的不同国家，为了发展、为了竞争、为了不被淘汰，必然走向统一，构成统一的"巨脑"，这种趋势迅速发展，将会出现越来越大的国家，经过一段时间的演化，世界将自然而然地走向统一。

"脑的协作"对"手的协作"的取代，使常规的物质产品生产的重要性象农业一样日益下降—虽然必不可少，发达国家对发展中国家的经济渗透、转移将使生产越来越趋于在原料产地就地生产，因为这样可以大大降低运输成本，而发达国家将越来越趋向于高产值、高利润的"脑的协作"的产业生产。

社会经济的发展，使人类的各种需求越来越迅速地走向饱和，而一切经济最终还是为了满足人类的需要，否则，就无法存在，更不可能发展，因而，社会经济的发展越来越依赖于对人类需求的研究与开发，新兴的"关于人类需求的研究与开发"的边缘学科必将越来越迅速地发展并将成为越来越重要的新兴产业，否则，社会经济在远远没有达到充分发展之前就将走向停滞。

生存空间与资源的限制，要求限制人口的增长，而社会经济的社会化，要求不断扩大的经济规模，因而，要求人口有一定的密度，中国、印度等国家人口密度太大；另一方面，"脑的协作"的发展，要求参加的人口越来越多，如加拿大、澳大利亚等国家地域辽阔，人口却太少，不利于"脑的协作"的发展，将越来越迫切地要求增加人口。最好能够从中国、印度等人口密度高的国家向加拿大、澳大利亚等国家大量地移民。

资源和生存空间的限制，要求人类必须限制人口的增长，否则，不但社会经济无法发展，甚至会使人类走向灭亡。人口增长的控制，仅仅依靠强制是远远不够的；农业人口占多数的国家，其剩余农产品销售困难或价格太低，无处转化，难免又转化为人口的恶性膨胀，这在中国封建历史上，就极其充分地体现出来；只有其它非农产业充分发展了，粮食和其它农产品充分商品化了，才能根除人口的恶性膨胀的肿瘤；否则，人口依然无法控制。

地球上的不可再生资源一天天地、越来越迅速地减少，一方面要求不断地开发新资源；另一方面，要向太空殖民，以获取更多的资源；否则，人类文明将会走向崩溃与毁灭。

工业化对人类生存环境的巨大破坏如果不能受到限制，人类文明发展的结果将是越来越迅速地走向灭亡。对环境的保护，将是人类社会经济可持续发展的先决条件。

第九节　社会制度与利益相关系数 C_L^i 、 C_L^j 的关系坐标图

一个社会中实行专制政治、还是民主政治，民主化程度或专制化程度有多大，社会中的利益侵害有多严重，社会中的人身依附有多严重，社会中有多大限度的人身自由，取决于这个社会中的人们之间的利益相关系数 C_L^i 、 C_L^j 的分布状态。政治民主化程度：

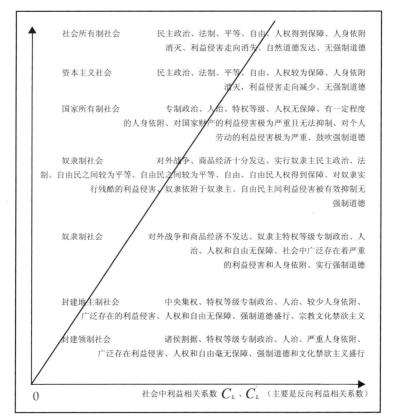

社会所有制社会　民主政治、法制、平等、自由、人权得到保障、人身依附消灭、利益侵害走向消失、自然道德发达、无强制道德

资本主义社会　民主政治、法制、平等、自由、人权较为保障、人身依附消灭，利益侵害走向减少、无强制道德

国家所有制社会　专制政治、人治、特权等级、人权无保障、有一定程度的人身依附、对国家财产的利益侵害极为严重且无法抑制、对个人劳动的利益侵害极为严重、鼓吹强制道德

奴隶制社会　对外战争、商品经济十分发达、实行奴隶主民主政治、法制、自由民之间较为平等、自由民之间较为平等、自由、自由民人权得到保障、对奴隶实行残酷的利益侵害、奴隶依附于奴隶主、自由民间利益侵害被有效抑制无强制道德

奴隶制社会　对外战争和商品经济不发达、奴隶主特权等级专制政治、人治、人权和自由无保障、社会中广泛存在着严重的利益侵害和人身依附、实行强制道德

封建地主制社会　中央集权、特权等级专制政治、人治、较少人身依附、广泛存在的利益侵害、人权和自由无保障、强制道德盛行、宗教文化禁欲主义

封建领制社会　诸侯割据、特权等级专制政治、人治、严重人身依附、广泛存在利益侵害、人权和自由毫无保障、强制道德和文化禁欲主义盛行

0　　　社会中利益相关系数 C_L 、 C_L^i （主要是反向利益相关系数）

政治民主化程度

在国家所有制下，尽管人们之间的利益相关系数 C_L'、C_L' 较高，但是社会财产过分集中于政府手中，使政治无法实现民主；国家财产的"无主性"决定了人们对经济的利益相关系数均匀分布且极端低下，造成无法控制的广泛而深刻的利益侵害。

第十节　各种社会制度下经济动力优劣比较图表

每一种社会制度都有其存在的特定的社会生产力条件，但是，不同的社会制度下，即使在它们发展的鼎盛时期，经济动力的状况也是完全不同的，就如同不同品牌的发动机，即使都是新的，其动力状况和油耗大小也完全不同。

我们不妨假设：当生产关系能够适应生产力发展、或在其最好的状态下时，研究不同社会制度下的经济动力。一个社会的经济动力高低，即在社会中人们对利益的追求能够在多大程度上转化为经济发展的动力—而不是指生产力的实际水平—取决于其中的绝大多数人对利益的追求能够在多大程度上转化为对经济发展的追求，或者说：一个社会中的劳动者对"极为稀缺的对经济的利益相关系数资源"的占有比例和分配是否"按照他们正常的经济行为对经济的影响力的大小的分布状态而分配"，或者离开这一原则有多远。

下面，就是各种社会制度下的经济动力优劣的比较图：

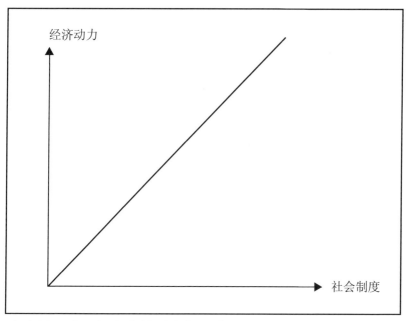

奴隶制 国家所有 领主制 地主制 资本主义 经济动力改善的资本主义
社会所有（在职职工固定分层股份所有制）

公有制与平均分配只能适应于原始的生存斗争状态的极端低下的生产力水平，一旦人们离饥饿与死亡稍微远一些，生产力的发展就完全失去了动力；依靠奴隶主的利益追求驱动，采用暴力、死亡、饥饿强迫奴隶劳动，只能带来低下的奴隶社会生产力水平和生产力发展的停滞；农奴的公田劳动是奴隶劳动的继续，同样效率低下，只有对私田劳动，他们才有很高的利益相关系数，私田劳动带来了劳动工具的改善和生产技术的进步，最终带来了大量的农业剩余产品和农业剩余劳动。

地主制下农民对土地经营的较高的利益相关系数，使农业生产力水平超出了封建社会的容纳范围，大量的农业剩余产品和农业剩余劳动就是证据。

按劳付酬带来的较大的职业利益相关系数和极小的工人对企业各层次的利益相关系数只适合"手的协作"时代的生产力。

在"脑的协作"时代，社会经济对经济动力提高的要求越来越大，要求劳动者对企业的各经济层次的利益相关系数按影响力大小分配并按比例地不断提高，否则，经济就会因缺乏动力而无法发展。

一定的利益相关系数的分布状态，只能适应一定的生产力水平下的经济。经济发展总是要求不断走向更加合理分布的利益相关系数，产生更大的经济动力。

附一 马克思主义经济学公理系统的错误

一、我们应该如何对待马克思主义

马克思主义是科学还是宗教？如果是科学，就需要不断地发展和完善，就需要不断地接受实践检验。牛顿创立了牛顿力学，奠定了经典物理学的基础。但是，爱因斯坦的相对论却修正了牛顿力学，发展了物理学，他们都很伟大，因为推动科学发展的人当然伟大。当然，牛顿更伟大，因为他几乎凭一人之力从无到有地建立了经典力学的大厦，贡献更大。任何一门科学，都需要在实践中不断地发展，不断地完善。不变的只有宗教，诸如圣经、佛经、古兰经。

然而，一些马克思主义理论工作者，面对一些马克思主义无法解释的现象时，不去发展、完善，而是回避现实、歪曲事实，躲到马克思主义的典籍里，在片言只语里寻求答案，这种态度不是对待科学的态度，而完全是信徒对待宗教的态度，这只能给实践带来巨大危害，使马克思主义无法正确指导实践，从而导致马克思主义的彻底边缘化。

马克思确实是一位伟大的思想家，他的"生产力决定生产关系"、"经济基础决定上层建筑"论断是完全正确的，他的理论体系逻辑十分严谨，他对人类社会的认识达到了西方经济学无法企及的高度。但是，马克思主义经济学存在一些致命的问题。其中，最本质的问题是马克思主义经济学的公理系统存在错误，导致了对公有制的错误认识。

二、马克思主义经济学逻辑体系的错误

1、马克思主义关于人的本质的认识的错误

"费尔巴哈把宗教的本质归结于人的本质。但是，人的本质不是单个人所固有的抽象物，在其现实性上，它是一切社会关系的总和。"（《马克思恩格斯选集 第一卷》中共中央马克思恩格斯列宁斯大林著作编译局，1995年6月第2版，第56页）

马克思主义把人的本质归结为一切社会关系的总和，但是，人首先是作为自然个体存在的，无论是人的肉体，还是精神，都是如此。人的思想、自我意识都是独立存在的，马克思完全抹煞了作为人的自然个体的本性，过份强调人与人之间的关系，完全违背了它所奉为真理的辩证唯物主义理论。根据辩证唯物主义理论：对于自然人个体而言，其内在的本质是内因，而"一切社会关系的总和"仅仅是外因，内因对他的行为起着主要的、支配性的作用，而外因是其行为的外部条件、起次要作用。马克思主义在这里却把外因看成决定性的作用，犯了形而上学的错误，使其对人的本质的认识发生了根本性的错误。

什么是本质？本质就是最普遍的、天生就有、不会改变的性质，"一切社会关系的总和" 在不同的社会制度下会发生很大的变化，它们怎么能成为人的本质呢？这事实上就说明马克思主义否认人还有"一切社会关系的总和" 之外的本质，认为人的一切本质都包含在"一切社会关系的总和"之中了。

那么，作为个体的人的本质是什么呢？那就是：利己心，趋利避害；在人与人之间的关系上，首先是爱自己的子女，它们都源于人类的生物属性，在意识产生之前就早已存在。它们也是人类之所以能够存在、发展的原因。没有这两个属性，人类早就灭亡了。也存在对自己父母的爱，但这种爱远远没有父母对子女的爱那么强烈、那么普遍。而一般的亲情就更淡了，甚至常常远远敌不过私利的追求，这也符合生物学原理。

而一般人之间的关系就是利益关系。尽管也有出于同情心的利他行为，但是，这种同情与利己相比力量太微弱了，甚至可以忽略不计。利他行为基本上来源于互利行为，没有互利，利他就无法维持下去。一般而言，人们对周围的事物和人的态度取决于周围事物和人对他的利益影响的好坏和强弱，对于自己利益影响大的会十分关切，对于与自己利益无关的事会充耳不闻，对于有利于自己的事会大力支持，对于威胁自己利益的事会强烈反对。你若对别人好，他不但不领情，反而利用你的好心，你还会对他好吗？你要是对别人总是付出，却总得不到回报，还会继续付出吗？答案是不会！因此，利他实际上是互利，是一种交换关系。

人们完全是以利己为核心出发点，来对待 "一切社会关系的总和" 的；而不是马克思所认为的："一切社会关系的总和"决定了人的本性。

而对于利己心，马克思主义认为：利己心属于意识，归于上层建筑，而上层建筑决定于经济基础，人是否利己取决于所有制。在批判亚当•斯密 《国富论》中关于分工产生的原因说的："是利己心的缘故"时，马克思写道："利己心是一个社会的、历史的范畴，它随着私有制的产生而产生，亚当.斯密一下跳入了逻辑的怪圈之中"，事实上，亚当.斯密是完全正确的。利己心是人的生物属性，**它不属于意识，甚至先于意识产生，动物、植物没有意识，但都有利己的本能，这是它们赖以生存和发展的基础。无论是人类，还是动、植物，如果没有利己的本能早就灭绝了。**

按马克思的逻辑：利己心源于私有制，消灭了私有制，利己心就应该消失。果真如此吗？事实恰恰相反，社会主义公有制建立的结果是利己心不但无法消失，利他行为反而更少。

在研究原始共产主义瓦解的原因时，马克思说：是由于此时个体劳动更有生产力的缘故。马克思认为先有私有制，后有私利的追求。恩格斯在研究摩尔根的《古代社会》时说："这种自然形成的共同体的权力必然要被打破，而且也确实被打破了。不过它是被那种使人感到从一开始就是一种退化，一种离开古代氏族社会的纯朴道德高峰的堕落的势力所打破的。最卑下的利益——无耻的贪欲、狂暴的享受、卑劣的名利欲、对公共财产的自私自利的掠夺——揭开了新的、文明的阶级社会；最卑鄙的手段——偷盗、强制、欺诈、背信——毁灭了古老的没有阶级的氏族社会，把它引向崩溃。"（中共中央马克思恩格斯列宁斯大林著作编译局编，《马克思恩格斯选集 第四卷》，1995年6月第2版，第96页）也就是说：利己心瓦解了公有制，而不是马克思所说的：私有制带来了利己心。他们的相互矛盾，正证明了马克思判断的错误；而人的利己心是天然的，不受所有制决定的。

"但我们不要忘记，这种组织是注定要灭亡的。它没有超出部落的范围；部落联盟的建立就已经标志着这种组织开始崩溃，这一点我们在后面将会看到，易洛魁人征服其他部落的企图也表明了这一点。**凡是部落以外的，便是不受法律保护的。在没有明确的和平条约的地方，部落与部落之间便存在着战争，**而且这种战争进行得很残酷，使别的动物无法和人类相比，只是到后来，才因物质利益的影响而缓和一些。全盛时期的氏族制度，如我们在美洲所见的，其前提是生产极不发展，因而广大地区内人口极度稀少；因此，人类差不多完全受着同他异己地对立着的、不可理解的外部大自然的支配，这也就反映在幼稚的宗教观念中。部落始终是人们的界限，无论对别一部落的人来说或者对他们自己来说都是如此：部落、氏族及其制度，都是神圣而不可侵犯的，都是自然所赋予的最高权力，个人在感情、思想和行动上始终是无条件服从的。这个时代的人们、虽然使人感到值得赞叹，他们彼此并没有差别，他们都仍依存于——用马克思的话说——自然形成的共同体的脐带。"（《马克思恩格斯选集 第四卷》p96）

总之，恩格斯研究的结论是：1、原始人类同样是利己的；2、原始公有制是极不稳定的，只有在极端落后状态下才稳定的。3、是利己心导致公有制瓦解，而不是马克思所认为的：私有制带来利己心。

恩格斯是研究了摩尔根的《古代社会》后，才得出结论的；马克思的结论从何而来，从无说明，更大的可能，是从其憎恨当时社会，进而憎恨私有制的思想出发，根据自己的主观愿望所臆想的。因此，恩格斯的研究更值得相信。

而且，如果真如马克思所说：他们的本性是"大公无私"的，那么，就不会有部落内外的分别，不会攻打其它部落，更不会去残杀和吃掉同类。

事实上，那时人类的生存条件极端恶劣，始终面临着饥饿、猛兽侵袭所带来的死亡危胁，靠个人是无法生存的，人们必须依赖集体的力量生存，而集体的力量的任何削弱都可能带来整个部落的毁灭。此时，为求生存只能共产、只能追求公利。此时，也没什么利益概念——原始人常把吃不完的猎物放掉——，最大的利益就是能活下去！追求公利是唯一能实现利益的途径。一个人多吃一口，就会使其他人挨饿，集体力量就会削弱，个人就更难以生存，因此，只能共产，只能平分食物。

事实证明，人的利己心并不受所有制决定，也就是说不受"一切社会关系的总和"决定，而是人类与生俱来的本性，它是"一切社会关系的总和"的核心出发点，而人的本质也绝不是"一切社会关系的总和"，马克思主义这样看待、忽视作为个体的人的本质，完全割裂、歪曲了人性，只能导出错误的结论，就使它无法正确认识人类是如何推动社会发展的了。

2、马克思主义对生产力的错误认识

马克思主义认为："人的本质是一切社会关系的总

和"，而"一切社会关系中最重要的、最根本的是生产关系"，这样，人的本质就是受生产关系决定的，生产力又决定生产关系，而经济基础决定上层建筑。这样，马克思主义的必然结论是：生产力决定了一切，生产力决定了人的本质，生产力决定了人是否利己，生产力是社会发展的根本动力。**这样，马克思主义就必然造出一个独立于人类之外的，决定人类本质的神——"生产力"。**

而生产力的核心是"人"，是"人"使生产力存在，是"人"使生产力能够发展。在这种错误的公理系统下的马克思主义，事实上已经无法认识：人是如何使生产力发展的了。当生产力被他敬上神坛之后，生产力存在和发展的根本原因——"人"的作用就被抹煞，生产力就成了"独立发展的自在之物"了，就再也无法认识生产力发展的条件了。

对于人来说，他的本质就是利己、趋利避害，而利己必然导致对个人利益的追求，利益追求是人以获得利益为目的的实践活动，而生产是人们从自然中获得利益的唯一途径，它是利益追求的一种方式，生产力不过是人们从自然中获得利益的能力，发展生产力也是为获得更多利益，同样是人的利益追求的一种方式。

生产力决定生产关系；生产力、生产关系决定上层建筑；生产力、生产关系能够改变人。这些论断都是十分正确的。但是，**改变的只是人们的一些社会属性，或曰外在属性；人的内在属性，或曰本质——利己心是不可能改变的，它不是意识形态，不属于上层建筑，而是人的生物属性；利己心、趋利避害，是人类，乃至整个生物界各种物种赖以生**

存和发展的根本原因。

在马克思主义经济学里，只要生产关系适合生产力发展，生产力就会发展；但是，人的作用在此完全被抛开了。人们之所以生产，是为了获得利益，而不是为了生产力；人们之所以发展生产力，是为了获得更多的利益。生产力在这里只是被决定、被发展的对象，而不是决定力量。

生产力之所以存在，之所以发展，就是因为人们对利益的追求。**"对利益的追求"**，才是生产力发展的根本原因。

不妨作一个有趣的假设：剩余产品出现后，原始人不愿再追求利益，他们就绝不会向文明迈出一步，他们甚至连喝酒、酿酒都学不会；人们绝不可能想起用剩余产品去交换自己所缺乏的产品；人们更不可能想起要增添劳动力、不可能出现战俘奴隶、债务奴隶；人类就无法跨入文明时代的大门。

没有利益追求，我们完全可以将汽车砸了、公路毁坏、铁路扒掉、桥梁炸断、电厂烧毁，把城市变成废墟，将高楼夷为平地……，把人类一切现代文明毁得干干净净，绝不会有人阻拦；相反，能生出这些耗尽千千万万人毕生心血的东西，难道不令人觉得不可思议吗？！

生产力的发展，就是人们的利益的增殖；利益的增殖仅仅是利益追求的结果；生产力本身只不过是人们从自然中获取利益的能力，无论是其存在还是发展，只能是人类利益追求的结果；尤其生产力的发展，哪怕是极其微小的进步，都不能不依赖于人的艰苦努力。

积极追求利益的思想是人类社会发展的极其强大的内在驱动力，而利益追求是生产力发展的直接动力。生产力成为"最活跃、最革命"的因素，只不过是人们的利益追求的结果。

什么是利益，利益就是人对经济条件、环境的占有并利用。那么什么是利益追求呢？利益追求就是人以获得利益为目的的实践活动，利益追求是以利己心为中心出发点的，它的方向指向最容易获利且较安全的方向，对于个体可能会有偏差，但是，他的利益追求的最大概率方向是最容易获利的方向，也就是利益相关系数最大的方向，而对于整个社会就会显示出绝大多数人的利益追求是指向最容易获利且较安全的方向。生产不过是利益追求的一种方式，但不是唯一的方式。无论利益追求，还是利益相关系数都是客观存在的，而绝不是主观想象的东西。

没有人类的利益追求，就没有人类的一切！利益追求对生产力发展的决定性作用确立了它在人类一切社会活动中的"第一动力"的地位。对利益的追求是人类社会中一切社会性现象的产生及社会发展的根本原因。

而人们的利益追求并不是必然地转化为生产力发展的动力。利益追求转化为生产力是有条件的。

3、马克思主义经济学的逻辑简图

这就是马克思主义经济学必然的逻辑体系，它的逻辑是很严密的，但是，它是建立在马克思主义对人的本质的错误判断的基础上的，即错误的公理系统上的，也就必然得出错误的结论。

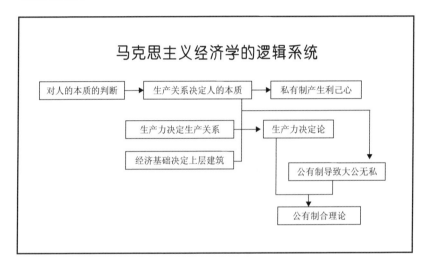

三、公有制是极不合理的经济制度

在对人的本质"是一切社会关系的总和"的判断的公理系统下，马克思主义必然的结论是：公有制是先进、合理的所有制。而社会主义实践却明明白白地告诉我们：公有制下，生产力是无法发展的，为什么呢？因为人们的利己心并不是象马克思所认为的那样：是私有制的产物，**消灭私有制无法消灭利己心**，只要利己心占主导地位，公有制就是不可行的，而人的本质不是一切社会关系的总和，生产力也不是社会发展的决定性力量，个人利益追求才是推动生产力发展的决定性力量。

公有制导致社会财产与个人利益关系的割裂，一方面使社会经济发展动力极端匮乏，导致生产力发展停滞、倒退；另一方面，导致了社会对庞大的社会财产的保护力量的消失，结果是：社会经济中起支配作用的不再是经济规律，而是对公有财产和社会公众的掠夺规律。最广大的劳动人民不但没有成为国家的主人，反成为被掠夺的对象，处在社会的最底层；政府官员、国有企业管理者不但拥有特权，而且掌握巨大的社会财富的支配权。贪污、腐败、浪费极度盛行，社会极度不公平。

国家所有制下，政府不但控制着国家机器，而且掌握了经济命脉，使政府的经济、政治动员能力超过任何其它社会制度，社会中没有任何其它力量能够与之匹敌，形成无法制约的官僚特权，不但不能产生马克思所幻想的民主，反而导致空前的集权。

空前膨胀、无法制约的政府权力，与庞大且极度缺乏保护力量的公有财产支配权相结合，导致贪污、腐败无法遏制地迅速膨胀。

公有制永远不能成为稳态的所有制，对公有财产无法遏制的掠夺与瓜分必然导致公有制的最终解体，国家所有制经济的自然发展趋势是官僚资本主义。

四、纠错后的逻辑体系

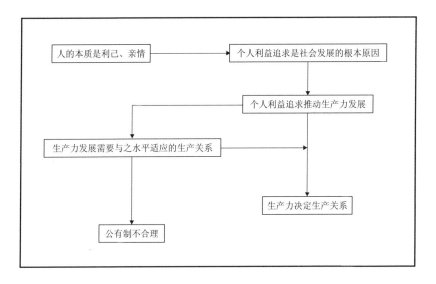

五、结语

　　我们必须用科学的态度对待科学，让科学不断地在实践中完善，不能采用对待宗教的态度看待科学。否则，就称不上科学工作者，只能是宗教信徒。

附二　我们所处的时代

一、从"手的协作"时代向"脑的协作"时代转化

我们正处于一个无与伦比的时代，无论是欧洲的文艺复兴、还是工业革命都无法与之相比。

在以往的时代，财富的创造主要是靠人类的双手来实现，资本主义工业化将之发展到顶点，无数只手通过企业内的分工协作、企业间的分工协作、产业内的分工协作、产业间的分工协作、不同国家间的分工协作，通过交通运输、商品流通，构成了一个无比巨大、无所不能的"万能之手"，它创造了几乎全部的财富，并且几乎可以创造"一切"！此时的产品价值主要由生产它所需的体力决定，脑力劳动所占的比重很小、甚至微不足道。

然而，工业革命带来的科学和技术的迅速发展，使自动控制技术、生产自动化迅速发展，生产同数量产品所需的体力劳动越来越少、体力劳动越来越被挤出生产过程并日趋消失。90年代的美国，产业工人只占劳动人口的10%，脑力劳动者人数已远远超过体力劳动者。

产品价值中脑力劳动成本占主要成份、体力劳动占次要成份，当一个社会中的国民产值多数由脑力劳动创造时，它已进入了一个全新的时代——"脑的协作"时代，在这个时代里，是千万个"大脑"，而非"手"，通过企业内的分工协作、企业间的分工协作、产业内的分工协作、产业间的分工协作、不同国家间的分工协作，通过互联网、通讯系统，

形成了一个"万能之脑",而这一"万能之脑"通过计算机系统、自动控制系统控制自动生产系统,自动生产系统则取代了人手,成为新的"万能之手"。

我们所处的时代正是这样一个时代:"手的协作"向"脑的协作"转化、"万能之脑"日益取代"万能之手"的激动人心的时代。在这个时代里,体力劳动迅速减少,走向消失,脑力劳动大军日趋庞大,脑的协作网络急剧发展。

二、开发过程取代生产过程

我们知道:产品的价值是由构成它的劳动量决定的,生产过程的自动化、体力劳动的迅速消失,使定型产品的价值不断缩水,因为它所含的劳动越来越少,趋于消失。生产过程创造的价值越来越少。而创造价值的主要部份是产品的开发过程。

"脑的协作"对"手的协作"的日益取代,使传统的产业生产产品的价值越来越缩水。

在这个全新的时代里,一种产品一旦开发出来,由于自动化生产的高度发展,生产规模会迅速扩大,产品中包含的脑力劳动成本会迅速减少,趋于零,而它的价格自然就会迅速下跌。否则,市场就会很快被仿制者占领。如果没有不断的技术革新、升级换代,它就会变得一文不值。这就是无论微软还是英特尔公司都不断地进行产品升级的真正原因。这也是全球性通货紧缩的真正原因。

在"脑的协作"时代,企业的生存不在于生产,而在于不断地创新、开发，不停地产品升级，一旦停止开发或落后于人，它的产品就会一文不值，企业就无法生存下去。

在"脑的协作"时代，一种产品一旦开发出来，由于发达的自动化大规模生产，会使市场迅速饱和，价值迅速下跌，而更新换代的产品会迅速出现，模仿者的利润空间被不断压缩至极小，甚至赔本，而且产品更新的周期会越来越短，模仿者很难生存。

同类产品中，只有最先进的才有生存的能力，这就是靠模仿起家的日本走向衰落的真正原因。

三、"脑的协作网络"优劣的差距

在"手的协作"时代，一个个配件加起来就是一个完整的产品，产品或配件仅仅是一个物品，只能同时用在一个地方，寿命也是有限的，用完就成废品，小企业、或小国与大企业和大国之间的差别往往是产量上的，作为小国的瑞士、新加坡也同样有竞争力；而在"脑的协作"时代，产品是科学、技术的进步、新产品和产业的开发，每一个产品都可以被无限应用，并成为新的开发和进步的基础，无论是企业还是国家，这种积累的大小都意味着科学和技术水平的本质的差别，也意味着产品开发的水平的本质差别，而"脑的协作网络"产出产品的速度取决于：1、具备开发素质的脑的数量的多少。2、每个脑的知识水平和创造力水平的高低。3、网络内部的信息交流和应用速度和成本的高低，是否足够开放、发达，4、网络从外界网络获得信息的速度、数量、成本、水平。5、网络中每个大脑的开发创造的积极性的大小。

小企业、小国在2-5条中都可以通过努力来实现，但是第一条无论如何都是无法与大企业或大国相竞争的。因而，大企业或大国在"脑的协作"时代将具有无可比拟的绝对优势。这就是微软、英特尔无人竞争的原因，也是为什么是美国，而不是欧洲国家或日本占据新经济的绝对优势，因为美国的"脑的协作网络"中的大脑数量是最多的！这也是为什么象印度这样落后的国家在软件行业能超过很多国家的原因。

这种情况很类似于脑的结构和功能：人脑与昆虫脑相比无比优越的原因在于：前者有300亿个脑细胞，后者仅有几百万个；前者脑细胞间联结极端复杂、内部通讯极其发达，后者就差得太远。

一种产品、一种技术总是在现有的科学和技术基础上开发出来的，一个企业有没有竞争力不完全取决于它自身的能力，很大程度上依赖于它所处的"脑的协作网络"的科学、技术的发展水平，因而小国的企业在竞争上与大国相比必然是越来越处于劣势。

较小的国家可以在人的素质、创造力培养、网络发展上做出很大努力，但是无论如何，增加网络中脑的数量以与大国相抗衡是不可能的。

"在脑的协作"时代，大国与小国的差距将急剧增大，以致于二者象完全不同种类的生物一样。

小国的企业会变得越来越难以生存，小国的资本会大量外逃到大国，以求生存，这将使小国迅速边缘化、空心化、贫困化，大国也因脑数量上的差距而日益分化，哪怕是不大的差距也足以使之产生明显的科技水平和竞争力上的差距。

生存，将迫使邻近的小国强烈要求与大国统一，以加入其"脑的协作网络"，未来不是大陆要就台湾统一，而是台湾要求并入大陆，语言相同或类似的地区将加速统一。

香港应该庆幸自己回归大陆，香港的前途不是建立自己的独立的"脑的协作网"，而在于融入大陆"脑的协作网"。

未来的独立的小国都很难有发展的空间。日本、韩国都将会迫切要求加入中国，相邻的国家都会加速走向一体，因为这是唯一的选择。

欧洲的统一将先于这一情况，而庞大的统一的欧洲将很快超过美国，成为技术领先的国家——因为它参与网络的"脑"的数量也比美国多得多！

不仅仅如此，整个世界都将走向统一，尽管此前很多国家之间仇深似海，因为这是真正的利益所在！

在做"昆虫"还是做"人"上，是没有人会选择"昆虫"的！

四、"脑的协作"企业的结构变化

很大程度上，"脑的协作"企业中的脑的数量的多少决定了它的科学和技术的积累的水平和开发的能力的高低，因而，脑的协作企业规模会越来越大，大企业对小企业拥有无可比拟的优势；然而，开发的速度又取决于对已取得的成果的应用的速度，和对每次失败的掌握和了解的速度、程度，对每个人的经验的了解程度和速度；这一切要求其内部信息交流的速度尽可能地快、尽可能地开放。在手的协作时代，生产的产品是定型的东西，流程也是固定的，企业由少数管理者自上而下管理，工人只要服从指令就能很好地经营；但是，这种模式不利于信息交流，尤其自上而下的交流，另一方面，企业的产品不再是定型的东西，而是创新和探索，不是谁官大谁说的对，因而，只能是谁对按谁的思路做，等级结构更不利于创新和开发，因而，脑的协作企业只能是一种平行的结构，它由相互分工的、分支方向不同的、平行的部门组成，各部门的领导的作用是协调、掌握、传译部门间的合作和成果，并掌握部门发展的方向，企业的领导同样是协调、掌握、传译各部门的合作和成果，掌握整个企业的发展方向，整个企业内部信息网络越来越发达，每个人都能即时掌握最新成果或失败教训。整个企业不再是上下等级分明的状况，而是一种平等、民主的结构，领导者与被领导者之间更多的是讨论而不是指令，这样，才能生生不息、不断发展。"脑的协作"的企业领导者和被领导者间的关系会变得越来越模糊。

在"手的协作"时代，劳动者只要严格遵守劳动纪律和操作规程就能很好地实现生产目标，不需要多少能动性和主动性，而在"脑的协作"时代，产品是创新和开发，需要每个"脑"充分发挥主观能动性，要充分地调动每个人的积极性，以前的按劳付酬的方式远远不能达到这点，只有让员工拥有企业股份、能分到企业的利润，才能使他们认为自己是

"真正的主人"，才会全身心地投入，这就是微软和英特尔分给员工股份的真正原因；随着科学和技术的发展，每次进步将会越来越难，需要调动越来越大的积极性，员工得到的股份份额将会越来越大。因而，"脑的协作"的发展将会使资本越来越社会化，员工掌握本企业的股份会越来越多。这会自然而然地使社会财产所有制发生革命性地变化，资本社会化——不是臭不可闻的公有制，而是一种有趣的私有制。(在本书第八章里，有理论上的分析。)

"脑的协作"企业将会越来越象一个大脑，而每个员工的脑是它的"脑细胞"，企业内的发达的信息网络是它的"脑神经"，各个部门是它的"脑组织"，它的"脑细胞"会越来越多，"脑神经"会越来越复杂、越来越发达。而一个国家随着互联网、通讯系统的发展，随着"脑的协作"企业队伍的壮大，将会越来越象一个"超级大脑"，每个参与协作的脑是它的"脑细胞"，每个"脑的协作"企业、行业是它的"脑组织"，整个国家日趋发达的信息交流网络和企业内的网络一起构成了它的"脑神经"。它的"脑细胞"会越来越多、组织分化会越来越发展、网络会越来越复杂。而社会经济的发展将会不断地发生质的变化。

五、世界性通货紧缩的原因

很多人把世界性的通货紧缩归罪于各种莫名其妙的原因，其实这与1000多年前的汉唐鼎盛时期发生的通货紧缩有同样的原因——产业危机。当时的中国，农业生产率的提高，产生大量农业剩余产品和农业剩余劳动力，而农产品的过剩，必然使农产品价格下跌，由于交通运输的巨大障碍和费用，使得新兴产业的工商业发展缓慢，过剩的农产品只能转化为人口的增长，而耕地的增加极其有限，这更加剧了劳动力的过剩，贫富分化加剧，使无地无业的农业剩余人口急剧增加，没饭吃的剩余劳动人口就会铤而走险、揭竿而起，王朝就会走向覆灭。而在英国和法国，出现同样的农业发展时，由于海上交通、贸易的便利和费用的低廉，使它们的工商业迅速发展，消化了大量农业剩余劳动力，并一举进入资本主义社会。

在今天的发达国家里，工业自动化的迅速发展，使得常规、传统产业的劳动生产率大大提高，传统产业、常规产品生产能力有的早已饱和，有的日趋过剩，产品的生产劳动力成本也越来越低，产品的价值日趋下降，产品价格自然日趋下降，尽管新兴的"脑的协作"产业在美国等国家得到发展，但传统产业在多数国家仍占据主导地位，"脑的协作"产业的发展远远不够，这就必然带来通货紧缩，只有当新的"脑的协作"产业迅速发展并占据主导地位了，才能真正阻止通货紧缩。加速发展"脑的协作"产业，才是摆脱困境的唯一选择。

在封建时代，农业是财富的主要来源，在资本主义社会，农业尽管十分重要、也大大发展了，但它在社会总产值中所占比例已很小了。同样，"脑的协作"对"手的协作"的替代，将会使传统的产业变得象今天的农业一样，成为尽管十分重要，但占社会产值的比重越来越小的"无人产业"，它们象人"手"一样，自动完成千万个脑组成的"超

级大脑" 的指令，造出人们需要的东西。一个国家的富强将
不在于生产多少钢铁、能源、机器、粮食，而在于能生产出
多少领先于别国的新技术、新产业。

六、通讯的重要性的提高

在"手的协作" 时代，濒海国家和城市有无与伦比的发
展优势，因为它们的交通运输成本低廉，交通运输的发达与
否决定了经济发展的优劣；而在"脑的协作"时代，大宗运
输的东西价值将因自动化生产而迅速下降，而一包小小的晶
片或一个软件可能会超过一个万吨巨轮所载东西的价值，交
通运输尽管重要，也会更加发展，但通讯将取代它的绝对统
治地位，一个国家或地区能否发展很大程度上将取决于它的
通讯网络费用是否低廉、是否足够发达，信息传递速度是否
足够迅速、容量是否足够大。

七、中国的出路

在"脑的协作" 时代里，自动化程度的迅速提高，将
人越来越挤出生产过程，因而，定型产品的生产成本迅速下
降，其价值也会迅速下降，一国家如果没有什么新的"脑的
协作" 的产品，它的国民产值就会急剧缩水；一国的财富不
在于它有多少钱、创造了多少财富，而在于它的"脑的协作
网络" 是否发达，能创造出多少新的产品、产品是否足够先
进；否则，今日的"富翁"就是明日的"乞丐"。

中国完全没有必要为成为"世界工厂" 而沾沾自喜、心
满意足，这些正是发达国家走向"脑的协作" 、产业升级的

结果，这些"劳动密集型产业"因自动化程度的迅速提高，同样产量下的产值会急剧下降，光靠它们是不能强国的，只能以它们为产业升级的跳板。

中国的出路在于建立、发展自己的"脑的协作体系"，迅速赶超发达国家；否则，今日的日本就是明日的中国。

首先，要鼓励民营的、外资的"脑的协作"企业发展，资金要向民营"脑的协作"企业倾斜，不要建立国营的"脑的协作"企业，因为"脑的协作"企业需要的员工劳动积极性和经营结构的灵活性以及巨大的风险性，是国营企业所根本无法满足的，只能造成巨大浪费和失败。相反，要将所有的国营企业私有化，其中主要的股份要分给本企业员工。

其次，要建立发达、开放的互联网、通讯系统，迅速地、不断地降低通讯成本、提高信息传递速度和容量。以适应"脑的协作"的需要。

第三，大力普及教育，并大力发展高等教育，造出更多的可用之"脑"。彻底改革现有教育模式，培养学生的独立思考能力、创造力，培养他们的协作研究的能力和迅速获取、消化、利用一切可用信息的能力，以适应"脑的协作"的需求。

第四，要充分利用发达国家的"脑的协作"网络，与它们建立发达的联结，以尽可能多、尽可能快地获取先进的技术和创新成果，作为自己发展的条件。

总之，只有建立了自己的"万能之脑"，其中的"脑细胞"尽可能地多、"脑细胞"的思考能力尽可能地强，"脑神经网络"尽可能地发达，才能在"脑的协作"时代有所发展。否则，就只能越来越落后。

八、"脑的协作"时代的人类社会

人的"大脑"是迄今为止我们所见到的，最复杂、发展最完善的物质形态，它使人和人类社会高度发展，而"脑的协作" 的发展，将会使人类进入一个我们所无法想象的时代：所有的人脑将成为"万能之脑" 的"脑细胞"，其强大的功能将远远超过所有人脑的功能的总和亿亿亿亿倍——因为这个协作体的功能不是每个"脑"的功能总和，而是一种乘法关系。"脑的协作"的发展将使人类社会进化成一个超越人类的"社会生命体"，它对人的超越就如同人类对细菌的超越。"脑的协作"所能创造的财富和文明将是"手的协作"所无法比拟的！

在不远的将来，我们将看到：人类将摆脱体力劳动，所有的"脑"通过互联网联在一起，不同"脑"的分工越来越细密，相互的联结越来越紧密、越来越复杂，相互依赖越来越强烈，整个人类的脑越来越走向一体化，形成一个越来越发达的"万能之脑"，从美国到中国都在一个统一的政体内。产品的生产由完全自动化的机器系统按"脑的协作"体系的指令完成。

附三 人类社会的精细结构

宇宙中目前已发现的四种基本作用力：万有引力、弱相互作用力、电磁力、强相互作用力。有趣的是，这四种力的大小和作用距离相差如此巨大，已难以用语言来描述。弱相互作用力的强度是万有引力的10^{25}倍，电磁力为万有引力强度的10^{36}倍，而强相互作用力是万有引力强度的10^{38}倍，差距如此之巨大，远远超出了人类想象力的极限。

再看看它们的作用距离：在微观世界里，万有引力是最微不足道的一种力，但它是长程力，它的作用距离甚至可以横跨宇宙。因此，在诸如原子核内等微观尺度内无能为力的它，在大尺度空间尽显风骚，无论是天体，还是星系的形成和维持，恒星的核聚变，甚至黑洞的形成，都离不开它的伟大的贡献。弱相互作用作用距离小于10^{-15}米，它是作用距离最短的。电磁力也是长程力。强相互作用力作用距离为$1\sim2\times10^{-15}$米，在小于10^{-15}米的距离，表现为斥力；而在大于10^{-15}米的距离，表现为吸引力；在超过2×10^{-15}米的距离，强相互作用力迅速衰减。强相互作用力对维持稳定的原子结构至关重要。

四种基本力作用距离和强度上的天文数字的差距，被物理学家们称为宇宙的精细结构，物理学家们研究表明：如果宇宙的精细结构发生哪怕是微不足道的变化，都足以使宇宙中的原子不复存在，恒星、星系都不再存在，而无论是哪种情况，对人类来说都是非常残酷的，因为人类乃至整个生物界都将不可能出现。

在感慨造化精妙与神奇，暗自为人类的侥幸而自鸣得意之余，我们观察一下人类社会，就会发现何其相似的情景？人类社会存在、构造和发展的基础，是社会经济，而构造社会经济结构的最基础、最本质的东西，是人们对社会经济的利益相关系数的分布状态。客观上，社会经济要求按人们正常的经济行为，对经济的影响力大小，来分配人们对社会经济的利益相关系数，这样才能使社会稳定，社会经济发展动力达到最大化。

四种基本力如此离奇的差异，使我们所在的宇宙中，越往微观世界，作用力强度就越大；越往宏观世界，作用力强度越小。进而形成了的从微观基本粒子到宏观星球、星系，不同层次物质和空间，这才有了我们所能看到的宇宙。

而利益相关系数的"最大经济动力分布"状态与此十分相似。人们对社会经济发展的影响力大小分布也同样是极不均衡的，人们离一经济体"距离"越近，其影响力越大，对其利益相关系数要求就越高；反之，人们越远离一经济体，其影响力越小，对其利益相关系数要求越小。因此，"最大经济动力分布"原理要求利益相关系数的分布状态也象四种基本作用力强度一样，围绕社会经济呈极不均衡的梯度状态分布，且随着"距离"扩大，利益相关系数急剧减小。

在一个社会中，个人对经济的利益相关系数的分布状态离"最大经济动力分布"状态不是很远时，社会经济能维持稳定发展状态，社会也能够维持较长时间稳定；当个人对经济的利益相关系数的分布状态远离"最大经济动力分布"状态时，社会经济无法维持稳定，更谈不上发展，整个社会处于混乱的边缘或混乱之中。**我们不妨称：能够使社会维持稳定并发展的，个人对经济的利益相关系数的分布状态，为社会的精细结构；当利益相关系数分布状态在这一约束范围变动或不变时，社会精细结构得到维持；当利益相关系数分布状态普遍超出了这一约束范围时，社会精细结构就遭到了破坏，社会经济将崩溃或倒退，社会将陷入动荡。**

当社会的精细结构遭到破坏时，就会给人类社会带来毁灭性的打击。例如，中国历史上每一次自发的农民起义，都将社会的精细结构彻底打破，都无一例外地带来相同的结果：在其后几十乃至上百年的时间里，社会秩序瓦解，社会经济崩溃，社会发展倒退，社会道德沦丧，文明陨落；军阀割据、盗匪横行；良田荒芜、民生凋敝，饿殍盈野、易子而食；人口急剧下降，人民在死亡的边缘上苦苦挣扎；更有野蛮落后的异族趁虚而入，疯狂掠夺、血腥屠杀与奴役中华民族……，给中华民族带来了毁灭性的灾难。

国家所有制是一种极端的例子：在这种凭借主观臆想，人工构造的社会制度下，整个利益相关系数体系的分布状态坍塌为零，社会精细结构被破坏殆尽，社会经济发展动力极端匮乏，社会发展停滞、倒退。最终，社会制度无法维持而"自然"解体。

事实上，随着社会经济的发展，生产方式也会逐渐发生变革，人们正常的经济行为对社会经济的影响力的分布状态也会发生很大变化，客观上要求社会的精细结构随之改变，这就导致了人类历史上的社会制度更迭：原始公有制的瓦解和私有制的崛起，奴隶制瓦解和封建领主制的建立，以及封建制度的瓦解和资本主义制度的建立。

尽管以往的人类从未在理论的高度上掌握社会精细结构，人类在懵懂之中苦苦地摸索与实践，所走的道路并不平坦。但是，这种探索最初基本上是在私有制下的微观经济活动，实施面积和影响都较小。一旦获得成功，就会被迅速地被模仿，大面积推广；一旦失败，就会被人们抛弃。这就极大地减少了失败所造成的破坏。

由于这种摸着石头过河的方法的采用，更由于人类追求个人利益最大化的目的与"最大经济动力分布"规律的要求存在很大的差距，使人类社会精细结构距离理论上的"最大经济动力分布"状态一直有着相当的差距，但大体符合其要求，这才使得人类社会能够在曲折中得以存续和发展。

值得庆幸的是，国家所有制的实践，仅仅局限于人类社会较局部的区域；而且较诸人类历史长河而言，其绝大部分持续时间也十分短暂。尽管至今仍有部分国家所有制经济在少数国家存在，但是它们对于全球经济主体而言已越来越微不足道。

让我们对自然法则多存一些敬畏之情，细心呵护社会精细结构吧。"人定胜天"是不可能的；相反，只会给人类社会带来无尽的伤害，甚至毁灭性的灾难。

國家圖書館出版品預行編目資料

经济学的力学原理 / 于忠伟 著

簡體字版 --初版-- 臺北市：蘭臺出版社：2014.6

ISBN：978-986-6231-81-0（平裝）

1.經濟學

550   103005663

經濟學研究叢刊 3

经济学的力学原理

作　　者：于忠伟

美　　編：林育雯

封面設計：林育雯

編　　輯：張加君

出 版 者：蘭臺出版社

發　　行：蘭臺出版社

地　　址：台北市中正區重慶南路1段121號8樓之14

電　　話：(02)2331-1675或(02)2331-1691

傳　　真：(02)2382-6225

E—MAIL：books5w@yahoo.com.tw或books5w@gmail.com

網路書店：http://www.bookstv.com.tw

　　　　　http://store.pchome.com.tw/yesbooks/、http://www.5w.com.tw

總 經 銷：成信文化事業股份有限公司

劃撥戶名：蘭臺出版社 帳號：18995335

網路書店：博客來網路書店 http://www.books.com.tw

　　　　　華文網路書店、三民書局

香港代理：香港聯合零售有限公司

地　　址：香港新界大蒲汀麗路36號中華商務印刷大樓

　　　　　C&C Building, 36,Ting, Lai, Road, Tai,Po, New,Territories

電　　話：(852)2150-2100　 傳真：(852)2356-0735

總 經 銷：廈門外圖集團有限公司

地　　址：廈門市湖裡區悅華路8號4樓

電　　話：86-592-2230177　 傳真：86-592-5365089

出版日期：2014年6月 初版

定　　價：新臺幣580元整（平裝）

ISBN：978-986-6231-81-0